국어 교사를 위한
고등학교 문법

국어 교사를 위한
고등학교 문법

나찬연 지음

경진출판

'학교 문법(學校文法)'은 국가에서 제정한 교육 과정에 따라서, 초·중·고등학교 학생들이 국어를 규범에 맞게 사용할 수 있도록 학교에서 교육하는 문법이다. 곧, 학교 문법은 초등학교와 중·고등학교의 교육과정에서 제시한 내용에 기반하여 문법 교과서에 반영되어 있는 문법 교육의 체제와 내용이다.

학교 문법은 국어과 교육과정이 바뀜에 따라서 그 내용이나 체제가 조금씩 변화를 거듭하였다. 지은이는 현행의 '2015 개정 교육과정'에 따른 『고등학교 언어와 매체』의 교과서에 기술된 학교 문법의 교육 내용을 반영하여, 『국어 교사를 위한 고등학교 문법』이라는 제목으로 새로운 책을 간행하였다.

'2015 개정 국어과 교육 과정'에 따른 〈고등학교 언어와 매체〉는 이른바 '고등학교 문법'의 내용과 '매체 언어'의 내용 묶어져 있다. 이 때문에 『고등학교 언어와 매체』의 교과서에는 학교 문법의 독자적인 내용 체제가 반영되지 않았고, 전체적인 분량 또한 충분하지 못하다. 그리고 검정 교과서의 형태로 교과서가 발행되었기 때문에 출판사마다 다른 체제와 순서로 교과서의 내용이 구성되었으며, 개별 문법 교과서마다 세부적인 기술에 차이가 있다. 지은이는 현행의 『고등학교 언어와 매체』의 교과서에 나타난 이런 문제를 감안하여, '2015 개정 교육과정'의 『고등학교 언어와 매체』에 기술된 학교 문법의 내용을 종합적으로 반영하여 국어 교사용 '학교 문법의 종합 해설서'를 간행하였다.

현재 시중에는 천재교육(민현식 외), 비상교육(이관규 외), 지학사(이삼형 외), 미래엔(방민오 외), 창비(최형용 외) 등의 출판사에서 『고등학교 언어와 매체』의 교과서를 간행하였다. 지은이는 이들 검정 교과서에 수록된 '학교 문법'의 내용과 함께 이와 관련된 '학문 문법'의 이론까지 반영하였다. 따라서 이 책이 『고등학교 언어와 매체』 교과서에 대한 교사용 지도서의 역할을 충실하게 할 수 있을 것으로 기대한다.

이 책은 '2015 개정 교육과정의 〈고등학교 언어와 매체〉'에 기술된 내용 체계에 따라서 다음과 같이 내용 체제를 구성했다. 곧, 제1부 언어와 국어, 제2부 음운, 제3부 단어, 제4부 문장과 담화, 제5부 어문 규범, 제6부 국어의 변화 등의 학교 문법 내용을 다루었다. 특히

제6부는 고대 국어, 중세 국어, 근대 국어에 관련한 학교 문법의 내용을 담았는데, 여기서는 국어사의 각 시대별 특징에 주목하여 내용을 기술하였다.

이 책은 다음과 같은 방법으로 내용을 기술하였다. 첫째, 이 책에서 쓰인 문법 용어와 내용 체제는 '2015 개정 교육과정'에 따른 『고등학교 언어와 매체』에 기술된 대로 따랐다. 둘째, 학교 문법의 내용을 쉽게 소개하고자 하는 기본 취지를 살리기 위해서 지은이의 개인적인 견해를 밝히지 않았다. 셋째, 학교 문법의 내용에는 포함되어 있지 않지만 이미 학계에서 인정받고 있는 이론(理論)은 글상자에 넣어서 별도로 기술했다. 넷째, 제6부의 '국어의 변화'와 관련한 내용은 『고등학교 언어와 매체』의 검정 교과서(2019)에서 수록된 전체 내용을 수록하였고, 학계에서 널리 통용되고 있는 국어사의 이론을 덧보태었다.

지은이는 이 책이 중등학교 국어과 교사와 외국인을 위한 한국어 교사들이 학교 문법의 기본적인 이론을 이해하는 데에 도움이 될 것으로 기대한다. 아울러서 학교 문법에 대한 더욱 심화된 내용을 익히고자 하는 독자들에게는, 지은이가 지은 『학교 문법의 이해 1』과 『학교 문법의 이해 2』(경진출판)를 심화용 학습 교재로 권한다. 『학교 문법의 이해 1』은 현대 국어의 학교 문법의 내용을 공시적인 관점에서 기술하였으며, 『학교 문법의 이해 2』는 국어사의 이론을 통시적인 관점에서 종합적으로 기술하였다. 학습자들은 이들 저서를 통하여 자신의 능력에 맞게 학교 문법을 익힐 수 있을 것으로 생각한다.

끝으로 지은이와 오랜 세월을 함께 공부한 '학교 문법 연구회'의 권영환, 김문기, 박성호 선생님과, 부산대학교 대학원의 국어국문학과에서 박사과정을 수료한 나벼리 군이 이 책의 내용을 구성하는 데에 많은 도움을 주었음을 밝힌다. 끝으로 이 책을 출간해 주신 경진출판의 양정섭 대표님께 감사의 뜻을 전한다.

2020년 2월 1일

지은이 씀

차례

제4부 문장과 담화

제5부 어문 규범

제6부 국어의 변화

언어와 국어 ①부

제1장 언어의 특성

제1장 언어의 특성

언어는 인간이 사용하는 '의사 소통'의 도구 중에서 가장 효율적이면서 널리 쓰이는 도구이다. 최근의 연구에 따르면 일부 동물도 제한적이기는 하지만 의사 소통을 하고 있다는 것이 밝혀졌다. 그러나 동물의 기호 중에는 인간의 언어만큼 체계적이며 효율적인 기호는 없다. 이러한 점을 감안하면 언어는 인간의 생활에서 가장 효율적인 의사 소통의 수단이 된다고 할 수 있다. 나아가서 인간의 언어는 사회를 구성하는 도구인 동시에, 인류가 현재의 문명을 이루는 데에 가장 큰 역할을 수행해 왔다고 할 수 있다.

제1장에서는 이처럼 중요한 기능을 하는 언어의 특성을 '기호적 특성'과 '사고와 사회 · 문화적 특성'으로 나누어서 살펴본다.

1.1. 기호적 특성

인간의 언어에는 동물의 언어나 기타 인공적인 기호와는 달리 '자의성, 분절성, 사회성, 역사성, 창조성' 등의 특성이 있다.

인간의 언어 기호는 '전달 형식'과 '전달 내용'이라는 양면이 있다. 이때에 인간의 언어 기호의 전달 형식은 '음성(청각 영상)'이며 전달 내용은 '의미(개념)'이다.

(1) 가위 $= \dfrac{\text{/kawi/}}{[\text{✁}]}$

$$(2)\ 언어\ 단위 = \frac{전달\ 형식}{전달\ 내용} = \frac{/음성/}{[의미]}$$

예를 들어 '가위'라는 말의 전달 형식은 /kawi/라는 '음성'이며, 전달 내용은 [옷감, 종이, 머리털 따위를 자르는 기구]라는 의미이다. 이와 같이 언어 기호의 단위(언어 형식)는 그것이 큰 것이든 작은 것이든 간에, 모두 특정한 음성에 특정한 의미가 결합된 형식으로 이루어져 있다.

〈 자의성 〉 언어 기호에 결합되어 있는 음성과 의미는 필연적인 관련성이 없다. 언어 단위를 구성하고 있는 음성과 의미는 다른 음성이나 의미와 교체될 수 있는데, 인간 언어에 나타나는 이러한 특성을 언어의 '자의성(恣意性)'이라고 한다. 예를 들어서 (1)에서 '가위'라는 단어는 /kawi/라는 음성에 [옷감, 종이, 머리털 따위를 자르는 쇠붙이 기구]라는 의미가 결합되어 있다. 그런데 실제로는 /kawi/라는 음성에 [☎]의 의미가 결합할 수도 있고, [✂]라는 의미에 /jənhwa/라는 음성이 결합할 수도 있다. 곧 인간의 언어 기호에 맞붙어 있는 음성과 의미는 그 언어를 사용하는 사회의 구성원들이 맺은 약속에 따라 임의적으로 결합된 것이다.[1]

〈 사회성 〉 언어에는 자의성뿐만 아니라, 개인이 언어를 임의적으로 바꿀 수 없다는 '사회성(社會性)'도 나타난다.

언어는 의사 소통을 위하여 특정한 의미를 특정한 음성 기호에 실어서 전달하는 일종의 사회적인 약속 체계이다. 따라서 언어 기호를 사용하는 사회 구성원들은 음성의 측면에서든 의미의 측면에서든 다른 사람이 발화한 언어 기호를 인지하거나 이해할 수 있어야 한다. 결과적으로 어떠한 특정한 음성과 특정한 의미가 결합된 언어 기호가 사회적으로 공인을 받고 난 후에는, 개인이 마음대로 바꿀 수 없다.

(3) ㄱ. 벌써 점심시간이네. 송아에서 모수를 먹자.

ㄴ. 벌써 점심시간이네. 집에서 밥을 먹자.

(4) ㄱ. 뎌희가ⓔ헌글을쓰능뒈다듈익얼외계언어樂호하더군효글험뎌희능외계인입늬깍?

ㄴ. 저희가 이런 글을 쓰는데 다들 이걸 외계 언어라고 하더군요. 그럼 저희는 외계인입니까?

---

1) 인간의 언어는 자의성이 있기 때문에 다음과 같은 언어 현상이 나타날 수 있다. 첫째, 동음 이의어(同音 異義語)와 유의어(類義語)가 나타날 수 있다. 둘째, 인간의 언어는 지역에 따라 언어의 모습이 다르게 실현될 수도 있다. 셋째, 시간이 지남에 따라서 언어의 형태나 의미가 변화할 수 있다. 이처럼 인간 언어는 자의성이 있기 때문에 공시적(共時的)인 측면에서 다양한 모습으로 실현될 수 있으며, 통시적(通時的)인 측면에서 끊임없이 변화하고 발전할 수 있는 것이다.

예를 들어서 언어에는 기본적으로 자의성이 있기 때문에, (3)의 (ㄱ)에서처럼 특정한 개인이 임의적으로 '집'을 '*송아'라고 하고 '밥'을 '*모수'라고 부를 수는 있다. 하지만 이렇게 바꾼 '송아'와 '모수'가 언중들에게서 사회적으로 공인을 받지 못한다면 언어로서 자격을 갖추지 못한다. 그리고 (4)에서 (ㄱ)의 문장은 젊은 학생들이 인터넷을 이용하여 대화할 때에 사용한 것이다. 비록 통신 언어를 사용하는 언어 집단 내에서는 이러한 언어가 통용될 수는 있지만 전체 언중들로부터는 공인을 받을 수는 없다. 결국 언어 기호에는 자의성뿐만 아니라 사회 구성원의 맺은 약속 체계로서 사회성도 있다.

〈 **역사성** 〉 언어는 언어 사회의 구성원끼리 맺은 사회적 약속으로서 개인이 마음대로 바꿀 수 없다. 하지만 시간이 어느 정도 흐르게 되면 언중들이 맺은 사회적인 약속도 변해서 언어가 바뀔 수가 있는데, 이러한 특성을 언어의 '역사성(歷史性)'이라고 한다.

(5) $\dfrac{/마슬/ \rangle /마을/}{[村]}$, $\dfrac{/셔볼/ \rangle /서울/}{[京]}$

(6) $\dfrac{/어엿브다/}{[憫] \rangle [美]}$' $\dfrac{/힘/}{[筋肉],[力] \rangle [力]}$

(7) 온 〉 백(百), 즈믄 〉 천(千), ᄀᆞᆯᆷ 〉 강(江)

(5~7)은 15세기에 쓰였던 언어의 모습이 변화된 예이다. (5)는 단어의 소리가 바뀐 예인데, /마슬/이 /마을/로 바뀌었고 /셔볼/이 /서울/로 바뀌었다. (6)은 단어의 의미가 변화된 예이다. 곧 '어엿브다'의 의미가 [憫]에서 [美]로 바뀌었고, '힘'의 의미가 [筋肉]과 [力]의 뜻에서 현재는 [力]의 뜻으로만 쓰인다. (7)은 원래 있던 어휘가 다른 어휘로 교체된 예이다. 곧, '온, 즈믄, ᄀᆞᆯᆷ'과 같은 원래 있던 고유어의 단어가 사라지고, 한자어인 '백(百), 천(千), 강(江)'이 대신 쓰이게 된 것이다. (5~7)에 나타나는 언어의 변화는 언중들이 꽤 오랜 시간에 걸쳐서 이룩한 사회적인 약속에 의해서 생긴 변화이다.

〈 **분절성** 〉 음성과 의미가 결합된 언어의 단위를 아울러서 '언어 단위(언어 형식)'라고 하는데, 이러한 언어 단위는 도막도막으로 쪼개어질 수 있다.

(8) ㄱ. 범이 토끼를 잡았다

　　ㄴ. 범이 / 토끼를 잡았다

　　ㄷ. 범이 / 토끼를 / 잡았다

　　ㄹ. 범 / -이 / 토끼 / -를 / 잡- / -았- / -다

(9) ㄱ. 범 / 이 / 토 / 끼 / 를 / 자 / 받 / 따

　ㄴ. ㅂ / ㅓ / ㅁ / ㅣ / ㅌ / ㅗ / ㄲ / ㅣ / ㄹ / ㅡ / ㄹ / ㅈ / ㅏ / ㅂ / ㅏ / ㄷ / ㄸ / ㅏ /

(8)에서 (ㄱ)의 문장은 (ㄴ~ㄹ)처럼 다양한 언어 형식으로 쪼갤 수가 있다. 그리고 만일 의미를 고려하지 않으면 (9)의 (ㄱ)과 (ㄴ)처럼 음절이나 음소(자음과 모음)의 단계까지 쪼갤 수 있다. 이와 같이 언어의 단위가 큰 단위에서 작은 단위로 도막도막으로 쪼개어지는 특성을 언어의 '분절성(分節性)'이라고 한다.

인간의 언어는 이와 같이 문장의 단위로부터 음소의 단위까지 쪼개어질 수 있는 데 반하여, 인간의 언어를 제외한 이 세상의 모든 소리(음향)는 분절되지 않는다.[2]

〈 분리성과 추상성 〉 인간은 연속적인 자연 세계의 개념을 하위 개념으로 분리하여서 세밀하게 인식할 수 있는 '개별화 능력'이 있다. 그리고 인간은 자연 세계의 독립적인 개체의 공통성을 추출하여 더 큰 개념으로 묶어서 전체적으로 인식할 수 있는 '추상화 능력'도 있다. 이러한 '개별화 능력'과 '추상화 능력'은 언어 기호를 통해서 형성된다.

첫째, 인간은 언어를 통하여 연속적인 자연 세계를 분리하여 인식할 수도 있는데, 이러한 특징을 '분리성(discreteness, 分離性)'이라고 한다.

자연 세계에 존재하는 대상은 분리될 수 있는 것도 있지만 분리되지 않는 것도 있다.

(10) ㄱ. 무지개의 색깔 : 빨강, 주황, 노랑, 초록, 파랑, 남색, 보라색

　ㄴ. 한반도 주변의 바다 : 동해, 남해, 서해

'무지개'의 색깔은 한 쪽 끝에서 다른 끝으로 조금씩 연속적으로 변하기 때문에 그 경계를 명확하게 정할 수 없다. 하지만 한국어에서는 무지개의 색깔을 '빨강, 주황, 노랑, 초록, 파랑, 남색, 보라색'의 7색으로 분리하여서 표현한다. 곧 연속적인 사물을 언어를 통하여 분리하여 표현하고, 이와 같이 분리된 상태로 세계를 인식하는 것이다. 그리고 실제의 세계에서는 '동해'와 '남해'와 '서해'는 서로 이어져 있는 하나의 바다이다. 그럼에도 불구하고 우리는 '동해, 남해, 서해'라는 어휘를 통하여 '바다'를 분리하여 표현하고

---

2) 인간의 언어는 이처럼 하위 요소로 분절할 수 있기 때문에, 원래의 문장을 변형하여 표현할 수가 있다. 곧, '범이 토끼를 잡았다.'의 문장을 '배가 고픈 범이 귀가 큰 토끼를 재빨리 잡았다.'처럼 다른 언어 요소를 첨가하여 표현할 수도 있다. 그리고 '토끼를 범이 잡았다.'처럼 표현할 수 있다. 특정한 문장 성분을 이동하여 표현에 변화를 줄 수도 있다. 이는 "범이토끼를잡았다."라는 문장을 하위 구성 요소로 분절할 수 있기 때문에 가능한 것이다. 곧, 언어에는 분절성이 있기 때문에 제한된 언어 자료를 이용하여 대단히 다양한 표현을 손쉽게 할 수 있는 것이다.

분리된 상태로 인식한다.

둘째, 자연의 세계에 존재하는 개체들은 하나하나가 독립적인 요소이다. 그런데 인간은 언어를 이용하여 서로 다른 개별적이고 구체적인 대상으로부터 공통적인 요소를 뽑아 일반적인 것으로 표현할 수 있다. 언어에 나타나는 이러한 특성을 '추상성(抽象性, abstractness)'이라고 한다.

(11) ㄱ. {삽살개, 진돗개, 풍산개, ……, 치와와, 불도그} → 개
　　ㄴ. {사과, 배, 감, 대추, ……, 귤, 포도} → 과일

우리가 일반적으로 '개'라고 부르는 대상들도 주의 깊게 들여다보면 속성과 생김새가 각각 다르다. 하지만 인간은 언어를 사용하여 개개의 개들로부터 공통적인 요소를 뽑아서 좀 더 일반적인 명칭을 부여한다. 곧 수많은 개들 가운데서 이러이러한 특징을 가진 개들을 총칭하여 '삽살개'라고 하고, 저러저러한 특징을 가진 개들을 총칭하여 '진돗개'라고 한다. 그리고 '삽살개, 진돗개, 풍산개, 치와와, 불도그' 등에서 나타나는 공통성을 발견하여 이들 개체들을 모두 '개'라고 하는 단어로 부른다. 결국 인간이 가진 이러한 추상화 능력은 언어 기호를 통해서 이루어진다.

〈창조성〉 인간은 동물과는 달리 제한된 언어 자료를 사용하여 무한한 수의 문장을 표현할 수 있다. 그리고 그전에 한 번도 들어본 적이 없는 문장을 듣고 이해할 수 있으며, 반대로 한 번도 들어본 일이 없는 새로운 문장을 생성하여 발화할 수 있다. 인간의 언어에 나타나는 이러한 특성을 언어의 '창조성(創造性, creativity)'이라고 한다.

첫째, 인간은 유한 체계의 언어 자료(음성, 단어, 문법)로써 무한한 수의 문장을 생성할 수 있다. 영어를 예로 들면 20개까지의 단어로 구성할 수 있는 문장의 수효는 10^{30}(10의 30자승)개나 된다고 한다(서정수, 1996:19). 여기서 사람이 기억할 수 있는 어휘를 1만 개라고 가정한다면, 이들 1만 개의 단어에 다양한 문법 형태소를 실현시켜서 만들 수 있는 표현의 수는 실제로 무한하다. 이러한 점에서 극히 제한된 수의 표현만을 만들어 낼 수 있는 동물의 언어와는 비교가 될 수 없다.

둘째, 동물은 특정한 개체가 어떤 표현을 새롭게 창조해서 사용한다는 것은 극히 드문 일이다. 동물은 앞선 세대로부터 학습한 기호를 사용할 뿐이지 개체의 차원에서 새로운 표현을 만들어 내는 것은 아주 힘들다. 하지만 인간은 개개인마다 이제까지 한 번도 들어본 일이 없는 문장을 얼마든지 만들어 낼 수 있으며, 이전에는 들어 본 일이 없는 문장도 이해할 수 있는 능력이 있다.

(12) ㄱ. 진돗개를 사정없이 물어뜯은 개 주인이 영자 씨에게 밟혀 죽었다.

   ㄴ. 코끼리의 하품 소리에 놀라서 동물원의 사슴들이 모두 기절했다.

(12)의 문장은 다른 곳에서 사용되었을 가능성이 아주 낮다. 하지만 인간은 이와 같은 특이한 문장을 그리 어렵지 않게 만들어 낼 수도 있으며, 반대로 이러한 특이한 문장을 처음 접하는 사람들도 이들 문장의 의미를 이해할 수 있다.

이처럼 무한한 수의 문장을 생성하고 또한 창조적인 표현을 할 수 있다는 점에서, 인간의 언어는 다른 모든 기호와 차별된다.

1.2. 사고 · 사회 · 문화적 특성

언어는 의사소통의 수단일 뿐만 아니라, 인간의 사고나 사회 · 문화와 밀접하게 관련되어 있다. 곧, 언어는 사고를 하는 수단인 동시에 사고를 일정한 방식으로 이끄는 틀이 되기도 한다. 또한 언어는 그 언어를 사용하는 지역이나 언중들의 성격으로부터 영향을 받거나, 그 언어를 사용하는 언중들의 문화가 언어에 반영되기도 한다.

1.2.1. 언어와 사고

언어와 사고는 서로 밀접한 관계에 있다. 곧, 인간의 사고가 언어에 영향을 끼칠 수도 있고 반대로 언어가 사고에 영향을 줄 수가 있다.

〈 사고가 언어에 미치는 영향 〉 전통적인 언어 철학에서는 인간의 사고 작용에 따라서 언어 표현이 생성된다고 보았다. 곧, 인간이 사고하는 방식에 따라서 언어를 표현이 결정된다고 보는 것이 일반적인데, 이처럼 사고가 언어에 영향을 주는 예로서 다음과 같은 사례를 들 수 있다.

첫째, 합성어 · 대등 접속어 · 관용어 등의 고정된 어순을 결정하는 원리로서, '나(Me)'에게 가까운 언어적 요소가 '나'에게 먼 언어적 요소보다 앞서는 경향이 있다는 '나 먼저 원리(Me First Principle)'가 있다. 곧, 인간이 보편적으로 사고하는 방식이 언어 표현의 어순에 그대로 반영된 예가 있다(임지룡, 1996:161 이하).

(13) ㄱ. 시간의 합성 : 어제오늘, 오늘내일, 아침저녁, 작금, 조만간

   ㄴ. 수의 합성 : 하나둘, 두셋, 일이등, 오륙도, 홀짝수, 단복수

ㄷ. 성별의 합성 : 남녀, 갑남을녀, 선남선녀, 신사숙녀, 형제자매

ㄹ. 거리의 합성 : 여기저기, 이곳저곳, 이쪽저쪽, 이리저리, 그럭저럭, 자타, 한일관계

ㅁ. 방향의 합성 : 앞뒤, 전후, 상하

ㅂ. 대소의 합성 : 장단, 고저, 심천, 강약, 원근, 여야, 군신, 처첩, 경향, 경부선, 경춘가도

ㅅ. 평가의 합성: 잘잘못, 보나마나, 행불행, 진위, 승패, 상벌, 희비, 찬반, 화복, 손익

(ㄱ)에서 '시간의 합성'은 앞선 시간을 나타내는 말이 먼저 실현되고 나서 뒤따른 시간을 나타내는 말이 그 다음에 합성된다. (ㄴ)에서 '수의 합성'은 작은 수에서 큰 수의 차례로 합성된다. (ㄷ)에서 '성별의 합성'은 일반적으로 '남성-여성'의 차례로 나타난다. (ㄹ)에서 '거리의 합성'은 화자에게 가까운 거리에서 먼 거리의 차례로 나타난다. (ㅁ)에서 '방향의 합성'은 대체로 지각하기 쉬운 방향이 앞자리에 나타난다. (ㅂ)에서 '대소의 합성'은 정도가 큰 말, 힘이 센 말, 가치가 높은 말이 앞자리에 놓인다. (ㅅ)에서 '평가의 합성'은 긍정을 표시하는 말이 부정을 표시하는 말에 앞서나, 관심도에 따라 그 반대의 경우도 나타난다. (13)에 제시된 합성어의 어순은 인간이 대상을 인식하는 순서에 따라서 형성된 것이므로, 사고가 언어에 영향을 끼친 예라고 할 수 있다.

둘째, 사고가 언어에 영향을 끼치는 예는 문장으로 표현되는 일상의 언어 생활에도 나타난다. 예를 들어서 프로 야구 경기에서 롯데 팀과 삼성 팀이 벌인 시합의 결과가 다음과 같다고 하자.

롯데 팀	삼성 팀
2	3

보통의 경우에 화자는 자기가 관심을 많이 두는 대상을 주어로 설정하여서 문장에의 맨 앞자리에 위치시킨다. 따라서 위의 경기 결과를 문장으로 표현할 때에는 다음의 2가지 방법으로 표현할 수 있다.

(14) ㄱ. <u>롯데 팀</u>이 삼성 팀에게 2 대 3으로 졌습니다.

ㄴ. <u>삼성 팀</u>이 롯데 팀에게 3 대 2로 이겼습니다.

만일 화자가 롯데 팀의 팬일 경우에는 (ㄱ)처럼 표현하겠지만, 반대로 화자가 삼성 팀의 팬이라면 (ㄴ)처럼 표현할 것이다. (14)의 문장은 사람의 개인적인 관심도가 언어 표현에

영향을 미친 사례인데, 이 또한 사고가 언어에 영향을 끼친 예로 볼 수 있다.

〈 **언어가 사고에 미치는 영향** 〉 사고가 언어에 영향을 끼친다는 생각을 뒤집어서 언어가 인간의 사고를 결정짓는다고 주장하는 가설도 있다. 이 이론은 인간은 자기가 사용하는 모국어의 구조에 따라서 세계를 인식하고 해석한다는 이론인데, 이 이론을 '언어 상대성 이론(言語 相對性 理論)' 또는 '사피어-워프 가설(Sapir-Whorf hypotheis)'이라고 한다.3)

워프(Whorf)는 영어와 에스키모어에 나타나는 '눈(雪)'에 관한 어휘를 비교함으로써 '언어 상대성 이론'을 주장하였다.

(15) 영　　어 : snow

(16) 에스키모 어 : aput(땅 위의 눈), quana(내리는 눈), piqsirpoq(바람에 날리는 눈),
　　　　　　　　　quiumqsuq(바람에 날려 쌓인 눈)

영어에는 '눈'을 나타내는 어휘가 'snow'만으로 표현되는 데에 반해서, 에스키모어에는 눈에 관한 어휘로서 'aput(땅 위의 눈), quana(내리는 눈), piqsirpoq(바람에 날리는 눈), quiumqsuq(바람에 날려 쌓인 눈)' 등이 있다. 워프는 두 언어에 나타나는 어휘 수의 차이를 다음과 같이 설명하였다. 에스키모어에서 '눈'에 관련된 어휘가 다양하게 발달되어 있기 때문에 에스키모인들은 영어를 모국어로 사용하는 사람들이 인식하는 것보다 훨씬 세밀하고 다양하게 '눈'을 인식한다는 것이다. 곧 워프의 주장은 '눈'에 대한 언어가 사람들이 사물을 인식하는 방법에 영향을 끼친다는 주장이다.4)

언어 표현이 인간의 시각 작용에 영향을 지배하는 경우도 있다. 다음에 제시된 시각에 관련한 표현은 '언어 상대성 이론'을 설명할 때에 흔히 드는 예문이다.

---

3) 언어 상대성 이론은 언어가 인간의 사고와 문화를 결정짓는다는 이론이다. 18세기에 헤르더(J. Herder)와 훔볼트(W. Humbolt)가 이론적 단초를 제시하였고 20세기에 들어서 사피어(E. Sapir)가 기본 개념을 설정하였다. 이어서 그의 제자인 워프(B. L. Whorf)가 사피어의 이론을 발전시켰기 때문에 이 이론을 '사피어-워프 가설(Sapir-Whorf hypotheis)'이라고도 한다. 이 이론은 인간은 자기가 사용하는 모국어의 구조에 따라서 세계를 인식하고 해석한다는 이론이다.

4) '언어 상대성 이론'은 언어와 사고의 관계를 설명하는 데에 완벽한 이론은 아니다. 곧 '언어 상대성 이론'을 주장하는 증거로 쓰인 예들은 거꾸로 이 이론을 반박하는 증거로도 쓰일 수도 있기 때문이다. 곧, 에스키모 인들은 원래부터 영어를 쓰는 화자에 비하여 '눈(雪)'에 대하여 관심이 많기 때문에 '눈'에 관련된 표현이 대단히 발달했다고 설명할 수 있는 것이다. 그리고 한국 사람들이 원래부터 '하늘'과 '잔디'의 색깔을 동일하게 인식하기 때문에 둘 다 '푸르다'로 표현하고, 영어를 모국어로 사용하는 사람들은 그 둘을 다르게 인식하기 때문에 'blue'와 'green'으로 다르게 표현한다고도 설명할 수 있기 때문이다.

(17) ㄱ. 하늘이 <u>푸르다</u>.

　　ㄴ. 잔디가 <u>푸르다</u>.

(18) ㄱ. The sky is <u>blue</u>.

　　ㄴ. The grass is <u>green</u>.

'언어 상대성 이론'을 따르는 사람들은 다음과 같이 설명한다. 한국어에서는 (17)처럼 '하늘'의 색깔도 '푸르다'도 표현하고, '잔디'의 색깔도 푸르다고 표현하기 때문에, 한국 사람들은 실제로 '하늘'의 색깔과 '잔디'의 색깔을 동일하게 인식하려는 경향이 있다 것이다. 반면에 영어에서는 (18)처럼 하늘의 색깔은 'blue'로 표현하는 반면에 '잔디'의 색깔은 'green'으로 표현한다. 이에 따라서 영어를 모국어로 사용하는 화자들은 '하늘'의 색깔과 '잔디'의 색깔을 다르게 인식하려는 경향이 있다.

이와 비슷한 예로서 언어가 우리의 청각을 지배하는 경우도 있다. 곧 사람들은 닭의 울음소리를 있는 그대로 듣는 것이 아니라, 말이 시키는 대로 듣는다.

(19) ㄱ. 한국어 : 꼬끼오, 꼬꼬, 꼬꼬댁

　　ㄴ. 프랑어 : cocorico

　　ㄷ. 영　어 : cock-a-doodle-doo

한국 사람은 한국말에 따라서 '꼬끼오'나 '꼬꼬' 등으로, 프랑스 사람은 프랑스 말에 따라서 'cocorico'로, 영어를 쓰는 사람들은 'cock-a-doodle-doo'로 인식한다. 이것은 곧 사람이 소리를 인식할 때 소리를 있는 그대로 객관적으로 인식하는 것이 아니라, 그들이 쓰고 있는 언어에 영향을 받는다는 사실을 알 수 있다.

1.2.2. 언어와 사회와 문화

개인과 개인이 모여서 사회 집단을 이루고, 언어를 통하여 의사 소통을 활발하게 함으로써 그 사회를 유지하고 발전시키고 있다. 그리고 언어는 인간이 사회와 문화를 형성하는 수단이기도 하면서, 동시에 특정한 사회와 문화가 이루어 놓은 산물(産物)이기도 하다. 이처럼 언어는 인간들이 생활하는 사회나 그 사회의 문화와 서로 밀접하게 관계를 맺고 있다.

(가) 언어와 사회

언어가 의사소통의 도구로서 의의가 있으려면, 그 언어를 사용하는 사회 구성원들이 서로 이해할 수 있는 방식으로 의사 소통이 이루어져야 한다. 이러한 이유 때문에 언어는 그것을 사용하는 사람들이 생활하고 있는 지역이나 사회와 밀접한 관계를 맺고 있으며, 동시에 지역이나 사회로부터 끊임없이 영향을 받고 있다.

이처럼 특정한 언어가 그것을 사용하는 지역이나 특정한 계층으로부터 영향을 받아서 분화를 일으킨 것을 '방언(方言)'이라고 한다. 이와 같은 방언의 분화는 두 가지 원인에 의해 발생한다. 곧, 지역적 요인의 차이에 따라서 생긴 방언을 '지역 방언'이라고 하고, 사회적 요인의 차이에 따라서 방언을 '사회 방언'이라고 한다.

〈 지역 방언 〉 일정한 지역에 사는 사람들이 공통적으로 사용하는 특정한 언어가 타지역과의 차이 때문에 구별되는 언어 체계를 '지역 방언(地域 方言)'이라고 한다. 우리나라에서는 '제주 방언, 경상 방언, 전라 방언, 충청 방언, 중부 방언, 평안 방언, 함경 방언' 등의 주요 지역 방언이 있다.

(20) 가위, 가웨, 가왜, 가에, 가애, 가우, 가오, 강웨, 강에, 강애, 강아, 강우, 강새, 가새, 가시개, 가새기, 가시, 과새

(21) 잠자리, 부쨍이, 부짠자리, 짬자리, 잼자리, 쨈채, 잠마리, 잘래비, 철갱이, 참자리, 처리, 철랭이, 까랭이, 나마리, 밤버리, 밥주리, 소곰재, 소곰쟁이, 행오리

(22) 냉이, 날생이, 내사니, 나성개, 낙신갱이, 나시랭이, 난생이, 난시, 나생이, 나시갱이, 나상구, 나상구, 앵이

예를 들어서 서울말인 '가위(鋏), 잠자리, 냉이'에 대응되는 말이 지역에 따라서 (20~22)처럼 다양한 형태로 나타난다고 한다.

이렇게 지방마다 언어가 다르게 실현되는 것은 산맥, 강, 바다 등의 자연물에 의하여 지리적인 장애를 받아서 된 경우가 가장 많다. 지리적 장애뿐만 아니라 혼례나 제례 등을 통한 문화권의 차이, 사회적인 접촉의 두절과 외지인에 대한 배타성, 경제권의 차이 등도 하나의 언어를 여러 가지의 방언으로 분화시키는 원인이 된다.

〈 사회 방언 〉 사회적 계층의 다름이나, 세대 또는 성별의 차이, 종교, 인종, 사회적 상황과 같은 사회적 요인에 의해서 각기 다르게 형성되는 언어의 유형을 '사회 방언(社會 方言)'이라고 한다. 사회 방언으로는 '계층어, 전문어, 연령별 언어, 성별 언어' 등이 있다.

첫째, 사회 계층의 모습이 인습적으로 굳어진 특수 계층의 언어로써 나타나는 경우가 있는데, 이러한 언어의 유형을 '계층어(階層語)'라고 한다. 중세와 근대 시대 이전에는 우리나라에서도 양반과 상민, 천민 계층에 따라서 언어가 달리 쓰이기도 하고, 또 상류 사회에서 쓰는 말이라도 양반 계층의 말과 궁중어가 다르게 쓰였다.

(23) ㄱ. 궁중어 : 마마(상감마마, 중전마마, 동궁마마), 수라(임금의 진지), 세시다(잡수시다), 치(신), 梅花(대변)

　　　ㄴ. 백정어 : 탈팽이(쇠고기), 신탱이(칼), 갈지받다(소잡다)

(ㄱ)은 궁중에서 사용하는 말이며 (ㄴ)은 백정 집단에서 사용하는 말인데, 이들은 특정한 사회 계층의 사람들이 사용하는 사회적인 계층 방언이다.

둘째, 특수 직업에 종사하는 사람들이 쓰는 말은 일종의 직업적인 전문성을 띠게 되는데, 이를 '전문어(專門語)' 또는 '직업어(職業語)'라고도 한다.

(24) 민법(民法) 제764조 "명예 회복(名譽回復)에 적당(適當)한 처분(處分)"에 사죄 광고(謝罪廣告)를 포함시키는 것이 헌법(憲法)에 위반(違反)된다는 것의 의미(意味)는, 동조(同條) 소정의 처분(處分)에 사죄 광고(謝罪廣告)가 포함되지 않는다고 하여야 헌법(憲法)에 위반(違反)되지 아니한다는 것으로서, 이는 동조(同條)와 같이 불확정 개념(不確定概念)으로 되어 있거나 다의적(多義的)인 해석 가능성(解釋可能性)이 있는 조문에 대하여 한정 축소 해석(限定縮小解釋)을 통하여 얻어진 일정한 합의적(合意的) 의미(意味)를 천명한 것이며, 그 의미(意味)를 넘어선 확대(擴大)는 바로 헌법(憲法)에 위반(違反)되어 채택할 수 없다는 뜻이다. 〈헌법 소원(89헌마160)에 대한 판결문〉

(24)는 헌법 재판소의 전원 재판부가 1991년 4월 1일에 판결한 '민법 제764조의 위헌 여부에 관한 헌법 소원'(89헌마160)에 대한 판결문의 일부이다. 이 글은 형식이나 내용으로 볼 때 법률에 대한 전문적인 지식이 없는 사람은 그 의미를 쉽게 이해할 수 없다. 따라서 (24)에 쓰인 언어는 직업에 따른 사회적인 성격을 많이 반영하고 있다.

(나) 언어와 문화

특정한 사회의 모습이 언어에 반영되어 있는 것과 마찬가지로 사회 공동체의 문화도 언어에 반영되어 있다. 국어의 어휘에서도 한국 문화의 특징적인 현상이 나타나는 경우가 있다.

(25) ㄱ. 'brother, sister' — '형, 오빠, 아우, 동생, 누나, 언니, 누이'
    ㄴ. 'rice'   — '모, 벼, 쌀, 밥(진지, 수라)'

국어에서는 친족 관계를 나타내는 어휘가 다양하게 분화되어 있다. 예를 들어서 형제 자매를 나타내는 어휘가 영어에서는 'brother'와 'sister'의 두 어휘로만 분화되어 있는 반면에, 국어에서는 (ㄱ)과 같이 '형, 오빠, 아우, 동생, 누나, 언니, 누이' 등 7가지로 분화 되어 있다. 이러한 사실은 우리나라 사람들이 혈연 관계를 중시하는 문화가 언어에 반영 된 것이다. 그리고 영어에서 'rice'로만 표현되는 개념이 국어에서는 (ㄴ)에서처럼 '모, 벼, 쌀, 밥(진지, 수라)' 등으로 분화되어 있는데, 이는 한국 사회가 전통적으로 농경 문화 에 속했지만 영국은 그렇지 않은 데에 원인이 있다. 이처럼 한 나라의 언어는 그 나라의 문화를 반영하기 때문에 특정한 언어를 잘 분석하면 그 언어 속에 담겨 있는 고유한 문화를 알 수 있다.

다음은 국어의 어휘 가운데서 한국의 전통적인 문화를 잘 반영하고 있는 어휘이다.

(26) ㄱ. 아버지, 아버님, 가친(家親), 엄친(嚴親), 노친(老親); 어머니, 어머님, 모친(母親), 자친
     (慈親), 노모(老母)
    ㄴ. 상투, 댕기머리, 비녀, 참빗, 머릿수건; 연지, 연지분, 곤지, 머릿기름; 갓, 망건, 삿갓,
     밀짚모자, 족두리; 두루마기, 한복, 도포, 색동저고리, 삼베바지, 모시치마, 솜옷, 명
     주옷, 버선대님; 고무신, 짚신, 나막신
    ㄷ. 김치, 국, 된장찌개, 불고기, 생선구이, 생선조림, 김, 젓, 콩나물무침, 두부찌개; 떡국,
     죽, 육개장, 비빔밥, 만두, 송이전골, 잡채, 갈비찜, 삼계탕; 떡, 강정, 산자, 약밥, 다
     식, 수정과, 라면, 떡볶기, 냉면; 숭늉, 식혜, 미숫가루, 인삼차; 막걸리, 소주
    ㄹ. 한옥, 초가집, 기와집, 장독대, 안방, 건너방, 사랑방, 헛간, 아궁이; 장롱, 찬장, 문갑,
     교자상, 화장대; 병풍, 발, 자리, 보료, 함, 뒤주, 고리짝, 합죽선, 다듬잇돌, 인두
    ㅁ. 한글날, 설날, 정월대보름, 추석, 한식, 단오; 돌, 돌떡, 돌반지, 부고(訃告), 수의(壽衣),
     차례, 제사, 성묘
    ㅂ. 국악, 농악, 가야금, 태평소, 단소, 대금, 소금, 깡깡이, 징, 장구, 꽹과리, 판소리, 사물
     놀이; 탈춤, 승무, 향가, 시조, 한시; 한국화, 민화, 사군자, 산수화; 윷놀이, 그네타기,
     널뛰기, 제기차기, 씨름, 차전놀이, 마당놀이, 광대놀이, 태권도

이들 어휘들에는 우리 고유의 문화가 직접적으로 반영되어 있기 때문에, 이들 어휘를 익히는 것 자체가 한국 문화를 배우는 것이다.

어휘뿐만 아니라 속담에도 한국 문화가 잘 반영되어 있다. 속담은 오랜 세월에 걸쳐서 민중 속에서 생성된 관용적인 표현이므로 속담에는, 그 나라 언어를 쓰는 사람들의 생활 철학이나 시대상이 반영된다. 그리고 속담 속에는 민족의 삶과 역사 속에서 터득된 삶의 지혜가 담겨 있다.

(27) ㄱ. 사위 반찬은 장모 눈썹 밑에 있다.
ㄴ. 형 만한 아우 없다.
ㄷ. 이웃이 사촌보다 낫다.
ㄹ. 말은 나면 제주도로 보내고 사람은 나면 서울로 보낸다.

(ㄱ)은 장모가 사위를 대접하려고 눈에 띄는 대로 음식을 찾아서 차려 주려 함을 비유적으로 이르는 말인데, 이 속담에는 사위를 특별히 아끼면서 챙겨 주려고 하는 장모의 전통적인 정서가 잘 나타나 있다. (ㄴ)은 아우가 아무리 잘났어도 형만 못하다는 말로서 아들 가운데서 큰 아들을 특히 귀하게 여기는 문화적인 양상이 반영되어 있다. (ㄷ)은 가까이 사는 이웃이 먼 곳에 사는 친족보다 좋다는 뜻으로 가까운 이웃과 서로 도우며 지내는 한국인의 생활과 문화적인 정서가 반영되어 있다. (ㄹ)은 사람은 어릴 때부터 서울로 보내어 공부를 하게 하여야 잘될 수 있다는 말이다. 이 속담에는 과거에도 교육 환경이 좋은 서울 지역에서 교육을 받으려는 한국인의 고정관념이 잘 드러나 있다.

국어의 높임법은 한국 문화의 여러 가지 특징을 보여 주는데, 다음의 문장은 전통 사회에서 장모와 사위의 관계를 잘 보여 준다.

(28) ㄱ. [?]김 서방, 이 떡 좀 <u>먹어라</u>.   [장모가 사위에게 한 발화]
ㄴ. 김 서방, 이 떡 좀 <u>드시게</u>.

(28)의 문장은 장모가 사위에게 떡을 권하는 장면에서 장모가 사위에게 발화한 문장이다. 단순히 가족 관계로만 보면 장모가 윗사람이고 사위가 아랫사람이므로 (ㄱ)처럼 화자가 청자에게 낮추어서 표현해야 한다. 그러나 전통적인 화법으로는 (ㄴ)처럼 '드시게'라고 발화하여 높임과 낮춤을 뒤섞어서 표현하였다. 이러한 표현은 전통적인 사회에서 장모가 사위를 '백년손님'으로 대우하던 전통 풍습이 언어에 반영된 것이다.

이처럼 국어에는 오랫동안 이어온 한국인들의 전통적인 사고와 문화가 반영되어 있다.

제2장 국어의 특성

국어에는 언어가 가진 일반적인 성격이 나타나는 동시에 개별 언어로서의 특성도 나타난다. 한국어에 나타나는 특성은 우리나라 사람의 사고 방식과 문화를 결정짓는 중요한 요소가 된다. 곧 국어는 한국 사람들의 의사소통의 수단이 될 뿐만 아니라 국어에는 한국 사람들이 사고하는 방식과 사물을 파악하는 방법이 반영되어 있다. 이러한 관점에서 제2장에서는 국어의 특징을 음운, 어휘, 문법, 화용적인 측면으로 나누어서 살펴본다.

2.1. 음운의 특성

말소리의 최소의 단위를 '음운(音韻)'이라고 한다. 음운에는 자음과 모음, 그리고 운소가 있는데 여기서는 국어에 나타나는 자음과 모음의 특성을 살펴본다.

2.1.1. 자음의 특성

한국어의 자음에는 다른 언어의 자음에 없는 몇 가지의 특성이 나타난다.

① 예사소리 · 된소리 · 거센소리의 3항 대립을 한다

한국어의 자음 체계에 나타나는 특성으로는 '예사소리(평음), 된소리(경음), 거센소리

(격음)'가 서로 변별적으로 작용하여 3항으로 대립한다.

> (1) ㄱ. 예사소리(녕음): /ㅂ, ㄷ, ㅅ, ㅈ, ㄱ/
>
>   ㄴ. 된 소 리(경음): /ㅃ, ㄸ, ㅆ, ㅉ, ㄲ/
>
>   ㄷ. 거센소리(격음): /ㅍ, ㅌ,   ㅊ, ㅋ/

예를 들어서 국어의 입술소리는 /ㅂ/(예사소리), /ㅃ/(된소리), /ㅍ/(거센소리)으로 3항 대립을 한다. 나머지 잇몸소리, 센입천장소리, 여린입천장소리 등도 예사소리, 된소리, 거센소리로 3항 대립을 한다.

이에 반해서 국어를 제외한 다른 언어에서는 대체로 성대(聲帶)의 진동이 있고 없음에 따라서 유성과 무성의 대립이 있다. 곧 영어나 프랑스 어, 독일어, 일본어 등은 유성음(울림소리)과 무성음(안울림소리)으로 2항 대립을 한다. 예를 들어서 영어의 자음 가운데 입술소리는 무성음인 /p/와 유성음인 /b/로서 2항 대립을 한다.

	입술소리	잇몸소리	센입천장소리	여린입천장소리
영어	/p/ : /b/	/t/ : /d/	/ʧ/ : /ʤ/	/k/ : /g/
		/s/ : /z/		
한국어	/ㅂ/ : /ㅃ/ : /ㅍ/	/ㄷ/ : /ㄸ/ : /ㅌ/	/ㅈ/ : /ㅉ/ : /ㅊ/	/ㄱ/ : /ㄲ/ : /ㅋ/
		/ㅅ/ : /ㅆ/		

〈표 1〉 자음의 대립 관계 비교

② 마찰음의 수가 적다

한국어 자음 체계에 나타나는 또 하나의 특성으로는 마찰음(摩擦音)이 별로 없다는 점이다.[1]

> (2) ㄱ. 한국어의 마찰음: /ㅅ, ㅆ, ㅎ/
>
>   ㄴ. 영어의 마찰음 : /f, v, θ, ð, s, z, ʃ, ʒ, h/

---

1) '파열음'은 폐에서 나오는 공기를 일단 막았다가 그 막은 자리를 터뜨리면서 내는 소리이다. 국어의 파열음으로는 /ㅂ/, /ㅃ/, /ㅍ/; /ㄷ/, /ㄸ/, /ㅌ/; /ㄱ/, /ㄲ/, /ㅋ/ 따위가 있다. 반면에 '마찰음'은 /ㅅ/, /ㅆ/, /ㅎ/처럼 조음 기관이 좁혀진 사이로 공기가 비집고 나오면서 마찰하여 나는 소리이다.

한국어의 마찰음은 /ㅅ, ㅆ, ㅎ/뿐이어서 파열음에 비해 음소의 수가 적다. 반면에 영어에는 마찰음으로 /f, v, θ, ð, s, z, ʃ, ʒ, h/ 등이 있어서, 마찰음이 파열음보다 더 많다.[2]

③ 겹자음이 실현될 수 없다

현대 국어에서는 음절의 앞이나 음절의 끝에 둘 이상의 자음이 함께 실현될 수 없다. 첫째, 국어에서는 음절의 맨앞에 둘 이상의 자음이 실현될 수가 없다.

(3) ㄱ. 영　어: spring /spriŋ/
　　ㄴ. 한국어: /스프링/

예를 들어 영어 'spring'은 (ㄱ)처럼 /spriŋ/으로 1음절로 발음된다. 곧, 영어에서는 /s/, /p/, /r/의 세 개의 자음이 동시에 실현될 수도 있다. 그러나 한국어는 음절의 앞에서 실현되는 겹자음이 허용되지 않기 때문에, 영어의 'spring'을 한국인이 발음할 때에는 개개의 자음마다 모음 /ㅡ/를 첨가하여 (ㄴ)처럼 /스프링/으로 발음하게 된다.

둘째, 음절 말에 실현되는 겹자음은 표기법상으로는 존재할 수 있지만, 발음상으로는 음절 말에 실현되지 않는다.

(4) ㄱ. 값도 － /갑또/　　　　(5) ㄱ. 영　어 : next /nekst/
　　ㄴ. 닭　 － /닥/　　　　　　　ㄴ. 한국어 : /넥스트/

예를 들어서 (4)의 '값도'와 '닭'은 표기상으로는 음절 말의 위치에서 겹자음 글자인 'ㅄ'이나 'ㄺ'이 존재한다. 하지만 소리로서는 /ㅄ/과 /ㄺ/을 발음할 수는 없어서 /ㅂ/과 /ㄱ/의 한 소리만 발음된다. 그리고 (5)에서 영어의 'next'는 /nekst/로 1음절어이지만 한국어로는 /ㄱㅅㅌ/와 같은 음절 말 자음군은 허용되지 않고 하나만 발음할 수 있기 때문에, 3음절인 /넥스트/로 발음하게 된다.

2.1.2. 모음의 특성

한국어의 모음에는 '모음 조화' 현상이 나타나며, 이중 모음 중에서 '상향적 이중 모음'이 많다는 특성이 있다.

---

2) 15세기의 중세 국어에서는 /ㅸ/, /ㅿ/, /ㆅ/와 같은 마찰음도 있었다.

① 모음 조화 현상이 있다

국어에는 하나의 단어 속에서 모음이 연결될 때에 양성 모음은 양성 모음끼리 어울리고 음성 모음은 음성 모음끼리 어울리는 현상이 있는데, 이를 '모음 조화(母音調和)'라고 한다.[3]

첫째, 한 단어 안에서 실현된 모음이 양성 모음이냐 음성 모음이냐에 따라 음상이나 의미가 달라진 예가 있다.

> (6) ㄱ. 사각사각/서걱서걱, 소곤소곤/수군수군, 종알종알/중얼중얼
>
> ㄴ. 고불고불/구불구불, 살랑살랑/설렁설렁, 산들산들/선들선들
>
> ㄷ. 파랗다/퍼렇다, 노랗다/누렇다, 까맣다/꺼멓다

(ㄱ)은 의성어를 예로 들었는데, '사각사각'은 양성 모음끼리 어울렸으며 '서걱서걱'은 음성 모음끼리 어울렸다. (ㄴ)은 의태어를 예로 들었는데, 이 중에서 '고불고불, 산들산들'은 한 단어 안에서 양성 모음과 음성 모음이 함께 실현되었다. (ㄷ)의 색채어는 양성 모음과 음성 모음의 선택에 따라 음상과 의미가 달라진다.

둘째, 음상이나 의미가 달라지는 것은 아니지만, 어간에 어미가 결합될 때에 어간 모음의 음상에 따라 어미 모음이 양성 모음이나 음성 모음으로 선택될 수 있다.

> (7) ㄱ. 막았다, 막아라, 막아(서), 막아야; 몰았다, 몰아라, 몰아서, 몰아야
>
> ㄴ. 먹었다, 먹어라, 먹어(서), 먹어야; 물었다, 물어라, 물어서, 물어야

즉, '막다'와 '몰다'처럼 어간의 모음이 양성 모음인 /아, 오/일 때는 '-았-'과 '-아서'처럼 양성 모음으로 시작되는 어미가 선택된다. 반면에 '먹다'와 '물다'처럼 어간의 모음이 음성 모음일 때는 음성 모음으로 시작하는 어미가 결합된다. 이러한 모음 조화는 '알타이(Altai) 제어(諸語)'에 공통적으로 나타나는 특성이기도 하다.

② 상향적 이중 모음이 많다

'이중 모음'은 음절의 주모음(主母音)과 음절의 부모음(副母音)이 결합하는 방식에 따라서, '상향적 이중 모음'과 '하향적 이중 모음'으로 나누어진다.[4] '상향적(식) 이중 모음(上

---

3) 국어의 모음은 그 음상(音相)에 따라서 '양성 모음'과 '음성 모음'으로 구분할 수 있다. 곧 모음 가운데서 /ㅏ, ㅗ/처럼 밝고 가볍고 생동감이 있는 느낌을 주는 모음을 양성 모음이라고 하고, /ㅓ, ㅜ, ㅡ, ㅣ/처럼 어둡고 무겁고 둔한 느낌을 주는 것을 음성 모음이라고 한다.

向的 二重母音)'은 /ㅑ/, /ㅘ/처럼 주모음인 단모음의 앞에 부모음인 반모음(/j/, /w/)이 실현되는 이중 모음이다. 그리고 '하향적(식) 이중 모음(下向的 二重母音)'은 영어의 came /kejm/, how /haw/처럼 단모음의 뒤에 반모음이 실현되는 이중 모음이다.

국어의 이중 모음으로는 /ㅑ, ㅕ, ㅛ, ㅠ; ㅘ, ㅝ, ㅙ, ㅞ, ㅟ; ㅢ/ 등이 있는데, 이들 이중 모음은 모두 상향적 이중 모음이라는 특성이 있다(이 책 49쪽의 내용을 참조).

(8) ㄱ. /ㅑ, ㅕ, ㅛ, ㅠ/	→ /j/ + /a, ə, o, u/		[상향적]
ㄴ. /ㅘ, ㅝ, ㅙ, ㅞ, ㅟ/	→ /w/+ /a, ə, æ, e, i/		[상향적]
ㄷ. /ㅢ/	→ /ɨ/ + /j/		[상향적/하향적]
(9) ㄱ. yes /jes/, wash /waʃ/			[상향적]
ㄴ. came /kejm/, how /haw/			[하향적]

(8)에서 (ㄱ)과 (ㄴ)의 이중 모음은 모두 '반모음＋단모음'의 순서로 연결되는 '상향적 이중 모음'이다. 반면에 영어에서는 (9ㄱ)의 /jes/, /waʃ/처럼 상향적 이중 모음으로도 실현되고, (9ㄴ)의 /kejm/과 /haw/처럼 하향적 이중 모음으로도 실현된다.

2.2. 어휘의 특성

국어에는 '차용어, 음성 상징어, 감각어, 친족 어휘' 등이 다른 나라 언어보다 많이 있는데, 이러한 점은 국어의 어휘적인 특성으로 볼 수 있다.

① 차용어가 많다

어느 나라이든 국가 간의 교류가 있으면 언어의 교류도 동시에 일어나는데, 국어의 어휘에도 외국에서 들어온 '차용어(借用語)'가 많이 들어 있다.[5] 국어의 차용어는 예전에

---

4) 모음 중에는 발음할 때에 입술 모양을 바꾸거나 혀를 일정한 자리에서 다른 자리로 옮기면서 내는 소리가 있는데, 이 '반모음(/ j /, / w /)'이라고 한다. 그리고 반모음과 단모음이 결합된 것을 '이중 모음(二重 母音)'이라고 한다.

5) '차용어(借用語)'는 외국에서 들어와서, 국어 어휘 체계에 동화되어서 널리 사용되는 말을 이른다. 보통의 경우 '외래어'나 '들온말'은 능동적으로든 수동적으로든 결과적으로 우리나라에 들어와 있는 말을 나타내지만, '차용어'라는 말에는 우리나라 국민이 적극적으로 이들 어휘를 받아들였다는 뜻이 들어 있다(민현식, 1999:352 참조).

는 중국을 통해서 들어온 것들이 대부분이었다. 그렇지만 20세기 이후에는 국가 사이에 인적, 물적인 교류가 빈번해짐에 따라서 여러 언어에서 수많은 어휘들이 우리나라에 들어왔다.

(10) ㄱ. [산스크리트어] 달마, 만다라, 보살, 불타, 사리, 석가, 선(禪), 아미타, 열반, 찰나, 탑
    ㄴ. [만주어, 여진어] 호미, 수수, 메주, 가위
    ㄷ. [영어] 버스, 넥타이, 컴퓨터, 로켓, 슈퍼마켓, 챔피언, 아이스크림, 나일론, 갱, 재즈
    ㄹ. [일본어] 우동, 짬뽕면, 와사비, 사쿠라, 유도리, 찌라시, 함박스테이크, 돈까스
    ㅁ. [독일어] 세미나, 이데올로기, 노이로제, 아르바이트, 알레르기, 에네르기, 테마
    ㅂ. [프랑스어] 망토, 콩트, 루주, 데생, 샹송, 모델, 마담, 앙코르, 크레용
    ㅅ. [라틴어] 스타디움, 알리바이
    ㅇ. [그리스어] 로고스, 파토스, 데이터
    ㅈ. [포르투갈어] 담배, 빵, 카스텔라
    ㅊ. [오스트레일리아 원주민어] 캥거루
    ㅋ. [이탈리아어] 첼로, 오페라, 템포, 아리아, 스파게티
    ㅌ. [러시아어] 툰드라, 트로이카, 페치카, 보드카
    ㅍ. [노르웨이어] 스키

이처럼 국어에는 다양한 언어에서 차용된 어휘가 들어와 있지만 어휘 수로 보아서 한자어, 영어, 일본어에서 들어온 차용어가 대부분을 차지한다. 차용어 가운데에서 특히 한자어는 국어 어휘의 58.5%를 차지할 정도로 그 수가 많고, 대부분 유입된 시기가 오래되어서 한국인에게 외래어로 인식되지 않는 특성이 있다.

② 음성 상징어가 발달했다

음성 상징어에는 소리를 흉내 내는 말인 '의성어(擬聲語)'와 모양을 흉내 내는 말인 '의태어(擬態語)'가 있다.

(11) ㄱ. 멍멍, 꼬끼오, 철썩, 딩동댕, 따르릉, 낄낄, ……
    ㄴ. 깡충깡충, 굼지럭굼지럭, 살랑살랑, ……

(ㄱ)의 어휘는 의성어이며 (ㄴ)의 어휘는 의태어이다. 의성어와 의태어는 자연계의 소리를 그대로 흉내 내거나 자연계의 모양을 음성의 청각적인 영상으로 본떠 놓은 말이므로 어휘 중에서 가장 기초적인 형태라고 할 수 있다.

③ 감각어가 발달했다

'감각어'는 시각, 청각, 후각, 미각, 촉각 등 감각에 의해서 느낀 결과로서 상태를 나타내는 어휘를 이른다. 국어에는 이러한 감각 어휘가 매우 발달한 것이 특성이다.

    (12) ㄱ. 노랗다, 누렇다, 노르스름하다, 누르스름하다, 노리끼리하다
         ㄴ. 시끄럽다, 떠들썩하다, 시끌벅적하다; 조용하다, 고요하다
         ㄷ. 고리다, 노리다, 매캐하다, 비리다, 향긋하다
         ㄹ. 달다, 달착지근하다, 달디달다, 달콤하다
         ㅁ. 서늘하다, 싸늘하다, 쌀쌀하다, 써늘하다, 썰렁하다, 싸느랗다

(ㄱ)은 시각, (ㄴ)은 청각, (ㄷ)은 후각, (ㄹ)은 미각, (ㅁ)은 촉각의 감각을 표현한 어휘이다. 국어는 이들 감각어 가운데에서도 특히 '시각, 미각, 촉각'의 감각어가 매우 발달해 있지만, 청각과 후각의 감각어는 그리 발달하지 못하였다. 이처럼 한국어에는 감각 어휘가 매우 발달하여, 현실 세계에서 나타나는 다양한 감각을 자유자재로 표현할 수 있다.

④ 친족어가 발달했다

국어에는 친족(親族)의 관계를 나타내는 어휘가 대단히 발달해 있다. 친족의 관계 자체는 어느 나라나 동일하지만 그 관계를 표현하는 어휘는 언어마다 다르다.
첫째, 국어에서 아버지의 형제자매를 나타내는 어휘는 다른 언어의 그것에 비하여 발달하였다.

영어	한국어				
uncle	큰아버지	작은아버지	고모부	외삼촌	이모부
aunt	큰어머니	작은어머니	고모	외숙모	이모

〈표 2〉 한국어와 영어의 친족 어휘 비교

영어의 'uncle'로 표현되는 단어는 국어에서는 '큰아버지, 작은아버지, 고모부; 외삼촌, 이모부' 등의 어휘로 표현될 수 있으며, 'aunt'로 표현되는 단어는 국어에서는 '큰어머니, 작은어머니, 고모; 외숙모, 이모' 등의 어휘로 표현될 수 있다.
둘째, 국어에서 형제자매를 나타내는 어휘는 다른 언어에 비하여 발달하였다.

말레이말	영어	헝가리 말	한국말
sudarā	brother	bátya	형
			오빠
		öcs	아우
			동생
	sister	néne	누나
			언니
		hug	누이
			아우

〈표 3〉 형제자매 어휘의 비교

형제자매를 일컫는 말로서 말레이(Malay) 말에는 sudarā 하나만 있으며, 영어에는 지시 대상의 성(性)에 따라 분화를 일으켜서 brother와 sister의 두 단어가 있다. 헝가리 말에서는 다시 bátya, öcs, néne, hug의 네 단어가 있다. 이에 반해서 국어에는 형제자매를 일컫는 말로서 '형, 오빠, 아우, 동생, 누나, 언니, 누이' 등 많은 어휘가 발달해 있다.

이처럼 영어에 비하여 한국어는 친족 관계를 나타내는 어휘가 훨씬 다양하게 발달해 있음을 알 수 있다.

2.3. 문법의 특성

국어에 나타나는 문법적 특성은 단어 자체의 특성이나 단어가 모여서 문장을 짜 이룰 때에 생기는 문법적 현상에 관한 특성이다.

2.3.1. 단어의 특성

국어의 단어에서 나타나는 문법적 특성으로는 조사와 어미의 발달한 점과 합성어와 파생어가 발달한 점을 들 수 있다.

① 조사와 어미가 발달했다

국어는 사전적이고 어휘적인 뜻을 나타내는 실질 형태소(체언, 용언의 어간)에 문법 형태소(조사와 용언의 어미)를 실현시켜서 문장을 짜 이룬다. 이러한 특성 때문에 국어를

언어 유형상으로 '첨가어(添加語, 교착어)'로 분류하기도 한다.6)

(13) 할머니, 김치, 담-(다)

(14) ㄱ. -께서, -를

　　　ㄴ. -으시-, -었-, -다

(15) 할머니 + **-께서**　김치 + **-를**　담- + **-으시-** + **-었-** + **-다**

(13)에서 '할머니'와 '김치'는 체언이며 '담-'는 용언의 어간인데, 이들 단어는 모두 실질 형태소로서 어휘적인 뜻을 나타낸다. 그런데 이러한 실질 형태소만으로는 문장이 성립되지 않는다. 그러므로 (14)에서 (ㄱ)의 조사와 (ㄴ)의 어미를 각각 체언과 용언의 어간 뒤에 실현시켜야만, (15)처럼 하나의 문장을 이룰 수가 있다.

그런데 국어에서 조사와 어미는 그 수효가 대단히 많다. 조사의 하위 유형만 하더라도 '격조사, 접속 조사, 보조사'의 범주가 있으며, 어미의 하위 범주로는 '어말 어미(종결 어미, 연결 어미, 전성 어미)'와 '선어말 어미(주체 높임, 시제 등)'가 있다. 이렇게 다양한 조사와 어미가 국어의 문법적인 기능을 발휘하는 데에 기여하고 있다.

국어에서는 〈주어 + 목적어 + 서술어〉와 같은 기본적인 어순이 정해져 있기는 하지만 실제로 문장에서 실현될 때에는 문장 성분이 자유롭게 이동될 수 있다. 이렇게 어순이 비교적 자유롭게 바뀔 수 있다는 것은, 문장 성분을 나타내는 격조사가 있기 때문이다.

(16) ㄱ. 영이가 사과를 철수에게 주었다.

　　　ㄴ. <u>사과를</u> 영이가　　Ø　　철수에게 주었다.

　　　ㄷ. <u>철수에게</u> 영이가 사과를　　Ø　　주었다.

(ㄱ)의 문장과 어순이 바뀐 (ㄴ)과 (ㄷ)의 문장을 비교하면, 정보 전달상의 미묘한 차이는 있지만 문장의 문법성에 영향을 주지 않으며 기본적인 의미도 바뀌지 않는다. (16)에서 문장 성분의 어순이 어떻게 변하든 간에 체언에 주격 조사 '-가'가 붙으면 주어가 된다.

---

6) '첨가어(교착어)'는 실질적인 의미를 나타내는 말에 조사나 용언의 어미와 같은 문법적인 의미를 나타내는 말을 첨가하여 문법적 기능을 나타내는 언어이다. 실질적인 의미를 나타내는 말에는 체언이나 용언의 어간 등과 같은 말이 있으며, 문법적인 의미를 나타내는 말은 조사와 어미 등이 있다. 한국어, 일본어, 터키어, 몽골어, 만주어, 네덜란드어, 핀란드어, 헝가리 등과 같은 알타이 (Altai) 어족과 우랄(Ural) 어족의 언어들이 첨가어에 속한다.

그리고 '-를'이 붙으면 목적어가 되며, 부사격 조사 '-에게'가 붙으면 부사어가 된다. 이처럼 국어에서 어순이 자유롭게 실현될 수 있는 것은 문장 성분을 결정해 주는 격조사가 있기 때문이다.

② 합성어와 파생어가 발달했다

국어는 다른 언어에 비해서 단일어보다는 합성어나 파생어의 비율이 비교적 높다.[7]

> (17) ㄱ. 눈물, 콧물, 밥물, 빗물, 시냇물, 먹물
>   ㄴ. 손목, 손등, 손바닥, 손가락, 손모가지
>   ㄷ. 발목, 발등, 발바닥, 발가락, 발모가지
>
> (18) ㄱ. 기쁨, 슬픔, 울음, 웃음, 느낌
>   ㄴ. 덮개, 마개, 지우개
>   ㄷ. 대장장이, 유기장이, 갓장이; 심술쟁이, 욕심쟁이, 욕쟁이, 담쟁이, 빚쟁이

(17)은 어근과 어근이 결합되어서 형성된 합성어의 예이다. (ㄱ)처럼 눈에서 흐르는 물은 '눈물', 코에서 흐르는 물은 '콧물', 밥이 넘치면서 흐르는 물은 '밥물'이다. (ㄴ)처럼 '손'에서 유연화한 '손목, 손등, 손바닥, 손가락, 손모가지'의 단어 형성 방법은 (ㄷ)처럼 '발'에도 마찬가지로 적용되어서 '발목, 발등, 발바닥, 발가락, 발모가지' 등의 단어를 형성한다. 그리고 (18)은 어근에 파생 접미사가 결합되어서 형성된 파생어의 예이다. (ㄱ)처럼 접미사 '-음'을 붙여서 '기쁨, 슬픔, 울음, 웃음, 느낌'이 파생되며, (ㄴ)처럼 '-개'로써 '덮개, 마개, 지우개'가 파생된다. 그리고 (ㄷ)처럼 '-장이/-쟁이'로써 '대장장이, 유기장이, 갓장이; 심술쟁이, 욕심쟁이, 욕쟁이, 담쟁이, 빚쟁이' 등의 단어가 파생된다.

2.3.2. 문장의 특성

국어의 문장에서 나타나는 특성으로는 〈주어-목적어-서술어〉와 〈수식어 + 중심어

---

7) 한 언어에 들어 있는 단일어와 복합어의 상대적인 비율을 따져 볼 때에, 단일어의 비율이 극도로 높은 언어를 '어휘적 언어'라고 하고 복합어의 비율이 극도로 높은 언어를 '문법적 언어'라고 한다. 중국어는 어휘적 언어의 전형적인 예요, 산스크리트어는 문법적 언어의 전형적인 예이다. 그리고 대부분의 언어는 이 양극 사이에 들게 된다. 예를 들어서 영어는 어휘적 언어에 가깝고, 한국어와 독일어는 문법적 언어에 가깝다.

(피수식어)〉의 어순을 취하는 것과 높임법이 발달한 것 등을 들 수 있다.

① 〈주어+목적어+서술어〉의 어순으로 실현된다

세계의 주요 언어들의 어순을 살펴보면 대부분이 〈주어+서술어+목적어〉(50%)의 유형, 〈주어+목적어+서술어〉(40%)의 유형, 〈서술어+주어+목적어〉(10%)의 유형으로 실현된다(Greenberg, 1963:77 참조).

(19) ㄱ. 아이가 강아지를 잡았다.　　　(SOV 형) 한국어, 일본어, 알타이계 언어

　　 ㄴ. The man saw a woman.　　　(SVO 형) 영어, 중국어, 프랑스어, 타이어

　　 ㄷ. <u>Lladdodd　y　ddraig　y　dyn</u>. (VSO 형) 웨일즈어, 겔트어, 아랍어
　　　　　Killed　the　dragon　the　man

국어는 기본 어순이 (ㄱ)처럼 〈주어+목적어+서술어〉의 구조로 실현되는데, 이러한 어순은 국어에 나타나는 가장 중요한 특성 중의 하나이다.

② 〈수식어+중심어〉의 어순으로 실현된다

언어를 유형을 정할 때에 중심어를 수식하는 말이 중심어의 앞에 놓이느냐 중심어의 뒤에 놓이느냐에 따라서, 〈수식어+중심어〉의 언어와 〈중심어+수식어〉의 언어로 구분할 수 있다.

그런데 국어의 문장은 〈수식어+중심어〉의 어순으로 실현된다.

(20) ㄱ. <u>내가 사랑했던</u> 여자

　　 ㄴ. <u>특별한</u> 것

　　 ㄷ. <u>철수의</u> 책

(21) ㄱ. 인수는 과일을 <u>빨리</u> 먹었다.

　　 ㄴ. 인수는 과일을 <u>아주</u> 빨리 먹었다.

(20)에서 명사인 '여자, 것, 책'이 중심어(피수식어)가 되며, '내가 사랑했던, 특별한, 철수의'는 관형어로서 수식어가 된다. 그리고 (21)의 (ㄱ)에서 중심어인 '먹었다'에 대하여 '빨리'는 수식어가 되며, (ㄴ)에서 '아주'는 중심어인 '빨리'에 대하여 수식어가 된다.

③ 높임법이 정교하게 발달했다

'높임법'은 청자나 문장 속에서 표현된 어떤 대상을, 그의 지위가 높고 낮은 정두에 따라서 언어적으로 대우하여 표현하는 방식이다. 그리고 이러한 높임법이 실현된 문장을 '높임 표현'이라고 한다.

> (22) ㄱ. 철수가 동생에게 책을 <u>주었다</u>.　　　　　　[낮춤]
> 　　 ㄴ. 아버님께서 선생님께 책을 <u>드리셨습니다</u>.　　[높임]

(22)의 문장은 화자가 발화 상황을 고려하여 자신의 말을 청자나 문장에 등장하는 인물과의 관계를 고려하여 높임법을 실현한 문장이다. 곧 (ㄱ)에서는 문장 속에서 주어로 표현된 '철수'와 부사어로 표현된 '동생', 그리고 말을 듣는 청자(청자)를 모두 낮추어서 표현하였다. 반면에 (ㄴ)에서는 '-께서'와 '-시-'를 통하여 주어로 표현된 '아버님'을 높여서 표현하였으며, 동시에 '드리다'와 '-께'를 통해서 부사어로 표현된 '선생님'을 높여서 표현하였다. 그리고 서술어에 '-습니다'를 실현하여 발화 장면 속에서 말을 청자를 높여서 표현하였다.

이처럼 국어에서는 높임법이 아주 발달하여, 화자가 다른 사람에 대한 다양한 태도를 표현한다.

2.4. 화용의 특성

국어에서는 '생략 현상'과 '보조사의 쓰임'에서 화용론적인 특성이 나타난다.[8]

① 생략이 잘 일어난다

국어에서는 생략이 잘 일어난다. 국어에서는 앞선 문맥이나 발화 현장을 통해서 화자와 청자가 이미 알고 있는 요소는 대체로 발화하지 않는 경향이 많다.

---

8) 일반적으로 문법론에서는 기호를 사용하여 문장을 만드는 방법과 문장을 분석하여 특정한 언어적 단위의 형식과 의미를 연구하는 데에 관심을 둔다. 그런데 '화용론(話用論, pragmatics)'이라는 분야에서는 구체적인 발화 장면(situation) 속에서 쓰인 언어의 모습을 연구한다. 곧, 화용론에서는 화자의 의도와 청자의 처지·발화 상황·문맥 전체의 내용·사회 문화적인 특성 등을 고려하여서, 구체적인 발화 상황 속에서 실제로 쓰인 언어를 연구하는 분야이다.

첫째, 앞선 문장에서 실현되어서 이미 알려진 요소는 다음 문장에서는 실현하지 않을 수 있다.(문맥 생략, 되풀이 생략)

> (23) 갑 : 철수는 어제 시험에서 몇 점 받았니?

> (24) 을₁ : 철수는 어제 시험에서 30점 받았어.
>   을₂ : 30점.

(23)과 (24)는 '갑'과 '을'의 대화인데, '갑'의 질문에 대하여 '을₂'는 문장의 다른 요소는 모두 생략하고 '30점'이라는 명사구만 발화했다. 이렇게 문장에서 다른 모든 요소를 다 생략하고 '30점'이라는 말만 발화해도 '갑'과 '을2'의 대화가 자연스러운 이유는, 앞선 문맥('갑'이 발화한 말)을 통해서 생략된 언어 요소에 대한 내용을 알 수 있기 때문이다.

둘째, 화자와 청자가 발화 현장에서 제시되어 있는 대상을 직접 인지하여서, 이들을 직접적으로 언급하는 경우에도 생략이 일어난다.(현장 생략)

> (25) ㄱ. 철수(영이에게 사과를 보이며): 가질래?
>   ㄴ. 영이(철수에게 손을 내밀며) : 그래, 줘.

> (26) ㄱ. 철수: 너 이것을 가질래?
>   ㄴ. 영이: 그래, 너 그것을 나에게 줘.

(25)와 같은 생략 표현은 구체적인 발화 장면 속에서 화자와 청자, 그리고 '사과'가 드러나 있기 때문에 가능하다. 만일 구체적인 발화 장면이 제시되지 않았다면 (26)처럼 온전한 문장의 형식으로 발화해야 한다.

이와 같이 국어에서는 어떠한 언어 요소를 알 수 있을 때에는, 그 알려진 요소를 발화하지 않고 표현하는 것이 더 일반적이다.

② 보조사의 쓰임이 잘 발달하였다

국어에서는 조사가 발달하였는데, 조사는 '격조사, 접속 조사, 보조사'로 나뉜다. 이들 조사 중에서 '보조사'는 어떠한 문장 속에 등장하는 요소가 그 문장의 서술어로 표현되는 동작이나 상태에 어떠한 방식으로 포함되는가를 표현한다.

(27) 장록수<u>가</u> 연산의 빰을 때렸다.   〈주어〉

(28) ㄱ. 장록수<u>는</u> 연산의 빰을 때렸다.   〈주어 : 주제, 대조〉

　　 ㄴ. 장록수<u>만</u> 연산의 빰을 때렸다.   〈주어 : 한정〉

　　 ㄷ. 장록수<u>도</u> 연산의 빰을 때렸다.   〈주어 : 포함〉

　　 ㄹ. 장록수<u>부터</u> 연산의 빰을 때렸다.   〈주어 : 비롯함〉

　　 ㅁ. 장록수<u>까지</u> 연산의 빰을 때렸다.   〈주어 : 미침〉

(27)과 (28)에서 '장록수'는 '때렸다'에 대하여 행위의 주체가 되고 또 주어를 나타내는 격조사 '-가'를 붙일 수 있으므로 문장 속에서 주어로 기능한다. 그러므로 보조사인 '-는, -만, -도, -부터, -까지' 등은 통사적인 특징과는 관계없고, 서술어인 '차다'가 표현하는 동작의 범위에 '장록수'가 작용하는 방식을 표현한다.

　(28)에서 보조사가 나타내는 의미적 관계를 그림으로 다시 보이면 다음과 같다.

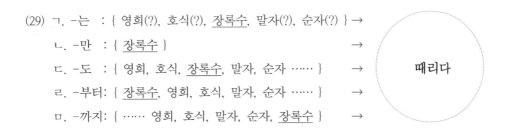

(ㄱ)처럼 체언에 '-는'이 쓰이면 다른 사람에 대하여는 언급하지 않고 '장록수'에 대해서만 언급하자면 '장록수'가 '연산'의 빰을 때린 사람의 범위에 들어간다는 것을 나타낸다. (ㄴ)처럼 '-만'이 붙으면 다른 사람은 때리지 않았고 단지 '장록수'가 혼자서 '연산'을 때린 사람의 범위에 포함됨을 나타낸다. (ㄷ)처럼 체언 다음에 '-도'가 실현되면 다른 사람과 더불어 '장록수'가 '연산'을 때린 사람의 범위에 포함됨을 나타낸다. 그리고 (ㄹ)처럼 '-부터'가 붙으면 '연산'을 때린 사람이 여럿이 있는데 그 가운데 '장록수'가 첫 번째로 때렸다는 뜻을 나타내며, (ㅁ)처럼 '-까지'가 붙으면 여러 사람이 '연산'을 때렸는데 '장록수'가 때린 사람의 범위에 마지막으로 포함됨을 나타낸다.

　이와 같이 국어에는 '주제, 대조, 한정, 포함, 비롯함, 미침' 등과 같은 화용론적인 의미를 나타내는 보조사가 대단히 발달되어 있다.

음 운 2부

제1장 음운의 체계
　1.1. 발음 기관
　1.2. 음성과 음운
　1.3. 음운의 체계

제2장 음운의 변동
　2.1. 음운의 교체
　2.2. 음운의 탈락
　2.3. 음운의 첨가
　2.4. 음운의 축약
　2.5. 음운 변동의 겹침

제1장 음운의 체계

인간은 말소리를 통해서 의사를 전달하는데, 제한된 수의 말소리로써 수많은 언어적 표현을 할 수 있다. 이러한 일은 말소리의 기본적인 단위인 음운들이 무질서한 상태로 있는 것이 아니라, 일정한 체계를 이루고 있기 때문에 가능하다.

제1장에서는 인간의 말소리를 생성하는 발음 기관의 모습과 기능을 이해하고, 발음 기관을 통해서 생성되는 음운과 음절의 체계를 살펴본다.

1.1. 발음 기관

성대 · 목젖 · 구개 · 이 · 잇몸 · 혀 등과 같이 말소리를 만들어 내는 데에 쓰는 신체의 각 부분을 '발음 기관'이라고 한다. 사람의 말소리는 이러한 발음 기관을 통해서 다음과 같은 세 가지 단계를 거쳐서 만들어진다.

$$발동부(폐) → 발성부(목청) → 조음부$$

〈그림 1〉 발음 기관

첫째 단계는 음파의 생성에 필요한 기류를 일으키는 작용을 한다. 이러한 작용은 허파(肺)가 담당하므로 허파를 '발동부(發動部)'라고 한다. 둘째 단계는 허파에서 나온 소리를

1차적으로 변형하여 말소리의 기본 성격(유성음, 무성음)을 형성하는 과정이다. 허파에서 생성된 공기는 기관을 통하여 후두(喉頭) 안에 있는 성문(聲門)을 지나면서 성대(聲帶)를 떨어 울리거나 울리지 않게 된다. 이처럼 목청의 울림이나 안울림을 통하여 유성음과 무성음을 만들어내는 성문과 성대(목청)를 '발성부(發聲部)'라고 한다.[1] 셋째 단계는 '조음(調音)'의 단계로서, 성문을 통과한 공기가 공깃길을 따라서 입 밖으로 나오면서 개개의 음성이 만들어진다. 이처럼 개개의 소리를 만들어 내는 입안이나 코안의 기관들을 '조음부(調音部)'라고 한다. 조음부에 속하는 기관으로는 '혀'를 비롯하여 '입술, 이, 잇몸, 입천장, 코안, 인두' 등이 있다.

조음부에 속하는 발음 기관의 모양과 명칭을 대략적으로 보이면 〈그림 2〉와 같다.

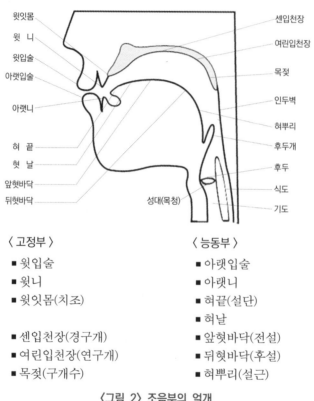

〈 고정부 〉	〈 능동부 〉
■ 윗입술	■ 아랫입술
■ 윗니	■ 아랫니
■ 윗잇몸(치조)	■ 혀끝(설단)
	■ 혀날
■ 센입천장(경구개)	■ 앞혓바닥(전설)
■ 여린입천장(연구개)	■ 뒤혓바닥(후설)
■ 목젖(구개수)	■ 혀뿌리(설근)

〈그림 2〉 조음부의 얼개

조음부의 기관 중에서 공깃길을 기준으로 위쪽에 있는 '윗입술, 윗니, 윗잇몸, 센입천장

---

1) 성문이 개방되어서 성대가 진동하지 않으면 무성음(無聲音)이 되는데, '파열음 · 마찰음 · 파찰음' 등은 기본적으로 무성음이다. 반면에 성문이 좁혀져서 성대가 진동하면 유성음(有聲音)이 되는데, 모음이나 비음, 유음 등은 유성음이다.

(경구개), 여린입천장(연구개)’ 등은 조음할 때에 움직이지 않으므로 ‘고정부(固定部)’라고 한다. 반면에 공깃길의 아랫쪽에 있는 ‘혀, 아랫입술, 아랫니’ 등은 조음할 때에 적극적으로 움직이므로, 이들 기관을 ‘능동부(能動部)’라고 한다. 개별 음성은 주로 능동부가 고정부로 향하는 상하 운동을 통하여 의해서 생성된다.

1.2. 음성과 음운

사람은 머릿속에 들어 있는 추상적인 소리(시니피앙)를 발음 기관을 이용하여 실제의 물리적인 소리로 입 밖으로 발화함으로써 의사를 전달한다.

〈음향과 음성〉이 세상에는 수많은 소리가 있는데, 이들 소리 중에서 인간의 발음 기관을 통하여 생성되어서 사람의 언어를 구성하는 물리적인 소리를 ‘음성(音聲, phone)’이라고 한다. 이와 같은 음성은 자연계에서 나는 다른 모든 소리(음향, 音響)와는 달리 자음과 모음으로 나누어지는 특징이 있다. 사람의 음성에서 나타나는 이러한 특징을 음성 언어의 ‘분절성(分節性)’이라고 하므로, 인간이 만들어 내는 음성은 ‘분절적인 소리’이다.

이에 반해서 사람이 내는 음성을 제외하고 ‘동물·자연 현상·사물’ 등 자연계의 모든 소리를 ‘음향(音響)’이라고 한다. 이러한 음향은 자음과 모음으로 구분되지 않는 ‘비분절적인 소리’라는 점에서 음성과 다르다.

〈음성과 음운〉사람이 만들어 내는 음성은 사람마다 다르며, 같은 사람이라고 하여도 특정한 음성을 발화할 때마다 각각 다르게 발음한다.

(1) ‘가곡’ ― [kagok˥] -〉 /kakok/

예를 들어서 (1)의 ‘가곡’이라는 단어 속에는 ‘ㄱ’의 소리가 세 번 쓰였는데, 각각의 소리들은 그것이 쓰이는 음성적 환경에 따라서 [k]와 [g]와 [k˥]로 각각 다르게 실현된다. 곧, 음절의 첫소리로는 무성음인 [k]로 발음되며, 모음과 모음 사이에서는 유성음인 [g]로 발음되며, 음절의 끝에서는 내파음인 [k˥]로 발음된다.[2] 이처럼 우리나라 사람들이 머릿속에서 인식하는 소리(음운)는 모두 /ㄱ/이지만 실제로 실현되는 물리적인 소리(음

---

2) 파열음을 발음의 방식에 따라서 ‘외파음’과 ‘내파음’으로 구분하기도 한다. 파열음의 전형적인 발음 과정은 발음 기관의 ‘닫음–지속–개방’의 3단계로 이루어지는데, ‘외파음(外破音)’은 개방의 단계가 있다. 반면에 ‘내파음(內破音)’은 마지막의 개방의 단계가 없는 파열음이다. 예를 들어서 /밥/에서 첫소리의 /ㅂ/은 개방의 단계가 있는 외파음이며, 끝소리의 /ㅂ/은 개방의 단계가 없는 내파음이다.

성)는 [k], [g], [kˀ]의 세 가지 소리로 각각 다르게 발음되는 것이다.

그런데 특정 언어를 모국어로 쓰는 사람에 따라서는, 이러한 물리적인 소리를 인식하는 방법이 다를 수가 있다.

(2) ㄱ. 불 [pul] — 뿔 [pʼul] — 풀 [pʰul]　　예사소리 된소리 거센소리
　　 ㄴ. peel [piːl] — feel [fiːl]

우리나라 사람들은 (2ㄱ)의 [ㅂ], [ㅃ], [ㅍ] 소리가 다르다는 것을 분명하게 인식하지만, 영어를 모국어로 쓰는 사람들은 이들 세 소리의 차이를 인식하지 못한다. 반면에 우리나라 사람은 영어를 모국어로 쓰는 사람들이 분명하게 차이를 인식하는 (2ㄴ)의 [p]와 [f]의 차이를 인식하지 못한다. 이처럼 실제로 실현되는 물리적인 소리와 사람의 머릿속에서 인식되는 소리는 다를 수가 있다.

말소리는 실제 세계에서 실현되는 물리적인 소리인 '음성'과 사람의 머릿속에서 인식되는 소리인 '음운'으로 구분할 수 있다. '음운(音韻)'은 사람들이 머릿속에서 같은 소리로 인식하는 추상적인 말소리로서, 단어의 의미적인 차이를 가져오는 '소리의 최소 단위'이다.

〈**음운의 추출 방법**〉 추상적인 말소리인 음운의 종류는 나라마다 다르다. 음운의 종류는 단어의 뜻을 구분하는 최소의 소리 단위를 검증함으로써 정할 수 있다.(준동음어)

(3) ㄱ. 불(火) : 뿔(角) : 풀(草)　　⇨　　/ㅂ/, /ㅃ/, /ㅍ/의 추출
　　 ㄴ. 발(足) : 벌(蜂) : 볼(頰) : 불(水)　⇨　/ㅏ/, /ㅓ/, /ㅗ/, /ㅜ/의 추출
　　 ㄷ. 감(柿) : 간(肝) : 각(各) : 강(江)　⇨　/ㅁ/, /ㄴ/, /ㄱ/, /ㅇ/의 추출

(ㄱ)의 '불', '뿔', '풀'은 첫소리인 /ㅂ/, /ㅃ/, /ㅍ/이 달라서 단어의 뜻이 달라졌다. (ㄴ)에의 '발', '벌', '볼', '불'은 가운뎃소리인 /ㅏ/, /ㅓ/, /ㅗ/, /ㅜ/이 달라서 단어의 뜻이 달라졌다. (ㄷ)의 '감', '간', '각', '강'은 끝소리인 /ㅁ/, /ㄴ/, /ㄱ/, /ㅇ/의 차이 때문에 단어의 뜻이 달라졌다. (ㄱ)과 (ㄷ)의 비교를 통해서 /ㅂ/, /ㅃ/, /ㅍ/과 /ㅁ/, /ㄴ/, /ㄱ/, /ㅇ/ 등의 음운을 가려내며, (ㄴ)의 비교를 통해서 /ㅏ/, /ㅓ/, ㅗ, /ㅜ/ 등의 음운을 가려 낸다.

1.3. 음운의 체계

모국어 화자의 머릿속에는 음운의 목록이 조직적으로 저장되어 있는데, 이를 '음운

체계'라고 한다. 단어의 뜻을 구별해 주는 최소의 단위인 '음운'은 소리의 성질에 따라서 음소와 운소로 나뉜다.

음운 ┬ 음소(분절적 음운): 자음, 모음
　　 └ 운소(비분절적 음운): **장단**, 고저, 강세, 억양

'음소(音素)'는 자음과 모음 등과 같이 소리의 경계를 나눌 수 있는 분절적(分節的)인 음운이다. 반면에 '운소(韻素)'는 장단(長短), 고저(高低), 강세(强勢), 억양(抑揚) 등과 같은 비분절적(非分節的)인 음운이다. 국어에서는 이들 음운 중에서 자음과 모음의 음소와 장단의 운소가 단어의 뜻을 구분할 수 있어서 음운으로 인정받는다.

1.3.1. 음소 체계

〈 **자음과 모음의 구분** 〉 음소는 발음을 할 때에 공기의 흐름이 발음 기관의 방해를 받느냐 받지 않느냐에 따라서 자음과 모음으로 나누어진다.

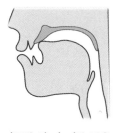
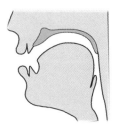

〈그림 3〉 /ㄷ/의 발음　　　　〈그림 4〉 /ㅏ/의 발음

〈그림 3〉은 자음인 /ㄷ/, /ㅌ/, /ㄸ/을 발음할 때의 입 모양인데, 혀끝을 윗잇몸에 닿게 하여 공기의 흐름을 막고 있다. 반면에 〈그림 4〉는 모음인 /ㅏ/를 발음할 때의 입 모양인데, 발음 기관의 접촉이 없어서 공기의 흐름을 막지 않고 있다.

(가) 모음의 체계

허파에서 나는 날숨이 입안에서 아무런 장애를 받지 않고, 목청(성대) 사이를 지나면서 목청(성대)이 떨어 울리면서 나는 소리를 '모음(母音)'이라고 한다. 모음은 발음의 방법에 따라서 단모음과 이중 모음으로 나누어진다. 모음은 모두 목청을 떨어 울리면서 나므

로 유성음(有聲音, 울림소리)에 해당한다.

〈단모음의 체계〉 '단모음(單母音)'은 발음할 때에 입술이나 혀가 고정되어서 움직이지 않는 모음인데, 〈표준 발음법〉에서는 원칙적으로 10개의 단모음을 인정하고 있다.

혀의 위치 / 혀의 높이	전 설 모 음		후 설 모 음	
	평 순	원 순	평 순	원 순
고 모 음	/ㅣ/	/ㅟ/	/ㅡ/	/ㅜ/
중 모 음	/ㅔ/	/ㅚ/	/ㅓ/	/ㅗ/
저 모 음	/ㅐ/		/ㅏ/	

〈표 1〉 국어의 단모음 체계

국어의 단모음은 다음과 같이 분류 된다. 첫째로 '혀의 최고점의 높이'를 기준으로 삼으면 입을 거의 닫고 발음하는 '고모음(高母音)', 입을 완전히 벌리고 발음하는 '저모음(底母音)'으로 나뉘며, 고모음과 저모음의 중간에 드는 '중모음(中母音)'이 있다. 둘째로 '혀의 최고점의 앞뒤'를 기준으로 삼으면 혀의 앞쪽을 가장 좁혀서 발음하는 '전설 모음(前舌母音)'과 혀의 뒤쪽을 가장 좁혀서 발음하는 '후설 모음(後舌 母音)'으로 나뉜다. 셋째로 입술의 모양에 따라서 각각 입술이 자연스럽게 펴진 모양으로 발음하는 '평순 모음(平脣母音)'과 입술이 동그랗게 모아져서 앞으로 튀어나온 모양으로 발음하는 '원순 모음(圓脣母音)'으로 나뉜다.

〈이중 모음의 체계〉 '이중 모음(二重母音)'은 발음하는 도중에 혀가 일정한 자리에서 시작하여 다른 자리로 옮겨 가는 모음이다. 곧, 처음에는 /j/나 /w/, /ɯ/의 '반모음'의 모양으로 소리를 내다가 나중에는 단모음으로 소리를 낸다.

'ㅣ'계 이중 모음		'ㅜ'계 이중 모음		'의'	
/ㅑ/	/j/→/ㅏ/	/ㅘ/	/w/→/ㅏ/	/ㅢ/	ɯ→/ㅣ/
/ㅕ/	/j/→/ㅓ/	/ㅝ/	/w/→/ㅓ/		
/ㅛ/	/j/→/ㅗ/	/ㅙ/	/w/→/ㅐ/		
/ㅠ/	/j/→/ㅜ/	/ㅞ/	/w/→/ㅔ/		
/ㅒ/	/j/→/ㅐ/				
/ㅖ/	/j/→/ㅔ/				

〈표 2〉 이중 모음의 유형과 발음 방법

이중 모음의 예로서 /ㅑ/는 극히 짧은 순간 동안에 /ㅣ/를 발음하고 곧이어 단모음인 /ㅏ/를 발음하는 이중 모음이다. 이처럼 이때에 혀가 /ㅣ/의 자리에서 /ㅏ/의 자리로 이동하면서 나는 과도음이 반모음인 /j/이다. 그리고 /ㅘ/는 혀가 /ㅜ/의 자리에서 /ㅏ/의 자리로 이동하면서 내는 이중 모음이다. 이 과정에서 혀가 /ㅜ/의 자리에서 /ㅏ/의 자리로 이동하면서 나는 과도음이 반모음인 [w]이다.[3]

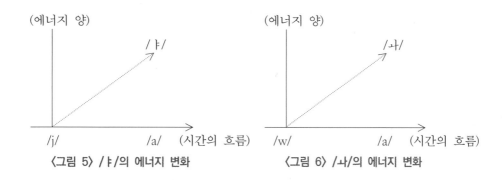

<그림 5> /ㅑ/의 에너지 변화   <그림 6> /ㅘ/의 에너지 변화

이중 모음은 모두 11개인데, 반모음의 종류에 따라서 세 가지 유형으로 나뉜다.

첫째, 'ㅣ계 이중 모음'인 /ㅑ/, /ㅕ/, /ㅛ/, /ㅠ/, /ㅒ/, /ㅖ/는 처음에는 /ㅣ/의 입 모양을 하고 있다가 나중에는 각각 /ㅏ/, /ㅓ/, /ㅗ/, /ㅜ/, /ㅐ/, /ㅔ/의 입 모양으로 옮겨 가면서 내는 '상향적 이중 모음'이다.[4]

둘째, 'ㅜ계 이중 모음'인 /ㅘ/, /ㅝ/, /ㅙ/, /ㅞ/는 처음에는 /ㅜ/의 입 모양을 하고 있다가 나중에는 /ㅏ/, /ㅓ/, /ㅐ/, /ㅔ/의 입 모양으로 옮겨 가면서 내는 '상향적 이중 모음'이다.[5]

셋째, /ㅢ/도 이중 모음으로 발음된다. /ㅢ/를 반모음인 /ɰ/으로 시작하여 단모음인 /ㅣ/로 발음되는 '상향적 이중 모음'인 /ɰi/로 보기도 하고, 단모음인 /ɨ/로 발음한 뒤에

---

3) 반모음인 /j/와 /w/, /ɰ/는 조음 기관이 주모음을 발음하기 위한 자세로 옮아가는 도중에 나는 소리라는 뜻으로 '과도음(過渡音)'이나 '활음(滑音)'이라고도 한다. 반모음은 반드시 다른 모음(단모음)에 붙어서만 발음되고, 스스로 음절을 구성하지 못한다는 점에서는 자음과 비슷하다. 그러나 이들 소리는 조음할 때에 막음이나 마찰이 일어나지 않는다는 점에서는 모음과 비슷하다. 그리고 반모음인 /j/, /w/, /ɰ/를 한글로 표기할 때에는 [ㅣ], [ㅜ], [ㅡ]로 적는다.

4) '상향적(식) 이중 모음(上向的 二重母音)'은 <그림 5, 6>의 /ㅑ/, /ㅘ/처럼 부모음인 반모음(/j/, /w/)이 주모음인 단모음 앞에 있는 이중 모음이다. 그리고 '하향적(식) 이중 모음(下向的 二重母音)'은 영어의 came /kejm/, how /haw/처럼 반모음이 단모음의 뒤에 실현되는 이중 모음이다.

5) /ㅟ/와 /ㅚ/는 원칙적으로는 단모음으로 규정한다. 곧 이들 모음은 각각 입술을 둥글게 한 채로 /ㅣ/와 /ㅔ/의 소리로 발음한다. 그러나 <표준 발음법> 제4항 붙임에서는 입술을 둥글게 한 뒤에 입술 모양을 평평하게 풀면서 /ㅣ/와 /ㅔ/로 발음하는 것도 허용한다. 이렇게 발음하면 /ㅟ/와 /ㅚ/는 이중 모음이 된다.

반모음인 /j/로 발음하는 '하향적 이중 모음'인 /ɨj/로 보기도 한다.

(나) 자음의 체계

'자음(子音)'은 발음할 때에 목 안이나 입안의 어느 부분이 막히거나 좁혀지거나 하여, 밖으로 나가는 공기의 흐름이 장애를 받아서 나는 소리인데, 모두 19개이다.

조음 방법		조음 위치	입술소리 (양순음) 윗입술 ⎯ 아랫입술	잇몸소리 (치조음) 윗잇몸 ⎯ 혀끝	센입천장소리 (경구개음) 센입천장 ⎯ 혓바닥	여린입천장소리 (연구개음) 여린입천장 ⎯ 혀뒤	목청소리 (후음) 목청 사이
안울림소리	파열음	예사소리	/ㅂ/	/ㄷ/		/ㄱ/	
		된 소 리	/ㅃ/	/ㄸ/		/ㄲ/	
		거센소리	/ㅍ/	/ㅌ/		/ㅋ/	
	파찰음	예사소리			/ㅈ/		
		된 소 리			/ㅉ/		
		거센소리			/ㅊ/		
	마찰음	예사소리		/ㅅ/			/ㅎ/
		된 소 리		/ㅆ/			
울림소리	비 음(콧 소 리)		/ㅁ/	/ㄴ/		/ㅇ/	
	유 음(흐름소리)			/ㄹ/			

〈표 3〉 자음의 음소 체계

〈 조음 방법에 따른 분류 기준 〉 공깃길의 특정한 위치에서 장애를 일으키는 방법을 '조음 방법'이라고 한다. 자음은 기본적 조음 방법에 따라서 '파열음, 마찰음, 파찰음, 비음, 유음' 등으로 나뉜다. 그리고 이 중에서 '파열음, 마찰음, 파찰음'은 '소리의 세기'에 따라서 각각 '예사소리, 된소리, 거센소리'로 다시 구분된다.

(1) ㄱ. /ㅂ, ㅃ, ㅍ; ㄷ, ㄸ, ㅌ; ㄱ, ㄲ, ㅋ/   [파열음]

    ㄴ. /ㅅ, ㅆ; ㅎ/   [마찰음]

    ㄷ. /ㅈ, ㅉ, ㅊ/   [파찰음]

    ㄹ. /ㅁ, ㄴ, ㅇ/   [비음]

    ㅁ. /ㄹ/   [유음]

(ㄱ)의 '파열음(破裂音)'은 허파에서 나오는 공기의 흐름을 일단 막았다가 그 막은 자리를 터트리면서 내는 소리이다. (ㄴ)의 '마찰음(摩擦音)'은 입안이나 성대 사이의 통로를 좁히고 공기를 그 좁은 틈 사이로 내보내어 마찰을 일으키면서 내는 소리이다. (ㄷ)의 '파찰음(破擦音)'은 허파에서 나오는 공기를 막았다가 서서히 터트리면서 마찰을 일으켜서 내는 소리이다. (ㄹ)의 '비음(鼻音)'은 여린입천장에 붙어 있는 목젖을 내려서 콧길을 열어 놓은 상태에서, 입안의 통로를 막아서 코로 공기를 내보내면서 내는 소리이다. (ㅁ)의 '유음(流音)'은 '우리'의 /ㄹ/처럼 혀끝을 잇몸에 가볍게 대었다가 떼어서 발음하거나, '달'의 /ㄹ/처럼 혀끝을 윗잇몸에 댄 채 공기를 그 양 옆으로 흘려 보내어서 발음하는 소리이다.

〈 조음 위치에 따른 분류 기준 〉 자음은 능동부가 고정부에 작용하는 조음 위치에 따라서, '입술소리, 잇몸소리, 센입천장소리, 여린입천장소리, 목청소리'로 나눌 수 있다.

(2) ㄱ. /ㅂ, ㅃ, ㅍ; ㅁ/   [입술소리]

ㄴ. /ㄷ, ㄸ, ㅌ; ㅅ, ㅆ; ㄴ; ㄹ/   [잇몸소리]

ㄷ. /ㅈ, ㅉ, ㅊ/   [센입천장소리]

ㄹ. /ㄱ, ㄲ, ㅋ; ㅇ/   [여린입천장소리]

ㅁ. /ㅎ/   [목청소리]

(ㄱ)의 '입술소리(양순음, 兩脣音)'는 아랫입술이 윗입술에 닿아서 나는 소리이다. (ㄴ)의 '잇몸소리(치조음, 齒槽音)'는 혀끝이 윗잇몸에 닿거나 접근하여서 나는 소리이다. (ㄷ)의 '센입천장소리(경구개음, 硬口蓋音)'는 능동부인 앞혓바닥(前舌)이 고정부인 센입천장(硬口蓋)에 닿아서 나는 소리이다. (ㄹ)의 '여린입천장소리(연구개음, 軟口蓋音)'는 능동부인 뒤혀가 고정부인 여린입천장에 닿아서 나는 소리이다. (ㅁ)의 '목청소리(喉音)'는 성대(목청)의 사이에서 나는 마찰음이다.

〈 성대의 울림에 따른 분류 기준 〉 모음과 /ㄴ, ㅁ, ㅇ, ㄹ/의 자음은 발음을 할 때에 목청(성대)의 떨림이 동반되는 '울림소리(유성음, 有聲音)'이며, /ㄴ, ㅁ, ㅇ, ㄹ/을 제외한 나머지 자음들은 모두 목청의 떨림이 동반되지 않는 '안울림소리(무성음, 無聲音)'이다.

1.3.2. 운소 체계

〈 운소의 개념 〉 자음과 모음과 같은 분절적인 요소뿐만 아니라 소리의 '길이(장단), 소리의 높임(고저), 소리의 세기(강약)' 등의 비분절적인 소리도 단어의 뜻을 분화할 수 있다. 이러한 소리를 '운소(韻素, 비분절음)'라고 하는데, 운소는 단독으로는 실현되지 않으며 반드시 모음과 함께 실현되어야 하는 특징이 있다. 운소는 단어나 문장의 뜻을 분화하는 데에 관여하기도 하고, 단순히 정서적인 의미를 나타내거나 잉여적으로 쓰이기도 한다.

〈**운소의 종류**〉현대 국어에서 단어의 뜻이나 문법적인 뜻을 분화하는 데에 관여하는 운소의 종류로는 소리의 '길이'와 '억양'이 있다.6)

첫째, 표준어에서는 소리의 '길이(장단, 長短)'가 모음에 덧붙어서 단어의 뜻을 구분한다.

(3) ㄱ. (馬, 斗) **[말]**　⇔　**[말 :]**　(言)
　　ㄴ. (罰)　**[벌]**　⇔　**[벌 :]**　(蜂)
　　ㄷ. (松)　**[솔]**　⇔　**[솔 :]**　(刷)
　　ㄹ. (成人)　**[성인]**　⇔　**[성 : 인]**　(聖人)
　　ㅁ. (父子)　**[부자]**　⇔　**[부 : 자]**　(富者)

(3)의 단어는 첫음절의 모음이 긴소리와 짧은소리로 대립하면서 단어의 뜻이 분화되었다. 그리고 〈표준 발음법〉제6항의 규정에 따르면, 둘째 음절 이하에서는 긴소리로 발음하지 않는다.

(4) ㄱ. 눈보라[눈 : 보라], 말씨[말 : 씨], 밤나무[밤 : 나무]
　　ㄴ. 많다[만 : 타], 멀리[멀 : 리], 벌리다[벌 : 리다]

(5) ㄱ. 첫눈[천눈], 참말[참말], 쌍동밤[쌍동밤]
　　ㄴ. 수많이[수 : 마니], 눈멀다[눈멀다], 떠벌리다[떠벌리다]

곧 (4)에서 '눈보라, 말씨, 밤나무; 많다, 멀리, 벌리다'와 같이 첫음절에서는 긴소리로 발음되는 단어들이, (5)의 '첫눈, 참말, 쌍동밤, 수많이, 눈멀다, 떠벌리다'처럼 둘째 음절 이하에 위치하면 짧은소리로 바뀌는 것이 특징이다.

둘째, '억양(抑揚)'은 대체로 문장의 끝에서 서술어로 표현되는 단어에 얹혀서 나타나는데, 문장의 종결 형식을 나타내는 구실을 한다.

---

6) '소리의 높이(高低)'는 한 단어 안에서 나타나는 소리의 높낮이를 이르는데, 이러한 소리의 높낮이도 단어의 뜻을 분화할 수 있다. 현재 '소리의 높이'가 운소로써 남아 있는 방언은 경상 방언과 함경 방언이다. 예를 들어서 경상 방언에서 '말'은 '말(言: 낮음)-말(斗: 중간)-말(馬: 높음)'으로 단어의 뜻이 구분된다.

(6) ㄱ. 문을 열어↓   (평서문, 명령문)

ㄴ. 문을 열어↑   (의문문)

ㄷ. 문을 열어→   (이어진 문장의 앞절)

대체로 평서문과 명령문에서는 (ㄱ)처럼 문장의 끝이 하강조로 실현되며, 의문문에서는 (ㄴ)처럼 상승조로 실현되며, 이어진 문장의 앞절은 수평조로 실현된다.

하나의 문장이 특정한 문맥에서는 하나의 단어로 실현되는 경우가 있는데, 이때에도 문장의 끝에 실현된 억양에 따라서 문장의 기능이 달라질 수 있다.

(7) ㄱ. 그렇지. ↓

ㄴ. 그렇지? ↑

(8) ㄱ. 예. ↓

ㄴ. 예? ↑

(7)에서 '그렇지'는 (ㄱ)처럼 하강조로 실현되면 평서문이 되고 (ㄴ)처럼 상승조로 실현되면 의문문이 된다. 그리고 (8)에서 '예'도 (ㄱ)처럼 하강조로 실현되면 화자가 상대방의 질문을 긍정적으로 확인하게 된다. 반대로 (ㄴ)처럼 상승조로 실현되면 화자가 상대방의 말에 대하여 '반문(反問)'이나 '놀람'을 표현하게 된다.

【 더 배우기 】

〈 음절의 개념 〉 '음절(音節)'은 발음할 때에 한 번에 소리를 낼 수 있는 소리의 단위, 혹은 한 뭉치로 이루어진 소리의 낱덩이이다. 곧, 음운이 모여서 이루는 소리의 덩어리 중에서 단독으로 자연스럽게 발음할 수 있는 최소의 소리 단위이다.

(1) ㄱ. 이 도서관에는 책을 읽는 사람이 많다.

ㄴ. /이/도/서/과/네/는/채/글/잉/는/사/라/미/만/타/

(2) 이(/ㅣ/), 도(/ㄷ/+/ㅗ/), 잉(/ㅣ/+/ㅇ/), 글(/ㄱ/+/ㅡ/+/ㄹ/)

(1)에서 (ㄱ)의 문장은 (ㄴ)처럼 15개의 음절 단위로 분석된다. 이러한 음절의 단위는 의미가 고려되지 않은 단위로서, 자음과 모음, 운소가 모여서 형성된다. 예를 들어서 국어의 음절은 (2)에서 '이'처럼 모음이 단독으로 이루어지거나, '도'처럼 자음과 모음, '잉'처럼 모음과 자음,

'글'처럼 자음과 모음과 자음의 형식으로 이루어진다.

〈 **음절의 구조** 〉 하나의 음절은 음소가 나타나는 위치에 따라서 '초성(初聲), 중성(中聲), 종성(終聲)'으로 나누어진다.

초성과 종성을 이루는 음소는 자음(C)이며 중성을 이루는 음소는 모음(V)이다. 그리고 중성으로 쓰이는 모음은 음절을 이루는 핵심적인 요소이므로 모음이 없으면 음절이 이루어지지 않는다.

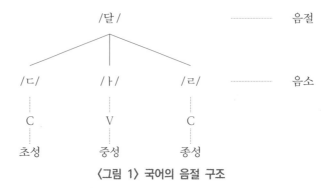

〈그림 1〉 국어의 음절 구조

국어의 음절 구조는 위의 〈그림 1〉처럼 (C)-V-(C)의 구조를 하고 있는데, 이때에 C는 자음이며, V는 단모음과 이중 모음을 포함한 모음이다.

〈 **음절의 종류** 〉 초성과 중성과 종성이 결합하는 방식에 따라서 음절의 유형이 'V형, CV형, VC형, CVC형'의 네 가지로 형성된다.

음절의 유형	단모음	이중 모음
V형	아, 어; 오, 우	야, 여; 와, 워
CV형	가, 거; 고, 구	갸, 겨; 과, 궈
VC형	알, 얼; 올, 울	얄, 열; 왈, 월
CVC형	갈, 걸; 골, 굴	걀, 결; 괄, 궐

〈표 1〉 음절의 유형과 수

먼저, V형은 '아, 어, 오, 우'와 같은 단모음과 '야, 여, 와, 워'와 같은 이중 모음으로 구성되었으며, CV형은 '가, 거, 고, 구; 갸, 겨; 과, 궈'처럼 자음과 모음으로 구성되었다. 그리고 VC형은 '알, 얼, 올, 울; 얄, 열, 왈, 월'처럼 모음과 자음으로 구성되었으며, CVC형은 '갈, 걸, 골, 굴; 걀, 결, 괄, 궐'처럼 자음과 모음과 자음으로 구성되었다.

제2장 음운의 변동

'형태소(形態素)'는 일정한 소리에 일정한 의미가 맞붙어서 된 말의 단위 중에서 가장 작은 단위를 이른다.

    (1) ㄱ. 나는 흰밥을 먹었다.
       ㄴ. 나-는 희-ㄴ 밥-을 먹-었-다

(1)에서 '나', '-는', '희-', '-ㄴ', '밥', '-을', '먹-', '-었-', '-다' 등은 각각 의미를 가진 최소의 언어적 단위인데, 이러한 언어 단위를 '형태소'라고 한다.
    그런데 형태소는 그것이 실현되는 조건(환경)에 따라서 그 꼴(형태)가 바뀔 수 있다.

    (2) {밭}
       ㄱ. 밭   /(/ㅣ/ 이외의 모음)   (보기) 밭+-을
       ㄴ. 받   /(비음 이외의 자음, #)   (보기) 밭+-과, 밭#
       ㄷ. 밫   /(/ㅣ/ 모음)   (보기) 밭+-이
       ㄹ. 반   /(비음)   (보기) 밭+-만

예를 들어서 '밭(田)'이라는 형태소(기본 형태)가 음운적인 환경에 따라서 /밭/, /받/, /밫/, /반/으로 그 형태가 실현된다고 설명할 수 있다. 곧, (ㄱ)의 '밭'은 /ㅣ/를 제외한 모음 앞에서는 형태 변화가 없이 /밭/으로 실현된다. 반면에 '밭'은 (ㄴ)처럼 그 뒤에 비음을 제외한 자음이 오거나 혹은 단독으로 쓰이면 /받/으로 실현되며, (ㄷ)처럼 그 뒤에 /ㅣ/

모음이 오면 /밫/으로 실현되며, (ㄹ)처럼 그 뒤에 비음의 자음이 이어서 나타나면 /반/으로 실현된다. 곧, 형태소와 형태소가 결합하는 과정에서 형태소 '밭'의 종성 /ㅌ/이 그것이 놓인 환경에 따라서 /ㄷ/, /ㅊ/, /ㄴ/ 등의 다른 음운으로 바뀐 것이다.

이처럼 형태소가 그것이 놓이는 환경에 따라서, 그 형태소의 특정한 음소가 '교체(交替)·탈락(脫落)·축약(縮約)·첨가(添加)' 되어서, 형태소의 꼴이 바뀌는 현상을 '음운의 변동(音韻變動, phonological alternation)'이라고 한다.

2.1. 음운의 교체

특정한 음소가 다른 음소로 바뀌는 변동을 교체라고 한다. '교체(交替)'에 해당하는 변동으로는 '음절 끝소리 규칙(평파열음화), 비음화, 유음화, 구개음화, 된소리되기'가 있다. 이러한 교체 현상의 유형으로는 동화 교체와 비동화 교체가 있다.

2.1.1. 동화 교체

'동화(同化)'는 발음을 편하게 하기 위하여 인접한 두 음운이 서로 닮는 현상이다. 주로 앞이나 뒤의 소리의 조음 위치나 조음 방법이 같아지거나 비슷해지는 현상이다. '동화 교체(同化 交替)'로는 '교체' 현상으로는 '비음화, 유음화, 구개음화' 등이 있다.

(가) 비음화

'비음화(鼻音化, 콧소리되기)'는 비음이 아닌 소리가 그 뒤에 실현되는 비음에 동화되어 비음으로 바뀌는 현상을 아울러서 이른다(조음 방법의 동화).

첫째, /ㄴ, ㅁ, ㅇ/의 뒤에 유음인 /ㄹ/이 이어서 날 때에, 유음인 /ㄹ/이 비음인 /ㄴ/으로 바뀐다(순행 동화).

   (3) 결단-력[결딴녁], 침략[침냑], 종로[종노]

'결단력'에서는 /ㄴ/에 이어 나는 /ㄹ/이, '침략'에서는 /ㅁ/에 이어 나는 /ㄹ/이, '종로'에서는 /ㅇ/에 이어 나는 /ㄹ/이 /ㄴ/으로 바뀌었다.

둘째, 파열음인 /ㅂ, ㄷ, ㄱ/의 뒤에 비음인 /ㅁ, ㄴ/이 이어서 날 때에, 파열음인 /ㅂ,

ㄷ, ㄱ/이 비음인 /ㅁ, ㄴ, ㅇ/으로 바뀐다(역행 동화).

(4) 밥물[밤물], 맏며느리[만며느리], 국물[궁물]

'밥물'에서는 /ㅂ/이 /ㅁ/에 동화되어서 같은 자리에서 발음되는 /ㅁ/으로 바뀌었고, '맏며느리'에서는 /ㄷ/이 /ㅁ/에 동화되어서 /ㄴ/으로 바뀌었다. '국물'에서는 /ㄱ/이 /ㅁ/에 동화되어서 /ㅇ/으로 바뀌었다.

셋째, '유음의 비음화'가 끝난 뒤에 다시 '파열음의 비음화'가 일어날 수 있다.

(5) 섭리[→ 섭니 → **섬니**], 몇 리[→ (멷리) → 멷니 → **면니**], 백로[→ 백노 → **뱅노**]

'섭리'는 /ㅂ/의 뒤에 이어 나는 /ㄹ/이 /ㄴ/으로 바뀐 뒤에(유음의 비음화), 다시 /ㅂ/이 /ㄴ/의 앞에서 /ㅁ/으로 바뀌었다(파열음의 비음화). '몇 리'는 /ㄷ/의 뒤에 이어서 나는 /ㄹ/이 /ㄴ/으로 바뀐 뒤에, 다시 /ㄷ/이 /ㄴ/의 앞에서 /ㄴ/으로 바뀌었다. '백로'는 /ㄱ/의 뒤에 이어 나는 /ㄹ/이 /ㄴ/으로 바뀐 뒤에, 다시 /ㄱ/이 /ㅇ/으로 바뀌었다.

(나) 유음화

'유음화(流音化, 흐름소리되기)'는 /ㄹ/에 이어서 /ㄴ/이 실현되거나 반대로 /ㄴ/에 이어서 /ㄹ/이 실현될 때에, 비음인 /ㄴ/이 유음인 /ㄹ/에 동화되어서 /ㄹ/로 바뀌는 현상이다(조음 방법의 동화).

첫째, 뒤 음절의 /ㄴ/이 앞 음절의 /ㄹ/에 동화되어서 /ㄹ/로 바뀐다(순행 동화).

(6) ㄱ. 길눈[길룬], 달나라[달라라], 할는지 [할른지]
    ㄴ. 끓는[→ 끌는 → 끌른], 핥네[→ 할네 → 할레]

(ㄱ)의 '길눈'에서는 앞 음절의 끝소리인 /ㄹ/에 동화되어서 뒤 음절의 첫소리인 /ㄴ/이 /ㄹ/로 바뀌었다. 그리고 (ㄴ)의 '끓는'은 자음군 단순화에 따라서 [끌는]으로 바뀐 다음에, 뒤 음절의 /ㄴ/이 앞 음절의 /ㄹ/에 동화되어서 /ㄹ/로 바뀌었다.

둘째, 앞 음절의 /ㄴ/이 뒤 음절의 /ㄹ/에 동화되어서 /ㄹ/로 바뀐다(역행 동화).

(7) 광한루[광할루], 권력[궐력], 대관령[대괄령], 산림[살림], 신라[실라], 천리[철리]

'광한루'에서는 뒤 음절의 첫소리인 /ㄹ/에 동화되어서, 앞 음절의 끝소리인 /ㄴ/이 /ㄹ/로 바뀌어서 [광할루]로 실현되었다. (7)에 제시된 단어는 대부분 한자어로 형성된 복합어인데, 모두 의존 형태소와 의존 형태소가 결합되었다는 점이 특징이다.

그런데 /ㄴ/과 /ㄹ/이 이어지더라도 모든 단어에서 앞의 /ㄴ/이 /ㄹ/로 바뀌는 것은 아니다. 곧, 비음인 /ㄴ/과 유음인 /ㄹ/이 이어지더라도, 앞의 말이 자립성을 띨 때에는 뒤의 /ㄹ/이 앞의 /ㄴ/에 동화되어 /ㄴ-ㄴ/으로 실현된다.(비음화).

(8) 결단-력[결딴녁], 공권-력[공꿘녁], 동원-령[동원녕], 보존-료[보존뇨], 상견-례[상견네], 생산-량[생산냥], 신문-로[신문노], 음운-론[으문논], 임진-란[임진난], 입원-료[이붠뇨]

예를 들어서 '결단-력'은 자립적으로 쓰이는 '결단(어근)'에 접미사인 '-력'이 붙어서 형성된 파생어인데, 이때에는 앞 어근의 /ㄴ/에 동화되어서 접미사의 /ㄹ/이 /ㄴ/으로 바뀐다. 반면에 앞의 (7)에서 '광한루'나 '권력' 등의 예는 앞 말인 '광한'이나 '권-'이 자립성을 띠지 않아서, 뒤의 '-루'나 '-력'과 쉽게 분리되지 않는다는 특징이 있다.

(다) 구개음화

'구개음화(口蓋音化)'는 끝소리가 /ㄷ, ㅌ/인 형태소가 단모음인 / ㅣ /나 이중 모음인 / ㅑ, ㅕ, ㅛ, ㅠ/로 시작되는 형식 형태소와 만날 때에, /ㄷ, ㅌ/이 센입천장소리(경구개음)인 /ㅈ, ㅊ/으로 바뀌는 변동 현상이다.[1](조음 위치의 동화)

(9) 밭이[바치], 끝이[끄치], 솥이다[소치다]

(10) ㄱ. 맏이[마지], 해돋이[해도지], 땀받이[땀바지]

ㄴ. 굳이[구지], 같이[가치], 샅샅이[삳싸치]

(11) ㄱ. 붙이다[부치다]

ㄴ. 닫히다[다티다 → 다치다], 묻히다[무티다 → 무치다], 걷히다[거티다 → 거치다]

(9)에서 '밭이, 끝이; 솥이다' 등은 체언에 조사 '-이'나 '-이다'가 붙으면서 체언의 끝소리 /ㅌ/이 /ㅊ/으로 바뀌었다. (10)에서 '맏이, 해돋이, 굳이, 같이, 샅샅이' 등은 어근에

---

1) '형식 형태소(形式 形態素)'는 실질적인 뜻이나 어휘적인 뜻이 분명하게 드러나지 않는 형태소이다. 국어에서는 용언의 어미나 조사, 파생 접사 등이 형식 형태소에 속한다.

파생 접미사인 '-이'가 붙어서 형성된 파생어이다. 이 과정에서 어근의 끝소리인 /ㄷ/과 /ㅌ/이 각각 /ㅈ/과 /ㅊ/으로 바뀌었다. (11)에서 '붙이다, 닫히다, 묻히다' 등은 용언의 어근에 파생 접미사인 '-이-'나 '-히-'가 붙어서 형성된 사동사나 피동사이다. 이렇게 사동사나 피동사가 파생되는 과정에서 /ㅌ/이 /ㅊ/으로 바뀌었다.

2.1.2. 비동화 교체

'비동화 교체(非同化 交替)'는 동화의 원인이 없이 일어나는 교체인데, 비동화 교체로는 '음절 끝소리 규칙'과 '된소리되기'가 있다.

(가) 음절 끝소리 규칙

국어의 자음은 총 19개인데 이들 자음 중에서 음절의 끝소리(종성)로 발음될 수 있는 자음은 /ㄱ, ㄴ, ㄷ, ㄹ, ㅁ, ㅂ, ㅇ/의 7개로 한정된다. 이러한 제약에 따라서 음절의 끝 자리에 이러한 일곱 자음 이외의 자음이 오게 되면, 일곱 자음 중의 하나로 바뀌게 된다. 이러한 교체 현상을 '음절 끝소리 규칙(평파열음화)'이라고 한다.[2]

	(첫소리)		(끝소리)	
(12)	ㄱ. /ㅍ/	→	/ㅂ/	(입술소리)
	ㄴ. /ㅋ, ㄲ/	→	/ㄱ/	(여린입천장소리)
	ㄷ. /ㅌ, ㅅ, ㅆ; ㅈ, ㅊ; ㅎ/	→	/ㄷ/	(잇몸소리)

(ㄱ)처럼 /ㅍ/이 끝소리로 쓰일 때에는 /ㅂ/으로 바뀌어서 발음되고, (ㄴ)처럼 /ㄲ, ㅋ/이 끝소리로 쓰일 때에는 /ㄱ/으로 발음되며, (ㄷ)처럼 /ㅌ, ㅅ, ㅆ/과 /ㅈ, ㅊ/과 /ㅎ/이 끝소리로 쓰일 때에는 /ㄷ/으로 발음된다. 이들은 모두 된소리나 거센소리의 파열음이나 마찰음, 파찰음이 동일한 조음 위치에서 발음되는 예사소리의 파열음(평파열음)인 /ㅂ/, /ㄷ/, /ㄱ/으로 바뀌는 현상이다. 조음 위치에 따른 음절 끝소리 규칙의 예는 다음과 같다.

(13) ㄱ. 잎[입], 깊다[깁따]

ㄴ. 부엌[부억], 닭고[닥꼬]

---

2) '음절 끝소리 규칙'은 음절의 끝 자리에서 '경파열음(된소리의 파열음)'과 '격파열음(거센소리의 파열음)'이 '평파열음(예사소리의 파열음)'으로 바뀌는 교체 현상이므로 '평파열음화'라고도 한다.

ㄷ. 같고[갇꼬], 낫[낟], 있고[읻꼬]; 낮[낟], 낯[낟]; 놓는[녿는] → 논는]

(13)의 예는 모두 홑받침이 종성의 자리에서 7개 자음 중의 하나로 바뀐 예이다. (ㄱ)에서는 끝소리의 자리에서 입술소리인 /ㅍ/이 /ㅂ/으로 바뀌었다. (ㄴ)에서는 여린입천장소리인 /ㅋ/과 /ㄲ/이 /ㄱ/으로 바뀌었다. (ㄷ)에서는 잇몸소리인 /ㅌ/과 /ㅅ, ㅆ/, 센입천장소리인 /ㅈ, ㅊ/, 목청소리인 /ㅎ/ 등이 /ㄷ/으로 바뀌었다.

(나) 된소리되기

두 형태소가 이어지는 과정에서 앞 형태소의 끝소리의 영향을 받아서 뒤 형태소의 예사소리가 된소리로 바뀌는 현상을 '된소리되기(경음화, 硬音化)'라고 한다. 된소리되기가 일어나는 언어적 환경에 따라서, 된소리되기의 유형을 다음과 같이 나눌 수 있다.

〈 파열음인 /ㅂ, ㄷ, ㄱ/의 뒤에서 〉 앞 형태소의 끝소리가 예사소리의 파열음인 /ㅂ, ㄷ, ㄱ/인 때에, 뒤 형태소의 첫소리로 나는 /ㅂ, ㄷ, ㄱ, ㅅ, ㅈ/이 된소리인 /ㅃ, ㄸ, ㄲ, ㅆ, ㅉ/으로 변동한다. '파열음 뒤의 된소리되기'에 나타나는 변동의 양상은 다음과 같이 정리할 수 있다(보편적 변동).

(14) ㄱ. 밥보[밥뽀], 뻗대다[뻗때다], 국밥[국빱], 밥그릇[밥끄릇], 멱살[멱쌀], 곧장[곧짱]

ㄴ. 잡-다가[잡따가], 닫-고[닫꼬], 먹-도록[먹또록]

예를 들어서 (ㄱ)의 '밥보'는 앞 소리가 /ㅂ/이고 뒤 소리가 예사소리 /ㅂ/인 환경에서, 뒤의 예사소리가 된소리로 바뀌었다. (ㄴ)의 '잡-다가'는 앞 소리가 /ㅂ/이고 뒤 소리가 예사소리 /ㄷ/인 환경에서, 뒤 소리의 예사소리가 된소리로 바뀌었다.

〈 /ㄴ, ㅁ/으로 끝나는 어간 뒤에서 〉 용언이 활용할 때에 비음인 /ㄴ, ㅁ/로 끝나는 용언의 어간에 /ㄷ, ㄱ, ㅅ, ㅈ/으로 시작하는 어미가 붙어서 활용하면, 어미의 첫소리인 /ㄷ, ㄱ, ㅅ, ㅈ/이 /ㄸ, ㄲ, ㅆ, ㅉ/로 바뀔 수 있다.

(15) ㄱ. 신-도록[신또록], 신-기[신끼]; 얹-소[언쏘], 얹-자[언짜]

ㄴ. 담-더니[담떠니], 삼-기[삼끼]; 닭-소[담쏘], 젊-지[점찌]

(ㄱ)에서 '신다(履)'와 '안다(抱)' 등과 같이 /ㄴ/으로 끝나는 어간에 /ㄷ, ㄱ, ㅅ, ㅈ/으로 시작하는 어미가 이어질 때에는, 어미의 첫소리가 /ㄸ, ㄲ, ㅆ, ㅉ/으로 바뀌었다. (ㄴ)에

서 (ㄱ)의 '담다'와 (ㄴ)의 '삶다' 등과 같이 /ㅁ/으로 끝나는 어간에 /ㄷ, ㄱ, ㅅ, ㅈ/으로 시작하는 어미가 이어지면, 어미의 첫소리가 /ㄸ, ㄲ, ㅆ, ㅉ/으로 바뀌었다.

〈 관형사형 어미인 '-을'의 뒤에서 〉 관형사형 전성 어미인 '-을'에 이어서 실현되는 체언의 예사소리인 /ㅂ, ㄷ, ㄱ, ㅅ, ㅈ/도 된소리로 바뀐다.

(16) 할 바를[할빠를], 갈 데가[갈떼가], 할 것을[할꺼슬], 할 수는[할쑤는], 할 적에[할쩌게]

(16)에서는 관형사형 어미인 '-ㄹ'에 이어서 실현된 체언의 /ㅂ, ㄷ, ㄱ, ㅅ, ㅈ/이 각각 /ㅃ, ㄸ, ㄲ, ㅆ, ㅉ/으로 바뀌었다.

〈 한자어 복합어에서 앞 어근의 /ㄹ/ 뒤에서 〉 한자어 복합어에서 유음인 /ㄹ/로 끝나는 앞 어근에 /ㄷ, ㅅ, ㅈ/으로 시작하는 뒤 어근이 이어질 때에, 뒤 어근의 첫소리가 /ㄸ, ㅆ, ㅉ/으로 변동하는 수가 있다.

(17) ㄱ. 갈등[갈뜽], 말살[말쌀], 갈증[갈쯩]
ㄴ. 발각[발각], 출발[출발]

(ㄱ)에서는 앞 어근의 끝소리가 /ㄹ/일 때에 뒤 어근의 첫소리인 /ㄷ, ㅅ, ㅈ/이 각각 /ㄸ, ㅆ, ㅉ/으로 바뀌었다. 반면에 (ㄴ)처럼 앞 어근의 끝소리가 /ㄹ/일지라도, 뒤 어근의 첫소리가 /ㄱ/이나 /ㅂ/일 때에는 된소리되기가 일어나지 않는다.

〈 명사 합성어의 어근과 어근 사이에서 〉 명사 합성어에서 앞 어근의 끝소리가 울림소리(유성음)이고, 뒤 어근의 첫소리가 안울림(무성음)의 예사소리이면, 뒤의 예사소리가 된소리로 변할 수가 있다(사잇소리 현상).[3)]

(18) ㄱ. 초+불 → [초뿔], 배+사공 → [배싸공]
ㄴ. 촌+사람 → [촌싸람], 밤+길 → [밤낄], 물+독 → [물똑], 등+불 → [등뿔]

위의 예는 끝소리가 모음이나 유성 자음인 어근이 예사소리로 시작하는 어근과 결합하는 과정에서, 뒤 어근의 /ㅂ, ㅅ, ㄱ, ㄷ/이 /ㅃ, ㅆ, ㄲ, ㄸ/으로 바뀌었다. (ㄱ)에서는 앞 어근의 끝소리가 모음일 때에 된소리가 일어났으며, (ㄴ)은 앞 어근의 끝소리가 /ㄴ, ㅁ,

---

3) 명사와 명사와 결합하여 종속적인 명사 합성어를 이룰 때에, 뒤 어근의 예사소리가 된소리로 바뀌거나 두 어근 사이에 /ㄴ/이 첨가될 수 있다. 이러한 음운 변동을 '사잇소리 현상'이라고 한다. (보기: 촛불(/초뿔/), 잇몸(/인몸/))

ㄹ, ㅇ/의 유성 자음일 때에 된소리되기가 일어났다.(한정적 변동)

2.2. 음운의 탈락

형태소의 경계에서 두 음운이 이어질 때에, 한 음운이 완전히 탈락(脫落)하여 없어지는 경우가 있다. 음운의 탈락에는 자음이 탈락하는 경우와 모음이 탈락하는 경우가 있다.

2.2.1. 자음의 탈락

자음의 탈락에는 '자음군 단순화'와 'ㄹ'의 탈락, 'ㅎ'의 탈락' 등이 있다.

(가) 자음군 단순화

국어에서 종성의 자리에 실현될 수 있는 겹받침은 /ㄳ, ㄵ, ㄶ, ㄺ, ㄽ, ㄾ, ㅀ, ㅄ, ㄻ, ㄼ, ㄿ/의 11개가 있다. 이들 겹받침은 자음 앞이나 휴지 앞에서 한쪽의 자음이 탈락하는데, 이를 '자음군 단순화(겹받침 줄이기)'라고 한다. 이러한 현상은 국어의 음절 구조상 첫소리나 끝소리의 위치에 자음이 하나만 올 수 있는 제약 때문에 일어나는 현상이다.

첫째, 겹받침 중에서 'ㄳ; ㄵ, ㄶ; ㄺ, ㄻ, ㄼ, ㄽ, ㄿ, ㄾ, ㅀ; ㅄ'은 자음의 강도에 따른 차이에 따라서 겹받침 중에서 강도가 약한 자음이 탈락한다.[4]

(19) ㄱ. /ㄳ/ → /ㄱ/ : 몫[목], 삯[삭]
　　ㄴ. /ㄵ/ → /ㄴ/ : 앉고[안꼬], 얹지[언찌]
　　ㄷ. /ㄶ/ → /ㄴ/ : 많네[만네], 않느냐[안느냐]
　　ㄹ. /ㄺ/ → /ㄱ/ : 맑다[막따], 늙지[늑찌], 닭[닥], 흙과[흑꽈]
　　ㅁ. /ㄻ/ → /ㅁ/ : 젊다[점따], 닮다[담 : 따], 삶[삼]

---

4) 자음군 단순화 현상은 기본적으로 자음의 강도에 관련한 원칙에 따른다. 곧, 자음의 소리는 조음 위치에 따라서 '여린입천장소리 〉 입술소리 〉 잇몸소리'의 순서로 강도가 정해져 있다. 이에 따라서 끝소리에 실현되는 겹자음에서는 두 소리 중에서 강도가 센 쪽이 남고 강도가 약한 쪽이 탈락한다. 그리고 만일 두 소리의 조음 위치가 동일하여 강도가 같을 경우에는, 유성 자음이 남고 무성 자음이 탈락한다. 예를 들어서 (19)에서 (ㄴ)의 /ㄵ/과 (ㄷ)의 /ㄶ/에 실현되는 /ㅈ/과 /ㅎ/에 음절 끝소리 규칙을 적용하면, /ㅈ/과 /ㅎ/이 /ㄷ/으로 바뀐다. 결과적으로 /ㄵ/과 /ㄶ/의 겹자음들은 앞 소리와 뒤 소리가 /ㄸ/으로 둘 다 잇몸소리여서 자음의 강도가 같다. 따라서 /ㄵ/과 /ㄶ/의 겹자음에서는 유성 자음인 /ㄴ/이 남고 무성 자음인 /ㅈ/과 /ㅎ/이 탈락한다(양순임, 2011:194 참조).

ㅂ. /ㄼ/ → /ㅂ/ : 밟게[밥께], 넓죽하다[넙쭈카다])   (cf. 여덟[여덜], 넓다[널따])

ㅅ. /ㄽ/ → /ㄹ/ : 외곬[외골], 물곬[물꼴]

ㅇ. /ㄿ/ → /ㅂ/ : 읊다[읍따], 읊고[읍꼬]

ㅈ. /ㄾ/ → /ㄹ/ : 핥다[할따], 훑고[훌꼬]

ㅊ. /ㅀ/ → /ㄹ/ : 끓는[끌는], 잃소[일쏘]

ㅋ. /ㅄ/ → /ㅂ/ : 없고[업꼬], 값[갑]

(19)에서 'ㄳ; ㄵ, ㄶ; ㄺ, ㄻ, ㄼ, ㄽ, ㄿ, ㄾ, ㅀ; ㅄ'의 겹받침은 자음의 강도에 따라서, 강도가 약한 자음이 탈락하여 홑받침으로 발음된다.

그런데 'ㄹ'로 시작하는 겹받침은 자음의 강도에 따른 탈락 규칙을 지키지 않는 예외가 있다.

(20) ㄱ. 여덟[여덜], 넓다[널따]

　　　ㄴ. 맑게[말께], 묽고 [물꼬], 얽거나 [얼꺼나]

(ㄱ)에서 'ㄼ'은 '여덟[여덜]'과 '넓다[널따]'처럼 /ㄹ/보다 강도가 센 자음인 /ㅂ/이 탈락하여 예외적으로 /ㄹ/로만 발음될 수도 있다. 그리고 〈표준 발음법〉의 제11항에서는 "다만, 용언의 어간 말음인 'ㄺ'은 'ㄱ' 앞에서 [ㄹ]로 발음한다."라고 규정하여 예외를 인정하고 있다. 이에 따라서 (ㄴ)에서 'ㄺ'은 '맑게[말께], 묽고[물꼬], 얽거나[얼꺼나]'처럼 강도가 센 자음인 /ㄱ/이 탈락한다.

둘째, '만들다, 둥글다, 울다, 알다, 멀다, 길다'처럼 /ㄹ/로 끝나는 용언의 어간에 관형사형 어미인 '-ㄴ'이나 '-ㄹ', 그리고 종결 어미인 '-ㅂ니다, -ㅂ니까' 등이 붙어서 활용할 때에도 자음군 단순화가 적용된다.[5]

(21) ㄱ. 만들- +-ㄴ　　: [*만듥 → 만든]

　　　ㄴ. 둥글- +-ㄹ　　: [*둥긂 → 둥글]

　　　ㄷ. 울- +-ㅂ니다 : [*욺니다 → 웁니다]

---

5) '만든, 둥글, 웁니다'에서 일어나는 변동을 'ㄹ' 탈락으로 처리하지 않고 자음군 단순화로 처리하는
　이유는, '만들-, 둥글-, 울-' 등이 '-ㄴ, -ㄹ, -ㅂ니다'와 결합할 때에 매개 모음을 취하지 않기
　때문이다(cf. 만들면, 둥글면, 울면). 그러나 현행의 〈언어와 매체〉 교과서에는 '만든, 둥글, 웁니다'
　를 'ㄹ' 탈락으로 처리하고 있다.

'만들다, 둥글다, 울다'의 어간인 '만들-, 둥글-, 울-'에 어미인 '-ㄴ, -ㄹ, -ㅂ니다'가 결합하여 활용할 때에는, '*만듥, *둥긂, *욿니다'의 형태가 유도된다. 그러나 '*만듥, *둥긂, *욿니다'에서 나타나는 겹받침은 국어의 음절 구조에 맞지 않으므로, 겹받침 중에서 어간의 자음인 /ㄹ/을 탈락시켜서 '만든, 둥글, 웁니다'의 형태로 실현된다.

(나) 'ㄹ'의 탈락

"ㄹ'의 탈락'은 용언 어간의 끝소리인 /ㄹ/이 /ㄴ/이나 /ㅅ/으로 시작하는 어미의 앞에서 탈락하는 음운 변동이다.

> (22) ㄱ. 만들+는 → [만드는], 둥글+니 → [둥그니], 울+는 → [우는]
> ㄴ. 매달+소 → [매다소], 만들+세 → [만드세], 살+시+다 → [사시다]

(ㄱ)의 '만드는'과 '둥그니'는 '만들(作)-'과 '둥글(圓)-'의 끝소리인 /ㄹ/이 어미의 첫소리인 /ㄴ/ 앞에서 탈락했다. (ㄴ)의 '매다소'와 '만드세'는 '매달(縣)-'과 '만들(作)-'의 끝소리인 /ㄹ/이 어미의 첫소리인 /ㅅ/ 앞에서 탈락했다.

'ㄹ'의 탈락은 주로 (22)처럼 용언이 활용할 때에 어간의 끝소리인 /ㄹ/이 탈락하는 것이 일반적이다. 그런데 합성어나 파생어가 형성되는 과정에서도, 앞 어근의 끝소리 /ㄹ/이 뒤 어근의 첫소리 /ㄴ, ㄷ, ㅅ, ㅈ/ 앞에서 탈락하는 경우가 있다.

> (23) ㄱ. 불+나비[부나비], 솔+나무[소나무]
> ㄴ. 달+달이[다달이], 말+되[마되], 열+닫이[여닫이]
> ㄷ. 말+소[마소], 불+삽[부삽], 불+손[부손], 활+살[화살]
> ㄹ. 물+자위[무자위], 쌀+전[싸전], 울+짖다[우짖다]
>
> (24) ㄱ. 딸+님[따님], 하늘+님[하느님]
> ㄴ. 바늘+질[바느질]

(23)의 단어는 어근과 어근이 결합하여 합성어가 형성되는 과정에서 앞 어근의 끝 자음인 /ㄹ/이 탈락하였다. (ㄱ)의 '부나비'에서 '부(← 불)'는 /ㄴ/ 앞에서, (ㄴ)의 '다달이'에서 '다(← 달)'는 /ㄷ/ 앞에서, (ㄷ)의 '마소'에서 '마(← 말)'는 /ㅅ/ 앞에서, (ㄹ)의 '무자위'에서 '무(← 물)'는 /ㅈ/ 앞에서 어근의 끝소리인 /ㄹ/이 탈락하였다. 그리고 (24)에서 '따님'과 '바느질'은 어근에 접미사가 붙어서 된 파생어인데, 각각 접미사의 첫소리인 /ㄴ/과 /ㅈ/

앞에서 어근의 끝소리인 /ㄹ/이 탈락하였다.

　그런데 (23)과 (24)처럼 복합어에서 일어나는 'ㄹ'의 탈락의 현상은 보편적으로 일어나는 현상이 아니다. 동일한 음운론적 환경에서도 앞 어근의 끝 소리인 /ㄹ/이 그대로 유지되거나, /ㄹ/이 /ㄷ/으로 변동하는 경우도 있기 때문이다(한정적 변동).

　　(25) ㄱ. 물+난리[물랄리], 물+동이[물똥이], 철+새[철쌔], 물+지게[물찌게]
　　　　ㄴ. 이틀+날[이튼날], 설+달[섣달], 풀+소[풀쏘], 잘+주름[잗쭈름]

(ㄱ)의 '물난리'에서는 앞 어근의 끝소리인 /ㄹ/이 그대로 유지되었으며, (ㄴ)의 '이튿날'에서는 앞 어근의 끝소리인 /ㄹ/이 /ㄷ/으로 바뀌었다. 따라서 합성어나 파생어에서 나타나는 'ㄹ'의 탈락의 현상은 단어마다 개별적으로 일어나는 '한정적인 변동'이다.

(다) 'ㅎ'의 탈락

　"'ㅎ'의 탈락"은 /ㅎ/으로 끝나는 용언의 어간에 모음으로 시작하는 어미나 파생 접미사가 붙으면, 어간의 /ㅎ/이 탈락하는 음운 변동이다.[6]

　　(26) ㄱ. 좋+아[조아], 낳+아도[나아도], 놓+아야[노아야], 넣+어라[너어라]
　　　　ㄴ. 좋+은[조은], 낳+으며[나으며], 놓+으면[노으면], 넣+으니[너으니]
　　　　ㄷ. 쌓+이다[싸이다], 끓+이다[끄리다], 놓+이다[노이다]

(ㄱ)에서는 '좋다, 낳다, 놓다, 넣다'의 어간에 모음으로 시작하는 어미인 '-아, -아도, -아야, -어라' 등이 붙어서 활용할 때에, 어간의 끝소리인 /ㅎ/이 탈락하였다. 그리고 (ㄴ)에서는 /ㅎ/으로 끝나는 어간에 매개 모음인 /ㅡ/를 앞세우는 어미와 결합하여 활용하는 과정에서 어간의 끝소리 /ㅎ/이 탈락하였다. (ㄷ)은 /ㅎ/으로 끝나는 어근인 '쌓-, 끓-, 놓-'에 모음으로 시작하는 파생 접미사인 '-이-'가 붙는 과정에서 어근의 끝소리 /ㅎ/이 탈락하였다.

---

6) 'ㅎ' 탈락의 현상은 /ㅎ/이 모음과 모음 사이에서 유성음화하여 약화됨으로써 일어나는 현상이다. 곧, /ㅎ/이 (26)처럼 유성음과 유성음의 사이에 실현될 때에는, 원래의 '무성의 후두 마찰음(/h/)'의 음가를 유지하지 못하고 유성의 후두 마찰음인 [ɦ]으로 바뀐다. 언중들은 약화된 [ɦ]의 소리를 하나의 음소로 인식하지 못하므로, /ㅎ/이 탈락한 것으로 생각하는 것이다. 이에 반해서 'ㅎ' 불규칙 용언인 '노랗다, 하얗다, 그렇다'가 '노란, 하얀, 그런'이나 '노래서, 하얘서, 그래서' 등으로 활용하는 것은 /ㅎ/의 음소가 완전히 탈락한 것이다.

2.2.2. 모음의 탈락

앞의 형태소와 뒤의 형태소가 결합하는 과정에서, 모음과 모음이 이어지면 발음하기
가 불편해진다. 이와 같은 불편을 없애서 발음을 편하게 하기 위하여 앞 모음이나 뒤
모음이 탈락하는 경우가 있다. 이와 같은 모음 탈락의 종류로는 "ㅡ'의 탈락'과 "ㅏ/ㅓ'
의 탈락'이 있다.

(가) 'ㅡ'의 탈락

"ㅡ'의 탈락'은 /ㅡ/로 끝나는 어간과 /ㅓ/로 시작하는 어미가 붙어서 활용할 때에,
어간의 끝 모음인 /ㅡ/가 탈락하는 현상이다.

> (27) ㄱ. 끄+어라[꺼라], 모으+어라[모아라], 담그+어도[담가도]
>
> ㄴ. 쓰+었다[썼따], 예쁘+었다[예뻤따], 담그+었다[담갔따]

(ㄱ)에서 '끄다'의 어간인 '끄-'에 어미인 '-어라'가 결합하여 활용할 때에, 어간의 끝소
리인 /ㅡ/가 탈락하였다. (ㄴ)에서 '쓰다'의 어간인 '쓰-'에 어미인 '-었-'이 붙어서 활용
할 때에, 어간의 끝소리인 /ㅡ/가 탈락하였다. 이렇게 모음과 모음이 이어질 때 어간의
끝소리인 /ㅡ/가 탈락하는 것은 /ㅡ/가 가장 약한 모음이기 때문으로 보인다.

(나) 'ㅏ'와 'ㅓ'의 탈락

"ㅏ/ㅓ'의 탈락'은 모음으로 끝나는 어간과 /ㅏ/나 /ㅓ/로 시작하는 어미가 이어질 때
에, 어미의 첫 모음인 /ㅏ/나 /ㅓ/가 탈락하는 변동이다.

> (28) ㄱ. 가+아서[가서], 타+아라[타라]; 서+어서[서서], 펴+어라[펴라]
>
> ㄴ. 가+았다[갔따], 타+았다[탔따]; 서+었다[섰따], 펴+었다[폈따]
>
> (29) ㄱ. 깨+어서 → 깨어서/깨서[깨어서/깨ː서], 베+어라 → 베어라/베라[베어라/베ː라]
>
> ㄴ. 내+었다 → 내었다/냈다[내얻따/낻ː따], 새+었다 → 새었다/샜다[새얻따/샏ː따]

(28)의 (ㄱ)에서 '가다'의 어간인 '가-'에 어미인 '-아서'가 붙어서 활용할 때에, 어간이나
어미의 /ㅏ/가 탈락하였다. (ㄴ)에서 '가다'의 어간인 '가-'에 어미 '-았-'이 붙어서 활용

할 때에, 어미의 첫 모음인 /ㅏ/가 탈락하였다. 이와 같은 변동은 반드시 일어나야 하는 필연적인 변동이다. 그리고 (29)에서 (ㄱ)의 '깨다'의 어간인 '깨-'에 어미인 '-어서'가 붙어서 활용할 때에는 어미의 첫 모음이 탈락되지 않은 형태인 '깨어서'와 탈락된 형태인 '깨서'가 수의적으로 쓰인다. 이처럼 뒤의 모음이 탈락되면 남은 앞 모음은 긴 소리로 바뀌는 특징이 있다.

2.3. 음운의 첨가

형태소와 형태소가 결합하는 과정에서 특정한 음운이 덧붙는 현상을 '첨가'라고 한다. 국어에서 나타나는 첨가 현상으로는 'ㄴ'의 첨가 현상이 있다.

〈 명사 합성어에서 뒤 어근의 /ㄴ, ㅁ/ 앞에서 〉 명사 합성어에서 앞의 어근이 모음으로 끝나고 뒤의 어근이 /ㄴ, ㅁ/으로 시작되면, /ㄴ/ 소리가 한정적으로 첨가되는 경우가 있다(한글 맞춤법 제30항 '사이시옷' 참조).

(30) ㄱ. 코+날 : [*콧날] → [콛날] → [콘날] ⇨ '콧날'

ㄴ. 이+몸 : [*잇몸] → [읻몸] → [인몸] ⇨ '잇몸'

(ㄱ)에서는 '코'와 '날'이, (ㄴ)에서는 '이'와 '몸'이 결합하여 명사 합성어가 되었다. 이때에는 기저에서 두 어근 사이에 먼저 /ㅅ/이 첨가되어서 [콧날]과 [잇몸]이 된다. 이어서 '음절 끝소리 규칙'에 따라서 각각 [콛날]과 [읻몸]으로 변동한 다음에, 비음화에 따라서 [콘날]과 [인몸]의 표면 형태로 된다.

〈 복합 명사에서 뒤 어근의 /ㅣ/나 /j/ 앞에서 〉 명사 합성어나 파생 명사에서 뒤의 어근이 모음 /ㅣ/나 반모음 /j/로 시작될 때에는, /ㄴ/이 하나 혹은 둘이 첨가될 수가 있다.

(31) ㄱ. 금+이 : [*그미]   → [금니]

ㄴ. 논+일 : [*노닐]   → [논닐]

ㄷ. 솜+이불 : [*소미불] → [솜니불]

(32) ㄱ. 콩+엿 : [*콩엳]   → [콩녇]

ㄴ. 좀+약 : [*조먁]   → [좀냑]

ㄷ. 맹장+염 : [*맹장염] → [맹장념]

(33) ㄱ. 맨-입[맨닙], 한-여름[한녀름], 막-일[망닐]

ㄴ. 식용-유[시공뉴], 학생-용[학생뇽].

(31)의 '금니, 논닐, 솜니불' 등은 명사 합성어에서 뒤 어근의 모음이 /ㅣ/인 환경에서 /ㄴ/이 첨가되었으며, (32)의 '콩엿[콩녇], 좀약[좀냑], 맹장염[맹장념]' 등은 뒤 어근이 반모음인 /j/인 환경에서 /ㄴ/이 첨가되었다. 그리고 합성어뿐만 아니라, (33)에서 (ㄱ)처럼 접두사에 어근이 붙거나 (ㄴ)처럼 명사 어근에 한자어 접미사가 붙어서 형성된 파생 명사에도 동일한 규칙이 적용될 수 있다.[7]

2.4. 음운의 축약

두 형태소가 이어질 때에 두 음운이 합쳐져서 제3의 음운으로 실현되는 것을 '음운의 축약(縮約)'이라고 한다. 이렇게 축약된 제3의 음운에는 원래의 두 음운의 성질이 반영되는 것이 특징이다. 축약 현상에는 '자음의 축약'과 '모음의 축약'이 있다.

2.4.1. 자음의 축약

두 형태소가 결합하는 과정에서 예사소리인 /ㅂ, ㄷ, ㅈ, ㄱ/과 /ㅎ/이 이어지면, 두 음운이 거센소리인 /ㅍ, ㅌ, ㅊ, ㅋ/으로 축약된다(거센소리되기).

(34) ㄱ. 잡+히다[자피다], 입+학[이팍]

ㄴ. 닫+히다[다티다 → 다치다], 굳+히다[구티다 → 구치다]

ㄷ. 앉+히다[안치다]

ㄹ. 먹+히다[머키다], 낙+하산[나카산]

(35) ㄱ. 좋+고[조ㅎㄱㅗ → 조ㄱㅎㅗ → 조코]   (36) ㄱ. 앓+브+다 → 알프다 → 아프다

ㄴ. 많+다[만ㅎㄷㅏ → 만ㄷㅎㅏ → 만타]   ㄴ. 곯+브+다 → 골프다 → 고프다

ㄷ. 옳+지[올ㅎㅈㅣ → 올ㅈㅎㅣ → 올치]

---

7) 두 단어를 하나의 마디(句)로 이어서 발음할 때에도, /ㄴ/의 첨가 현상이 일어날 수가 있다. (보기) '옷 입다'([온 닙다] → [온닙따]), '잘 입다'([잘 닙다] → [잘립따]), '한 일([한 닐], '할 일([할 닐] → [할 릴]), '먹은 엿/([머근 녇])

(34)의 '잡히다, 닫히다, 앉히다, 먹히다'에서 앞 형태소의 끝소리인 /ㅂ, ㄷ, ㅈ, ㄱ/과 뒤 형태소의 첫소리인 /ㅎ/이 합쳐져서 /ㅍ, ㅌ, ㅊ, ㅋ/으로 축약되었다. 그리고 (35)에서 '좋고, 많다, 옳지'에서는 앞 형태소의 /ㅎ/과 뒤 형태소의 /ㄱ, ㄷ, ㅈ/이 /ㅋ, ㅌ, ㅊ/로 축약되었다. (36)에서 '아프다'와 '고프다'는 어근인 '앓-'과 '곯-'에 형용사 파생 접미사 인 '-브-'가 붙어서 파생어가 되는 과정에서 /ㅎ/과 /ㅂ/이 /ㅍ/으로 축약되었다.

2.4.2. 모음의 축약

어간과 어미가 결합하거나 어근에 파생 접미사가 결합하는 과정에서, 앞 형태소의 끝 모음과 뒤 형태소의 첫 모음이 하나의 이중 모음이나 단모음으로 축약될 수 있다.

〈 어간과 어미의 결합할 때에 생기는 모음 축약 〉 용언의 어간에 어미가 붙어서 활용하는 과정에서, 어간의 끝 모음과 어미의 첫 모음이 하나의 이중 모음으로 축약될 수 있다.

첫째, 어간의 끝 모음인 /ㅣ, ㅗ, ㅜ/와 어미의 첫 모음인 /ㅏ, ㅓ/가 하나의 이중 모음으로 축약될 수 있다.(모음 축약을 반모음인 /j/와 /w/가 교체된 변동으로 볼 수도 있음.)

(37) ㄱ. 기-어서[겨서] (38) ㄱ. 보-아서[봐 : 서] (39) ㄱ. 두-어서[둬 : 서]

ㄴ. 뜨이-어[뜨여]   ㄴ. 오-아서[와 : 서]   ㄴ. 주-었다[줬 : 다],

ㄷ. 쓰이-어[쓰여]   ㄷ. 쏘-았다[쏴 : 다]   ㄷ. 가꾸-어라[가꿔 : 라]

ㄹ. 트이-어[트여]

(37)에서 (ㄱ)의 '겨서'는 어간의 끝소리인 /ㅣ/가 반모음인 /j/로 바뀐 뒤에 어미의 첫소 리인 /ㅓ/와 축약되어서 /ㅕ/로 바뀌었다. (38)의 '와서'는 어간의 끝소리인 /ㅗ/가 반모 음인 /w/로 바뀐 뒤에 어미의 첫소리인 /ㅏ/와 축약되어서 /ㅘ/로 바뀌었다. (39)의 '둬 서'는 어간의 끝소리인 /ㅜ/가 반모음인 /w/로 바뀐 뒤에 어미의 첫소리 /ㅓ/와 축약되 어서 /ㅝ/로 바뀌었다.

둘째, 어간의 끝 모음인 /ㅚ/와 어미의 첫 모음인 /ㅓ/가 /ㅙ/로 축약될 수 있다.

(40) 괴어[괘 :], 되어[돼 :], 뵈어[봬 :]

(40)에서 '괴어, 되어, 뵈어'는 어간의 끝 모음인 /ㅚ/와 어미의 첫 모음인 /ㅓ/가 /ㅙ/로 축약되는 동시에, 축약된 모음은 긴 소리인 /ㅙ : /로 바뀐다.

〈 어근과 파생 접미사가 결합할 때에 생기는 모음 축약 〉 어근에 파생 접미사가 붙어서 파생어가 형성되는 과정에서, 어근의 끝소리와 접미사의 모음이 축약될 수 있다.

(41) ㄱ. 까이다[깨 : 다], 싸이다[쌔 : 다]

　　ㄴ. 꼬이다[꾀 : 다], 보이다[뵈 : 다], 쏘이다[쐬 : 다]

　　ㄷ. 누이다[뉘 : 다]

　　ㄹ. 뜨이다[띄 : 다→띠다], 트이다[틔 : 다→티다], 쓰이다[씌 : 다→씨다]

(ㄱ)의 '까이어'에서는 /ㅏ/와 /ㅣ/가 /ㅐ/로 축약되었으며, (ㄴ)의 '꼬이어'에서는 /ㅗ/와 /ㅣ/가 /ㅚ/로 축약되었다. 그리고 (ㄷ)의 '누이어'는 /ㅜ/와 /ㅣ/가 /ㅟ/로 축약되었으며, (ㄹ)의 '띄이어'에서는 /ㅡ/와 /ㅣ/가 /ㅢ/로 축약되었다.8) (41)에서 나타나는 축약 현상은 수의적으로 일어난다.

지금까지 살펴본 국어에서 나타나는 음운 변동 현상을 종합하면 다음과 같다.

변동의 결과	유형	변동의 종류
교체	동화 교체	비음화
		유음화
		구개음화
	비동화 교체	음절 끝소리 규칙(평파열음화)
		된소리되기(경음화)
탈락	자음의 탈락	자음군 단순화(겹받침 줄이기)
		'ㄹ'의 탈락
		'ㅎ'의 탈락
	모음의 탈락	'ㅡ'의 탈락
		'ㅏ'나 'ㅓ'의 탈락
첨가	자음의 앞에서	'ㄴ'이나 'ㅁ' 앞에서 'ㄴ'의 첨가
	모음의 앞에서	'ㅣ'나 j 앞에서 'ㄴ'의 첨가
축약	자음의 축약(거센소리되기)	
	모음의 축약	

〈표 1〉 국어의 음운 변동 현상 일람표

---

8) 이중 모음인 /ㅢ/가 자음 뒤에 쓰이면 /ㅢ/의 반모음인 /ɰ/가 반드시 탈락한다. 예를 들어 '띄다, 틔다, 씌다'는 실제로는 [띠 : 다], [티 : 다], [씨 : 다]로 발음된다.

2.5. 음운 변동의 겹침

형태소의 음운 변동은 한 번만 일어나는 것이 아니라, 여러 가지의 변농이 겹쳐서 일어날 수도 있다. 이처럼 음운 변동이 겹쳐서 일어날 때에는 변동을 적용하는 순서가 정해져 있다.

(42) ㄱ. 백로 : [백노] → [뱅노]　　　(비음화 → 비음화)

　　 ㄴ. 끓는 : [끌는] → [끌른]　　　(자음군 단순화 → 유음화)

　　 ㄷ. 쌓네 : [싿네] → [싼네]　　　(음절 끝소리 규칙 → 비음화)

(ㄱ)에서 '백로'는 비음화에 따라서 /ㄹ/이 /ㄴ/으로 교체되어서 [백노]가 된 뒤에, 다시 비음화에 따라서 /ㄱ/이 /ㅇ/으로 교체되어 최종적으로 [뱅노]로 실현되었다. (ㄴ)에서 '끓는'은 자음군 단순화에 따라서 /ㅎ/이 탈락하여 [끌는]이 된 뒤에 비음 /ㄴ/이 /ㄹ/로 유음화되어 최종적으로 [끌른]으로 실현되었다. (ㄷ)에서 '쌓네'는 음절 끝소리 규칙에 따라서 /ㅎ/이 /ㄷ/으로 교체되어 [싿네]가 된 뒤에, 비음화에 따라서 /ㄷ/이 /ㄴ/으로 교체되어 [싼네]로 실현되었다.

(43) ㄱ. 꽃잎 : [꼳입] → [꼳닙] → [꼰닙]　　　(음절 끝소리 규칙 → 'ㄴ' 첨가 → 비음화)

　　 ㄴ. 읊는다 : [읊는다] → [읍는다] → [음는다]　(자음군 단순화 → 음절 끝소리 규칙 → 비음화)

　　 ㄷ. 몇 리 : [멷리] → [멷니] → [면니]　　　(음절 끝소리 규칙 → 비음화 → 비음화)

(ㄱ)에서 '꽃잎'은 음절 끝소리 규칙에 따라서 /ㅊ/이 /ㄷ/으로, /ㅍ/이 /ㅂ/으로 교체되어 [꼳입]이 되었다. 다음으로 'ㄴ' 첨가에 따라서 [꼳닙]이 된 뒤에, 최종적으로 비음화에 따라서 /ㄷ/이 /ㄴ/으로 교체되어 [꼰닙]으로 실현되었다. (ㄴ)에서 '읊는다'는 먼저 자음군 단순화에 따라서 /ㄹ/이 탈락하여 [읖는다]로 된 뒤에, 음절 끝소리 규칙에 따라서 /ㅍ/이 /ㅂ/으로 교체되어 [읍는다]로 실현되었다. 그리고 최종적으로 비음화에 따라서 /ㅂ/이 /ㅁ/으로 교체되어 [음는다]로 실현되었다. (ㄷ)에서 '몇 리'는 음절 끝소리 되기에 따라서 /ㅊ/이 /ㄷ/으로 교체되어 [멷리]가 된 뒤에, 유음의 비음화에 따라서 /ㄹ/이 /ㄴ/으로 교체되어 [멷니]가 되었다. 최종적으로 비음화에 따라서 /ㄷ/이 /ㄴ/으로 교체되어 [면니]로 실현되었다.

(44) ㄱ. 읊조리다 : [읇조리다] → [읍조리다] → [읍쪼리다] (자음군 단순화 → 음절 끝소리 규칙 → 된소리되기)

ㄴ. 몫몫이 : [목목시] → [몽목씨] (자음군 단순화/연음 법칙 → 비음화 → 된소리되기)

(ㄱ)에서 '읊조리다'는 자음군 단순화에 따라서 /ㄹ/이 탈락하여 [읇조리다]로 실현된 뒤에, 음절 끝소리 규칙에 따라서 /ㅍ/이 /ㅂ/으로 교체되었다. 다음으로 된소리되기에 따라서 /ㅈ/이 /ㅉ/으로 교체되었다. (ㄴ)에서 '몫몫이'는 자음군 단순화와 연음 법칙에 따라서 [목목시]로 실현된 뒤에, 비음화와 된소리되기에 따라서 [몽목씨]로 실현되었다.[9]

(45) ㄱ. 나뭇잎 : [나뭇잎] → [나묻입] → [나묻닙] → [나문닙] ('ㅅ' 첨가 → 음절 끝소리 규칙 → 'ㄴ' 첨가 → 비음화)

ㄴ. 뱃전 : [뱃전] → [밷전] → [밷쩐] ('ㅅ' 첨가 → 음절 끝소리 규칙 → 된소리되기)

(ㄱ)에서 '나뭇잎'은 이른바 사잇소리가 첨가되어서 복잡한 음운 변동이 적용되었다. 곧, '나무'와 '잎'이 결합되는 과정에서 사잇소리의 /ㅅ/이 첨가되어 [나뭇잎]이 되었고, 이어서 음절 끝소리 규칙에 따라서 /ㅅ/이 /ㄷ/으로 교체되고 /ㅍ/이 /ㅂ/으로 교체되어 [나묻입]이 되었다. 그리고 /ㄴ/이 첨가되어 [나묻닙]이 된 뒤에, 최종적으로 비음화에 따라서 [나문닙]으로 실현되었다. (ㄴ)에서 '뱃전'도 사잇소리가 첨가되어서 여러 가지 음운 변동이 적용되었다. 곧, '배'와 '전'이 결합되는 과정에서 사잇소리의 /ㅅ/이 첨가되어 [뱃전]이 되었고, 이어서 음절 끝소리 규칙에 따라서 /ㅅ/이 /ㄷ/으로 교체되었으며, 최종적으로 된소리되기가 적용되어 [밷쩐]으로 실현되었다.

(46) ㄱ. 고치다 : [곧- + -히- + -다] → [고티다] → [고치다] (자음 축약 → 구개음화)

ㄴ. 걷히다 : [걷- + -히- + -다] → [거티다] → [거치다] (자음 축약 → 구개음화)

(ㄱ)의 '고치다'와 (ㄴ)의 '걷히다'는 자음 축약에 따라서 /ㄷ/과 /ㅎ/이 /ㅌ/으로 축약된 뒤에, 다시 구개음화에 따라서 /ㅌ/이 /ㅊ/으로 변동하여 최종적으로 [고치다]와 [거치다]로 실현되었다.

위에서 살펴본 바와 같이 형태소의 결합 과정에서 다양한 음운 변동의 규칙이 적용될 수도 있다. 이러한 경우에는 각각의 변동 규칙을 적용하는 순서를 이해하는 것이 중요하다.

---

9) '연음 법칙(連音 法則)'은 앞 음절의 끝소리 뒤에 모음으로 시작하는 음절이 올 때에, 앞 음절의 끝소리가 뒤 음절의 첫소리로 옮겨서 이어서 발음되는 현상이다. (보기: 밥+-이[바비], 옷+안[오단])

【 더 배우기 】

『고등학교 언어와 매체』(2019)에서는 국어에서 나타나는 주요 변동으로 '비음화 · 유음화 · 구개음화 · 음절 끝소리 규칙 · 된소리되기 · 자음군 단순화 · 된소리되기 · 'ㄹ' 탈락 · 'ㅎ' 탈락 · 'ㅡ' 탈락 · 'ㅏ'와 'ㅓ'의 탈락 · 'ㄴ' 첨가 · 자음 축약 · 모음 축약' 등을 들고 있다. 국어에서 일어나는 변동 현상으로는 이들 변동 이외에도 몇 가지 음운 변동이 있다.

1. 표준 발음으로 인정하는 음운 변동

기타의 음운 변동 중에서 〈표준 발음법〉에서 표준 발음으로 인정하는 음운 변동으로는 '모음 조화 · 'ㄹ' 두음 법칙 · 'ㄴ' 두음 법칙 · 반모음의 첨가' 등이 있다.

〈 **모음 조화** 〉 국어의 일부 단어에 실현된 모음은 같은 음상을 나타내는 모음끼리 어울리는 경향이 있다. 곧, 의성어와 의태어의 내부 형태나 용언의 일부 활용형에서, 양성 모음은 양성 모음과 어울리고 음성 모음은 음성 모음과 어울리는 현상을 '모음 조화(母音調和)'라고 한다. 모음 조화는 특정한 모음의 음상을 다른 모음이 닮게 되는 현상이므로 동화 교체에 해당한다.

현대 국어에서는 모음 조화가 두 가지 환경에서 일어난다. 곧, 의성어와 의태어와 같은 음성 상징어의 내부에서 모음 조화가 일어날 수 있고, 용언의 어간과 어미가 결합하는 과정에서 모음 조화가 일어날 수 있다.

> (1) ㄱ. 사각사각/서걱서걱, 소곤소곤/수군수군, 종알종알/중얼중얼
>   ㄴ. 반짝반짝/번쩍번쩍, 달싹달싹/들썩들썩, 꼼지락꼼지락/꿈지럭꿈지럭
>
> (2) ㄱ. 파랗다/퍼렇다, 노랗다/누렇다, 까맣다/꺼멓다, 하얗다/허옇다
>   ㄴ. 막았다/먹었다, 막아라/먹어라, 막아(서)/먹어(서), 막아도/먹어도, 막아야/먹어야

(1)은 음성 상징어의 내부에서 나타나는 모음 조화의 예이다. (ㄱ)은 의성어(擬聲語)에서 나타나는 모음 조화의 예이며, (ㄴ)은 의태어(擬態語)에서 나타나는 모음 조화의 예이다. 그리고 (2)는 용언에서 일어나는 모음 조화의 예인데, (ㄱ)은 감각 형용사의 어간 내부에서 나타나는 예이며, (ㄴ)는 용언의 어간에 어미가 붙어서 활용할 때에 일어나는 모음 조화의 예이다.

모음 조화는 15세기의 중세 국어에서는 엄격하게 지켜졌다. 그러나 근대 국어나 현대 국어에서는 모음 조화가 적용되지 않는 예가 많이 생겼다.

> (3) ㄱ. 보슬보슬, 소근소근, 꼼질꼼질, 몽실몽실, 산들산들
>   ㄴ. 반들반들, 남실남실, 자글자글, 대굴대굴, 생글생글
>
> (4) ㄱ. 고와서(곱다), 도와라(돕다), 더워서(덥다)
>   ㄴ. 아름다워(아름답다), 차가워(차갑다), 날카로워(날카롭다), 놀라워(놀랍다)

(3)에서는 의성어와 의태어의 단어 내부에서 모음 조화가 지켜지지 않아서, 양성 모음과 음성 모음이 어울렸다. 그리고 (4)처럼 'ㅂ' 불규칙 용언이 활용할 때에는 모음 조화가 불규칙하게 적용된다. 곧, (4ㄱ)처럼 어간이 단음절인 경우에는 활용할 때에 모음 조화가 지켜졌다. 반면에 (4ㄴ)처럼 어간이 두 음절 이상인 경우에는 양성 모음의 어간에 음성 모음의 어미가 결합하여서 모음 조화가 지켜지지 않았다.

〈두음 법칙〉 두음 법칙은 /ㄹ/이나 /ㄴ/이 단어의 첫머리(어두)에서 발음되는 것을 꺼려서 다른 소리로 교체되거나 탈락하는 현상이다.

첫째, 'ㄹ' 두음 법칙(頭音法則)'은 /ㄹ/이 단어의 첫머리(어두, 語頭)에서 발음되는 것을 꺼려서 다른 소리로 바꾼다. 곧, 본래 /ㄹ/을 첫소리(초성)로 가졌던 한자음이 어두에 쓰일 때에, /ㄹ/이 /ㄴ/으로 바뀌는 현상이다(음운의 비동화 교체).

첫소리가 /ㄹ/인 한자음이 어두에서 /i/나 /j/ 이외의 모음 앞에 쓰일 때에는 /ㄴ/으로 바뀐다. 곧, 원음이 /라, 로, 루, 르, 래, 뢰/인 한자음이 어두에 쓰일 때에, 각각 /나, 노, 누, 느, 내, 뇌/로 바뀌는 현상이다.

(5) ㄱ. 열락(悅樂), 근로(勤勞), 고루(高樓), 태릉(泰陵), 미래(未來), 낙뢰(落雷)
ㄴ. 낙원(樂園), 노동(勞動), 누각(樓閣), 능묘(陵墓), 내일(來日), 뇌성(雷聲)

(1)에서 '樂, 勞, 樓, 陵, 來, 雷'는 본래의 발음이 (ㄱ)처럼 /락, 로, 루, 릉, 래, 뢰/였는데, 이들이 (ㄴ)처럼 어두에 실현될 때에는 /낙, 노, 누, 능, 내, 뇌/로 교체된다. 이러한 'ㄹ' 두음 법칙은 한자어에만 적용되고 서양 외래어에는 적용되지 않는다.(보기: 라디오, 라면, 로즈마리, 레이저, 레즈비언, 로봇, 롱런, 리그, 리듬, 릴리프)

둘째, 'ㄴ' 두음 법칙은 한자음의 /니, 냐, 녀, 뇨, 뉴/이 어두에서 /ㄴ/이 탈락하여 /이, 야, 여, 요, 유/로 발음되는 현상이다.(음운의 탈락).

(6) ㄱ. 은닉(隱匿), 남녀(男女), 당뇨(糖尿), 결뉴(結紐)
ㄴ. 익명(匿名), 여자(女子), 요소(尿素), 유대(紐帶)

예를 들어 '匿, 女, 尿, 紐'가 단어의 첫머리가 아닌 위치에서는 (ㄱ)의 [닉], [녀], [뇨], [뉴]처럼 원래대로 소리 나지만, 이들이 단어의 첫머리에서 나타날 때에는 (ㄴ)처럼 [익], [여], [요], [유]로 발음이 바뀌는 현상이다.

셋째, 초성이 /ㄹ/인 한자음이 어두에서 /ㅣ/나 /j/와 결합할 때에는 /ㄹ/이 탈락하는데, 이 현상은 'ㄹ' 두음 법칙에 이어서 'ㄴ' 두음 법칙이 적용된 것이다.

(7) ㄱ. 도리(道理), 괴력(怪力), 하류(下流), 사례(謝禮)
ㄴ. 이유(理由), 역도(力道), 유수(流水), 예의(禮儀)

(7)에서 '理, 力, 流, 禮' 등은 본래의 발음이 (ㄱ)에서처럼 [리, 력, 류, 례]인데, (ㄴ)처럼 단어의 첫머리에서는 /ㄹ/이 탈락한다. 그런데 (ㄴ)에서 일어난 탈락 현상은 다음과 같은 두 가지의 두음 법칙 현상이 이어서 실현된 것으로 해석할 수도 있다. 곧, 'ㄹ' 두음 법칙'에 따라서 /ㄹ/이 단어의 첫머리에서 /ㄴ/으로 교체된 다음에, 다시 'ㄴ' 두음 법칙에 따라서 /ㄴ/이 /i/나 /j/로 시작하는 형태소 앞에서 탈락한 것으로 볼 수 있다.

〈**반모음의 첨가**〉 형태소와 형태소가 결합될 때에, 모음과 모음이 이어지는 과정에서 반모음인 /j/와 /w/가 첨가되는 경우가 있다(음운의 첨가).

곧, /ㅣ/나 /ㅐ, ㅔ, ㅓ, ㅟ, ㅢ/로 끝나는 용언의 어간에 어미인 '-어'가 결합할 때에, '-어'는 /ㅓ/로 발음하는 것이 원칙이다. 하지만 화자에 따라서는 수의적으로 /ㅓ/에 반모음 /j/를 첨가하여서 /ㅕ/로 발음하는 경우도 있다.

(8) ㄱ. 되어[되어/되여], 되어서[되어서/되여서], 되었다[되얻따/되엳따]
    ㄴ. 피어[피어/피여], 피어서[피어서/피여서], 피었다[피얻따/피엳따]

(9) ㄱ. 개어[개어/개여], 개어서[개어서/개여서], 개었다[개얻따/개엳따]
    ㄴ. 베어[베어/베여], 베어서[베어서/베여서], 베었다[개얻따/베엳따]
    ㄷ. 뀌어[뀌어/뀌여], 뀌어서[뀌어서/뀌여서], 뀌었다[뀌얻따/뀌엳따]
    ㄹ. 띄어[띠어/띠여], 띄어서[띠어서/띠여서], 띄었다[띠얻따/띠엳따]

(8)과 (9)처럼 어간과 어미 사이에서 모음이 충돌할 때에는 어미인 '-어'는 /ㅓ/로 발음하는 것이 원칙이다. 그러나 어간에 어미가 붙어서 활용할 때에, (8)의 '되어'나 '피어'처럼 모음이 이어지면 발음하기가 거북하다. 이러한 이유로 현실 언어에서는 모음 충돌을 피하여 편하게 발음하기 위하여, 어미의 '-어'에 반모음 /j/를 첨가하여서 [되여]나 [피여]로 발음하는 것이 일반적이다. 〈표준 발음법〉의 제22항에서는 (8)의 [되여]와 [피여]처럼 현실 언어 생활에서 일어나는 발음을 허용한 것이다.

그리고 어간이 /ㅗ/나 /ㅜ/로 끝나는 용언에 /ㅏ/나 /ㅓ/로 시작하는 어미가 결합되어 활용할 때에는, 반모음 /w/가 첨가되어서 이중 모음인 /ㅘ/나 /ㅝ/로 발음될 수도 있다.

(10) ㄱ. 보아라[보아라/봐라/*보와라]   (/a/ → /wa/)
     ㄴ. 쏘아서[쏘아서/쏴서/*쏘와서]

(11) ㄱ. 두어라[두어라/둬라/*두워라]   (/ə/ → /wə/)
     ㄴ. 주어서[주어서/줘서/*주워서]

'보아라'와 '두어라'는 화자에 따라서 수의적으로 [*보와라]와 [*두워라]로 발음할 수 있다. 이처럼 발음할 경우에는 /ㅏ/와 /ㅓ/가 각각 /ㅘ/와 /ㅝ/로 발음됨으로써 반모음 /w/가 첨가되었다. 그러나 이처럼 반모음인 /w/가 첨가되는 발음은 표준 발음으로 인정되지 않는다.

2. 표준 발음이 아닌 음운 변동

〈표준 발음법〉에서는 '자음의 위치 동화 · 모음 동화' 등을 표준 발음으로 인정하지 않는다.

〈자음의 위치 동화〉 '자음의 위치 동화'는 앞 음절의 종성과 뒤 음절의 초성이 이어질 때에, 종성의 조음 위치가 초성의 위치로 옮아서 발음되는 현상이다(동화 교체).

(12) ㄱ. 듣보다[듣뽀다/듭뽀다], 신발[신발/심발], 신문[신문/심문] (잇몸 → 입술)
ㄴ. 벗기다[벋끼다/벅끼다], 손가락[손까락/송까락]   (잇몸 → 여린입천장)
ㄷ. 밥그릇[밥끄른/박끄른], 감기[감기/강기]   (입술 → 여린입천장)

(12)와 같은 음운적 환경에 놓인 형태소가 결합할 때에는, 개인의 발음 습관에 따라 두 가지 형태가 나타날 수 있다. 예를 들어서 (ㄱ)의 '듣보다'는 위치 동화가 없이 [듣뽀다]로 발음되거나, 잇몸소리인 /ㄷ/이 입술소리인 /ㅂ/의 조음 자리에 이끌려서 [듭뽀다]로 발음된다. (ㄴ)의 '벗기다'는 위치 동화가 없이 [벋끼다]로 발음되거나, 잇몸소리인 /ㄷ/이 여린입천장소리인 /ㄲ/의 조음 자리에 이끌려서 [벅끼다]로 발음된다. (ㄷ)의 '밥그릇'은 위치 동화가 없이 [밥끄른]으로 발음되거나, 입술소리인 /ㅂ/이 여린입천장소리인 /ㄱ/의 조음 자리에 이끌려서 [박끄른]으로 발음된다. (12)의 단어는 화자의 언어 습관에 따라서, 위치 동화가 없이 발음될 수도 있고 위치 동화가 일어난 형태로 발음될 수도 있다. 그러므로 (15)에서 일어나는 자음의 위치 동화는 '임의적 변동'에 해당한다.

자음의 위치 동화는 '윗잇몸(/ㄷ, ㄴ/)-입술(/ㅂ, ㅁ/)-여린입천장(/ㄱ/)'에서 발음되는 자음이 이와 같은 차례로 실현될 때에 일어날 수 있다. 이러한 '자음의 위치 동화'는 조음 위치에 따라서 자음에서 생기는 강도(强度)가 차이나기 때문에 일어나는 음운 변동이다. 곧, 자음의 강도는 [여린입천장(연구개) > 입술(양순) > 윗잇몸(치조)]의 순서이다. 이때 약한 자음의 종성 뒤에 강한 자음의 초성이 올 때에는, 약한 종성이 강한 초성의 조음 위치에 이끌려서 변동이 일어나는 것이다.

〈모음 동화〉 '모음 동화(母音同化)'는 앞 음절의 후설 모음 뒤 음절의 전설 고모음인 /ㅣ/에 동화되어서, 각각 같은 높이의 전설 모음으로 바뀌는 동화 현상이다.

입술 모양	평순 모음			원순 모음		
변동의 방향	전설 모음	⇦	후설 모음	전설 모음	⇦	후설 모음
고모음	/ㅣ/	←	/ㅡ/	/ㅟ/	←	/ㅜ/
중모음	/ㅔ/	←	/ㅓ/	/ㅚ/	←	/ㅗ/
저모음	/ㅐ/	←	/ㅏ/			

〈표 1〉 모음 동화의 양상

곧, 모음 동화는 앞 음절의 후설 모음인 /ㅡ, ㅓ, ㅏ, ㅜ, ㅗ/가 뒤 음절의 /ㅣ/에 조음 위치가 동화되어서 각각 /ㅣ, ㅔ, ㅐ, ㅟ, ㅚ/로 변동하는 현상이다. 국어에서 모음 동화는 모든 후설 모음에서 일어나는데, 모음 동화의 보기는 다음과 같다.

(13) ㄱ. /ㅡ/ → /ㅣ/ : 뜯기다[띧끼다], 듣기다[딛끼다]
ㄴ. /ㅓ/ → /ㅔ/ : 어미[에미], 웅덩이[웅뎅이]; 먹이다[메기다]
ㄷ. /ㅏ/ → /ㅐ/ : 지팡이[지팽이], 아비[애비]; 잡히다[자피다 → 재피다]

(14) ㄱ. /ㅜ/ → /ㅟ/ : 죽이다[주기다 → 쥐기다]
ㄴ. /ㅗ/ → /ㅚ/ : 속이다[소기다 → 쇠기다], 쫓기다[쫃끼다 → 쬗끼다], 보이다[뵈이다]

(13)의 단어는 평순의 후설 모음이 그 뒤의 전설 모음인 /ㅣ/에 동화되어서 전설 모음으로 바뀐 예이다. (ㄱ)의 '뜯기다[띧기다]'는 후설 고모음인 /ㅡ/가 전설 모음인 /ㅣ/로, (ㄴ)의 '어미[에미]'는 후설 중모음인 /ㅓ/가 /ㅔ/로, (ㄷ)의 '지팡이[지팽이]'는 후설 저모음인 /ㅏ/가 /ㅐ/로 바뀌었다. 그리고 (14)의 단어는 원순의 후설 모음이 그 뒤의 전설 모음인 /ㅣ/에 동화되어서 전설 모음으로 바뀐 예이다. (ㄱ)에서 '죽이다[쥐기다]'는 후설 고모음인 /ㅜ/가 전설 모음인 /ㅟ/로, '속이다[쇠기다]'는 후설 중모음인 /ㅗ/가 전설 중모음인 /ㅚ/로 바뀌었다. 〈표준어 규정〉에서는 이처럼 모음 동화에 따른 음운의 변동을 일부 노년층이나 지방 언중들이 개별적으로 쓰는 발음으로 간주하여, 원칙적으로 표준 발음으로 인정하지 않는다.

그러나 다음과 같은 단어는 모음 동화에 따른 발음이 현대어에서 완전히 굳어진 것으로 보아서, 예외적으로 표준어로 인정한다.

(15) ㄱ. 남비[냄비], 서울나기[서울내기], 시골나기[시골내기], 풋나기[풋내기], 신출나기[신출내기]
ㄴ. 멋장이[멋쟁이], 소금장이[소금쟁이], 담장이[담쟁이], 골목장이[골목쟁이], 발목장이[발목쟁이]
ㄷ. (불을) 당기다[댕기다], 동당이치다[동댕이치다]

모음 동화가 적용된 (15)의 '냄비, 멋쟁이, 댕기다' 등은 과거의 어느 때에 모음 동화를 겪어서 현재 널리 쓰이는 반면에, 원래의 '남비, 멋장이, 당기다' 등은 쓰이지 않게 되었다. 이에 따라서 현행의 〈표준어 규정〉의 '표준어 사정 원칙' 제9항에서는 모음 동화가 일어난 '냄비, 멋쟁이, 댕기다'의 단어를 표준어로 인정하고 있다.

3. 사잇소리 현상

명사 어근과 명사 어근이 결합하여 종속적인 명사 합성어를 이룰 때에, 뒤 어근의 예사소리가 된소리로 바뀌거나 두 어근 사이에 /ㄴ/이 첨가될 수 있다. 이러한 음운 변동을 '사잇소리 현상'이라고 한다.

이러한 사잇소리는 '종속적 명사 합성어'에서만 일어난다. 곧 어근과 어근이 결합하여 명사 합성어를 이룰 때에, 그 앞 어근과 뒤 어근의 의미적인 관계가 종속적이어야만 사잇소리가 일어난다. 따라서 대등적 명사 합성이나 융합적 명사 합성어에서는 사잇소리 현상이 일어나지 않는다.

(16) ㄱ. 나루＋배　　→ [나루빼]　　cf. 나무배　　[나무배]
　　 ㄴ. 회(回)＋수(數)　→ [회쑤]　　　cf. 회수(回收)　[회수]

(17) ㄱ. 코＋물　　　→ [콘물]　　　cf. 머리말　　[머리말]
　　 ㄴ. 공(空)＋일(事)　→ [공닐]　　　cf. 공일(空日)　[공일]

(16)의 (ㄱ)에서는 '나루'와 '배'가 결합하여 명사 합성어가 되면서 '배'의 예사소리인 /ㅂ/이 된소리인 /ㅃ/으로 바뀌었으며, (ㄴ)에서는 '회(回)'와 '수(數)'가 결합하면서 /ㅅ/이 /ㅆ/으로 바뀌었다. 그리고 (17)의 (ㄱ)에서는 '코'와 '물'이 결합되면서 두 어근 사이에 /ㄴ/이 첨가되었으며, (ㄴ)에서는 '공(空)'과 '일(事)'이 결합하면서 /ㄴ/이 첨가되었다. (16)에서 일어난 사잇소리 현상은 음운 변동의 유형 중에서 음운의 교체(＝ 된소리되기)에 해당하며, (17)에서 일어난 사잇소리 현상은 음운의 첨가(＝ 'ㄴ'의 첨가)에 해당한다.

이러한 사잇소리 현상은 두 어근 사이에 사잇소리 /ㅅ/이 첨가되기 때문에 일어난다. 곧, (16ㄱ)에서 '나루＋배'는 사잇소리 /ㅅ/이 첨가되어서 [나룻배]가 된 뒤에, 음절 끝소리 규칙과 된소리되기가 적용되어서 최종적으로 [나루빼]로 실현되었다([나루배 → 나룻배 → 나룯배 → 나룯빼/나루빼]). 그리고 (17ㄴ)에서 '콧물'은 사잇소리 /ㅅ/이 첨가되어서 [콧물]이 된 뒤에, 음절 끝소리 규칙과 비음화가 적용되어서 최종적으로 [콘물]로 실현되었다([코물 → 콧물 → 콛물 → 콘물]). '2015 개정 교육과정'에 따른 『언어와 매체』의 교과서에서는 이러한 과정을 단순화시켜서 (16)의 사잇소리 현상을 된소리되기로 설명하고, (17)의 사잇소리 현상을 'ㄴ' 첨가로 설명하고 있다.

그런데 (16~17)과 동일한 음운 환경에 놓여 있는 단어인데도, 사잇소리 현상이 일어나지 않는 예가 있다. 곧 (16)의 '나무배(木船), 회수(回收)'와 (17)의 '머리말, 공일(空日)'에서는 사잇소리 현상이 일어나지 않는다. 이러한 예를 보면 사잇소리 현상이 특수한 음운적 환경에서 일어나는 개별적(한정적) 변동이라는 사실을 알 수 있다.

그리고 사잇소리는 합성어 또는 이에 준하는 구조에서 앞 어근(단어)의 끝을 폐쇄하여 기류를 정지시킴으로써, 두 단어 사이에 휴지(pause)를 성립시켜서 형태소의 경계를 표시하는 기능을 한다.

단 어 3부

제1장 형태소와 단어

뜻과 소리를 갖춘 언어적 단위에는 '형태소, 단어, 어절, 구, 절, 문장' 등이 있다. 이러한 언어적 단위 중에서 단어는 문장을 구성하는 가장 기본적인 단위가 된다. 여기서는 문장을 이루는 기본적 단위인 단어와, 단어를 구성하는 요소인 형태소에 대해 알아본다.

1.1. 형태소

언어적 단위 중에서 가장 작은 단위인 형태소를 이해하는 것은 문법 현상을 이해하는 출발점이다.

1.1.1. 형태소의 개념

'형태소(形態素, morpheme)'는 언어 단위의 중에서 최소 단위, 곧 음성과 의미가 결합된 말의 낱덩이로서는 가장 작은 단위이다. 이러한 형태소도 다른 언어적 단위와 마찬가지로 내용과 형식의 양면으로 짜여 있다.

(1) 형태소＝$\dfrac{\text{형태}}{\text{의미소}}$

여기서 형태소의 형식적인 측면, 곧 형태소를 나타내는 음성 연결체(strings of sound)를 '형태(形態, morph)'라고 한다. 그리고 형태소의 내용적인 측면, 곧 의미의 최소 단위를 '의미소(意味素, sememe)'라고 한다.

$$(2) \; 늦- = \frac{/늦/}{[정해진 \; 시간보다 \; 지나다]}$$

$$(3) \; 자- = \frac{/자/}{[눈이 \; 감기면서 \; 한동안 \; 의식 \; 활동이 \; 쉬는 \; 상태가 \; 되다]}$$

$$(4) \; -ㅁ = \frac{/ㅁ/}{[명사를 \; 파생하는 \; 기능]}$$

'늦잠'이라는 말은 '늦-'과 '자-(-다)'와 '-ㅁ'의 형태소로 분석되는데, 이들 형태소들의 '형태'와 '의미소'는 위의 (2~4)와 같다.

여기서 예를 들어 아래의 (5)의 문장을 형태소의 단위로 분석하면 (6)처럼 된다.

(5) 형님은 외아들에게 떡을 먹이셨다.

(6) 형, -님, -은, 외-, 아들, -에게, 떡, -을, 먹-, -이-, -시-, -었-, -다

(6)의 형태소들은 의미나 기능을 가진 최소의 언어 단위가 되는데, 이들은 자립성이나 실질적 의미 유무에 따라서 여러 가지의 유형으로 분류할 수 있다.

1.1.2. 형태소의 유형

형태소는 자립성의 유무에 따라서 자립 형태소와 의존 형태소로 나뉘고, 실질적인 뜻의 유무에 따라서 실질 형태소와 형식 형태소로 나뉜다.

〈 자립 형태소와 의존 형태소 〉 형태소는 자립성을 기준으로 '자립 형태소'와 '의존 형태소'로 나눌 수 있다.

(7) 형님은 외아들에게 떡을 먹이셨다.

(8) ㄱ. 형, 아들, 떡

ㄴ. -님, -은, 외-, -에게, -을, 먹-, -이-, -시-, -었-, -다

'자립 형태소(自立 形態素)'는 홀로 설 수 있는 형태소인데, 대체로 '명사, 대명사, 수사, 부사, 관형사, 감탄사'의 단어가 자립 형태소에 속한다. (7)의 문장에 쓰인 자립 형태소는 '형, 아들, 떡'이다. 반면에 '의존 형태소(依存 形態素)'는 홀로 서는 힘이 없어서 다른 형태소에 붙어서만 쓰일 수 있는 형태소인데, 대체로 용언의 어간이나 어미, 조사, 파생 접사 등이 의존 형태소에 속한다. (7)의 문장에 쓰인 의존 형태소는 '-님, -은, 외-, -에게, -을, 먹-, -이-, -시-, -었-, -다'이다.

〈 실질 형태소와 형식 형태소 〉 형태소는 구체적이고 실질적인 뜻을 가졌느냐 가지지 못했느냐에 따라서, '실질 형태소'와 '형식 형태소'로 나눌 수 있다.

첫째, '실질 형태소(實質 形態素)'는 실질적이면서 어휘적인 의미를 뚜렷이 드러내는 형태소이다. (7)의 문장에서 실질 형태소인 것을 가려서 정리하면 다음의 (9)와 같다.

(9) 형, 아들, 떡, 먹(다)

예를 들어서 '형'은 '같은 부모에게서 태어난 사이거나 일가친척 중에서 항렬이 같은 남자들 사이에서 나이가 많은 사람'의 실질적인 의미를, '아들'은 '남자로 태어난 자식'이라는 실질적인 의미를 나타낸다. 그리고 '떡'은 '곡식 가루를 찌거나, 그 찐 것을 치거나 빚어서 만든 음식을 통틀어 이르는 음식'이라는 실질적 의미를 나타내며, '먹(다)'는 '음식 따위를 입을 통하여 배 속에 들여보내다.'라는 동작의 실질적인 의미를 나타낸다.

둘째, '형식 형태소(形式 形態素)'는 실질적이며 어휘적인 의미를 나타내지 않고, 실질 형태소에 붙어서 새로운 단어를 형성하거나 실질 형태소 사이의 문법적 관계를 나타내는 형태소이다.

(10) ㄱ. -은, -에게, -을: -시-, -었-, -다   ⇨ (굴절 접사)
     ㄴ. -님, 외-, -이-   ⇨ (파생접사)

예를 들어 (10)의 형태소들은 (9)의 형태소와는 달리, 구체적이면서 분명한 뜻을 나타내지는 못한다. 예를 들어 '-님'은 원래의 단어에 '높임'이라는 추상적인 뜻을 더해 주는 형태소이다. 반면에 '-은'은 실질 형태소 '형'에 붙어서 '형'이 문장에서 '말거리(화제)'가 됨을 나타내는 추상적인 뜻을 더해 준다. 그리고 '-이-'는 실질 형태소인 '먹-'에 붙어서 그 단어에 '사동(남으로 하여금 어떠한 일을 하도록 하는 뜻)'이라는 형식적인 의미를 더해 주면서 동시에 새로운 단어를 형성한다.

1.2. 단어

단어는 문장을 구성하는 가장 기본적인 단위이다. 여기서는 단어의 기본적인 개념과 기능을 살펴본다.

1.2.1. 단어의 개념

어떠한 자립 형식으로서 그것을 직접 성분으로 쪼개기만 하면, 그 어느 한 쪽이나 또는 두 쪽 다가 의존 형식이 되는 언어 형식이 있다. 이러한 언어 형식을 '최소 자립 형식(最小自立形式, minimal free form)' 혹은 '어절(語節)'이라고 한다.[1]

> (11) ㄱ. 범이 토끼를 물었다.
>   ㄴ. 범 + -이, 토끼 + -를, 물- + -었- + -다

(ㄱ)의 문장에 실현된 언어 형식 중에서 '범이', '토끼를', '물었다'는 홀로 쓰일 수 있는 '자립 형식(자립 형식, free form)'이다. 그런데 이들 자립 형식을 직접 성분으로 분석하면 '범이'는 '범'과 '-이'로 분석되며 '토끼를'은 '토끼'와 '-를'로 분석된다. 그리고 '물었다'는 '물-'과 '-었다'로 분석된다. 곧, '범이', '토끼를', '물었다'는 그 자체로는 자립 형식이면서 이를 직접 성분으로 분석하면 '-이', '-를', '-었다'와 같은 의존 형식이 나타나므로 이들 언어 형식은 최소 자립 형식(어절)이다.

그런데 전통적인 관점에서는 단어는 자립할 수 있는 말 중에서 가장 작은 단위인 '최소 자립 형식(= 어절)'으로 본다. 이에 따라서 현행의 학교 문법에서도 자립할 수 있으면서 실질적인 뜻을 나타내는 형태소를 단어로 처리한다. 다만, 예외적으로 의존적이면서 형식적인 형태소 중에서 조사에만 독립된 단어의 자격을 주는 것이 특징이다.

> (12) 심청은 푸른 물에 몸을 던졌다.

> (13) 단어 : 심청, -은, 푸른, 물, -에, 몸, -을, 던졌다

> (14) ㄱ. 실질적 · 자립적 단어 : 심청, 푸른, 물, 몸, 던졌다
>   ㄴ. 형식적 · 의존적 단어 : -은, -에, -을

---

1) 국어 문법에서는 '최소 자립 형식'을 일반적으로 '어절(語節)'이라고 부른다. 어절은 문장 성분을 이루는 가장 기본적인 단위가 되며, 〈한글 맞춤법〉에서 띄어 쓰기의 단위가 된다.

『고등학교 문법』(2010: 82)에 따라서 (12)의 문장에 쓰인 단어를 지정하면 (13)과 같다. 이 중에서 (14ㄱ)의 '심청 푸른, 물, 몸, 던졌다'는 실질적이며 자립적인 단어이며, (14ㄴ)의 '-은, -에, -을'은 형식적이며 의존적인 단어(조사)이다.

1.2.2. 단어의 기능

〈 문장 〉 '문장(文章)'은 주어와 서술어를 갖추고 있고, 서술어에 종결 어미가 실현되어 있으며, 의미적인 면에서 통일되고 완결된 내용을 갖추고 있는 언어 형식이다.

(15) ㄱ. <u>철수가</u> 어제 새 자동차를 <u>샀다</u>.
ㄴ. <u>선생님께서</u> 언제 미국에 <u>가십니까</u>?

(ㄱ)과 (ㄴ)의 문장에는 '철수가'와 '선생님께서'가 주어로 쓰였으며, '샀다, 가십니까'가 서술어로 쓰였다. 그리고 서술어로 쓰인 '사다'와 '가다'에 종결 어미인 '-다'와 '-(으)ㅂ니까'를 실현하고 있고, 의미적인 면에서도 하나의 완결된 사건을 표현하고 있다. 따라서 (15)의 (ㄱ)과 (ㄴ)은 문장의 형식을 온전하게 갖추고 있다고 할 수 있다.

〈 단어의 기능 〉 '단어'는 홀로 존재하는 것이 아니라, 문장 속에서 일정한 기능을 하게 된다. 이처럼 특정한 문법적인 단위가 문장 속에서 담당하는 기능의 명칭을 '문장 성분(文章成分)'이라고 한다.

(16) ㄱ. 아이코, 아이들이 새 자전거-를 완전히 망가뜨렸네.
ㄴ. 철수가 <u>범인이</u> 아니다.

(ㄱ)의 문장에서 '아이(들)'과 '자전거'의 품사는 둘 다 체언(명사)이다. (ㄱ)의 문장에서 '아이'는 주격 조사인 '-가'와 결합하여 주어로 쓰였으며, '자전거'는 목적격 조사인 '-을'과 결합하여 목적어로 쓰였다. 그리고 '망가뜨렸네'는 동사가 서술어로 쓰였으며, '아이코'는 감탄사가 독립어로 쓰였다. 마지막으로 '새'는 관형사가 관형어로 쓰였으며, '완전히'는 부사가 부사어로 쓰였다. 그리고 (ㄴ)의 문장에서 '철수'와 '범인'은 둘 다 체언(명사)이다. 이 문장에서 '철수'는 주격 조사인 '-가'와 결합하여 주어로 쓰였으며, '범인'은 보격 조사인 '-이'와 결합하여 보어로 쓰였다. 그리고 형용사인 '아니다'는 서술어로 쓰였다.

	아이코	아이가	새	자전거를	완전히	부수었네
품사	감탄사	명사 + 조사	관형사	명사 + 조사	부사	동사
문장 성분	독립어	주어	관형어	목적어	부사어	서술어

	철수가	범인이	아니다
품사	명사 + 조사	명사 + 조사	형용사
문장 성분	주어	보어	서술어

〈표 1〉 품사와 문장 성분

이처럼 단어는 문장 속에서 일정한 문장 성분으로서 기능을 하면서, 동시에 문장을 짜 이루는 가장 기본적인 단위이다.[2]

【 더 배우기 】

1. 변이 형태

어떠한 형태소는 그것이 쓰이는 환경에 따라서 꼴이 바뀌어서 여러 가지 형태로 실현되는 경우가 있다. 이때 하나의 형태소가 다른 모습으로 실현된 꼴 하나하나를 '형태(形態, 꼴)'라고 하고, 하나의 형태소에 속하는 형태들의 집합을 '변이 형태(變異 形態)' 혹은 '이형태(異形態)'라고 한다. 한 형태소의 변이 형태들은 그것이 실현되는 조건에 따라서 '음운론적 변이 형태'와 '형태론적 변이 형태'로 나누어진다.

〈 음운론적 변이 형태 〉 '음운론적 변이 형태'는 음운론적인 조건에 따라서 형태가 다르게 나타나는 변이 형태이다.

(1) ㄱ. 곰　 + -이
　　 ㄴ. 영희 + -가

(2) ㄱ. 사슴 + -을
　　 ㄴ. 인수 + -를

(3) ㄱ. 물- 　 + -었- 　+ -다

---

2) 단어뿐만 아니라 단어들이 모여서 형성된 구(句)나 절(節)도 특성한 문상 성분으로 기능할 수 있다. 예들 들어서 (16ㄱ)의 문장에서 '새 자전거'는 관형사와 명사로 이루어진 명사구인데, 이 명사구가 목적어로 쓰였다. 그리고 명사절이 여러 가지 문장 성분으로 두루 기능할 수도 있고, 관형절은 관형어로 기능하고 부사절은 부사어로 기능할 수 있다.

ㄴ. 잡- + -았- + -다

(1)과 (2)는 각각 주격 조사와 목적격 조사의 형태가 교체되는 것을 보인 것인데, 주격 조사와 목적격 조사는 앞 체언의 음운적인 조건에 따라서 서로 교체된다. 곧 '-이'와 '-을'은 자음으로 끝나는 체언 뒤에서 실현되지만 '-가'와 '-를'은 모음으로 끝나는 체언 뒤에서 실현된다. 그리고 (3)에서 과거 시제 선어말 어미인 '-았-'과 '-었-'은 그 앞에 실현되는 어간의 끝음절에서 나타나는 음운론적인 조건에 따라서 교체된다. 곧 어간의 끝음절이 음성 모음일 때에는 음성 모음을 포함하고 있는 '-었-'이 실현되며, 반대로 어간의 끝음절이 양성 모음일 때에는 양성 모음을 포함하고 있는 '-았-'이 실현된다. {-이, -가}, {-을, -를}, {-었-, -았-}처럼 하나의 형태소가 음운론적인 조건 때문에 다르게 실현되는 변이 형태를 '음운론적 변이 형태'라고 한다.

〈 형태론적 변이 형태 〉 '형태론적 변이 형태'는 음운론적인 환경과는 관계없이, 특정한 개별 형태 다음에만 실현되는 형태이다.

국어의 명령형 어미는 일반적으로 '-아라'와 '-어라'가 널리 쓰이는데, 이러한 '-아라'와 '-어라'는 음운론적인 변이 형태이다.

    (4) ㄱ. -아라 : 잡- + -아라
        ㄴ. -어라 : 먹- + -어라

'-아라'는 어간의 끝음절의 모음이 양성 모음일 때에 실현되며, '-어라'는 음성 모음일 때에 실현되기 때문이다. 그러므로 {-아라, -어라}는 명령형의 종결 어미로 실현되는 형태소의 음운론적인 변이 형태들이다.

그런데 어간이 '오(다)'일 때에는 명령형 어미가 '-너라'로 실현되며, 어간이 '하(다)' 혹은 '체언+-하(다)'인 경우에는 '-여라'로 실현된다.

    (5) ㄱ. 오- + -아라 → *오아라 → *와라
        ㄴ. 하- + -아라 → *하라

    (6) ㄱ. -너라 : 오- + -너라
        ㄴ. -여라 : 하- + -여라, 공부하- + -여라

만일 앞의 (5)처럼 음운론적 변이 형태의 일반적인 규칙에 따라서 명령형 어미가 실현된다면 (5)처럼 '*오아라(*와라)'와 '*하라'의 형태가 되어야 한다. 하지만 실제로는 (6)처럼 '오너라'와 '하여라'의 형태로 실현된다. 이러한 점을 감안하면, '-너라'는 '오(다)'라는 특수한 어간 다음에만 실현되는 명령형 어미의 변이 형태이며, '-여라'는 '하다'와 '체언+-하다'의 형식으로 된 동사의 어간 다음에만 실현되는 변이 형태라는 사실을 확인할 수 있다. 따라서 {-너라, -여라}는 명령형의 종결 어미로 실현되는 형태소의 '형태론적 변이 형태'들이다.

이처럼 어떠한 형태소가 그것이 실현되는 음운론적 · 형태론적인 환경에 따라서 꼴이 다르게 실현되는 것을 그 형태소의 '음운론적 변이 형태'와 '형태론적 변이 형태'라고 한다.

2. 기본 형태

　한 형태소의 변이 형태가 여러 개 있을 때에 그 형태소의 모든 변이 형태를 다 적으면 해당 형태소의 문법적 현상을 기술하기가 매우 번거로울 수 있다. 예를 들어서 '값'과 '밭'이라는 형태소를 문법적으로 다룰 때에, 이들 형태소의 변이 형태인 {값, 갑, 감}과 {밭, 밫, 받, 반}을 모두 언급하면서 설명한다면 문법적인 기술이 복잡하고 번거롭다. 그러므로 문법 기술을 간편하게 하기 위하여, 여러 가지 변이 형태 중의 한 형태를 '기본 형태(대표 형태, basic allomorph)'로 정하여 이것으로 형태소를 대신하게 한다.

　여러 가지 변이 형태 중에서 어떤 것을 기본 형태로 뽑아야 할까? 기본 형태는 그것이 실현되는 음운적 환경에 제약이 적어야 하고, 기본 형태로 정한 형태에서 다른 형태로 실현되는 문법적인 과정을 보편적이고 합리적인 규칙으로 이끌어 낼 수 있어야만 한다.

　'밭'의 변이 형태인 {밭, 밫, 받, 반} 중에서 기본 형태를 가리는 방법을 알아보자.

(1) ㄱ. 밭 → 밭 /_____(/i, j/ 밖의 모음)　　(보기) 밭에, 밭을
　　ㄴ. 밭 → 밫 /_____(/i, j/)　　　　　　　(보기) 밭이, 밭이다
　　ㄷ. 밭 → 받 /_____(비음 이외의 자음, #)　(보기) 밭도, 밭#
　　ㄹ. 밭 → 반 /_____(비음의 자음)　　　　　(보기) 밭만

(2) ㄱ. 밭 → (구개음화) → 밫
　　ㄴ. 밭 → (음절 끝소리 규칙) → 받
　　ㄷ. 밭 → (음절 끝소리 규칙) → 받 → (비음화) → 반

{밭, 밫, 받, 반} 가운데서 음운적인 환경에 제약이 가장 적은 것은 '밭'이므로 우선 '밭'을 기본 형태로 잡는다. 그리고 나면, '밭'에서 '밫'으로 바뀌는 과정은 '구개음화'로 설명할 수 있으며, '밭'에서 '받'으로 바뀌는 것은 '음절 끝소리 규칙(평파열음화)'으로 설명할 수 있다. 마지막으로 '밭'에서 '반'으로 바뀌는 것은 '음절 끝소리 규칙'을 먼저 적용한 뒤에 '비음화'의 음운 변동 규칙을 적용하면 적절하게 설명할 수 있다. 결국 '밭'의 변이 형태 {밭, 밫, 받, 반} 가운데서 형태 '밭'은 음운적 환경에 제약이 가장 적고 그것에서 다른 형태로 바뀌는 과정을 합리적으로 설명할 수 있다. 반면에 '밭'을 제외한 나머지 형태를 기본 형태로 잡으면 그것에서 다른 형태로 바뀌는 과정을 합리적으로 설명할 수 없다. 그러므로 {밭, 밫, 받, 반} 중에서 '밭'을 기본 형태로 정한다.

　변이 형태 중에서 특정한 형태를 기본 형태로 정하고 나면, 기본 형태에서 비기본 형태로 형태가 바뀐다. 설명할 수 있다. 곧, 기본 형태인 '밭'에서 비기본 형태인 '밫', '받', '반'으로 형태가 바뀌는 것이다. 이처럼 기본 형태가 특정한 음운론적인 환경에서 바뀌는 현상을 '변동(變動, 교체)'이라고 한다. 곧, 기본 형태인 '밭'에서 (ㄱ)의 '밫'은 구개음화, (ㄴ)의 '받'은 평파열음화, (ㄷ)은 평파열음화에 이어서 비음화의 변동이 일어난 결과이다.

제2장 품사

2.1. 품사의 분류

한 언어에는 수많은 단어가 있는데, 이들 단어는 문법적인 성질이 모두 동일한 것은 아니다. 한 언어 속에 속한 수많은 단어를 그 문법적 특성에 따라 갈래지어서 그 범주를 설정하는 것이 품사의 분류이다.

〈품사 분류의 기준〉 국어에는 최대 약 50만 개의 단어가 존재하며, 실제로 우리가 사용하는 단어만 해도 5만여 개가 넘는다고 한다(고등학교 문법, 2010:90). '품사(品詞)'는 한 언어에 존재하는 수많은 단어를 문법적 성질의 공통성에 따라서 몇 갈래로 묶어 놓은 것이다.

(1) ㄱ. <u>철수</u>는 <u>서점</u>에서 <u>책</u>을 샀다.
　　 ㄴ. 아버지는 밥을 많이 <u>먹</u>-+ { -으시-, -었-, -겠-, -다 }

예를 들어서 (ㄱ)의 '철수, 서점, 책'과 '먹다'는 형태·통사·의미적인 특성이 꽤 다르다. 첫째, 형태적인 특징으로서 '철수, 서점, 책' 등은 그 자체로서 형태의 변화가 일어나지 않는다. 반면에 '먹다'의 어간 뒤에는 {-으시-, -었-, -겠-, -다} 등의 어미가 붙어서 단어 자체에 형태의 변화가 생긴다. 둘째, 통사적인 특징으로서 '책'은 그 뒤에 다양한 격조사가 붙어서 여러 가지 문장 성분으로 쓰일 수 있는 반면에 '먹다'는 문장 속에 서술어로 쓰이는 것이 원칙이다. 셋째, 의미적인 특징으로서 '책'은 어떠한 대상의 이름을 나타내는 말이지만 '먹다'는 대상의 '움직임'을 표현하는 말이다. '책'과 '먹다'에서 나타나는 이러한 형태·통사·의미적인 특징을 감안하면 '책'과 '먹다'는 성질이 많이 다른 말임을 알 수 있다.

이처럼 단어에 나타나는 형태·통사·의미적인 특성을 고려하여 결정한 단어의 갈래를 '품사'라고 한다. 그런데 단어의 의미에 나타나는 모호성 때문에 주로 기능과 형태를 기준으로 품사를 분류하게 되며, 의미는 보조적인 기준으로 적용하는 경우가 많다.

〈품사 분류의 대강〉 『고등학교 교육과정 해설—국어』(2009:156)에서는 국어의 9품사를 형태를 중심으로 다음과 같이 분류하였다.

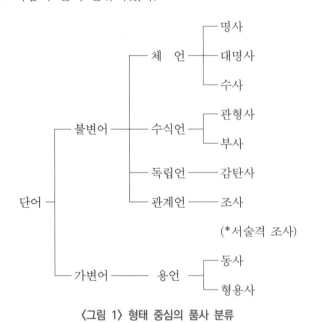

〈그림 1〉 형태 중심의 품사 분류

먼저, 국어의 품사를 단어의 형태에 따라서 불변어인 '체언, 수식언, 독립언, 관계언'과 가변어인 '용언'으로 나누었다. 그리고 불변어는 기능에 따라서 '체언(명사·대명사·수사), 수식언(관형사와 부사), 독립언, 관계언'으로 다시 분류하였고, 가변어인 용언은 그 형태적 특징에 따라서 동사와 형용사로 나누었다. 〈그림 1〉의 품사 분류 체계는 제1차적으로 단어의 형태를 고려하여 품사를 분류하였고, 제2차적으로 단어의 기능을 고려하여 품사를 분류하였다. 그리고 마지막으로 의미와 기능을 고려하여서 품사를 분류하였다.[1]

---

1) 〈그림 1〉의 품사 분류 체계에서 서술격 조사인 '-이다'는 조사의 하위 품사라는 점에서 불변어로 처리할 수도 있고, 활용을 한다는 점에서 가변어에 속하기도 한다. 이렇게 '-이다'에 대한 품사를 처리하는 문제점이 현행의 〈학교 문법〉에서 추구하는 형태 중심의 품사 분류 체계의 문제점이다.

2.2. 체언

'체언(體言)'은 문장 속에서 다양한 문장 성분으로 기능하면서, 어떤 대상이나 일의 이름이나 수량(순서)을 나타내거나 명사를 대신하는 단어의 갈래이다. 이들 체언은 다시 '명사·대명사·수사'로 나뉜다.

> (1) ㄱ. <u>철수</u>는 <u>국수</u>를 먹는다.
>   ㄴ. <u>나</u>는 <u>그녀</u>를 사랑한다.
>   ㄷ. 학생 <u>셋</u>이 공원에서 놀고 있다.

(1)에서 밑줄 친 말은 모두 체언인데, (ㄱ)의 '철수'와 '국수'는 명사, (ㄴ)의 '나'와 '그녀'는 대명사, (ㄷ)의 '셋'은 수사이다.

체언인 명사·대명사·수사에는 다음과 같은 공통적인 특성이 나타난다.

첫째, 체언은 문장에서 조사와 결합하여 여러 가지 문장 성분으로 쓰인다. 곧, 체언은 문장 속에서 격조사와 결합하여, 서술어, 주어, 목적어, 관형어, 부사어, 독립어 등 여러 가지 문장 성분으로 두루 쓰이는 특징이 있다.

> (2) ㄱ. <u>벗나무</u>가 <u>바람</u>에 쓰러졌다. <u>그녀</u>가 <u>벗나무</u>를 <u>자기</u>의 <u>손</u>으로 일으켰다.
>   ㄴ. <u>그이</u>는 <u>범인</u>이 아니다.

(ㄱ)에서 '벗나무가'와 '그녀가'는 주어로 쓰였으며, '바람에'와 '손으로'는 부사어, '벗나무를'은 목적어, '자기의'는 관형어로 쓰였다. 그리고 (2)의 (ㄴ)에서 '그이는'은 주어로 쓰였으며, '범인이'는 보어로 쓰였다.

둘째, 체언은 형태의 변화(꼴바꿈)가 일어나지 않는다. 용언은 문장 속에서 문법적인 기능을 실현하기 위하여 어간에 다양한 어미가 붙어서 꼴바꿈이 일어난다. 하지만 체언에는 그러한 형태 변화가 일어나지 않는다.

2.2.1. 명사

(가) 명사의 개념

'명사(名詞)'는 어떠한 대상이나 일의 이름을 나타내는 단어의 갈래이다. 명사에는 다음과 같은 특징이 있다(허웅, 2000:235).

첫째, 명사는 일반적으로 실질적이면서 객관적인 의미를 나타낸다. 곧 '철수, 사자, 개미; 책, 연필, 자동차; 희망, 기쁨, 공부' 등의 명사는 실질적이고 객관적인 의미를 나타낸다. (단, 의존 명사는 형식적인 의미를 나타낸다.)

둘째, 명사는 관형어의 수식을 받아서 명사(체언)구를 형성할 수 있으며, 명사구에서 중심어(中心語)로 쓰인다.

(3) [철수의 누나]는 [아버지가 남긴 유산]으로 [새 건물]을 샀다.

'누나'는 '체언+관형격 조사'의 구성인 '철수의'의 수식을 받으며, '유산'은 관형절인 '아버지가 남긴'의 수식을 받으며 '건물'은 관형사인 '새'의 수식을 받고 있다. 명사는 이와 같이 관형어로 쓰이는 말, 곧 '관형사', '체언+관형격 조사', '관형절' 등의 수식을 받아서 중심어로 기능할 수 있다.

(나) 명사의 유형

명사는 그 분류 기준에 따라서 '보통 명사'와 '고유 명사', '자립 명사'와 '의존 명사', '유정 명사'와 '무정 명사', '실체성 명사'와 '동태성 명사'로 구분할 수 있다.

〈 보통 명사와 고유 명사 〉 명사는 그것이 지시하는 범위에 따라서 '보통 명사'와 '고유 명사'로 나눌 수 있다.

첫째, '보통 명사(普通名詞)'는 같은 속성을 가진 대상에 대하여 두루 쓸 수 있는 명사이다.

(4) 사람, 책, 꽃, 도시, 강, 산, 바다, 별, ……

(4)의 '사람, 책, 꽃, …' 등은 그것이 지시하는 대상이 여러 가지이므로 보통 명사이다.

둘째, '고유 명사(固有名詞)'는 같은 성질의 대상 가운데서 어느 하나를 다른 것과 특별히 구별할 필요가 있을 때에 사용하는 명사이다. 고유 명사는 일반적으로 유일한 것으로 여기는 대상에 쓰는 명사이다.

(5) 김삼순, 이순신, 세종대왕, 주시경, 최현배; 신라, 고구려, 백제, 중국, 일본, 미국; 경주, 한강, 금강산, 동해; 삼국유사, 논어, 맹자; 살수대첩, 임진왜란, 한국전쟁, ……

(5)의 예는 각각 사람의 이름, 국가의 이름, 땅의 이름, 책의 이름, 사건의 이름 등을 나타내는 단어이다. 이들 명사들은 모두 고유 명사로서 유일한 실체로 인식되는 것들이다. 예를 들어서 '김삼순'은 역사상 존재했던 수많은 사람 가운데서 특정한 사람을 다른 사람들과 구분해서 사용하는 명사이다.2)

〈 **자립 명사와 의존 명사** 〉 명사는 문장 속에서 홀로 설 수 있느냐 없느냐에 따라서 '자립 명사'와 '의존 명사'로 나눌 수 있다.

첫째, '자립 명사(自立名詞)'는 문장에서 관형어가 없어도 홀로 쓰일 수 있는 명사이다.

　(6) 사람, 어른, 물건, 일, 장소, 산수유, 꽃, 과일, ……

(6)의 명사들은 모두 '자립 명사'인데, 자립 명사는 문장 안에서 관형어의 도움 없이 홀로 쓰일 수 있는 명사이며, 대부분 실질적인 의미를 나타낸다. 국어에서 쓰이고 있는 대부분의 명사는 자립 명사이다.

둘째, '의존 명사(依存名詞)'는 자립성이 없을 뿐만 아니라, 그것이 표현하는 의미도 형식적인 의미이다.

　(7) ㄱ. 우리 집에는 버릴 <u>것</u>이 많다.
　　　ㄴ. *<u>것</u>이 많다.

(7)에서 의존 명사인 '것'은 (ㄱ)처럼 관형어인 '버릴'과 함께 쓰였는데, (ㄴ)처럼 관형어가 없이 단독으로 쓰일 수가 없다. 뿐만 아니라 '것'은 실질적인 의미를 나타내지 못하고 사물, 일, 현상 따위를 추상적·형식적으로 이르는 말이다. 곧 (8)의 '것'은 '책, 옷, 가구, 자동차, 물건'과 같은 구체적인 명사를 형식적으로 대신하는 말이다.

의존 명사는 그것이 문장에서 쓰이는 기능에 따라서, '보편성 의존 명사·주어성 의존 명사·서술어성 의존 명사·부사어성 의존 명사·단위성 의존 명사' 등으로 나뉜다.

　(8) ㄱ. 철수는 가진 <u>것</u>이 없다. 영희는 철수가 가진 <u>것</u>을 빼앗았다.
　　　ㄴ. 우리 가족이 여기에서 산 <u>지</u>가 꽤 오래되었다.

---

2) 고유 명사는 유일한 대상을 가리키는 명사로 인식되기 때문에, 다음과 같은 문법적인 특징이 나타난다. 첫째, 고유 명사는 복수 표현이 없고 수량사와 결합할 수 없다. (보기: *삼순이들, 미국들; *한 철수, *두 미국) 둘째, 고유 명사는 관형사의 수식을 받을 수 없다. (보기: *헌 삼국유사 *<u>저</u> 인순이, *<u>두</u> 철수)

ㄷ. 저는 그저 당신을 만나러 왔을 <u>따름</u>입니다.

ㄹ. 일을 하기로 한 <u>김</u>에 당장 일을 시작합시다.

ㅁ. 우리는 하루 동안에 사과 한 <u>개</u>만 먹었다.

(ㄱ)의 '것' 등은 문장에서 그 앞의 관형어와 함께 여러 가지 문장 성분으로 두루 쓰이는 '보편성 의존 명사'이다. (ㄴ)의 '지' 등은 그 앞의 관형어를 포함한 전체 구성이 주어로만 쓰이는 '주어성 의존 명사'이다. (ㄷ)의 '따름' 등은 관형어를 포함한 전체 구성이 문장 속에서 서술어로 쓰이는 '서술어성 의존 명사'이다. (ㄹ)의 '김' 등은 그 앞의 관형어를 포함한 전체 구성(=명사구)이 부사어로 쓰이는 '부사어성 의존 명사'이다. (ㅁ)의 '개' 등은 앞 명사의 수량의 단위를 표현하는 '단위성 의존 명사'이다.[3]

2.2.2. 대명사

(가) 대명사의 개념

'대명사(代名詞)'는 발화 현장에서 어떤 대상을 직접 가리키거나, 앞선 문맥에 표현된 명사를 대신하는 단어의 갈래이다.

(9) ㄱ. 어제 <u>그녀</u>는 <u>여기</u>에서 <u>그것</u>을 먹었다.

ㄴ. 어제 <u>순희</u>는 <u>학교</u>에서 <u>김밥</u>을 먹었다.

(10) ㄱ. 아버님은 나에게 <u>장갑</u>을 주었다. 나는 <u>그것</u>을 받아서 주머니에 넣었다.

ㄴ. 우리들은 어제 동백섬에 있는 <u>누리마루</u>에 놀러 갔다. 우리는 <u>거기</u>에서 해운대의 해수욕장과 동백섬의 풍경을 감상했다.

(9)에서 (ㄱ)과 (ㄴ)의 문장을 비교하면 (ㄱ)에서 '그녀'는 '순희'를 가리키며, '여기'는 '학교'를 가리키며, '그것'은 '김밥'을 직접 가리킨다(직시 기능). 곧 (9ㄱ)의 문장에서 '그녀, 여기, 그것'은 발화 현장에서 명사인 '순희, 학교, 김밥'이라는 말을 대신하는 말이다(대용 기능). 반면에 (10)에서 (ㄱ)의 '그것'과 (ㄴ)의 '거기'는 앞선 문맥에 실현된 명사 '장갑'

---

3) 의존 명사 중에서 (ㄱ)의 '것, 데, 바, 이' 등은 '보편성 의존 명사'이며, (ㄴ)의 '지, 나위, 리, 수, 턱'은 '주어성 의존 명사'이다. (ㄷ)의 '따름, 때문, 뿐, 마련, 망정, 셈, 터' 등은 '서술어성 의존 명사'이며, (ㄹ)의 '김, 대로, 만큼, 줄, 채' 등은 '부사어성 의존 명사'이다. 끝으로 (ㅁ)의 '개, 번, 양, 체, 척; 겹, 길, 냥, 닢, 대, 병, 그루, 대, 땀, 들이, 되' 등은 '단위성 의존 명사'이다.

과 '누리마루'를 대신하고 있다. 이처럼 발화 현장에서 어떤 대상을 직접적으로 가리키거나 문맥에서 특정한 명사를 대신하는 말을 '대명사'라고 한다.[4]

대명사에는 체언으로서의 공통성과 함께 다음과 같은 고유한 특성도 나타난다.

첫째, '나, 그것, 여기'와 같은 대명사는 형식적이며 상황 의존적인 의미를 나타낸다. 곧, 대명사인 '나'는 지시나 대용의 기능만 할 뿐 '나' 자체로는 실질적인 의미를 나타내지 않는다. 그리고 화자와 청자의 상대적인 위치에 따라서 동일한 사물인 '볼펜'을 '이것, 저것, 그것'으로 표현할 수 있기 때문에 상황 의존적인 의미를 나타낸다.

둘째, 대명사는 명사에 비하여 선행하는 관형어와의 구성에 제약을 더 많이 받는다.

(11) ㄱ. {아름다운, 달려가는} + <u>그녀</u>
　　 ㄴ. {이, 그, 저, 새, 헌, 어느, 어떤}+ *<u>그녀</u>
　　 ㄷ. *최민수의 <u>그것</u>

명사는 '관형절, 관형사, 체언+관형격 조사'로 된 관형어의 수식을 받을 수 있다. 하지만 대명사는 (ㄱ)처럼 관형절의 수식은 받을 수 있으나, (ㄴ)의 관형사로 된 관형어나 (ㄷ)의 '체언+관형격 조사'로 된 관형어의 수식을 받지 못하는 제약이 있다.

(나) 대명사의 유형

대명사는 사람을 가리키거나 대용하는 '인칭 대명사'와 사람 이외의 대상을 가리키거나 대용하는 '지시 대명사'로 나뉜다.

인칭 대명사						지시 대명사	
정칭 대명사			미지칭 대명사	부정칭 대명사	재귀칭 대명사	사 물 대명사	처 소 대명사
1인칭	2인칭	3인칭					

〈표 1〉 대명사의 유형

---

4) 대명사는 '직시(지시)'와 '대용'의 기능이 있다. 여기서 '직시(直示) 기능'은 (10)에 쓰인 대명사처럼 화자가 자기가 위치한 시간과 공간적 입장을 기준으로 하여 발화 현장에서 대상을 직접 가리키는 기능이다. 반면에 '대용(代用) 기능'은 (11)처럼 담화 속에서 앞선 문맥에서 이미 언급한 말을 되돌아 가리키는 기능이다.

① **인칭 대명사**

'인칭 대명사(人稱代名詞)'는 사람을 직시하거나 대용하는 대명사인데, 가리킴의 기능에 따라서 '정칭·미지칭·부정칭·재귀칭의 인칭 대명사'로 나뉜다.

〈 **정칭의 인칭 대명사** 〉 '정칭(定稱)의 인칭 대명사'는 '나·너·그'처럼 발화 상황이나 문맥에서 정해진 대상을 가리키거나 대용하는 인칭 대명사이다.

첫째, '1인칭 대명사'는 화자가 자기 자신을 가리키는 대명사이다.

    (12) ㄱ. 나, 우리(들)
        ㄴ. 저, 저희(들)

(ㄱ)의 '나, 우리(들)'은 화자가 자신을 가리키되 높임과 낮춤의 뜻이 없이 쓰이는 대명사이다. 반면에 (ㄴ)의 '저, 저희(들)'은 화자가 청자에 대하여 자신을 낮추어서 표현하는 대명사이다.

둘째, '2인칭 대명사'는 화자가 청자를 가리키는 대명사이다.

    (13) ㄱ. 너, 너희(들)
        ㄴ. 자네
        ㄴ. 그대, 당신, 여러분
        ㄷ. 어르신, 선생님

(ㄱ)는 화자가 청자를 높이지 않은 대명사이다. '너'는 가장 일반적으로 쓰이는 말이고, '너희'는 '너'에 복수 접미사가 붙어서 쓰인 말이다. '너'와 '너희'는 듣는 사람을 아주 낮추어서 표현하는 말이다. 그리고 '자네'는 듣는 사람을 예사로 낮추어서 표현하는 말이다. (ㄴ)의 '그대, 당신, 임자, 여러분'은 예사 높임의 2인칭 대명사이고, (ㄷ)의 '어르신, 선생님'은 아주 높임의 2인칭 대명사이다.

셋째, '3인칭 대명사'는 화자와 청자를 제외한 제3의 인물을 가리키는 대명사로서, 화자가 특정한 제3자를 발화 현장이나 문맥에서 직접 가리키는 대명사이다.

    (14) ㄱ. 이들, 그(들), 저들
        ㄴ. 이자, 그자, 서사; 이애(애), 그애(걔), 저애(쟤); 이이, 그이, 저이; 이분, 그분, 저분

(ㄱ)에서 '이, 그, 저'는 입말에서는 잘 쓰이지 않고 글말에서만 자주 쓰이는 말이다. '이, 그, 저' 중에서 '이'와 '저'는 단독으로는 거의 쓰이지 않고 복수 접미사인 '-들'과 함께 쓰여서 '이들, 저들'의 형태로만 쓰이는 것이 보통이다. (ㄴ)의 예는 모두 지시 관형사와 의존 명사가 합성된 3인칭 대명사이다. 이들 대명사는 모두 지시 관형사인 '이, 그, 저'와 의존 명사인 '자, 애, 이, 분' 등이 결합하여 이루어진 대명사 합성어이다.

〈 미지칭의 인칭 대명사 〉 '미지칭(未知稱)의 인칭 대명사'는 가리킴을 받는 사람의 이름이나 신분을 몰라서 물을 때에 쓰는 대명사로서, 의문의 대상을 가리키는 기능을 한다.

(15) ㄱ. 이번 총회에서는 <u>누구</u>를 회장으로 뽑아야 할까?
　　 ㄴ. <u>누</u>가 시합에 이겼지?

(ㄱ)의 '누구'는 '이번 총회에서 회장으로 뽑아야 할 사람'의 이름을 묻는 대명사이다. 그리고 (ㄴ)의 '누'는 '누구'의 형태가 변한 것인데, '시합에 이긴 사람'의 이름을 묻는 대명사이다.

〈 부정칭의 인칭 대명사 〉 '부정칭(不定稱)의 인칭 대명사'는 어떤 사람을 특별히 정하지 않고 두루 가리키는 인칭 대명사이다.

(16) ㄱ. <u>아무</u>나 와서 밥을 먹어라.
　　 ㄴ. 철수는 <u>누구</u>를 만나더라도 반갑게 대한다.

(16)에서 '아무(某)'는 '특정한 사람을 가리지 않고 어떠한 사람이라도'의 뜻을 나타낸다. 그리고 미지칭의 인칭 대명사로 쓰였던 '누구'도 부정칭의 인칭 대명사로 쓰일 수가 있다. 곧 (ㄴ)의 '누구(=누)'는 '아무'의 뜻을 나타내면서 부정칭으로 쓰였다.

〈 재귀칭의 인칭 대명사 〉 '재귀칭(再歸稱)의 인칭 대명사'는 문장 속에서 주어로 표현된 3인칭의 명사나 명사구를 그 문장 속에서 다시 대용할 때에 쓰는 대명사이다.

(17) ㄱ. **고슴도치**도 <u>자기(자신)</u>의 자식은 귀여워한다.
　　 ㄴ. **하급생들**은 <u>저희</u>를 때린 상급생을 용서했다.
　　 ㄷ. 그 당시에 **선생님**께서는 <u>당신</u>께 주어진 일은 반드시 해내셨다.

'자기'와 '자신'은 가장 널리 쓰이는 재귀칭 대명사인데, (ㄱ)에서 '자기'와 '자신'은 각각 주어로 쓰인 '고슴도치'를 대용하였다. '저'와 '저희(들)'는 그것이 대용하는 명사가 낮춤의 대상일 때에 쓰이는데, (ㄴ)에서 '저희'는 '하급생들'을 대용하였다. '당신'은 그것이 대용하는 명사가 높임의 대상일 때에 쓰이는데, (ㄷ)에서 '당신'은 각각 주어로 쓰이면서 동시에 높임의 뜻을 가진 명사인 '아버님'과 '선생님'을 대용하였다.5)

② 지시 대명사

'지시 대명사(指示代名詞)'는 사물이나 장소 등의 명사를 직접 가리키거나 대용하는 말이다. 이러한 지시 대명사에는 사물을 지시하거나 대용하는 '사물 지시 대명사'와 장소를 지시하거나 대용하는 '처소 지시 대명사'가 있다.

〈 **사물 지시 대명사** 〉 '사물 지시 대명사'는 특정한 사물을 직시하거나 대용하는 지시 대명사이다.

> (18) ㄱ. 이것(그것, 저것)을 보세요.
> ㄴ. 철수가 방금 가져간 것이 무엇이냐?
> ㄷ. 아무것이나 집어서 가져오너라.
> ㄹ. 배가 고프니 무엇을 좀 먹어야겠다.

(ㄱ)의 '이것, 그것, 저것'은 대상을 확정하여 가리키는 정칭(定稱)의 지시 대명사이다. 정칭의 사물 지시 대명사는 화자가 청자에 대하여 느끼는 심리적인 거리를 기준으로 하여 '이, 그, 저'를 사용하게 된다. (ㄴ)의 '무엇'은 미지칭(未知稱)의 지시 대명사로서 물음의 대상이 되는 사물을 가리키는 대명사이다. 그리고 (ㄷ)의 '아무것'과 (ㄹ)의 '무엇'은 부정칭(不定稱)의 지시 대명사로서 정해지지 않은 대상을 두루 가리키는 대명사이다.

〈 **처소 지시 대명사** 〉 '처소 지시 대명사'는 장소를 직시하거나 대용하는 지시 대명사다.

> (19) ㄱ. 우리 여기(거기, 저기)에서 놀자.
> ㄴ. 지난해 이곳(그곳, 저곳)에서 큰 사고가 발생했다.
> ㄷ. 아이를 잃어버린 데가 어디예요?
> ㄹ. 아무데나 앉으세요.

---

5) 재귀 대명사인 '자신'이 강조의 기능으로 쓰일 수 있다. 이때에는 대명사가 그 앞의 명사와 동일한 문장 성분으로 되풀이된다. (보기: 선생님은 수학 문제를 학생 자신의 힘으로 풀게 하였다. 이 일은 철수 자신에게도 아무런 도움이 되지 않는다.) 강조 기능의 '자신'은 주어로 쓰이는 명사뿐만 아니라 목적어나 관형어로 쓰이는 명사를 대용하여 표현할 수도 있다. 이처럼 강조 용법으로 쓰인 재귀대명사인 '자신'은 생략할 수 있는 것이 특징이다.

ㅁ. 노숙자들이 갈 곳은 <u>어디</u>에도 없었다.

(ㄱ)의 '여기, 거기, 저기'와 (ㄴ)의 '이곳, 그곳, 저곳'은 처소를 확정하여 가리키거나 대
용하는 정칭의 지시 대명사이다. (ㄷ)의 '어디'는 특정한 처소를 몰라서 물을 때에 쓰는
미지칭의 처소 지시 대명사이다. 그리고 (ㄹ)의 '아무데'와 (ㅁ)의 '어디'는 특별히 정해지
지 아니한 장소 따위를 가리키는 부정칭의 처소 지시 대명사이다.

2.2.3. 수사

(가) 수사의 개념

'수사(數詞)'는 어떤 대상의 수량이나 순서를 표현하는 단어의 갈래이다.

(20) ㄱ. <u>하나</u>에 둘을 보태면 <u>셋</u>이 된다.
     ㄴ. <u>첫째</u>는 길동이고 <u>둘째</u>는 순희입니다.

(ㄱ)의 '하나, 둘, 셋'은 수량을 나타내는 말이며, (ㄴ)의 '첫째, 둘째'는 순서를 나타내는
말이다. 이처럼 수사는 사물의 실질적인 개념이나 성질 따위와는 관계없이 어떠한 대상
의 수량과 순서만 표현하는 단어의 동아리이다.
    수사에는 체언으로서의 공통성뿐만 아니라, 수사에만 있는 고유한 특징도 있다.
    첫째, 수사는 실질적인 개념을 나타내지 않고 수량이나 순서를 나타낼 뿐이다. 따라서
수사는 형식적이며 객관적인 의미를 나타낸다.

    (21) 하나, 둘, 셋; 첫째, 둘째, 셋째

수사는 특정한 명사의 '수량'이나 순서만을 가리킨다는 점에서 형식적인 의미를 나타낸
다. 그리고 수사의 의미는 문맥이나 발화 상황과는 관계없이 특정한 명사의 수량을 나타
낸다는 점에서 객관적인 의미이다.
    둘째, 수사는 일반적으로 관형어의 수식을 받지 않는다.

    (22) ㄱ. *새 <u>하나</u>, *헌 <u>둘</u>
         ㄴ. *달려가는 <u>하나</u>, *아름다운 <u>둘째</u>

ㄷ. *철수의 <u>하나</u>, *우리나라의 <u>둘째</u>

(ㄱ)에서 '새, 헌'은 관형사, (ㄴ)에서 '달려가는, 아름다운'은 용언의 관형사형, (ㄷ)에서 '철수의, 우리나라의'는 체언에 관형격 조사가 붙어서 된 관형어이다. 이처럼 수사는 관형어의 수식을 전혀 받을 수 없다는 특징이 있다.

(나) 수사의 유형

수사는 '양수사(量數詞)'와 '서수사(序數詞)', '정수(定數)'와 '부정수(不定數)', '고유어'로 된 수사'와 '한자어로 된 수사' 등으로 분류할 수 있다.

〈 양수사 〉 '양수사(量數詞)'는 수량을 나타내는 수사인데, 이는 고유어로 된 것과 한자어로 된 것이 있다.

> (23) ㄱ. 하나, 둘, 셋, 넷, 다섯, 여섯, 일곱, 여덟, 아홉, 열, 스물, 서른, 마흔, 쉰, 예순, 일흔, 여든, 아흔
>
> ㄴ. 한둘(1, 2), 두엇(둘쯤), 두셋(2, 3), 두서넛(2, 3, 4), 서넛(3, 4), 네다섯(4, 5), 너덧(4, 5), 네댓(4, 5), 너더댓(4, 5), 댓(5, 6), 대여섯(5, 6), 예닐곱(6, 7), 일여덟(7, 8), 열아홉(8, 9), 여남은(10여), 열두셋(12, 13), 여럿, 몇
>
> (24) ㄱ. 영(零), 일(一), 이(二), 삼(三), ……, 백(百), 천(千), 만(萬), 억(億), 조(兆), ……
>
> ㄴ. 일이, 이삼, 삼사, 사오, 오륙, 육칠, ……

(23)의 수사는 고유어로 된 수사이며 (24)의 수사는 한자어로 된 수사이다. 그리고 (23)과 (24)에서 (ㄱ)의 수사는 수량이 확정된 '정수(定數)'를 나타내는 데에 반해서, (ㄴ)의 수사는 대략적인 수량을 어림한 '부정수(不定數, 어림수)'를 나타낸다. 수사 중에서 고유어의 수사는 '아흔아홉'까지이며 그 이상은 '백이십일'과 같은 한자어이나, '백스물하나'처럼 고유어와 한자어를 섞어서 표현한다.

〈 서수사 〉 '서수사(序數詞)'는 순서를 나타내는 수사인데, '서수사'도 고유어로 된 것과 한자어로 된 것이 있다.

> (25) ㄱ. 첫째, 둘째, 셋째, 넷째, 다섯째, …, 열째, 열한째, 열두째, 열셋째, …, 스무째, 서른째, 마흔째, 쉰째, 예순째, 일흔째, 여든째, 아흔째, 백째
>
> ㄴ. 한두째, 두어째, 두세째, 두서너째, 서너째, 너덧째, 너더댓째, 댓째, 대여섯째, 예닐

곱째, 일여덟째, 열아홉째, 여남은째, ……, 여러째, 몇째

(26) ㄱ. 제일(第一), 제이(第二), 제삼(第三), 제사(第四), ……

　　 ㄴ. 제일의 품질, 제이의 명소, 제삼의 인물, ……

(25)의 고유어 수사는 양수사에 접미사인 '-째'가 붙어서 성립하는데, (ㄱ)은 정수를 나타내고 (ㄴ)은 부정수를 나타낸다. 그리고 (26)의 예는 한자어로 된 서수사인데 이들은 양수사의 형태에 접두사인 '제(第)-'가 붙어서 된 파생어이다.

【 더 배우기 】

〈 **체언의 복수 표현** 〉체언이 지시하는 대상의 수효가 하나인 것을 '단수(單數)'라고 하고, 체언이 지시하는 대상의 수효가 둘 이상인 것을 '복수(複數)'라고 한다.

　(1) ㄱ. 사람, 학생, 개; 나, 너, 저
　　　 ㄴ. 사람들, 학생들, 개들 ; 우리, 너희(들), 저희(들)

국어에서 복수 표현은 일반적으로 파생 접사인 '-들'을 붙여서 나타낸다. 예를 들어서 (ㄱ)의 '사람, 학생, 개' 등은 대상의 수효가 하나이므로 '단수 표현'이고, (ㄴ)의 '사람들, 학생들, 개들' 등은 대상의 수효가 둘 이상이므로 '복수 표현'이다. 그리고 인칭 대명사인 '너, 저'에는 복수 접미사인 '-희'가 결합하여 '너희, 저희'로 복수 표현이 실현된다. 그리고 '너희, 저희'에 복수 접미사인 '-들' 다시 붙여서 '너희들, 저희들'과 같은 복수 표현도 쓰인다.

　그런데 국어에서 '수(數, number)'에 대한 표현은 규칙적으로 실현되지는 않는다.

　(2) ㄱ. 많은 사람들이 회의장에 몰려왔다.
　　　 ㄴ. 많은 사람이 회의장에 몰려왔다.

　(3) ㄱ. *사과나무들에 사과들이 많이 열렸다.
　　　 ㄴ. 사과나무에 사과가 많이 열렸다.

(2)에서 (ㄱ)처럼 복수로 표현한 것과 (ㄴ)처럼 단수로 표현한 것의 의미적인 차이가 거의 없다. 그리고 (3)에서 사물의 수량을 논리적으로 생각하면 (ㄱ)과 같이 복수로 표현해야 함에도 불구하고, (ㄴ)처럼 단수로 표현하는 것이 자연스러운 경우가 많다.

〈 **'-들'의 문법적인 특징** 〉대상의 수량이 복수임을 나타내는 파생 접미사인 '-들'은 다음과 같은 문법적인 특징이 있다.

첫째, '-들'은 명사와 대명사에는 붙을 수 있지만 수사에는 붙지 않는다.

  (4) ㄱ. *둘들, *셋들, *넷들……
      ㄴ. *둘째들, *셋째들, *넷째들……

'둘, 셋, 넷; 둘째, 셋째, 넷째' 등은 복수 표현의 수사인데, 이들 수사에는 '-들'이 붙을 수가 없다. 수사는 원래부터 수량이나 순서를 나타내어서 수사 자체가 단수와 복수의 뜻을 나타내기 때문에 '-들'이 붙지 않는 것이다.

  둘째, '-들'은 대체로 유정 명사에는 자연스럽게 결합하지만, 무정 명사에 결합하면 자연스럽지 못한 표현이 된다.

  (5) ㄱ. 사람들, 남자들, 아이들, 개들, 사자들
      ㄴ. ?사과들, ?연필들; *물들, *설탕들, *공기들; *희망들, *꿈들, *슬픔들

  (6) ㄱ. 사과 세 개를 가져왔다.
      ㄴ. 탁자 위에 있는 연필을 가져 오너라. (※ 연필이 세 자루인 경우)

(5ㄱ)의 '사람, 개'와 같은 유정 명사에는 '-들'이 자연스럽게 결합할 수 있다. 하지만 (5ㄴ)처럼 무정 명사에 '-들'이 붙은 표현은 비문법적인 표현이거나, 혹은 자연스럽지 못한 표현이다. 무정 명사로 표현할 대상이 복수일지라도 (6)처럼 '-들'을 붙이지 않는 것이 일반적이다.

  셋째, 명령문에서는 '-들'이 불가산 명사나 체언이 아닌 단어에 실현될 수가 있다.

  (7) ㄱ. 저리로 가서 빨리 물들 길어 오너라.
      ㄴ. 무슨 소리를 하는 거냐? 제발 꿈들 깨시게.
      ㄷ. 시장할 텐데, 많이들 드십시오.
      ㄹ. 약간이라도 먹어들 보아라.

  (8) ㄱ. (너희들) 저리로 가서 빨리 물을 길어 오너라.
      ㄴ. (너희들) 무슨 소리를 하는 거냐? 제발 꿈을 깨시게.
      ㄷ. (여러분) 시장할 텐데, 많이 드십시오.
      ㄹ. (애들아) 조금이라도 먹어 보아라.

곧 (7)의 (ㄱ)과 (ㄴ)에서는 불가산 명사인 '물'과 '꿈'에 '-들'이 실현되었으며, (ㄷ)에는 부사인 '많이'에, (ㄹ)에는 동사 '먹다'의 연결형인 '먹어'에 '-들'이 실현되었다. 이런 현상은 명령문에서 생략된 2인칭 주어가 복수임을 나타내기 위한 특수한 표현이다. 곧, (8)의 명령문처럼 복수 주어가 생략되는 과정에서, '-들'이 그 뒤에 실현된 '물, 꿈, 많이, 먹어' 등의 문장 성분에 옮아서 실현된 결과이다.

2.3. 관계언

지립성이 있는 말(제인)에 붙어서 그 밀과 다른 날과의 문법적 관계를 나타내는 말을 '관계언(關係言)' 혹은 '조사(助詞)'라고 한다.

2.3.1. 조사의 개념

'조사(助詞)'는 주로 체언에 붙어서, 그 체언이 문장 속의 다른 단어와 맺는 문법적인 관계를 나타내거나 특별한 뜻을 덧보태어 주는 단어의 갈래이다.

(1) ㄱ. 영수가 책을 읽는다.
ㄴ. [선희와 진주]는 [사과하고 배하고] 많이 먹었다.
ㄷ. 철수는 아버지가 주는 약만 먹지 않았다.

(ㄱ)에서 '-가'는 '영수'에 붙어서 그 체언이 문장에서 주어로 쓰이는 것을 나타내며, '-을'은 '책'에 붙어서 그것이 문장 속에서 목적어로 쓰이는 것을 나타낸다. (ㄴ)에서 '-와'는 체언인 '선희'와 '진주'를 이었으며, '-하고'는 '사과'와 '배'를 이었다. (ㄷ)에서 '-는'은 '철수'에 붙어서 그것이 문장 속에서 '말거리(주제, 화제)'가 됨을 나타내며, '-만'은 '약'에 붙어서 '한정(限定)'의 뜻을 나타낸다. 이처럼 주로 체언에 붙어서 문법적인 관계나 특별한 의미를 더해 주는 단어를 조사라고 한다.

체언, 용언, 관계언, 독립언 등의 다른 품사는 자립성을 갖추고 실질적인 의미를 나타낸다. 이에 반해서 조사는 자립성이 없으며 문법적인 의미를 나타내는 특징이 있다.

첫째, 조사는 다른 품사의 단어와는 달리 자립성이 없어서 반드시 앞의 체언 등에 붙어서만 쓰인다. 곧, (1)에서 '-가, -을, -와, -하고, -는, -만'은 모두 그 앞의 체언에 붙어서 쓰였으며, 단독으로 문장에 실현될 수 없다.

둘째, 조사는 다른 품사의 단어와는 달리 형식적이고 문법적인 의미를 나타낸다. 곧 (1)에서 (ㄱ)의 '-가, -을' 등은 문장 성분으로서의 자격을 나타내고, (ㄴ)의 '-와, -하고' 등은 체언과 체언을 잇는 기능을 하고, (ㄷ)의 '-는, -만'은 그것이 결합하는 체언에 '주제(화제), 대조, 단독, 포함' 등의 형식적인 의미를 덧붙인다.

셋째, 조사는 일반적으로는 그 자체로 형태 변화가 일어나지 않는다. 그러나 예외적으로 서술격 조사인 '-이다'만은 '-이었다, -이더라, -이면, -이니, -인'처럼 어간인 '-이-'에 여러 가지 어미가 실현되어서 문법적인 기능을 나타낸다.(= 용언)

2.3.2. 조사의 유형

조사는 기능과 의미에 따라서, '격조사, 접속 조사, 보조사'로 하위 분류된다.

(가) 격조사

'격조사(格助詞)'는 체언이나, 명사구나 명사절 등의 앞말에 붙어서 그것이 문장 속에서 특정한 문장 성분으로 쓰일 수 있도록 자격을 부여하는 조사이다.

    (2) 어머니가 집에서 철수의 옷을 다렸다.

(2)에서 주격 조사인 '-가'는 '어머니'가 문장에서 주어로, 부사격 조사인 '-에서'는 '집'이 부사어로 쓰이게 했다. 그리고 관형격 조사인 '-의'는 '철수'가 관형어로 쓰이게 하며, 목적격 조사인 '-을'은 '옷'이 목적어로 쓰이게 했다.
  국어의 '격조사'에는 '주격 조사, 목적격 조사, 보격 조사, 관형격 조사, 부사격 조사, 호격 조사, 서술격 조사'가 있다.
  〈**주격 조사**〉'주격 조사(主格助詞)'는 그 앞말이 문장에서 주어로 쓰임을 나타내는 조사인데, 주격 조사에는 '-이/-가, -께서' 등이 있다.

    (3) ㄱ. 나무가 매우 크다.
        ㄴ. 사람이 짐승보다 더 추악하다.
        ㄷ. 아버지께서 진지를 드십니다.

(ㄱ)과 (ㄴ)의 '-이'와 '-가'는 가장 일반적인 주격 조사인데, 이들은 주격 조사의 음운론적인 변이 형태이다. 곧 (ㄱ)처럼 앞 체언이 모음으로 끝나면 '-가'가 선택되고 (ㄴ)처럼 앞 체언이 자음으로 끝나면 '-이'가 선택된다. (ㄷ)의 '-께서'는 높임의 대상인 체언에 붙어서 '주체 높임'의 뜻을 나타내는 주격 조사이다.[1]
  〈**목적격 조사**〉'목적격 조사(目的格助詞)'는 그 앞말이 문장에서 목적어로 쓰임을 나타

---

1) '-에서'가 주격 조사로 쓰이는 특수한 예가 있다. (보기: 교육부에서 수능시험을 폐지했다.) '-에서'가 붙은 체언이 [+단체성,+무정성]의 의미 자질을 가지는 체언이면서, 동시에 서술어가 동작성이 분명한 동사일 때에 주격 조사로 쓰인다. 곧, (보기)에서 '교육부'는 단체성과 무정성이 있는 명사이며, 서술어로 쓰인 '폐지하다'는 동작성이 있는 동사이다. 이때 '교육부'는 '수능시험을 폐지하는 주체'의 역할을 하므로, '교육부에서'는 주어이며 '-에서'는 주격 조사로 처리된다.

내는 조사인데, 목적격 조사로는 '-을/-를'이 있다.

    (4) ㄱ. 철수가 밥을 먹는다.
        ㄴ. 영희가 나뭇가지를 꺾는다.

(4)에서 서술어로 쓰인 '먹다'와 '꺾다'가 타동사이므로 목적어를 취하는데, '-을/-를'은 체언 뒤에 붙어서 그것이 목적어임을 나타낸다. (ㄱ)에서 '-을'은 '밥'처럼 앞말이 자음으로 끝날 때 선택되었다.

〈 보격 조사 〉 '보격 조사(補格助詞)'는 그 앞말이 문장에서 보어로 쓰임을 나타내는 조사인데, 보격 조사에는 '-이/-가'가 있다. 여기서 보어는 서술어인 '아니다' 혹은 '되다'가 주어 이외에 반드시 필요로 하는 문장 성분이다.

    (5) ㄱ. 철수가[주어] 제정신이[보어] 아니다.
        ㄴ. 밀가루가[주어] 국수가[보어] 되었다.

(5)에서 '제정신이'와 '국수가'를 보어라고 하며 이들 보어에 실현되는 조사 '-이/-가'를 보격 조사라고 한다. 따라서 보격 조사 '-이/-가'는 앞말인 '제정신'과 '국수'에 보어로서의 자격을 부여하는 조사이다.

〈 관형격 조사 〉 '관형격 조사(冠形格助詞)'는 그 앞말이 문장에서 관형어로 쓰임을 나타내는 조사인데, 관형격 조사로는 '-의'가 있다.

    (6) 한국의 산수는 가장 아름답다.

(6)에서는 체언인 '한국'에 관형격 조사 '-의'가 붙었는데 이때 '한국의'는 그 뒤에 오는 체언인 '산수'를 꾸며서 관형어로 쓰인다. 이처럼 관형격 조사는 앞말을 관형어로 기능케 하면서, '관형어＋체언'의 단위를 명사구로 만들어 준다.

〈 부사격 조사 〉 '부사격 조사(副詞格助詞)'는 그 앞말이 문장에서 부사어로 쓰임을 나타내는 조사인데, 종류가 대단히 많으며 의미가 다의적이다.

    (7) ㄱ. 어머님께서는 지금 미국에 계신다.   [공간적 위치]
        ㄴ. 백설공주의 피부는 눈과 같이 희다.   [비교]
        ㄷ. 할머니는 부엌칼로써 사과를 깎았다.   [방편]

ㄹ. 나는 공장에서 철수<u>하고</u> 일을 한다.   [공동]

ㅁ. 김 사장은 "이제 다시 시작합시다."<u>라고/하고</u> 말했다.   [직접 인용]

ㅂ. 어머니께서는 시골에 간다<u>고</u> 말씀하셨다.   [간접 인용]

(ㄱ)에서 '-에, -에서, -에게(-한테, -더러), -에게서, -으로' 등은 '위치, 상대, 원인, 방향' 등 다양한 뜻을 나타낸다. (ㄴ)에서 '-과/-와, -처럼, -만큼, -보다' 등은 문장에서 주어로 표현되는 말에 대하여, 어떤 대상이 '비교의 대상'임을 나타낸다. (ㄷ)처럼 '-으로써, -으로서, -으로' 등은 '방편'을 나타내고, (ㄹ)처럼 '-과/-와, -하고' 등은 '공동'을 나타낸다. (ㅁ)의 '-라고'와 '-하고'는 직접 인용을 (ㅂ)이 '-고'는 간접 인용을 나타낸다.

〈호격 조사〉'호격 조사(呼格助詞)'는 부름의 기능을 더하면서, 그 앞말이 문장에서 독립어로 쓰임을 나타내는 조사이다. 호격 조사로는 '-아/-야, -(이)여, -(이)시여'가 있다.

(8) ㄱ. 인숙<u>아</u>, 영희<u>야</u>, 이리 오너라.

ㄴ. 대왕<u>이여</u>/<u>이시여</u>, 어서 일어나소서.

(ㄱ)에서 '-아'는 '인숙'처럼 자음으로 끝나는 선행 체언에, '-야'는 '영희'처럼 모음으로 끝나는 선행 체언에 붙을 때에 선택된다. (ㄴ)에서 '-이여'와 '-이시여'는 선행 체언이 '대왕'이나 '신'과 같이 높임의 대상일 때에 그를 높여서 부를 때 사용하는 호격 조사이다. '-이여'는 그것이 붙는 체언에 예사 높임의 뜻을, '-이시여'는 아주 높임의 뜻을 덧보탠다.

〈서술격 조사〉'서술격 조사(敍述格助詞)'는 그 앞말이 서술어로 쓰임을 나타내는 조사이다. 서술격 조사로는 '-이다'가 있는데, '-이다'는 주어의 내용을 지정·서술하는 기능을 한다.

(9) ㄱ. 이것은 책상<u>이다</u>.

ㄴ. 김성수 씨는 의사<u>이다</u>.

(9)에서 '-이다'는 체언에 붙어서 주어인 '이것'과 '김성수 씨'의 내용이나 신분을 직접적으로 가리켜서 서술하는 역할을 한다.

서술격 조사인 '-이다'는 다른 조사와는 달리, 어간에 여러 가지 어미가 붙어서 활용함으로써, 다양한 문법적인 기능을 나타낸다.

(10) 저 아이는 학생이다. (-이었다, -이겠다, -일까, -이더라, -일지라도, …)

(10)에서 '-이다'가 붙은 말인 '학생이다'는 문장에서 서술어로 쓰인다. 그리고 '-이다' 자체는 '-이었다, -이겠다, -일까, -이더라, -일지라도' 등과 같이 활용함으로써 다양한 문법적인 기능을 나타낸다.

(나) 접속 조사

'접속 조사(接續助詞)'는 둘 이상의 체언을 같은 자격(문장 성분)으로 이어서 하나의 명사구를 형성하는 조사이다.

(11) ㄱ. [철수와 영수]는 어깨동무를 하고 뛰어놀곤 하였다.
　　 ㄴ. 나는 [떡이랑 밥]을 많이 먹었다.

(ㄱ)에서 '-와'는 '철수'와 '영수'의 두 체언을 주어의 자격으로 이었으며, (ㄴ)에서 '-이랑'은 '떡'과 '밥'을 목적어의 자격으로 이었다. 이처럼 체언과 체언을 동일한 문장으로 이어서 명사구를 형성하는 조사를 '접속 조사'라고 한다.
　접속 조사의 종류로는 '-와/-과, -하고, -에, -이랑, -이나, -이며' 등이 있다.

(12) ㄱ. 나는 [개와 고양이]를 좋아한다.
　　 ㄴ. [나하고 너하고] 결혼을 맹세하자.
　　 ㄷ. [술에 떡에 찰밥에] 차린 음식이 대단하구나.
　　 ㄹ. [돈이랑 여자랑] 다 부질없는 것임을 너는 몰랐더냐?
　　 ㅁ. [나나 당신이나] 이제 죽을 날이 얼마 남지 않았네.
　　 ㅂ. 이제부터는 [술이며 담배며] 모조리 끊고 살겠노라.

(ㄱ)에서 (ㅂ)까지 밑줄 그은 '-과/-와', '-하고~-하고', '-에~-에', '-이랑~-이랑', '-이나~-이나', '-이며~이며' 등은 모두 접속 조사로서, 체언과 체언을 특정한 문장 성분으로 이어 준다. 그런데 이들 접속 조사 가운데에서 '-과/-와'는 앞 체언에만 붙을 수 있는 반면에, 나머지 접속 조사들은 앞 체언과 뒤 체언 모두에 붙을 수 있다. 그리고 글말에서는 접속 조사로 '-과/-와'가 많이 쓰이지만, 입말에서는 주로 '-하고, -에, -이랑, -이나' 등의 접속 조사가 많이 쓰인다.

(다) 보조사

'보조사(補助詞)'는 앞말에 화용론적인 특별한 뜻을 더해 주는 조사이다. 곧, 보조사는 어떠한 문장 속에 등장하는 요소가, 그 문장의 서술어로 표현되는 동작이나 상태에 어떠한 방식으로 포함되는가를 표현한다.

보조사는 일반적으로 여러 가지 문법적 단위에 두루 쓰여서 그것에 특별한 뜻을 보태어 준다(통용 보조사).[2]

(13) ㄱ. 아이는 사과 주스를 마셨다.   [주제, 대조]

      ㄴ. 아이만 사과 주스를 마셨다.   [한정]

      ㄷ. 아이도 사과 주스를 마셨다.   [포함]

      ㄹ. 아이마다 사과 주스를 마셨다.   [각자]

(14) ㄱ. 아이부터 사과 주스를 마셨다.   [비롯함]

      ㄴ. 아이까지 사과 주스를 마셨다.   [미침]

      ㄷ. 아이조차 사과 주스를 마셨다.   [의외의 마지막]

      ㄹ. 아이마저 사과 주스를 마셨다.   [하나 남은 마지막]

(13)의 (ㄱ)에서는 주어인 '아이'에 주격 조사인 '-가' 대신에 보조사 '-는'이 붙어서 주제나 대조의 뜻을 더하였으며, (ㄴ)에서는 '-만'이 붙어서 '한정'의 뜻을 더하였으며, (ㄷ)에서는 '-도'가 붙어서 '포함'의 뜻을 더하였다. 그리고 (14)의 (ㄱ)에서는 '아이'에 보조사인 '-부터'가 붙어서 '비롯함'의 뜻을 더하였으며, (ㄴ)에서는 보조사인 '-까지'가 붙어서 '미침(도달, 到達)'의 뜻을 더하였다. 그리고 (ㄷ)의 '-조차'는 일반적으로 예상하기 어려운 극단의 경우까지 양보하여서 포함함을 나타내며, (ㄹ)의 '-마저'는 하나 남은 마지막임을 나타낸다. 이처럼 (13)과 (14)에 쓰인 보조사는 모두 주어로 쓰이는 체언에 붙어서 '주제/대조, 한정, 포함, 비롯함, 미침' 등의 여러 가지 뜻을 더한다.

그런데 일부의 보조사는 문장의 맨뒤에 실현되어서 특별한 뜻을 보태어 준다(종결 보조사).

---

2) '통용 보조사(通用 補助詞)'는 체언, 조사, 부사, 용언의 활용형 등 여러 가지의 문법적인 단위에 두루 실현되어서 그것에 특별한 뜻을 더한다. (13)과 (14)에 제시된 일반적인 보조사가 통용 보조사이다. 그런데 보조사 중에서 '-그려, -그래, -마는, -요' 등은 문장의 맨 뒤에 실현되어서, 그 문장 전체에 특별한 뜻을 더한다. 이처럼 문장의 끝에만 실현되는 특수 보조사를 '종결 보조사(終結 補助詞)'라고 한다.

(15) ㄱ. 이제 나는 고향에 돌아가야겠네그려.　　　　　[강조]

ㄴ. 이젠 모든 것을 포기하지그래.　　　　　　　　[강조]

ㄷ. 비가 옵니다마는 지금 당장 떠나야 합니다.　　[대조]

ㄹ. 내가 이번 학기에는 공부를 좀 안 했어요.　　[예사 높임]

(ㄱ)과 (ㄴ)에서 '-그려'와 '-그래'는 화자가 청자에게 문장의 내용을 강조함을 나타내는 보조사이다. 여기서 (ㄱ)의 '-그려'는 청자를 예사로 낮추어서 대우할 때 쓰고, (ㄴ)의 '-그래'는 아주 낮추어서 대우할 때에 쓴다. (ㄷ)에서 '-마는'은 앞의 사실을 인정을 하면서도 그에 대한 의문이나 그와 어긋나는 상황 따위를 덧붙여서 제시한다. (ㄹ)에서 '-요'는 비격식적인 발화 상황에서 화자가 청자를 예사로 높이는 뜻을 더해 주는 보조사이다.

【 더 배우기 】

1. 격조사의 보조사적인 용법

체언에 '-을/-를'이 붙는다고 해서 모두 목적격 조사로 처리되는 것은 아니다. 이는 '-을/-를'이 목적어로 처리될 수 없는 말에도 붙는 경우가 있기 때문이다.

(1) ㄱ. 나는 생선을 먹지를 못한다.
ㄴ. 우리는 지금 교회를 간다.

(2) ㄱ. 나는 생선을 먹지 못한다.
ㄴ. 우리는 지금 교회에 간다.

(3) ㄱ. 나는 생선을 먹지를{먹지는, 먹지도, 먹지만} 못한다.
ㄴ. 우리는 지금 교회를{교회는, 교회도, 교회만} 간다.

(1)의 문장들에는 일반적으로 목적격 조사가 쓰이지 않을 환경에서 목적격 조사가 쓰였다. 즉 목적격 조사는 원칙적으로 서술어가 타동사일 때에 한해서 체언에 붙기 때문에, (1)에서 쓰인 '-을/-를'을 목적격 조사로 보기에는 문제가 있다. (1ㄱ)의 문장은 '-을/-를'이 실현되지 않은 (2ㄱ)의 문장으로 쓰이는 것이 자연스러운 문장이며, (1ㄴ)의 문장은 자동사인 '가다'에 호응하는 조사 '-에'를 실현하여 (2ㄴ)처럼 표현하는 것이 일반적이다. 그리고 (1)의 '-를'을 목적격 조사로 본다면 '먹지를'과 '교회를'을 목적어로 보아야 하지만, 통사·의미적인 특성으로 볼 때에 '먹지를'은 분명히 서술어이고 '교회를'은 부사어에 가깝다.

만일 (2)와 같은 표현을 일반적인 표현이라고 할 때, (1ㄱ)에서는 서술어인 '먹지'를 강조하기 위하여, (1ㄴ)에서는 부사어로 쓰인 '교회'를 강조하기 위하여 '-을/-를'을 실현한 것으로 처리한다. 이처럼 (1)에서 쓰인 '-을/-를'을 '강조'의 뜻을 나타내는 표현으로 처리하면, 이때의 '-을/-를'은 체언에 강조의 뜻을 덧보태는 보조사로 다루어야 한다. 그리고 목적격의 기능이 없는 '-을/-를'이 (3)에서처럼 다른 보조사 '-은/-는, -도, -만' 등으로 자연스럽게 교체될 수 있다는 사실도 (1)의 '-을/-를'이 보조사임을 뒷받침한다.

주격 조사인 '-가'도 강조의 기능을 나타내는 보조사적인 용법으로 쓰일 수 있다. 예를 들어서 '형제가 싸우는 모양은 결코 아름답지가 않습니다.'의 문장에서 '아름답지가'는 용언의 연결형에 '-가'가 붙은 형태이다. 이들 '-가'도 주격의 기능은 나타나지 않으며, 서술어로 쓰인 '아름답다'와 '싫다'를 강조하기 위하여 보조사적인 용법으로 쓰였다.

현행의 고등학교 문법에서는 '-을/-를'이 붙은 말을 모두 목적어로 다루기 때문에 결과적으로 '-을/-를'은 모두 목적격 조사가 된다(고등학교 문법, 2010: 153). 다만 고등학교 교사용 지도서 문법(2010:130)에서는 강조의 의미를 나타내는 '-이/-가'나 '-을/-를'을 격조사의 보조사적인 용법으로 처리하고 있다.

2. 접속 조사의 '-과/-와'와 부사격 조사의 '-과/-와'

접속 조사의 '-과/-와'와 동반을 나타내는 부사격 조사 '-과/-와'가 의미와 형태가 비슷하여 혼동하는 경우가 있다. 하지만 이들 조사가 실현될 때의 통사적인 구조를 살펴보면, 두 조사의 문법적인 성격이 다르다는 것을 알 수 있다. 곧 접속 조사인 '-과/-와'는 동반을 나타내는 부사격 조사인 '-과/-와'와는 기능이나 형태면에서 차이가 난다.

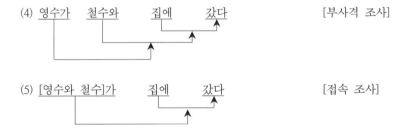

(4)에서 '-과/-와'는 '동반(함께)'을 의미하는 부사격 조사인데, 이때의 '-과/-와'는 체언인 '철수'에 붙어서 부사어로 기능하면서 동사구인 '집에 가다'를 수식한다. 이에 반하여 (5)에서 '-과/-와'는 '영수와 철수'를 이어서 하나의 명사구로 쓰이게 할 뿐이며 특정한 격과는 관련이 없다.

(6) ㄱ. 아버지와 아들이 닮았다.   (← 아들이 아버지와 닮았다.)
    ㄴ. 몽골인과 영희가 결혼했다. (← 영희가 몽골인과 결혼했다.)

(6)에서는 '닮다'와 '결혼했다'와 같은 용언을 대칭성 용언이라고 한다. 대칭성 용언(對稱性 用言)은 주어의 동작이나 상태를 서술할 때에 주어와 짝이 되는 부사어를 필요로 하는 용언을 이른다. 대칭성 용언의 예로는 '만나다, 헤어지다, 의논하다, 싸우다, 다투다, 결혼하다, 이혼하다' 등의 동사와 '같다, 다르다, 비슷하다, 닮다' 등의 형용사가 있다. 이처럼 대칭성 용언이 문장의 서술어로 쓰이면, (ㄱ)의 '아버지와'나 (ㄴ)의 '몽골인가'에 쓰인 '-와'는 비교와 공동의 뜻을 나타내는 부사격 조사이다. 이들은 모두 앞 체언을 부사어로 쓰이게 할 뿐이지 앞뒤의 체언을 이어 주는 접속 기능은 없다.

3. 격조사의 생략

격조사는 문장에 실현된 다른 말과의 관계를 통해서 그것이 무엇인지 알 수 있을 때는 문맥에 표현되지 않을 수 있는데, 이러한 현상을 '격조사의 생략'이라고 한다.

(7) ㄱ. 철수∅ 언제 학교∅ 갔니?
ㄴ. 그 사람∅ 아침에 밥∅ 먹었어.
ㄷ. 이것∅ 할아버지∅ 가방이야.

(8) ㄱ. 철수가 언제 학교에 갔니?
ㄴ. 그 사람이 아침에 밥을 먹었어.
ㄷ. 이것이 할아버지의 가방이야.

(7)의 문장에서 '∅'는 실현되어야 할 격조사가 실현되지 않은 것을 나타낸다. 이렇게 격조사가 문맥에 실현되지 않아도 되는 것은 주어, 목적어, 관형어, 부사어로 쓰이는 체언과, 서술어로 쓰이는 용언이 맺는 의미적인 관계를 통해서, 격 관계를 알 수 있기 때문이다. 예를 들어서 (8)의 (ㄱ)에서 서술어로 쓰인 '가다'는 기본적으로 'X가 Y에 가다'라는 문장 구조를 취한다. 그러므로 '철수' 다음에는 주격 조사 '-가'가 생략되었고, '학교' 다음에는 부사격 조사인 '-에'나 '-로'가 생략되었다는 사실을 알 수 있다. (ㄴ)에서는 서술어가 타동사인 '먹다'인데, '먹다'는 기본적으로 'X가 Y를 먹다'라는 문장의 구조를 취한다. 따라서 주어로 쓰인 '사람' 다음에는 주격 조사 '-이'가, '밥' 뒤에는 목적격 조사인 '-을'이 생략되었음을 알 수 있다. (ㄷ)에서 서술격 조사 '-이다'는 기본적으로 'X가 Y이다'라는 문장 구조를 형성하므로, 주어인 '이것' 다음에는 주격 조사인 '-이'가 생략되었음을 알 수 있다. 그리고 (ㄷ)에서 체언인 '할아버지'와 '가방'은 사이에는 [소유자-소유물]의 관계가 성립하므로 '할아버지' 다음에는 관형격 조사인 '-의'가 생략되었다는 것을 알 수 있다.

이러한 격조사의 생략 현상은 글말보다는 입말에서 더 잘 일어나는데, 이는 생략이 발화 상황이나 문맥과 밀접하게 관련되어 있는 화용론적인 현상이기 때문이다.

2.4. 용언

2.4.1. 용언의 개념

'용언(用言)'은 문장에서 서술어로 쓰이면서, 주어로 표현되는 대상(주체)의 움직임이나 상태를 풀이하는 단어의 갈래이다. 용언에는 다음과 같은 일반적인 특징이 나타난다.

첫째, 용언은 문장 속에서 서술어로 쓰인다.

> (1) ㄱ. 팔월 보름에는 달이 매우 <u>밝다</u>.
> ㄴ. 봄이 <u>오면</u> 꽃이 핀다.
> ㄷ. 아버지께서 작년에 일본에서 <u>구입한</u> 자동차가 벌써 고장이 났다.

(ㄱ)의 '밝다', (ㄴ)의 '오면', (ㄷ)의 '구입한' 등은 모두 용언인데 각각의 문장에서 주어의 상태나 동작을 풀이하는 서술어로 쓰였다.

둘째, 용언의 어간에 어미가 붙어서 활용함으로써, 다양한 문법적인 기능을 나타낸다.

> (2) ㄱ. 먹-다, 먹-니, 먹-자; 먹-으니, 먹-으면, 먹-도록; 먹-기, 먹-은, 먹-게
> ㄴ. 그때에 생각해 보니 철수가 밥을 다 먹-었-겠-더-라.

(ㄱ)에서 '먹다, 먹으니, 먹기' 등은 실질적인 뜻을 나타내는 어간 '먹-'과 문법적인 기능을 나타내는 어미 '-다, -으니, -기' 등으로 짜여 있다. 그리고 (ㄴ)에서도 어간인 '먹-'의 뒤에 어미인 '-었-, -겠-, -더-, -라'가 붙어서 문법적인 기능을 나타내고 있다.

2.4.2. 용언의 종류

일반적으로 용언은 의미와 형태적인 특질에 따라서 '동사'와 '형용사'로 나눈다. 그리고 실질적 의미와 자립성의 유무에 따라서 '보조 용언'을 설정하기도 하며, 활용의 범위에 대한 제약성에 따라서 '불완전 용언'을 설정하기도 한다.

(가) 동사와 형용사

용언은 의미와 활용 방식에 따라서, '동사'와 '형용사'로 구분한다.[1]

① 동사

'동사(動詞)'는 문장에서 주어로 쓰인 대상의 움직임을 표현하는 단어의 갈래이다.

　　(3) ㄱ. 이번 모임에서 영수가 돈을 많이 <u>썼다</u>.
　　　　ㄴ. 산골짜기에서 시냇물이 <u>흐른다</u>.

(ㄱ)의 '쓰다'는 주어로 쓰인 '영수'의 움직임을 표현하고 있으며 (ㄴ)의 '흐르다'는 시냇물의 움직임을 표현한다. (ㄱ)의 '쓰다'와 같은 유정 명사의 움직임을 '동작(動作)'이라고 하고, (ㄴ)의 '흐르다'와 같은 무정 명사의 움직임을 '작용(作用)'이라고 한다.

　동사는 통사적인 특징에 따라서 다시 '자동사'와 '타동사'로 구분할 수 있다.

　첫째, '자동사(自動詞)'는 목적어를 취하지 않는 동사로서, 움직임이 주어에만 관련된다.

　　(4) 가다, 구르다, 나다, 녹다, 다니다, 달리다, 닳다, 되다, 생기다, 슬다, 썩다, 오다

　　(5) ㄱ. 물이 강으로 <u>흐른다</u>.
　　　　ㄴ. 개가 사람에게 <u>짖는다</u>.

(5)에서 '흐르다'와 '짖다'는 자동사로서 목적어를 취하지 않기 때문에 그 움직임이 행위의 주체인 주어에만 영향을 끼친다. 곧, 주어는 동사가 표현하는 동작의 주체가 된다.

　둘째, '타동사(他動詞)'는 목적어를 취하는 동사로서, 그 움직임이 주어뿐만 아니라 목적어에도 관련된다.

　　(6) 가꾸다, 깨다, 깨뜨리다, 끼다, 느끼다, 던지다, 듣다, 때리다, 마시다, 만들다

　　(7) ㄱ. 그 여자가 책을 <u>읽는다</u>.
　　　　ㄴ. 철수가 연필을 <u>버렸다</u>.

(7)에서 타동사인 '읽다'와 '버리다'가 서술어로 쓰였다. 이들 문장에서 '그 여자'와 '철수'

---

1) 동사와 형용사는 다음과 같은 점에서 차이가 있다. 첫째로 의미적 특징으로서, 동사는 움직임을 나타내고 형용사는 성질이나 상태를 나타낸다. 둘째로 형태적 특징으로서, 동사에는 다음과 같은 어미가 붙을 수 있고 형용사에는 이러한 어미가 붙을 수 없다. ① 명령형 어미인 '-어라'와 청유형 어미인 '-자', ② '의도'나 '목적'을 연결 어미인 '-(으)려'와 '-러', ③ 현재 시제를 나타내는 선어말 어미인 '-는-/-ㄴ-'이나 관형사형 전성 어미인 '-는' 등.

는 움직임의 주체이며, 목적어인 '책'과 '연필'은 움직임의 객체이다. 따라서 '읽다'와 '버리다'는 주어와 목적어로 쓰이는 대상 모두에 그 움직임이 미치게 된다.2)

② 형용사

'형용사(形容詞)'는 문장에서 주어로 표현되는 대상의 '성질'이나 '상태'를 표현하는 단어의 갈래이다.

(8) ㄱ. 사냥꾼이 잡은 사자는 매우 <u>사나웠다</u>.
    ㄴ. 저 사람이 돈이 <u>많겠다</u>.

(ㄱ)의 '사납다'는 주어로 쓰인 '사자'의 성질이나 속성을 나타내며, (ㄴ)의 '많다'는 주어로 쓰인 '돈'의 상태를 표현한다. 그리고 형용사를 서술어로 취하는 문장에는 주어가 두 개 이상 나타날 수도 있다. 곧, (ㄴ)의 문장에는 '저 사람이'와 '돈이'가 주어로 쓰여서, 하나의 문장 속에 주어가 두 개 실현된 '이중 주어'의 문장인 것이 특징이다.

'형용사'는 실질적인 뜻의 유무에 따라서 '성상 형용사'와 '지시 형용사'로 구분된다.

첫째, '성상 형용사(性狀形容詞)'는 대상의 성질이나 상태에 대한 실질적인 의미를 나타낸다. 성상 형용사는 의미에 따라서 '심리 형용사 · 감각 형용사 · 평가 형용사 · 비교 형용사로 세분할 수 있다.

(9) ㄱ. 괴롭다, 그립다, 기쁘다, 슬프다, 싫다, 아프다, 언짢다, 우울하다, 좋다, 흥겹다
    ㄴ. 가깝다, 검다, 낮다; 고요하다, 소란스럽다, 시끄럽다; 고리다, 노리다, 매캐하다; 거칠다, 미끄럽다, 따뜻하다, 차다; 달다, 맵다, 새콤하다, 쓰다, 짜다
    ㄷ. 똑똑하다, 모질다, 바보스럽다, 멍청하다, 성실하다, 슬기롭다, 아름답다
    ㄹ. 같다, 비슷하다, 닮다, 다르다, 낫다, 못하다

(10) ㄱ. 이제 나에게는 남은 돈이 <u>있다/없다</u>.
     ㄴ. 아버님께서 지금 거실에 <u>계시다</u>.

---

2) 동사의 하위 유형으로 자동사와 타동사 이외에도 '능격 동사'가 있다. '능격 동사(能格動詞)'는 동일한 체언을 주어나 목적어로 취할 수 있어서, 자동사와 타동사의 양쪽으로 쓰이는 동사이다. 동사 중에서 '그치다, 깜박거리다, 다치다, 다하다, 마치다, 멈추다, 시작하다, 움직이다' 등이 능격 동사에 속한다. (보기: ① 지혈대를 사용하니 **흐르던 피가 멈추었다**. ② 의사가 지혈대를 사용하여 **흐르던 피를 멈추었다**.) '멈추다'는 ①에서는 자동사로 쓰인 반면에, ②에서는 타동사로 쓰였다.

(9)에서 (ㄱ)의 단어는 '심리 형용사'이며, (ㄴ)은 '감각 형용사'이며, (ㄷ)은 '평가 형용사'이며, (ㄹ)은 '비교 형용사'이다. 그리고 (10)의 '있다(계시다), 없다'처럼 주어로 표현되는 대상의 존재 유무를 표현하는 것도 있는데, 이들 형용사를 '존재 형용사'라고 한다.

둘째, '지시 형용사(指示形容詞)'는 실질적인 의미를 나타내지 않고, 어떤 대상의 성질이나 상태를 직시(直示)하거나 대용(代用)하는 형용사이다.

> (11) ㄱ. 이러하다(이렇다), 그러하다(그렇다), 저러하다(저렇다)
> ㄴ. 어떠하다(어떻다), 아무러하다(아무렇다)

(ㄱ)의 '이러하다, 그러하다, 저러하다'는 대명사인 '이, 그, 저'에서 파생된 형용사이므로, 이들 지시 형용사에는 '정칭(定稱)'의 기능이 있다. 반면에 (ㄴ)의 '어떠하다'에는 '미지칭(未知稱)'의 기능이 있고, '아무러하다'에는 '부정칭(不定稱)'의 기능이 있다.

(나) 보조 용언

용언 중에는 문장 속에서 홀로 설 수 없어서 반드시 그 앞의 다른 용언에 붙어서 문법적인 의미를 더해 주는 것이 있다. 이러한 용언을 '보조 용언(補助用言)'이라고 한다. 그리고 보조 용언의 앞에서 실현되는 자립적인 용언을 '본용언(本用言)'이라고 한다.

> (12) ㄱ. 의사는 환자의 손을 <u>잡아</u> <u>보았다</u>.
> ㄴ. 원숭이는 바나나를 다 <u>먹어</u> <u>버렸다</u>.

위의 문장에 실현된 '잡다'와 '먹다'는 자립할 수도 있으며 실질적인 의미를 나타내고 있다. 이에 반해서 '잡다'와 '먹다' 뒤에 실현된 '보다'와 '버리다'는 실질적인 의미는 나타내지 않고 문법적인 의미만 나타낸다. 곧 (ㄱ)의 '보다'는 '잡다'가 나타내는 일을 '경험했음'을 뜻하는 문법적인 의미를 나타내고, (ㄴ)의 '버리다'는 '먹다'가 나타내는 일이 '이미 끝났음'을 뜻하는 문법적 의미를 나타낸다. 이처럼 보조 용언은 본용언에 매여서 쓰이면서 본용언에 특정한 문법적인 의미를 더하는 용언이다.[3]

---

3) 보조 용언에는 다음과 같은 특징이 있다. 첫째, 보조 용언은 실질적인 의미를 나타내지 않고 문법적인 의미만 나타낸다. 둘째, 보조 용언은 자립성이 없기 때문에 반드시 앞의 본용언에 매여서만 쓰인다. 셋째, 본용언과 보조 용언은 두 단어이지만 문장에서 하나의 문법적 단위로 기능한다. 이에 따라서 문장에 실현된 본용언과 보조 용언은 하나의 서술어로 처리된다. 넷째, 보조 용언이 본용언에 결합될 때에는, 본용언의 어간에 특정한 보조적 연결 어미만 실현되는 제약이 있다.

'보조 용언'은 문법적인 특징에 따라서 '보조 동사(補助動詞)'와 '보조 형용사(補助形容詞)'로 구분한다. 여기서는 보조 동사와 보조 형용사로 두루 쓰이는 '-지 아니하다(않다)'를 대상으로 하여, 보조 동사와 보조 형용사를 구분하는 방법을 알아본다.

(13) ㄱ. 철수는 사과를 먹지 <u>않는다</u>.　　(14) ㄱ. 이 사과는 싱싱하지 <u>않다</u>.

　　　ㄴ. *철수는 사과를 먹지 <u>않다</u>.　　　　ㄴ. *이 사과는 싱싱하지 <u>않는다</u>.

현재 시제를 표현할 때에는 동사에는 '-는-/-ㄴ-'이 붙는 데에 반해서 형용사에는 아무런 시제 형태소가 붙지 않는 것이 일반적이다. (13)에서 (ㄱ)처럼 '먹지 않는다'로 표현하면 문법적이지만 (ㄴ)처럼 '*먹지 않다'로 표현하면 비문법적이다. 그리고 (14)에서 (ㄱ)처럼 '싱싱하지 않다'로 표현하면 문법적인 데에 반해서 (ㄴ)처럼 '*싱싱하지 않는다'로 표현하면 비문법적이다. 따라서 이러한 점을 고려하면 '먹지 않는다'의 '않다'는 보조 동사이고, '싱싱하지 않다'의 '않다'는 보조 형용사인 것을 확인할 수 있다.[4]

(다) 불완전 용언

용언 중에는 어간에 붙을 수 있는 어미가 매우 한정되어 있어서 극소수의 활용형만 성립하는 것이 있다. 이러한 용언을 '불완전 용언(不完全用言)' 혹은 '불완전 동사(不完全動詞)'라고 한다.

어미　　　어간	-아/어	-되	-고	-았다/었다	-을까	-아라/어라	-자
가로-	*가로아	가로되	*가로고	*가로았다	*가롤까	*가로라	*가로자
더불-	더불어(서)	*더불되	*더불고	*더불었다	*더불까	*더불어라	*더불자
데리-	데려	*데리되	데리고	*데렸다	*데릴까	*데려라	*데리자

〈표 1〉 불완전 용언의 활용 모습

---

4) 최현배(1980:397)에서는 보조 용언을 다음과 같이 분류하였다. 첫째, 보조 동사의 예는 다음과 같다. (보기: ① 부정: -지 아니하다(않다), -지 못하다, -지 말다 ② 사동: -게 하다, -게 만들다 ③ 피동: -아 지다, -게 되다 ④ 진행: -아 오다, -아 가다, -고 있다 ⑤ 종결: -아 내다, -아 버리다 ⑥ 봉사: -아 주다, -아 드리다 ⑦ 시행: -아 보다 ⑧ 강세: -아 쌓다, -아 대다 ⑨ 당위: -아야 하다 ⑩ 시인: -기는 하다 ⑪ 완료 지속: -아 놓다, -아 두다, -아 가지다) 둘째, 보조 형용사의 예는 다음과 같다. (보기: ① 희망: -고 싶다 ② 부정: -지 아니하다, -지 못하다 ③ 시인: -기는 하다 ④ 추측: {-나, -ㄴ가, -ㄹ까} 보다, {-나, -ㄴ가, -ㄹ까} 싶다 ⑥ 상태: -아 있다)

'먹다'와 '자다'와 같은 일반 용언은 대부분의 활용형이 다 나타나지만, 〈표 1〉에서 제시된 '가로다, 더불다, 데리다' 등은 활용형에 빈칸이 많이 생긴다. 이처럼 활용이 완전하지 못하여 활용표에 빈칸이 많이 생기는 용언을 '불완전 용언'이라고 한다.

(15) ㄱ. 오늘은 자치회에 <u>대한</u> 안건을 토론한다.(대하여)
　　 ㄴ. 우리에게는 거북선을 <u>비롯한</u> 자랑거리가 많다.(비롯하여)
　　 ㄷ. 본보는 창간 오십 돌에 <u>즈음하여</u> 지면을 배로 늘렸다.(즈음한)
　　 ㄹ. 김 교수는 최근에 실업 대책에 <u>관한</u> 논문을 여러 편 썼다.(관하여)

불완전 용언의 예로는 〈표 1〉에 제시된 '가로다, 더불다, 데리다'와 (15)에 제시된 '대하다, 비롯하다, 관하다, 위하다, 의하다, 말미암다, 즈음하다, …' 등이 있다. 이러한 '불완전 용언'은 동사에만 나타나는 현상이므로 이들을 '불완전 동사'라고도 한다.

2.4.3. 활용

국어는 실질 형태소에 문법 형태소가 붙어서 문장을 짜 이루는 것이 특징인데, 용언은 실질 형태소인 어간에 다양한 어미가 실현되어서 문법적인 기능을 나타낸다.

(가) 활용의 개념

용언은 문장 속에서 어간에 어미가 붙어서 활용하여서 문법적인 기능을 나타낸다.

(16) 저 어른이 혼자서 도둑들을 막-

(17) { 막- } + { -는다, -으니, -기, -는, -으셨다 }

(17)에서 용언인 '막다'는 문장 속에서 '막는다, 막으니, 막기, 막는, 막으셨다' 등으로 활용한다. 이때 '막-'처럼 용언에서 실질적인 의미를 나타내면서 변하지 않는 부분을 '어간(語幹)'이라고 한다. 반면에 '-는다, -으니, -기, -는, -으셨다'는 문법적인 기능을 나타내면서 변화하는 부분인데, 이렇게 어간에 붙어서 여러 가지 문법적 기능을 나타내는 부분을 '어미(語尾)'라고 한다. 그리고 '막-'과 '희-'에 '-는다, -으니, -기, -는/-ㄴ, -으셨다'가 붙는 것처럼, 어간에 어미가 실현되어서 여러 가지의 문법적인 기능을 나타내는 현상을 '활용(活用)'이라고 한다.

활용하는 단어를 '활용어'라고 하는데, 이러한 활용어에는 동사와 형용사, 그리고 서술격 조사인 '-이다'가 있다. 그리고 활용어의 어간에 어미 '-다'를 붙인 활용형을 '기본형(基本形, 으뜸꼴)'이라고 한다. 기본형은 용언의 활용형 중에서 기본(대표) 형태로 삼으며 국어 사전에서 표제어(標題語)의 형태로 삼기도 한다.

(나) 어미의 유형

어미는 그것이 실현되는 위치에 따라서 '어말 어미'와 '선어말 어미'로 나눌 수 있다.

① 어말 어미와 선어말 어미

'어말 어미(語末語尾)'는 어미 중에서 단어의 끝에서 실현되는 어미이다. 반면에 '선어말 어미(先語末語尾)'는 단어의 끝에서는 나타나지 못하고 어간과 어말 어미 사이에서 실현되는 어미이다.

(18) 용언＝어간＋[(선어말 어미)＋어말 어미]어미

(19) ㄱ. 아버님께서 도둑을 <u>잡으시었겠더라</u>.

　　　ㄴ. 이것은 선생님께서 <u>만드셨던</u> 책상이다.

용언이 활용을 할 때에 어미가 실현되는 모습은 (18)과 같다. 곧 용언의 어간에는 어말 어미는 반드시 실현되지만, 특정한 선어말 어미는 실현되지 않을 수도 있으며 때로는 둘 이상의 선어말 어미가 함께 실현될 수도 있다. (19)의 문장에서 밑줄 그은 용언에 실현된 어미의 구조를 분석해 보면 다음과 같다.

(ㄱ)	잡-	-으시-	-었-	-겠-	-더-	-라
	어간	선어말 어미	선어말 어미	선어말 어미	선어말 어미	어말 어미

(ㄴ)	만들-	-으시-	-었-	-던
	어간	선어말 어미	선어말 어미	어말 어미

국어에 실현되는 어말 어미의 체계와 선어말 어미의 체계를 종합적으로 정리하면 다음의 〈그림 1〉과 같다.

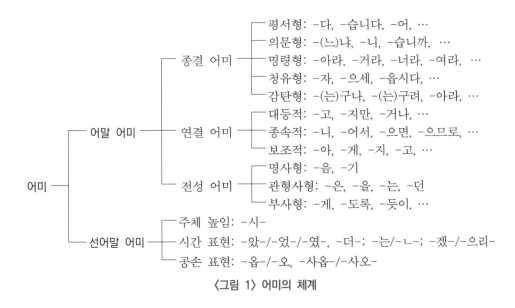

〈그림 1〉 어미의 체계

② 어말 어미의 유형

어말 어미는 기능에 따라서 '종결 어미, 연결 어미, 전성 어미'로 나누어진다.

〈종결 어미〉 '종결 어미(終結語尾)'는 문장을 끝맺도록 기능하는 어말 어미이다. 종결 어미는 문장을 끝맺는 방식에 따라서 '평서형 어미, 의문형 어미, 명령형 어미, 청유형 어미, 감탄형 어미'로 구분할 수 있다.

(20) 밥을 { ㄱ. 먹는<u>다</u>. 　ㄴ. 먹느<u>냐</u>? 　ㄷ. 먹<u>어라</u>. 　ㄹ. 먹<u>자</u>. 　ㅁ. 먹는<u>구나</u>. }

(ㄱ)의 '-다, -습니다, -어' 등은 화자가 자신의 생각을 청자에게 단순하게 진술하면서 문장을 끝맺는 '평서형 어미(平敍形 語尾)'이다. (ㄴ)의 '-(느)냐, -니, -습니까' 등은 화자가 청자에게 질문하여 대답을 요구하면서 문장을 끝맺는 '의문형 어미(疑問形 語尾)'이다. (ㄷ)의 '-아라, -거라, -너라, -여라' 등은 화자가 청자에게 어떠한 행동을 하도록 요구하면서 문장을 끝맺는 '명령형 어미(命令形 語尾)'이다. (ㄹ)의 '-자, -으세, -읍시다'는 화자가 청자에게 어떠한 행동을 함께 하도록 요구하면서 문장을 끝맺는 '청유형 어미(請誘形 語尾)'이다. (ㅁ)의 '-(는)구나, -(는)구려, -아라' 등은 화자가 처음으로 안 일에 대하여 자신의 감정을 직접적으로 표출하면서 문장을 끝맺는 '감탄형 어미(感歎形 語尾)'이다.

〈연결 어미〉 '연결 어미(連結語尾)'는 절과 절을 잇거나, 본용언과 보조 용언을 잇는 어미이다. 연결 어미는 의미와 기능에 따라서 '대등적 연결 어미, 종속적 연결 어미, 보조적 연결 어미'로 나누어진다.

(21) ㄱ. 철수는 **빵**을 먹<u>었고</u> 영수는 국수를 먹었다.

　　ㄴ. 흰 눈이 오<u>면</u> 강아지가 마당을 뛰어 다녔다.

　　ㄷ. 철수 씨는 과자를 혼자서 다 먹<u>어</u> 버렸다.

(ㄱ)의 '-고'는 이어진 문장 속에서 앞절과 뒷절을 독립적인 의미 관계로 잇는 '대등적 연결 어미(對等的 連結語尾)'이다. (ㄴ)의 '-면'은 이어진 문장 속에서 앞절이 뒷절에 의미적으로 이끌리는 관계로 잇는 '종속적 연결 어미(從屬的 連結語尾)'이다. (ㄷ)의 '-어'는 본용언인 '먹-'과 보조 용언인 '버렸다'를 이어서 하나의 서술어로 쓰이게 하는 '보조적 연결 어미(補助 連結語尾)'이다.

〈 **전성 어미** 〉'전성 어미(轉成 語尾)'는 용언이 서술 기능을 그대로 유지하면서, 동시에 명사절, 관형절, 부사절 등의 성분절을 형성하는 어미이다. 이러한 전성 어미로는 '명사형 어미, 관형사형 어미, 부사형 어미'가 있다.

(22) ㄱ. 우리는 [그 건물이 조선시대에 지어졌<u>음</u>]을 확인했다.

　　ㄴ. 어머니는 [아들의 병이 낫<u>기</u>]를 빌었다.

(23) ㄱ. 그것은 [내가 사용하{ -는, -(으)ㄴ, -(으)ㄹ, -던 }] **연필**이다.

　　ㄴ. 나는 [눈이 맑{ -(으)ㄴ, -던 }] **소녀**를 잊을 수 없다.

(24) ㄱ. 장미꽃이 아름답<u>게</u> 피었다.

　　ㄴ. 영희는 헬스장에서 운동을 땀이 나<u>도록</u> 열심히 했다.

　　ㄷ. 하늘에서 돈이 비가 오<u>듯이</u> 떨어졌다.

'명사형 어미(名詞形 語尾)'는 특정한 절(명사절) 속에서 서술어로 쓰이는 용언에 실현되어서, 그 절을 명사처럼 쓰이게 하는 어미이다. (22)에서 '-음'과 '-기'는 각각 그 앞에 실현된 절인 '그 건물이 조선시대에 지어졌(다)'와 '아들의 병이 낫(다)'에 명사와 같은 기능을 부여하여 명사절이 되게 한다.[5] '관형사형 어미(冠形詞形 語尾)'는 특정한 절(관형절) 속에서 서술어로 쓰이는 용언에 실현되어서, 그 절을 관형사처럼 쓰이게 하는 어미이다. (23)에 쓰인 '-는, -은, -을, -던'은 모두 관형사형 어미인데, 그 앞에 실현된 '내가 사용

---

5) 명사형 어미 중에 '-음'은 주로 '완료된 일'을 표현할 때에 쓰이고, '-기'는 '완료되지 않은 일'을 표현할 때에 쓰인다. (45ㄱ)에서 '건물이 지어진 것'은 화자가 그것을 인식하기 전에 이미 완료된 일이므로 명사형 어미로서 '-음'이 실현되었다. 반면에 (45ㄴ)에서 '아들의 병이 낫는 것'은 어머니가 비는 행위를 하기까지는 아직 완료되지 않은 일이므로, 명사형 어미로서 '-기'가 실현된 것이다.

하(다)'와 '눈이 맑(다)'에 관형사와 같은 기능을 더하여서 관형절이 되게 하였다.6) '부사형 어미(副詞形 語尾)'는 특정한 절(부사절) 속에서 서술어로 쓰이는 용언에 실현되어서, 그 절을 부사처럼 쓰이게 하는 어미이다. (24)에 쓰인 '-게, -도록, -듯이' 등은 부사형 어미인데, 각각 성분절인 '(장미꽃이) 아름답-', '땀이 나-', '비가 오-'에 붙어서 부사와 같은 기능을 더하여서 부사절이 되게 하였다.

③ 선어말 어미의 유형

'선어말 어미(先語末 語尾)'는 주체 높임, 시간 표현, 공손 표현의 선어말 어미가 있다.

〈 주체 높임의 선어말 어미 〉 문장에서 주어로 표현되는 대상을 '주체(主體)'라고 하는데, '주체 높임의 선어말 어미'인 '-(으)시-'는 주체를 높이는 기능을 한다.

    (25) 큰아버님께서 내일 저녁에 시골에서 올라오<u>신</u>다.

(25)에서 서술어로 쓰인 '올라오다'에 선어말 어미인 '-시-'가 실현되었는데, 이때 '-시-'는 주체인 '큰아버님'을 높였다.

〈 시간 표현의 선어말 어미 〉 시간을 표현하는 선어말 어미로는 '-았-, -더-, -는-, -겠-, -으리-' 등이 있다.

첫째, '과거 시제 선어말 어미'인 '-았-'과 '-더-'는 발화시 이전에 일어난 사건을 표현할 때에 실현된다.

    (26) ㄱ. 철수가 방금 방문을 닫<u>았</u>다.
         ㄴ. 어제 점심 때에 운동장에서 보니까 영희가 공을 차<u>더</u>라. / 찼<u>더</u>라. / 차겠<u>더</u>라.

(ㄱ)에서 '과거 시제 선어말 어미'인 '-았-'은 문장을 발화하는 때(발화시, 發話時)를 기준으로 하여, 그 이전에 일어난 사건을 표현할 때에 실현되었다. 그리고 (ㄴ)에서 '회상(回想)의 선어말 어미'인 '-더-'는 발화시 이전의 어떤 때(과거의 때)로 생각을 돌이켜서, 그때를 기준으로 일이 일어난 시간을 표현했다. 곧, (ㄴ)의 문장에서 '-더-'는 과거의

---

6) 관형사형 어미는 시간에 대한 표현을 겸하고 있다. 먼저 (23ㄱ)의 '사용하다'처럼 관형절의 서술어가 동사인 경우에는 '-는'이 현재 시제를 나타내며, '-은'은 과거 시제를 나타낸다. 그리고 '-을'은 미래 시제를 나타내고, '-던'은 과거의 일을 회상함을 나타낸다. 다음으로 (23ㄴ)의 '맑다'처럼 관형절의 서술어가 형용사의 경우에는 '-은'은 현재 시제를 나타내고, '-던'은 과거의 일을 회상함을 나타낸다.

시간인 '어제 점심 때'로 생각을 돌이켜서(回想), 그때를 기준으로 해서 화자가 직접 경험한 일이 일어난 시간을 표현한 것이다.

둘째, '현재 시제 선어말 어미'인 '-는-/-ㄴ-'은 발화시에 일어나고 있는 사건을 표현할 때에 실현된다.

(27) ㄱ. 나는 지금 김밥을 먹<u>는</u>다.
ㄴ. 철수는 지금 미국에서 <u>공부한</u>다.

(27)에서 '-는-/-ㄴ-'은 '먹다'와 '공부하다'로 표현되는 일이 발화하는 당시에 일어남을 나타내는데, 자음 뒤에서는 '-는-'으로, 모음 뒤에서는 '-ㄴ-'으로 실현된다.

셋째, '미래 시제 선어말 어미'인 '-겠-'과 '-(으)리-'는 발화시 이후에 일어날 것으로 예상되는 사건을 표현할 때에 실현된다.

(28) ㄱ. 나는 내일 부산에 가<u>겠</u>다.
ㄴ. 나는 내일까지는 숙제를 끝내<u>리</u>라.

(28)의 '-겠-'과 '-(으)리-'는 발화시 이후에 일어날 것으로 예상되는 사건에 대하여, '추측, 의도, 가능성' 등과 같은 화자의 '심적인 태도(서법 표현)'를 나타낸다.

〈 공손 표현의 선어말 어미 〉 '공손 표현의 선어말 어미'는 '-오-/-옵-'과 '-사오-/-사옵-'의 형태로 실현되는데, 화자가 청자에게 공손의 뜻을 표현한다.[7]

(29) ㄱ. 19일에 석가탑의 모형을 만드<u>오</u>니 많이들 기대해 주십시오.
ㄴ. 부처님께서는 아난이를 칭찬하시<u>옵</u>고, 다시 설산으로 떠나셨습니다.
ㄷ. 어쩔 수 없이 당신을 붙잡<u>사오</u>니 부디 용서해 주소서.
ㄹ. 저는 언제나 당신을 믿<u>사옵</u>고 따르옵니다.

공손 표현의 선어말 어미가 (ㄱ)에서는 '-오-'의 형태로, (ㄴ)에서는 '-옵-'의 형태로 실현되었으며, (ㄷ)에서는 '-사오-'로, (ㄹ)에서는 '-사옵-'의 형태로 실현되었다.[8]

---

7) '공손 선어말 어미'는 현대어의 일반적인 구어체에서는 잘 쓰이지 않으며, 대부분 예스러운 문체로 쓰인 편지 글이나 종교 행사에 쓰이는 기도문 등에서 쓰인다는 특징이 있다. '공손 선어말 어미'는 현대어의 일반적인 구어체에서는 잘 쓰이지 않으며, 대부분 예스러운 문체로 쓰인 편지 글이나 종교 행사에 쓰이는 기도문 등에서 쓰인다는 특징이 있다.

(다) 규칙 활용과 불규칙 활용

〈 **규칙 활용** 〉 대부분의 용언은 활용할 때에 어간이나 어미의 기본 형태가 그대로 유지되거나, 혹은 다른 형태로 바뀌어도 그 현상을 일정한 규칙으로 설명할 수 있다. 이러한 활용 형태를 '규칙 활용(規則 活用)'이라고 하고, 규칙적으로 활용하는 용언을 '규칙 용언(規則 用言)'이라고 한다.

(30) ㄱ. 주-다, 주-느냐, 주-어라, 주-자 ; 주-고, 주-니, 주-더라도, 주-면
ㄴ. 검-다, 검-으냐 ; 검-고, 검-으니, 검-더라도, 검-으면

'주다'와 '검다'는 활용을 할 때에 어간이나 어미의 형태가 변하지 않았는데, 이러한 활용 방식은 당연히 규칙 활용에 속한다.

그런데 활용할 때에 어간이나 어미의 형태가 바뀌더라도, 일정한 환경 아래에서는 예외 없이 자동적으로 바뀌는 것이 있는데, 이러한 활용은 규칙 활용으로 처리한다.

(31) ㄱ. 먹- + -는다 → /멍는다/
ㄴ. 높- + -고 → /놉꼬/

(ㄱ)에서 '먹다'의 어간인 '먹-'에 어미인 '-는다'가 붙어서 활용할 때에, 어간의 끝소리인 /ㄱ/이 같은 자리에서 나는 비음인 /ㅇ/으로 바뀌게 된다(비음화). 그리고 (ㄴ)에서 '높다'의 어간인 '높-'에 어미인 '-고'가 결합할 때에는 어간의 끝소리인 /ㅍ/이 /ㅂ/으로 바뀐다(음절 끝소리 규칙). (ㄱ)이나 (ㄴ)처럼 보편적이며 필연적인 변동을 하는 활용에서는 어간이나 어미의 변동이 자동적으로 일어난다. 따라서 이에 대한 변동 규칙만 알고 있으면 변동의 양상을 예측할 수 있으므로, 이들 활용을 규칙 활용으로 간주한다.

〈 **불규칙 활용** 〉 일부의 용언 가운데는 활용할 때에 어간과 어미의 기본 형태가 유지되지 않을 뿐만 아니라, 그 현상을 일반적인 변동 규칙으로 설명할 수 없는 것이 있다.

(32) ㄱ. 아직 10리를 더 <u>걸어야</u> 정동진 바닷가가 나온다.
ㄴ. 비가 오면 재빨리 빨래를 <u>걷어야</u> 빨래가 비에 젖지 않지.

---

8) 선어말 어미는 대략 〈주체 높임의 선어말 어미-시간 표현의 선어말 어미-공손 표현의 선어말 어미〉의 순서로 실현된다.(보기: 읽으셨겠더라(읽-+-으시-+-었-+-겠-+-더-+-라), 잡으셨 사옵니다(잡-+-으시-+-었-+-사오-+-ㅂ니다), 주신다(주-+-시-+-ㄴ-+-다))

(ㄱ)의 '걸어야'는 '걷다(步)'의 어간 '걷-'이 활용하면서 끝소리 /ㄷ/이 /ㄹ/로 변했는데, 이러한 현상도 일반적인 변동 규칙으로 설명할 수 없다. (ㄴ)의 '걷다(收)'는 동일한 음운론적 환경에 놓여 있는 (ㄱ)의 '걸어야'와는 달리 어간의 끝소리 /ㄷ/이 /ㄹ/로 변하지 않기 때문이다. 이처럼 어간과 어미가 결합하여 활용할 때에 일어나는 변동 중에서, 일반적인 변동 규칙으로 설명할 수 없는 활용을 '불규칙 활용(不規則 活用)'이라고 한다. 그리고 이처럼 불규칙하게 활용하는 용언을 '불규칙 용언(不規則 用言)'이라고 한다.

활용 부분	갈래	불규칙 활용의 양상	불규칙 활용의 예	규칙 활용의 예
어간이 바뀜	'ㅅ' 불규칙	어간의 끝소리 /ㅅ/이 모음 어미 앞에서 탈락한다.	잇+어 → 이어 짓+었+다 → 지었다	벗+어 → 벗어 씻+었+다 → 씻었다
	'ㄷ' 불규칙	어간의 끝소리 /ㄷ/이 모음 어미 앞에서 /ㄹ/로 바뀐다.	묻(問)+어 → 물어 걷(步)+었+다 → 걸었다	묻(埋)+어 → 묻어 얻+었+다 → 얻었다
	'ㅂ' 불규칙	어간의 끝소리 /ㅂ/이 모음 어미 앞에서 /ㅗ/나 /ㅜ/로 바뀐다.	눕+어 → 누워 돕+았+다 → 도왔다	잡+아 → 잡아 뽑+았+다 → 뽑았다
	'르' 불규칙	어간의 끝소리 /르/가 /ㅓ/로 시작하는 어미 앞에서 /ㄹㄹ/의 형태로 바뀐다.	흐르+어 → 흘러 빠르+았+다 → 빨랐다	따르+아 → 따라 치르+었+다 → 치렀다
	'우' 불규칙	'푸다'의 어간의 끝소리인 /ㅜ/가 /ㅓ/로 시작하는 어미 앞에서 탈락한다.	푸+어 → 퍼 푸+었+다 → 펐다	주+어 → 주어 누+었+다 → 누었다
어미가 바뀜	'여' 불규칙	'하다' 뒤에 오는 어미 '-아'가 '-여'로 바뀐다.	하+아 → 하여 일하+았+다 → 일하였다	파+아 → 파 가+았+다 → 갔다
	'러' 불규칙	어간의 끝소리인 /르/가 /ㅓ/로 시작하는 어미에 붙을 때, 어미의 /ㅓ/가 /러/로 바뀐다.	이르(至)+어 → 이르러 누르(黃)+어 → 누르러 푸르+었+다 → 푸르렀다	따르+아 → 따라 치르+어 → 치러 뜨+었+다 → 떴다
	'너라' 불규칙	'오다' 뒤에 오는 명령형 어미 '-아라, -거라'가 '-너라'로 바뀐다.	오+아라 → 오너라 오+거라 → 오너라	가+아라 → 가라 있+거라 → 있거라
	'오' 불규칙	'달다' 뒤에 오는 명령형 어미인 '-아라, -거라'가 '-오'로 바뀐다.	달+아라 → 다오 달+거라 → 다오	주+어라 → 주어라 주+거라 → 주거라
어간과 어미가 바뀜	'ㅎ' 불규칙	/ㅎ/으로 끝나는 어간에 /ㅏ/, /ㅓ/로 시작하는 어미가 붙으면, 어간의 /ㅎ/이 탈락하고 어미의 형태도 바뀐다. 단, 매개 모음이나 '-네'가 붙으면 어간의 /ㅎ/만 딜락한다.	노랗+아서 → 노래서 노랗+았+다 → 노랬다 노랗+으니 → 노라니 노랗+네 → 노라네	좋+아서 → 좋아서 좋+았+다 → 좋았다 놓+으니 → 좋으니 좋+네 → 좋네

〈표 2〉 불규칙 활용의 유형

〈어근과 접사〉 일반적으로 '어근'과 '(파생)접사'는 단어 형성법에서 단어의 짜임새를 설명할 때에 쓰는 용어이다. 곧 어근은 한 단어의 중심 의미를 나타내는 실질 형태소이며, (파생)접사는 어근에 붙어서 새로운 단어를 만들어 주는 형식 형태소이다.

    (1) ㄱ. 헛소리＝[헛-(파생 접사) ＋ 소리(어근)]
        ㄴ. 먹이다＝[먹-(어근) ＋ -이-(파생 접사)-]- ＋ -다

(ㄱ)에서 '헛소리'는 어근인 '소리'에 파생 접사(접두사)인 '헛-'이 붙어서 새로운 단어가 파생되었으며, (ㄴ)에서 '먹이(다)'는 어근인 '먹(다)'에 파생 접사(접미사)인 '-이-'가 붙어서 파생되었다. 곧 어근은 새로운 단어가 파생될 때의 밑말이 되는 요소이며, 파생 접사는 어근에 붙어서 새로운 단어를 파생시키는 요소이다.
  〈어간과 어미〉 '어간'과 '어미'는 용언에서 나타나는 굴곡(활용)의 양상을 설명할 때에 쓰는 용어이다.

    (2) 용언＝어간[(접두사) 어근 (접미사)] ＋어미

    (3) ㄱ. 짓밟혔다   → [짓-접두＋밟-어근＋-히-접미]어간＋-었다어미
        ㄴ. 치받았다   → [치-접두＋받-어근]어간＋-았다어미
        ㄷ. 깨뜨리시겠다 → [깨-어근＋-뜨리-접미]어간＋-시겠다어미
        ㄹ. 싸웠다   → [싸우-어근]어간＋-었다어미

용언이나 서술격 조사와 같은 활용어는 어간 부분과 어미 부분으로 구분할 수 있다. 여기서 '어간'은 용언을 구성하는 형태소 중에서 어휘적 의미를 나타내는 형태소 전체를 일컫는다. 그리고 '어미'는 어간 뒤에서 실현되며 문법적 의미를 나타내는 형태소로 구성되어 있는데, 다른 품사에서는 실현되지 않고 용언의 어간 뒤에서만 실현된다. 곧 어간은 용언이 활용할 때에 쓰이는 어휘적인 뜻을 나타내는 불변 요소이며, 어미는 용언의 문법적인 기능을 나타내는 가변 요소이다.

2.5. 수식언

  문장 속에서 체언이나 용언 등을 수식하면서 그 의미를 한정하는 단어의 갈래를 '수식언'이라고 한다. 수식언으로는 '관형사'와 '부사'가 있다.

2.5.1. 관형사

(가) 관형사의 개념

관형사(冠形詞)는 체언을 수식하면서 그 의미를 한정(限定)하는 단어의 갈래이다.

> (1) ㄱ. 아이들은 문방구에서 <u>새</u> 공책을 샀다.
>   ㄴ. 선생님께서는 <u>두</u> 제자에게 편지를 썼다.

(1)에서 관형사인 '새'와 '두'는 각각 그 뒤의 체언인 '공책'과 '제자'를 수식하고 있다. 그런데 (1)에서 '새 공책'과 '두 제자'가 지시하는 대상의 범위는 '공책'과 '제자'가 지시하는 대상의 범위에 비해서 훨씬 제한적이다. 이처럼 관형사는 통사적인 면에서는 체언을 수식하며, 의미적인 측면에서는 체언이 지시하는 대상의 범위를 한정한다.

관형사는 다음과 같은 점에서 다른 품사와 구분이 되는 특징이 있다. 첫째, 관형사는 불변어이므로 꼴 바꿈이 없으며, 조사와 결합하지 않는다. 둘째, 관형사는 관형어로만 기능해서 체언을 수식하며, '관형사 + 체언'의 형식으로 체언 구(명사구)를 형성한다.

(나) 관형사의 유형

관형사는 그 기능에 따라서, '성상 관형사, 수 관형사, 지시 관형사'로 구분된다.
〈 성상 관형사 〉 '성상 관형사(性狀冠形詞)'는 성질이나 상태의 의미를 나타내면서, 그 뒤에 실현되는 체언을 실질적인 의미로 수식하는 관형사이다.

> (2) ㄱ. <u>지지난</u>(날, 시절, 때, 달, 해), <u>옛</u>(사람, 생각, 집, 동산); <u>오른</u>(손목, 다리, 무릎), <u>왼</u>(손목, 다리, 무릎)
>   ㄴ. <u>맨</u>(꼭대기, 먼저, 구석, 가장자리), <u>몹쓸</u>(것, 사람, 병, 일), <u>새</u>(사람, 희망, 탁자, 대통령), <u>애먼</u>(사람, 징역, 짓), <u>외딴</u>(섬, 집, 절, 곳), <u>한</u>(20만 원, 30분쯤), <u>한다하는</u>(사람, 가문, 학자), <u>허튼</u>(일, 말, 놈, 약속), <u>헌</u>(학교, 대문, 호미, 자동차)

(ㄱ)에서 '지지난, 옛, 오른, 왼' 등의 관형사는 시간이나 공간적인 위치의 의미를 나타내면서 체언을 수식하며, (ㄴ)의 '몹쓸, 새, 애먼, 외딴, 한, 한다하는, 허튼, 헌' 등은 성질이나 상태의 의미를 나타내면서 체언을 수식한다.

〈 수 관형사 〉 '수 관형사(數冠形詞)'는 수량 혹은 순서의 의미를 나타내면서, 그 뒤에 실현되는 체언을 수식하는 관형사이다.

(3) ㄱ. 한, 두, 세(석, 서), 네(녁, 너), 다섯(닷), 여섯(엿), 일곱, 여덟, 아홉, 열, 열한, 열두, 열세
　　　(석, 서), 열네(녁, 너), … 스무, 서른, 마흔, 쉰, 예순, 일흔, 여든, 아흔, 백, 천, 만, 억
　　ㄴ. 한두, 두세, 서너, 두서너, 댓(다섯쯤), 너더댓(4, 5), 네댓(4, 5), 대여섯(5, 6), 예닐곱
　　　(6, 7), 일여덟(7, 8), 열아홉(8, 9), ……, 몇, 몇몇, 여러, 모든, 온, 온갖, 뭇, 갖은

(4) ㄱ. 첫, 첫째, 둘째, 셋째, 넷째, 다섯째, ……
　　ㄴ. 한두째, 두어째, 두세째, 서너째, ……

(3)의 예는 수량을 나타내는 양수(量數)의 관형사이다. (ㄱ)은 수량이 확정된 정수(定數)를 나타내는 관형사이며, (ㄴ)은 수량이 확정되지 않은 부정수(不定數)를 나타내는 관형사이다. 그리고 (4)의 예는 순서를 나타내는 서수(序數)의 관형사인데, (ㄱ)은 정수를 나타내며 (ㄴ)은 부정수를 나타낸다.

〈 지시 관형사 〉 '지시 관형사(指示冠形詞)'는 발화 현장에 실제로 존재하거나 문맥 속에 실현된 대상을 가리키거나 대용하면서 체언을 수식하는 관형사이다.

(5) ㄱ. 이, 그, 저; 요, 고, 조; 이런, 그런, 저런
　　ㄴ. 이까짓(돈, 물건), 요까짓, 그까짓; 고까짓, 조까짓, 네까짓(놈, 녀석)
　　ㄷ. 딴, 여느, 다른(他)

(6) ㄱ. 어느(집, 가게), 무슨(일, 과일), 웬(사람, 여자, 노인), 어떤(일, 문제, 사람)
　　ㄴ. 아무(집, 책)

(5)의 관형사는 확정된 대상을 가리키거나 대용하는 '정칭의 지시 관형사'이다. (ㄱ)의 '이, 그, 저'는 가장 일반적으로 쓰이는 지시 관형사이며, '요, 고, 조'는 '이, 그, 저'로 표현되는 체언을 낮잡거나 귀엽게 부르는 말이다. 그리고 '이런, 그런, 저런'은 각각 형용사 '이렇다, 저렇다, 그렇다'의 관형사형이 관형사로 굳어진 말이다. (ㄴ)의 '이까짓, 요까짓, 그까짓; 고까짓, 조까짓, 네까짓' 등은 모두 '이(요), 그(고), 저(조), 네'에 접미사 '-까짓'이 붙어서 파생된 관형사인데, 이들도 뒤의 체언을 낮잡아서 부르는 말이다. (ㄷ)에서 '딴, 여느, 다른'은 '이것이 아닌 것, 곧 그밖의 것(他)'이라는 뜻을 나타내면서 체언의 의미를 한정한다. 그리고 (6)에서 (ㄱ)의 '어느, 무슨, 웬, 어떤'은 미지칭(未知稱)의 기능으로, (ㄴ)의 '아무'는 부정칭(不定稱)의 기능으로 쓰여서 뒤의 체언의 의미를 한정한다.

2.5.2. 부사

'부사'는 용언이나 문장을 비롯하여 다양한 문법적인 단위를 수식하면서, 그 의미를 한정하는 단어의 갈래이다.

(가) 부사의 개념

'부사(副詞, adverb)'는 여러 가지의 문법적인 단위를 수식하여 그 의미를 한정하거나, 단어나 문장을 이어주는 단어의 갈래이다.

> (7) ㄱ. 아이들은 눈이 펑펑 내리는 겨울 들판에서 힘껏 내달렸다.
>   ㄴ. 순신은 과거 시험에 불합격했다. 그러나 순신은 다시 한번 과거에 도전했다.

(ㄱ)의 '펑펑'과 '힘껏'은 서술어로 쓰이는 용언을 수식하며, (ㄴ)의 '그러나'는 앞과 뒤의 문장을 이어 준다. 부사는 다양한 형식의 말을 수식하기는 하지만, 부사의 가장 기본적인 기능은 용언이나 문장을 수식하거나 단어나 문장을 이어 주는 기능이다.

부사는 다음과 같은 점에서 다른 품사와 구분이 되는 특징이 있다. 첫째, 부사는 문장에서 부사어로만 기능한다. 둘째, 부사는 불변어로서 형태의 변화가 없으며, 격조사나 접속 조사와는 결합하지 않는다. 셋째, 부사는 '용언, 부사, 체언, 관형사, 절, 문장' 등의 다양한 언어 단위를 수식하여서 그 의미를 한정한다.[9]

(나) 부사의 유형

부사는 그것이 수식하는 언어적 단위에 따라서 '성분 부사'와 '문장 부사'로 구분한다.

```
      ┌── 성분 부사 : 성상 부사, 지시 부사, 부정 부사
부사 ─┤
      └── 문장 부사 : 양태 부사, 접속 부사
```
〈그림 1〉 부사의 유형

---

9) 부사는 아래의 보기처럼 ① 용언, ② 부사, ③ 체언, ④ 관형사, ⑤ 절, ⑥ 문장 등 다양한 문법적 단위를 수식할 수 있다. (보기: ① 아기가 조용히 잔다. ② 철수야 더 빨리 달려라. ③ 가게는 학교의 바로 앞에 있다. ④ 그 말은 정말 허튼 소리이다. ⑤ 만일 대통령이 사직하면 이 나라의 운명은 어찌 될까? ⑥ 과연 브라질 축구 팀이 경기를 잘하는구나.)

성분 부사는 의미에 따라서 '성상 부사, 지시 부사, 부정 부사'로 구분되며, 문장 부사는 문장에서 담당하는 기능(역할)에 따라서 '양태 부사'와 '접속 부사'로 구분된다.

① 성분 부사

'성분 부사(性分副詞)'는 문장 속에서 특정한 문장 성분을 수식하는 부사이다. 성분 부사는 의미에 따라서 '성상 부사'와 '지시 부사', 그리고 '부정 부사'로 구분된다.

〈성상 부사〉 '성상 부사(性狀副詞)'는 주로 성질이나 상태의 뜻을 나타내면서 그 뒤에 실현되는 용언을 실질적 의미로 수식하는 부사이다.

성상 부사는 일반적으로 용언을 수식하지만, 관형사, 부사, 체언을 수식할 수 있다.

(8) ㄱ. 아이가 밥을 <u>많이</u> **먹는다**.
ㄴ. 이 책이 <u>가장</u> 새 것이오.
ㄷ. 비행기가 <u>매우</u> **빨리** 날아간다.
ㄷ. 병사들이 <u>겨우</u> **하루**를 못 견디고 달아나 버렸다.

(ㄱ)에서 '많이'는 용언인 '먹는다'를 수식하였다. 그리고 (ㄴ)에서 '가장'은 관형사인 '새'를 수식하였으며, (ㄷ)에서 '매우'는 부사인 '빨리'를 수식하였으며, (ㄹ)의 '겨우'는 체언인 '하루'를 수식하였다.

〈지시 부사〉 '지시 부사(指示副詞)'는 발화 현장에서 특정한 장소나 시간을 직접 가리키거나, 앞선 문맥에서 이미 표현된 말을 대용하는 부사이다.

(9) ㄱ. 너희들은 <u>이리(그리)</u> **오너라**.
ㄴ. 연수생들은 미국으로 <u>내일</u> **떠난다**.

(ㄱ)의 '이리'와 (ㄴ)의 '내일'은 지시 부사이다. 이들 부사는 부사격 조사 없이 단독으로 쓰여서, 특정한 장소나 시간을 가리키면서 용언인 '오너라'와 '떠난다'를 수식하고 있다.

'지시 부사'는 그것이 지시하는 대상이나 기능에 따라서 '정칭의 지시 부사', '미지칭의 지시 부사', '부정칭의 지시 부사'로 나눌 수 있다.

(10) ㄱ. 여기(요기), 거기(고기), 저기(조기); 이리(요리), 그리(고리), 저리(조리);
어제, 오늘, 내일, 모레, ……

ㄴ. 어찌, 어디, 언제

ㄷ. 아무리

(ㄱ)의 부사는 정칭의 지시 부사인데, '여기, 이리'처럼 장소를 가리키는 '장소 지시 부사' 와 '에제, 오늘'처럼 시간을 가리키는 '시간 지시 부사'가 있다. (ㄴ)의 '어찌, 어디, 언제' 등은 '미지칭의 지시 부사'이며, (ㄷ)의 '아무리'는 '부정칭의 지시 부사'이다.

〈부정 부사〉 '부정 부사(否定副詞)'는 궁정문을 부정문으로 바꾸는 부사인데, 부정 부사 의 종류로는 단순 부정으로 기능하는 '아니/안'과 능력 부정으로 기능하는 '못'이 있다.

(11) ㄱ. 나는 아이스크림은 <u>아니</u> 먹는다.   [단순 부정 / 의지 부정]

ㄴ. 오늘은 기분이 정말 <u>안</u> 좋다.   [단순 부정]

(12) ㄱ. 어제는 태풍이 불어서 비행기가 <u>못</u> 떠났다.   [능력 부정]

ㄴ. *오늘은 하늘이 <u>못</u> 푸르다.

(11)에서 '아니/안'은 문장으로 표현된 내용을 단순하게 부정하거나 혹은 주체의 의지를 부정한다. 이에 반해서 (12)의 '못'은 '할 수 없음(불가능성)'의 의미를 덧붙이면서 문장의 내용을 부정한다. 이처럼 '못'에는 불가능성의 의미 특질이 있기 때문에, '못'은 (12ㄱ)처럼 동사만 수식할 수 있고 형용사는 수식하지 못한다.

② 문장 부사

'문장 부사(文章副詞)'는 문장이나 절을 수식하거나, 문장과 문장을 잇거나 단어와 단어 를 이어주는 부사이다. 문장 부사는 '양태 부사'와 '접속 부사'로 나뉜다.

〈양태 부사〉 '양태 부사(樣態副詞)'는 문장이나 절의 전체 내용에 대하여, '추측, 필연, 가정, 양보, 기원, 부정, 의혹, 당위'와 같은 <u>화자의 태도나 주관적인 판단</u>을 표현하는 부사이다(최현배, 1980:600 참조).

(13) ㄱ. <u>아마</u> 지금쯤은 선수들이 서울에 도착했겠다.   [추측]

ㄴ. 이번에는 김자옥 씨가 <u>반드시</u> 회장이 되어야 한다.   [필연]

ㄷ. <u>아무쪼록</u> 건강하게 지내소서.   [기원]

ㄹ. 이순신은 <u>결코</u> 정치판에 뛰어들지 않는다.   [부정]

ㅁ. <u>설마</u> 한강에 괴물이 나타나겠는가?   [의혹]

ㅂ. 아이들은 <u>마땅히</u> 공부를 열심히 해야 한다.   [당위]

(14) ㄱ. <u>만일</u> 김태호 선수가 우승한다면 돈을 많이 벌 수 있을 텐데.   [가정]

   ㄴ. <u>비록</u> 우리가 게임에 지<u>더라도</u> 희망을 버려서는 안 된다.   [양보]

(13)의 (ㄱ)에서 '아마'는 '추측'을 표현하고, (ㄴ)에서 '반드시'는 '필연적인 사실'임을 표현한다. 그리고 (14)에서 (ㄱ)의 '만일'은 '가정'의 판단을 표현하고, (ㄴ)의 '비록'은 '양보'의 판단을 표현한다.

이처럼 문장이나 절의 전체를 수식하는 양태 부사에는 다음의 특징이 나타난다.

첫째, 양태 부사는 문장 속의 특정한 문법 요소와 의미적으로 서로 호응한다. 예를 들어서 (13)의 (ㄱ)에서 '아마'는 '추측'의 뜻으로 '-겠-'과 호응하며, (ㄴ)의 '반드시'는 필연성의 뜻으로 '-어야 한다'와 호응한다. 그리고 (14)의 (ㄱ)에서 '만일'은 '가정'의 뜻으로 '-면'과 호응하며, (ㄴ)의 '비록'은 양보의 뜻으로 '-더라도'와 호응한다.10)

둘째, 양태 부사는 성분 부사에 비해서 실현되는 위치가 비교적 자유롭다.

(15) ㄱ. <u>아마도</u> 아버님께서는 중동에서 돈을 많이 버셨을 거야.

   ㄴ. 아버님께서는 <u>아마도</u> 중동에서 돈을 많이 버셨을 거야.

   ㄷ. 아버님께서는 중동에서 돈을 <u>아마도</u> 많이 버셨을 거야.

   ㄹ. 아버님께서는 중동에서 돈을 많이 버셨을 거야. <u>아마도</u>.

양태 부사는 문장 전체를 수식하는 문장 부사의 일종이기 때문에 (ㄱ)처럼 문장의 맨 앞에서 실현되는 것이 원칙이다. 하지만 화자의 의도에 따라서는 (ㄴ~ㄹ)과 같이 부사가 문장 속에서 이동할 수 있다.

---

10) 최현배(1980:600~601)에서는 양태 부사(말재 어찌씨)의 유형을 다음과 같이 분류하였다.
   (가) '단정'을 요구하는 양태 부사 :
      ㄱ. [강조] 과연, 과시, 딴은, 진실로, 실로, 마땅히, 모름지기, 물론, 의례히, 확실히, 정말, 응당, 정
      ㄴ. [필연] 단연코, 꼭, 반드시, 기어이
      ㄷ. [비교] 마치, 똑
      ㄹ. [부정] 결코, 조금도
   (나) '의혹'이나 '가설'을 요구하는 양태 부사 :
      ㄱ. [의심] 왜, 어찌, 설마, 하물며
      ㄴ. [추측] 아마, 글쎄
      ㄷ. [조건] 만약, 만일, 설령, 설혹, 설사
   (다) '바람(希望)'을 요구하는 양태 부사 : 제발, 아무쪼록, 부디

〈접속 부사〉 '접속 부사(接續副詞)'는 단어와 단어를 이어 주거나, 앞의 문장과 뒤의 문장을 이어 주는 부사이다.

첫째, '단어 접속 부사'는 단어와 단어를 이어서 하나의 명사구를 형성한다.

(16) ㄱ. 대한민국의 영토는 [한반도 및 부속 도서]로 한다.

　　ㄴ. [하루 내지 이틀]만 더 기다려 보아라.

　　ㄷ. [철수 또는 영수]가 그 일을 맡아서 하기로 했습니다.

　　ㄹ. [호텔 혹은 민박]을 빌려서 자야겠소.

위의 문장에서 '및, 내지(乃至), 또는, 혹은'은 접속 조사와 마찬가지로 체언과 체언을 이어서 하나의 체언 구를 형성한다. 단어를 이어주는 이러한 접속 부사의 기능은 다른 성분을 수식하는 일반적인 부사의 기능과는 다르다.

둘째, '문장 접속 부사'는 특정한 문장의 첫머리에서 실현되어서 그 문장을 앞 문장에 이어 준다.

(17) ㄱ. 숙희 양은 매우 착하다. <u>그리고</u> 그녀는 공부도 열심히 한다.

　　ㄴ. 김 형사는 여관의 구석구석을 뒤져 보고 싶었다. <u>하지만</u> 성급하게 굴다가는 오히려
　　　　일을 망쳐 버릴 것 같았다.

(17)에서 '그리고'와 '하지만'은 앞의 문장과 뒤의 문장을 일정한 의미적인 관계로 이어 주고 있다. (ㄱ)의 '그리고'는 '첨가'의 의미적인 관계를 나타내면서, (ㄴ)의 '하지만'은 '대립'의 의미 관계를 나타내면서 앞의 문장과 뒤의 문장을 이어 준다.11)

2.6. 독립언

'독립언(獨立言)'은 자립성이 매우 강하여, 문장 속에서 다른 말과 관련이 없이 홀로 쓰이는 단어이다. 독립언에 속하는 단어로는 '감탄사'가 있다.

---

11) 접속 부사 중에서 '그래서, 그러나, 그러면, 그러므로, 그렇지마는, 그리고, …' 등은 단어 내부에
지시 대명사인 '그'가 어근으로 실현되어 있기 때문에, 이들 접속 부사는 접속 기능과 함께 대용
기능이 있다. 반면에 접속 부사 중에서 '곧, 더구나, 하지만' 등은 '그'가 실현되지 있지 않기 때문에
대용 기능은 없고 접속 기능만 있다.

2.6.1. 감탄사의 개념

'감탄사(感歎詞)'는 화자의 감정이나 의지를 직접적으로 표출하는 단어의 갈래이다.

> (1) ㄱ. <u>아</u>! 우리나라의 산수가 이렇게 아름답다니.
>   ㄴ. <u>쉿</u>, 조용히 해.

(1)의 '아'는 '놀라움'의 감정을 직접적으로 표현하는 말이다. 이에 반하여 (ㄴ)의 '쉿'은 화자가 '시킴'의 자기의 의지를 청자에게 직접적으로 전달하는 말이다. 이처럼 화자의 감정이나 의지 등을 직접적으로 전달하는 단어의 갈래를 '감탄사'라고 한다.

감탄사에는 다음과 같은 문법론과 화용론적인 특징이 나타난다. 첫째, 감탄사는 형태의 변화가 없는 불변어이며 조사와도 결합하지 않는다. 둘째, 감탄사는 품사 가운데서 자립성이 제일 강하다. 곧 문장 속에서 다른 요소와 어떠한 통사적인 관계를 맺지 못하여서 독립어로 기능하고, 어떠한 경우에는 한 문장이 감탄사만으로 성립하기도 한다.[12] 셋째, 감탄사는 그 자체로 분명한 의미를 명확하게 나타내는 것이 아니다. 그러므로 감탄사는 그 의미를 해석할 때에 발화 상황에 따라서 영향을 많이 받으며, 어조나 표정, 손짓과 같은 언어 외적인 요소와 함께 실현된다.

2.6.2. 감탄사의 유형

감탄사는 기능에 따라서 '감정 감탄사'와 '의지 감탄사'로 나눌 수 있다.[13]

(가) 감정 감탄사

'감정 감탄사'는 화자가 자신의 감정을 표출하는 데에 그치는 감탄사이다.

---

12) (1)에서 '아'와 '쉿'은 뒤의 문장 속의 다른 성분과 통사적인 관계를 맺지 못하므로 독립어로 기능한다. 감탄사는 이처럼 자립성이 강하기 때문에 '아'와 '쉿'이 다른 문장 성분이 없이 단독적으로 발화될 수도 있다. 감탄사에 나타나는 이와 같은 강한 자립성을 고려하여서, 감탄사를 하나의 단어로 된 작은 문장 곧, '소형문(小形文, minor sentence)'으로 다루기도 한다.

13) 감탄사 중에는 '감정 감탄사'와 '의지 감탄사' 외에도 '말버릇 감탄사'가 있다. 곧, 문장 속에서 음성으로 발화되기는 하지만 구체적인 뜻 없이 쓰이는 감탄사를 '말버릇 감탄사'라고 한다.(보기: 에, 또, 그자, 말이야, 안 있나 등) 이들 감탄사는 화자가 의도하지는 않았지만 전달 내용에 관계없이 습관적으로 발화하는 군말이다. 이들 말버릇 감탄사는 음성으로 발화되기는 했지만 의사소통에 도움이 되지 않으므로, 이들 감탄사를 '잉여 표현(군더더기 표현)'으로 처리한다(나찬연, 2004:44).

 (2) ㄱ. <u>아이고</u>, 할아버지께서 돌아가셨구나!

   ㄴ. <u>오</u>, 아름다운 자연이여!

   ㄷ. <u>애개</u>, 그릇을 깨뜨렸네!

   ㄹ. <u>이런</u>, 방이 얼음장이군.

(2)의 '아이고, 아, 오, 어머(ㄴ), 애개, 아차, 이런' 등의 감탄사는 주로 화자가 청자를 고려하지 않는 발화 상황에서 자기의 감정을 표현하는 데에 그치는 말이다.

(나) 의지 감탄사

'의지 감탄사'는 화자가 발화 현장에서 청자에게 자기의 요구나 판단을 적극적으로 표현하여 전달하는 감탄사이다. 이러한 의지 감탄사는 기능에 따라서 '시킴 기능'의 감탄사와 '대답 기능'의 감탄사, '부름 기능'의 감탄사 등으로 하위 분류할 수 있다.

 (3) ㄱ. <u>아서라</u>, 이 사람아.

   ㄴ. <u>쉿</u>, 조용히 해.

 (4) ㄱ. <u>아무렴</u>, 그렇구 말구.

   ㄴ. <u>천만에</u>, 나는 모르는 일이다.

 (5) ㄱ. <u>여보</u>, 오늘은 일찍 들어오세요.

   ㄴ. <u>워리</u>, 이리 와.

(3)의 '아서라, 쉿'은 시킴 기능의 감탄사이며, (4)의 '아무렴'과 '천만에'는 대답 기능의 감탄사이며, (5)의 '여보'와 '워리'는 부름 기능의 감탄사이다.

【 더 배우기 】

 〈 품사의 통용 〉 어떤 단어는 두 가지 이상의 문법적 성질이 있어서, 그것이 문장 속에서 쓰이는 양상에 따라서 품사가 다를 수가 있다.

  (1) ㄱ. 그릇에 담긴 소금을 <u>모두</u> 쏟았다.
    ㄴ. 그 일은 <u>모두</u>에게 책임이 있다.

---

(2) ㄱ. <u>그</u> 사람은 이제 다시는 고향에 돌아오지 못할 것이다.

　　ㄴ. 나는 <u>그</u>의 편지를 읽고 많이도 울었다.

(3) ㄱ. 사과가 참 <u>크네</u>.

　　ㄴ. 이 아이는 참 잘 <u>큰다</u>.

(1)에서 '모두'는 부사와 명사의 두 가지 성질이 있다. 마찬가지로 (2)에서 '그'는 관형사와 대명사의 성질이 있고, (3)에서 '크다'는 형용사와 동사의 성질이 있다.

고등학교 교사용 지도서 문법(2010: 142)에서는 이러한 현상을 '품사의 통용'으로 설명한다. 여기서 '품사의 통용(通用)'이란 동일한 단어에 원래부터 두 가지의 문법적 성질이 있어서, 한 단어가 문장 속에서 두 가지 이상의 품사로 두루 쓰이는 현상을 말한다. 곧, (1)에서 '모두'는 (ㄱ)에서는 단독으로 용언인 '쏟았다'를 수식하므로 부사로 처리하고, (ㄴ)에서는 부사격 조사와 결합하므로 명사로 쓰인 것으로 처리한다. (2)에서 '그'는 (ㄱ)에서는 단독으로 체언인 '사람'을 수식하므로 관형사로 처리하고, (ㄴ)에서는 관형격 조사인 '-의'와 결합하므로 대명사로 처리한다. (3)에서 (ㄱ)의 '크다'는 현재 시제 선어말 어미와 결합하지 않았으므로 형용사로 처리하고, (ㄴ)의 '큰다'는 현재 시제 선어말 어미인 '-ㄴ-'과 결합하였으므로 동사로 처리한다.

국어에서 품사의 통용으로 쓰이는 단어의 예를 들면, 다음의 표와 같다.

형태	품사	예　문
만큼, 대로, 뿐	명　사	아는 <u>만큼</u> 보인다.
	조　사	철수<u>만큼</u> 공부하면 누구나 교사가 될 수 있다.
명사 + 的	명　사	김홍도의 그림은 <u>한국적</u>이다.
	관형사	이 그림은 <u>한국적</u> 정취가 물씬 풍긴다.
	부　사	<u>가급적</u> 빨리 물건을 보내 주세요.
평생, 서로, 모두, 다	명　사	그 천재는 시골에서 <u>평생</u>을 보내었다.
	부　사	형님은 <u>평생</u> 모은 돈을 노름으로 날렸다.
여기, 거기, 저기	대명사	<u>여기</u>가 바로 내 고향이다
	부　사	우리도 <u>거기</u> 갑니다.

형태	품사	예 문
어제, 오늘, 내일	명 사	<u>오늘</u>이 아버님의 생신입니다.
	부 사	<u>오늘</u> 해야 할 일을 다음 날로 미루어서는 안 된다.
한/하나, 두/둘, 세/셋, 네/넷, 다섯…	관형사	이 일은 <u>한</u> 사람이 하기에는 너무 양이 많다.
	수 사	주몽은 돌멩이 <u>하나</u>를 들고 적과 대적했다.
붉다, 밝다, 설다, 늦다, 굳다, 크다	형용사	사무실 안이 너무 <u>밝다</u>.
	동 사	이제 조금만 있으면 날이 <u>밝는다</u>.
보다, 같이, 더러	조 사	다이아몬드<u>보다</u> 단단한 물질은 없을까?
	부 사	프로 기사가 되려면 바둑판을 <u>보다</u> 넓게 볼 줄 알아야 한다.
이, 그, 저	대명사	<u>그</u>는 이제 우리 편이 아니다.
	관형사	<u>그</u> 가방은 어제 백화점에서 사온 것이다.
아니	부 사	아직까지 수업료를 <u>아니</u> 낸 학생이 있는가?
	감탄사	<u>아니</u>, 벌써 날이 밝았나?
만세	명 사	고지를 점령한 후에 병사들은 일제히 <u>만세</u>를 불렀다.
	감탄사	대한민국 <u>만세</u>!

〈표 1〉 품사 통용의 예

제3장 단어의 짜임

3.1. 단어의 짜임새

〈 **어근과 접사** 〉 단어는 하나의 형태소로 이루어질 수도 있지만, 여러 형태소가 결합하여 이루어질 수도 있다.

  (1) 고구마, 논, 그, 하나; 새(新), 아무(某), 다(全, 完), 아주; 어머나

  (2) 헛손질 : 헛-＋손 ＋ -질

(1)의 단어는 하나의 형태소로 되어 있는데 이들 단어를 짜 이루는 형태소는 모두 실질 형태소이다. 그리고 (2)에서 '헛손질'에서 '손'은 실질적인 의미를 나타낸다. 이와 같이 단어 속에서 의미의 중심이 되면서 실질적인 의미를 나타내는 형태소를 '어근(語根)'이라고 한다. 이에 반해서 (2)에서 '헛-, -질'은 실질적인 의미를 나타내지 못하는 형식 형태소이다. 이와 같이 어근에 붙어서 단어를 짜 이루는 요소로 작용하되, 실질적인 뜻을 나타내지 못하는 형식 형태소를 '파생 접사(派生 接辭)'라고 한다. 파생 접사를 그것이 실현되는 위치에 따라서 접두사와 접미사로 구분하기도 한다. (2)에서 '헛-'처럼 어근의 앞에 실현되는 파생 접사를 '접두사(接頭辭)'라고 하고, '-질'처럼 어근의 뒤에 실현되는 파생 접사를 '접미사(接尾辭)'라고 한다.

〈 **단일어와 복합어** 〉 단어는 짜임새에 따라서 '단일어'와 '복합어'로 나뉘고, '복합어'는

'합성어'와 '파생어'로 나뉜다.

(3) ㄱ. 마을, 해(日), 아주, 퍽, 아이쿠
　　ㄴ. 높다, 검다

(4) ㄱ. 집안, 짚신
　　ㄴ. 높푸르다, 뛰놀다

(5) ㄱ. 덧신, 드높다, 치밀다
　　ㄴ. 지붕, 먹히다

(3)의 단어처럼 하나의 어근만으로 이루어진 단어를 '단일어(單一語)'라고 한다. 이에 반해서 (4)의 '집안(집+안), 짚신(짚+신), 높푸르다(높-+푸르-), 뛰높다(뛰-+놀-)'는 어근과 어근이 결합하여서 형성된 단어이다. 이처럼 둘 이상의 어근이 결합하여서 된 단어를 '합성어(合成語)'라고 한다. (5)에서 (ㄱ)의 '덧신(덧-+신), 드높다(드-+높-), 치밀다(치-+밀-)'는 어근에 접두사가 붙어서, (ㄴ)의 '지붕(집+-웅), 먹히다(먹-+-히-)'는 어근에 접미사가 결합하여서 형성되었다. 이렇게 어근에 파생 접사가 붙어서 된 단어를 '파생어(派生語)'라고 한다. 그리고 (4)나 (5)의 단어처럼 둘 이상의 어근이 결합하거나 어근에 파생 접사가 붙어서 된 단어를 아울러서 '복합어(複合語)'라고 한다.

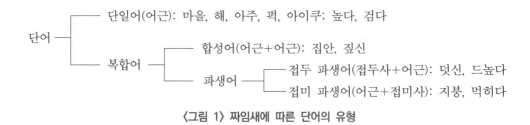

〈그림 1〉 짜임새에 따른 단어의 유형

3.2. 합성어

어근과 어근이 합쳐져서 새 단어를 형성하는 문법적인 절차를 '합성법'이라고 하는데, 합성법으로 형성된 단어(합성어)의 유형에 대하여 알아본다. 합성어는 '어근의 의미적 관계, 어근의 배열 방식, 합성어의 품사'에 따라서 여러 가지 유형으로 나누어진다.

3.2.1. 의미 관계에 따른 합성어의 유형

합성어는 어근 사이의 의미적인 관계에 따라서, '대등적 합성어, 종속적 합성어, 융합적 합성어'로 분류한다.

첫째, '대등적 합성어'는 합성어 속의 어근이 독립된 뜻을 나타내면서, 서로 같은 자격으로 어울려서 이루어진 합성어이다.

> (1) ㄱ. 마-소, 앞-뒤, 논-밭
> ㄴ. 오-가다, 오르-내리다, 검-붉다

'마소'는 '말과 소'의 뜻을 나타내므로, '마소'를 짜 이루는 어근인 '말'과 '소'는 의미적으로 대등한 관계를 이룬다. '오가다'도 '오고 가다'의 뜻을 나타내므로 '오가다'를 이루는 어근인 '오다'와 '가다'는 대등한 관계로 짜였다. 대등적 합성어의 어근이 '마소'처럼 체언인 때에는 속뜻으로 조사 '-와/-과'를 통해서 이어질 수 있는 관계이며, 어근이 '오가다'처럼 용언인 때에는 어미 '-고'를 통해서 이어질 수 있는 관계이다.

둘째, '종속적 합성어'는 합성어 속의 어근이 각각 독립된 뜻을 나타내기는 하지만, 앞 어근의 의미가 뒤 어근의 의미를 한정하는 합성어이다.

> (2) ㄱ. 칼-날, 시골-집; 늙은-이, 잔-소리
> ㄴ. 긁어-모으다, 들어-가다; 얕-보다, 붙-잡다, 늦-되다

'칼날'은 '칼의 날'이라는 뜻으로, '긁어모으다'는 '긁어서 모으다'의 뜻으로 쓰이면서, 앞의 어근이 뒤의 어근의 의미를 수식하는 관계로 짜였다. 종속적 합성어를 짜 이룬 어근이 '칼날'처럼 체언일 때에는 '-의'로 이어질 수 있는 관계이며, '긁어모으다'처럼 어근이 용언일 때에는 '-어서'나 '-게'로 이어질 수 있는 관계이다.

셋째, '융합적 합성어'는 앞의 어근과 뒤의 어근의 의미가 서로 녹아 붙어서, 각 어근의 본래의 뜻이 유지되지 않고 새로운 의미를 나타내는 합성어이다.

> (3) ㄱ. 밤-낮(항상), 춘-추(春秋), 강-산(江山), 삼-촌(三寸)
> ㄴ. 캐-내다, 날-뛰다, 돌-보다, 감-돌다

위의 합성어는 개별 어근의 기본적인 뜻이 유지되어서 '대등적 합성어'나 '종속적 합성

어'로 쓰일 수도 있지만, 개별 어근의 뜻과는 다른 제3의 새로운 뜻으로 바뀔 수도 있다. 곧 '밤낮'이 '항상'의 뜻으로, '춘추'가 '나이'의 뜻으로, '강산'이 '자연'의 뜻으로, '삼촌'이 '아버지의 형제'의 뜻으로 쓰이면 융합적 합성어이다. 그리고 '캐내다'가 '자세히 따져서 속 내용을 알아내다'의 뜻으로, '날뛰다'가 '함부로 덤비거나 거칠게 행동하다'의 뜻으로, '돌보다'가 '보살피다'의 뜻으로, '감돌다'가 '어떤 기체나 기운이 가득 차서 떠돌다'의 뜻으로 쓰일 때에는 융합적 합성어이다.

3.2.2. 어근의 배열 방식에 따른 분류

합성어는 합성어를 구성하는 어근의 배열 방식이 국어의 통사적인 특징에 맞게 되었 느냐 아니냐에 따라서, '통사적 합성어'와 '비통사적 합성어'로 구분할 수 있다.

(가) 통사적 합성어

'통사적 합성어(統辭的 合成語)'는 그것을 구성하는 어근들이 결합되는 방식이 국어의 통사적인 짜임새와 같은 합성어이다. 달리 말해서 통사적 합성어는 문장 속에서 문장 성분들이 결합하는 방식(통사적 짜임새)과 동일한 방식으로 어근이 결합된 합성어이다.

(4) ㄱ. 땅-콩, 이것-저것, 한-둘

　　ㄴ. 첫-눈, 길-짐승, 늙은-이

　　ㄷ. 빛-나다, 힘-쓰다; 짊어-지다, 돌아-오다

(5) 지진(地震), 일몰(日沒); 예방(豫防), 몰살(沒殺), 명산(名山), 양서(良書)

(4)의 합성어는 어근과 어근이 결합하여 하나의 단어로 굳은 '통사적인 합성어'의 예인 데, 이들 '통사적 합성어' 속에서 어근이 결합하는 방식은 구가 구성되는 방식과 동일하 다. 곧, (ㄱ)의 '땅콩'에서 어근을 구성하는 방식은 〈체언＋체언〉의 구성이다. (ㄴ)의 '첫 눈'은 〈관형사＋체언〉으로 구성되어 있고, '길짐승'과 '늙은이'는 〈용언의 관형사형＋체 언〉으로 구성되어 있다. 그리고 (ㄷ)의 '빛나다'는 〈체언＋용언〉으로 구성되어 있는 합 성어이며, '짊어지다'는 〈용언의 연결형＋용언〉의 짜임으로 된 합성어이다. 그리고 (5) 에서 '지진(地震), 일몰(日沒), 예방(豫防), 몰살(沒殺), 명산(名山), 양서(良書)' 등의 한자어는 '땅이 떨다, 해가 지다, 미리 막다, 모조리 죽이다, 이름난 산, 좋은 책'과 같이 국어의 어순에 맞게 합성어가 구성되었으므로 통사적 합성어에 해당한다.

(4)와 (5)에 제시된 한자어 합성어의 어근이 배열된 방식은 국어의 문장에서 문장 성분이 실현되는 방식과 일치하므로, 이들 합성어는 통사적 합성어이다.

(나) 비통사적 합성어

'비통사적 합성어(非統辭的 合成語)'는 국어의 통사적인 구성 방식에 맞지 않는 방식으로 어근이 결합된 합성어이다. 곧 비통사적 합성어는 그 합성어를 구성하는 어근의 결합 방식이 문장 속에서 문장 성분이 결합하는 방식과는 다른 합성어이다.

(6) ㄱ. 늦-벼, 꺾-쇠, 싫-증
ㄴ. 뻐꾹-새, 부슬-비, 선들-바람
ㄷ. 오르-내리다, 보-살피다; 높-푸르다, 굳-세다

(7) 살충(殺蟲), 독서(讀書); 하산(下山), 승선(乘船)

(6)의 합성어는 비통사적 합성어의 예이다. 먼저 (ㄱ)에서 '늦벼'는 용언의 어간 뒤에 어미가 실현되지 않은 채로 체언을 수식하고 있다. 이 단어들이 국어의 통사적인 구조에 맞는 표현되려면 '*늦은벼'와 같은 형태가 되어야 한다. (ㄴ)에서 '뻐꾹새'는 부사인 '뻐꾹(뻐국)'의 뒤에 체언이 바로 결합된 합성어인데, 부사가 체언을 수식하는 것은 국어의 일반적인 통사 규칙에 어긋난다. (ㄷ)에서 '오르내리다'는 용언의 어근끼리 결합한 합성어이다. 만일 이들 용언의 어근들이 통사적 구조에 맞게 연결되려면, 앞 용언의 어간 뒤에 연결 어미가 실현되어서 '*오르고내리다'와 같은 형태로 합성어를 이루어야 한다. 그리고 (7)의 한자어 합성어 중에서 '살충(殺蟲)'이나 '독서(讀書)' 등은 한문에서 나타나는 문장 구조의 영향으로 형성된 합성어이다. 이들 한자어 합성어가 국어의 어순에 맞으려면 '*충살(蟲殺)'과 '*서독(書牘)' 같은 짜임새가 되어야 한다. (6)과 (7)에 제시된 한자어 합성어의 어근이 배열된 방식은 국어에서 실현되는 방식과 어긋나므로, 이들 합성어는 비통사적 합성어이다.

3.2.3. 품사에 따른 분류

합성어를 분류하는 가장 일반적인 방식은 합성어의 자체의 품사를 기준으로 분류하는 것이다.

(가) 체언 합성어

〈 명사 합성어 〉 명사 합성어는 어근과 어근이 결합하여 형성된 명사이다.
첫째, 통사적 합성법으로 형성된 명사 합성어가 있다.

(8) ㄱ. 고추-잠자리, 밤-낮
   ㄴ. 첫-눈, 새-집
   ㄷ. 들-것, 늙은-이
   ㄹ. 비빔-밥, 뜀-틀, 구름-판

(ㄱ)의 고추잠자리는 〈명사＋명사〉로 된 명사 합성어이며, (ㄴ)의 '첫눈'은 〈관형사＋명사〉로 된 명사 합성어이다. 그리고 (ㄷ)의 '들것'은 〈용언의 관형사형 ＋ 명사〉로 된 합성어이며, (ㄹ)의 '비빔밥'은 〈용언의 명사형＋명사〉의 짜임으로 된 합성어이다.
   둘째, 비통사적 합성법으로 형성된 명사 합성어가 있다.

(9) 늦-벼, 먹-거리, 싫-증; 뻐꾹-새, 부슬-비, 뭉게-구름, 선들-바람

'늦벼'는 〈용언＋명사〉의 구성으로 된 명사 합성어인데, 용언의 어간이 체언에 바로 결합하였다. 그리고 '뻐꾹새'는 〈부사＋명사〉의 구성으로 된 명사 합성어로서 부사가 체언을 수식하고 있다.
   〈 대명사와 수사 합성어 〉 대명사와 수사의 합성어는 어근과 어근이 결합하여 형성된 대명사와 수사이다. 대명사 합성어와 수사 합성어는 명사 합성어에 비하여 그 수가 극히 적다.

(10) 여러-분, 이-분, 그-분, 저-분; 이-것, 그-것, 저-것

(11) 한둘, 두셋, 서넛, 너덧, 예닐곱, 일여덟, 열아홉; 하나하나

(10)은 관형사인 '여러, 이, 그, 저'와 의존 명사인 '분, 것'이 합쳐져서 된 대명사 합성어이다. 그리고 (11)의 '한둘'과 '하나하나' 등은 수사와 수사가 결합하여 된 수사 합성어이다. 이들 대명사 합성어와 수사 합성어는 모두 통사적 합성어이다.

(나) 용언 합성어

〈 동사 합성어 〉 동사 합성어는 어근과 어근이 결합하여 형성된 동사이다.
첫째, 통사적 합성법으로 형성된 동사 합성어가 있다.

   (12) ㄱ. 값-나가다, 때-묻다; 결정-짓다, 끝-맺다; 뒤-서다, 끝-닿다; 거울-삼다, 일-삼다

       ㄴ. 싸고-돌다, 타고-나다; 굽어-보다, 날아-가다; 넘어다-보다, 내려다-보다

       ㄷ. 가로-막다, 갓-나다, 가만-두다, 가만-있다, 그만-두다, 잘-되다, 곧이-듣다

(ㄱ)은 〈명사＋동사〉의 구조로 된 통사적 동사 합성어이다. 곧, (ㄱ)의 합성어를 구성하
는 '명사'와 '동사' 중에서 '값나가다'는 〈주어-서술어〉, '결정짓다'는 〈목적어-서술어〉,
'뒤서다'는 〈부사어-서술어〉의 통사적 관계로 결합되어 있다. (ㄴ)은 〈용언의 연결형＋
용언〉의 구조로 된 통사적 동사 합성어이다. 곧, '싸고돌다'는 앞 용언의 어간인 '싸-'에
연결 어미 '-고'가 결합되고 그 뒤에 '돌다'가 결합되어서 이루어진 합성어이다. (ㄷ)은
〈부사＋용언〉의 구조로 된 통사적 동사 합성어이다. 곧, '가로막다'와 '갓-나다'는 각각
부사인 '가로'와 '갓'에 동사인 '막다'와 '나다'가 결합하여 형성된 동사 합성어이다.
  둘째, 〈용언의 어간＋용언〉의 구조로 된 비통사적 동사 합성어가 있다.

   (13) 굶-주리다, 나-가다, 나-들다, 날-뛰다, 낮-보다, 늦-되다, 돋-보다, 들-보다

이들 동사 합성어는 앞 어근(용언)의 어간에 연결 어미가 실현되지 않고 뒤 어근(용언)에
직접 연결된 합성어이므로 비통사적 합성어이다.
  〈 형용사 합성어 〉 형용사 합성어는 어근과 어근이 결합하여 형성된 형용사이다.
  첫째, 통사적 합성법으로 형성된 형용사 합성어가 있다.

   (14) ㄱ. 맛-나다, 터무니-없다; 남-부끄럽다, 손-쉽다

       ㄴ. 깎아-지르다, 게을러-빠지다

       ㄷ. 다시-없다, 한결-같다; 잘-나다, 못-나다

       ㄹ. 다디-달다, 떫디-떫다, 머나-멀다, 기나-길다, 하고-많다

(ㄱ)의 예는 모두 〈명사＋용언〉의 짜임으로 된 형용사 합성어이다. 곧, '맛나다'는 어근
들이 〈주어-서술어〉의 관계로 짜였으며, '남부끄럽다'는 어근들이 〈부사어-서술어〉의

관계로 짜였다. (ㄴ)의 예는 용언과 용언이 결합해서 된 형용사 합성어이다. 곧, '깎아지르다'는 앞 어근인 '깎-'의 뒤에 연결 어미인 '-아'가 결합되어 뒤 어근인 '지르다'와 결합하였다. (ㄷ)의 예는 부사와 용언이 결합하여 형성된 형용사 합성어이다. 곧, '다시 없다'는 〈부사+형용사〉의 짜임으로, '잘나다'는 〈부사+동사〉의 짜임으로 된 형용사 합성어이다. (ㄹ)의 예는 동일한 형용사 어근이 반복적으로 실현된 형용사 합성어인데, 개별 어근이 나타내는 의미가 강조된다.

둘째, 비통사적 합성법으로 형성된 형용사 합성어가 있다.

(15) 높-푸르다, 검-푸르다, 검-붉다, 희-멀겋다, 곧-바르다, 넓-둥글다, 맵-차다, 군-세다

(15)의 합성어는 앞 어근(형용사)의 어간이 연결 어미가 실현되지 않고, 뒤의 어근(형용사)에 직접적으로 결합되어서 형성된 비통사적 형용사 합성어이다. 곧, '높푸르다'는 앞 어근인 '높-'에 연결 어미가 실현되지 않은 상태로 뒤 어근인 '푸르다'에 직접 연결되었다.

(다) 수식언 합성어

〈 관형사 합성어 〉 관형사 합성어는 어근과 어근이 결합하여 형성된 관형사이다.

(16) ㄱ. 한-두, 서-너, 네-댓, 대-여섯, 예-닐곱
　　 ㄴ. 여-남은
　　 ㄷ. 단-돈, 온-갖
　　 ㄹ. 몹-쓸
　　 ㅁ. 몇-몇

(ㄱ)에서 '한두'는 수 관형사와 수 관형사가 합쳐졌으며, (ㄴ)의 '여남은'은 수사인 '열'과 동사 '남다'의 관형사형인 '남은'이 결합하였다. 그리고 (ㄷ)의 '단돈'과 '온갖'은 각각 관형사인 '단'과 '온'에 명사인 '돈, 갖(가지)'가 결합하였으며, (ㄹ)의 '몹쓸'은 부사 '못'에 동사 '쓰다'의 관형사형인 '쓸'이 결합하였다. (ㅁ)의 '몇몇'은 관형사인 '몇'이 되풀이된 '반복 합성어'이다.

〈 부사 합성어 〉 부사 합성어는 어근과 어근이 결합하여 형성된 부사이다.

첫째, 일반적인 부사 합성어로서 다른 형태의 어근이 결합해서 된 부사 합성어가 있다.

(17) ㄱ. 밤-낮(늘), 차례-차례, 다음-다음

　　ㄴ. 만(萬)-날, 만(萬)-판, 백(百)-날, 한-결, 한-바탕, 한-참, 한-층, 온-종일, 어느-덧

　　ㄷ. 이른-바, 이를-테면; 곧-잘, 잘-못

'밤낮(=늘)'은 〈명사＋명사〉의 짜임으로 된 부사이며, '만날'은 〈관형사＋명사〉의 짜임으로 된 부사이다. '접때'는 지시 관형사인 '저'와 명사인 '때'가 결합하였는데, '접'은 '저'의 형태론적 변이 형태이다. '이른바'와 '이를테면'은 〈용언의 관형사형＋의존 명사〉의 짜임으로 된 부사 합성어인데, 이 중에서 '이를테면'은 '이를 터이면'이 줄어서 형성되었다. '곧잘'은 〈부사＋부사〉의 짜임으로 된 부사 합성어이다. 이러한 부사 합성어들은 모두 통사적인 합성어이다.

　둘째, 동일한 형태의 어근이 되풀이되어서 형성된 '반복 부사 합성어'가 있다.

(18) ㄱ. 가리-가리, 끼리-끼리; 가닥-가닥, 군데-군데

　　ㄴ. 하나-하나

　　ㄷ. 가끔-가끔, 고루-고루, 대충-대충, 부디-부디

　　ㄹ. 두고-두고; 가나-오나, 들락-날락, 오다-가다, 오락-가락, 왔다-갔다

(ㄱ)의 예들은 명사와 명사, (ㄴ)은 수사와 수사, (ㄷ)은 부사와 부사가 되풀이되어서 부사 합성어가 되었다. (ㄹ)의 예들은 동사의 어간에 연결 어미인 '-고, -나, -을락, -다'가 결합하여서 합성어가 되었다. 이들 부사 합성어들도 어근들이 국어의 통사적 구조와 일치하는 방법으로 합성되었기 때문에 통사적 합성어이다.

(라) 독립언 합성어

　독립언(감탄사) 합성어는 어근과 어근이 결합하여 형성된 독립언(감탄사)이다.

(19) ㄱ. 이-개, 요-개; 웬-걸

　　ㄴ. 여-보, 여-봐라, 여-보게

　　ㄷ. 아이고-머니, 애고-머니

(ㄱ)의 '이개, 요개'와 '웬걸'은 지시 관형사와 명사가 결합되었으며, (ㄴ)의 '여보'는 지시 대명사인 '여('여기'의 준말)'에 '보다'의 하게체 명령형인 '보오'가 결합하여서 된 감탄사

이다. (ㄷ)의 '아이고머니'와 '애고머니'는 감탄사인 '아이고'와 '애고'에 '어머니'의 준말인 '머니'가 결합되었다.

독립언 합성어 중에는 동일한 형태의 어근이 결합하여 형성된 반복 합성어도 있다.

(20) ㄱ. 도리-도리, 쬠-쬠; 구-구, 오래-오래

ㄴ. 얼씨구-절씨구, 얼씨구나-절씨구나, 에야-디야

(ㄱ)은 어근의 형태 전체가 반복되었으며, (ㄴ)은 어근의 형태 일부가 반복되어서 형성된 반복 합성어이다.

【 더 배우기 】

〈통사적 합성어와 구의 구분〉 '합성어'는 형태론적인 짜임새로서 어근과 어근이 결합되어 하나의 단어로 굳은 것이다. 이에 반해서 '구(句)'는 통사론적 짜임새로서, 문장 속에서 개별 단어와 단어가 결합하여서 더 큰 짜임새를 이루는 언어 단위이다.

(1) ㄱ. 큰집, 산돼지; 말아먹다, 손씻다

ㄴ. 큰#집, 산#돼지; 말아#먹다, 손#씻다

(2) ㄱ. 큰 (기와)집에는 관리 비용이 많이 들어간다. (시골에 있는 큰집)

ㄴ. 산 (작은) 돼지가 잡혔다. (cf. 작은 산돼지)

ㄷ. 철수는 국수를 물에 말아 (맛있게) 먹었다. (cf. 재산을 몽땅 말아먹었다.)

(ㄱ)의 단어들은 통사적 합성어로서 하나의 단어이다. 그런데 이들 합성어에 있는 어근들이 짜여 있는 모습은 (ㄴ)처럼 문장에서 개별 단어들이 배열되는 통사적 짜임새와 동일하다. 따라서 (ㄱ)의 합성어는 (ㄴ)의 '구'와 판별하기가 어렵다.

그러나 '구'는 두 단어로 이루어진 통사론적 짜임새인 반면에 통사적 합성어는 하나의 단어인 형태론적 짜임새이다. 그러므로 합성어와 구는 다음과 같은 점에서 차이가 난다.

첫째, 합성어는 한 단어 내부의 형태론적 짜임새이기 때문에 그 구성 요소(어근과 어근)가 분리될 수 없다. 반면에 구는 단어끼리 맺어진 통사적인 짜임이기 때문에 구성 요소(단어와 단어)가 분리될 수 있다. 곧, (1ㄱ)에서 합성어를 이루는 어근 사이에는 음성적 휴지(쉼, pause)를 두어서 발화할 수 없지만, (1ㄴ)에서 구를 이루는 단어 사이에는 음성적 휴지를 둘 수 있다. 그리고 합성어는 어근과 어근 사이에 다른 언어 요소가 들어갈 수 없는 반면에, 구를 이루는 단어와 단어 사이에는 (2)처럼 다른 언어 요소가 들어갈 수 있다.

둘째, 구는 독립된 단어의 결합체이기 때문에 구를 구성하는 단어들의 본래 의미가 그대로

유지되지만, 합성어는 어근이 가진 본래의 의미가 다른 의미로 바뀔 수도 있다. 곧, 합성어 중에서 융합적인 의미 관계로 짜여 있는 합성어는 (1)처럼 어근의 의미가 유지되지 않고 다른 의미로 바뀌게 된다. 곧, '큰집'은 '규모가 큰 집'이 아니라 '백부모(伯父母)의 집'의 뜻으로 쓰였다. '산돼지'는 '산에 있는 돼지'가 아니라 '야생의 돼지'라는 뜻으로 쓰였으며, '말아먹다'는 '국이나 물에 말아서 먹다'가 아니라, '재물 따위를 송두리째 날려 버리다.'의 뜻으로 쓰였다. '손씻다'는 '부정적인 일이나 찜찜한 일에 대하여 관계를 청산하다.'의 뜻으로 쓰인다.

셋째, 구를 이루는 성분은 그것들이 결합하는 과정에서 음운의 변동이 일어나지 않는다. 반면에 합성어를 구성하는 어근들은 합성어가 이루어지는 과정에서 음운의 변동이 일어날 수도 있다. 예를 들어서 합성어 중에서 '뱃길[배낄], 찻집[차찝], 볍씨[볍씨], 안팎[안팍], 마소[마소], 화살[화살]' 등은 어근과 어근이 결합하는 과정에서 음운의 변동이 일어난다.

3.3. 파생어

어근에 파생 접두사나 파생 접미사가 붙어서 형성된 단어를 '파생어'라고 한다.

3.3.1. 파생 접사의 기능

파생 접사는 문법적인 기능에 따라서 '한정적 접사'와 '지배적 접사'로 구분한다.
〈 한정적 접사 〉 '한정적 접사(限定的 接辭)' 혹은 '어휘적 접사(語彙的 接辭)'는 파생어를 형성하는 과정에서 원래의 말(어근)의 문법적인 성질은 바꾸지 않고, 특정한 의미만을 덧붙이는 기능을 하는 접사이다.

(1) ㄱ. 헛말, 애호박, 치받다
    ㄴ. 잎사귀, 눈치, 밀치다, 깨뜨리다

(ㄱ)에서 '헛-, 애-, 치-'의 파생 접사는 어근인 '말, 호박, 받다'의 앞에 붙어서 새로운 의미를 덧붙인다. (ㄴ)에서 '-사귀, -치, -치-, -뜨리-'도 어근인 '잎, 눈, 밀(다), 깨(다)'의 뒤 붙어서 새로운 의미를 덧붙인다. 곧, 이들 접사는 단어의 문법적인 성질을 바꾸지는 않고 어근에 어휘적인 의미만 덧붙인다. 이러한 접사를 '한정적 접사(어휘적 접사)'라고 하고, '한정적 접사'가 어근에 특정한 의미를 덧붙이는 기능을 '한정적 기능'이라고 한다.
〈 지배적 접사 〉 '지배적 접사(支配的 接辭)' 혹은 '통사적 접사(統辭的 接辭)'는 어근에 특정한 뜻만 덧붙이는 것이 아니라, 어근의 문법적인 성질까지 바꾸는 파생 접사이다.

첫째, 지배적 접사가 붙어서 형성된 단어가 쓰이면, 문장의 구조가 바뀔 수 있다.

    (2) ㄱ. 호랑이가 토끼를 <u>먹는다</u>.
        ㄴ. 토끼가 호랑이에게 <u>먹힌다</u>.

(ㄴ)에서 '먹히다'는 어근인 '먹(다)'에 파생 접미사 '-히-'가 결합되어서 된 파생어이다. 그런데 '먹다'가 서술어로 쓰인 문장은 기본적으로 (ㄱ)처럼 '주어＋목적어＋서술어'의 구조를 취한다. 이에 반해서 '먹히다'가 서술어로 쓰인 문장은 (ㄴ)처럼 〈주어＋부사어＋서술어〉의 구조를 취한다. 이처럼 파생 접사인 '-히-'는 어근에 붙어서 그것이 쓰인 문장의 통사적인 구조를 바꾸는 기능을 한다.
    둘째, 어근에 지배적 접사가 붙으면 어근의 품사와는 다른 파생어를 형성하기도 한다.

    (3) ㄱ. 먹-_동＋-이 → 먹이_명
        ㄴ. 잦-_형＋-우 → 자주_부

(ㄱ)에서 '먹이'는 동사 어근인 '먹-'에 파생 접사 '-이'가 붙어서 된 명사이며, (ㄴ)에서 '자주'는 형용사 어근인 '잦-'에 파생 접사 '-우'가 붙어서 된 부사이다. 곧 파생 접사 '-이'와 '-우'는 어근의 품사를 바꾸는 기능을 한다.
    결국 (2)와 (3)에서 '-히-; -이, -우'는 모두 지배적 접사가 되는데, 지배적 접사가 어근의 품사를 바꾸거나 문장의 구조를 바꾸는 기능을 '지배적 기능'이라고 한다.

3.3.2. 파생어의 유형

(가) 접두 파생어

어근의 앞에 붙어서 새로운 단어를 만드는 문법적인 절차를 '접두 파생법'이라고 하고, 접두 파생법에 따라서 형성된 파생어를 '접두 파생어'라고 한다. 접두 파생법으로 파생되는 단어는 체언과 용언에 한정되는데, 접두 파생어의 대표적인 예를 품사별로 정리하면 다음과 같다.[1]

---

1) 접두 파생어에는 다음과 같은 특징이 나타난다. 첫째, 접두사는 접미사에 비해서 파생력이 약하다. 따라서 접두 파생어의 품사는 체언과 용언에 한정되며, 접두 파생어의 수도 접미 파생어의 수보다 훨씬 적다. 둘째, 접두사에는 일부 예외를 제외하고는 '한정적 기능'만 있다. 단, 예외적으로 일부의

첫째, 체언 앞에 접두사가 붙어서 체언 파생어를 형성하는 경우가 있다. 이러한 접두사는 체언의 의미를 한정한다는 점에서 관형사와 비슷하게 기능한다.(관형사성 접두사)

(4) 강-술, 개-나리, 군-것, 날-것, 덧-니, 덧-신, 돌-미나리, 들-깨, 막-일, 맏-아들, 맞-담배, 맨-손, 맨-꼭대기, 메-밀, 뭇-사내, 민-대가리, 선-머슴, 수탉(수-닭), 숫-처녀, 암퇘지(암-돼지), 애-송이, 애-당초, 엇-셈, 올-벼, 올-무, 잣-주름, 찰-거머리, 참-기름, 짓-고생, 치-사랑, 풋-고추, 핫-바지, 햇-콩, 헛-걸음, 홀-아비

(4)의 접두 파생어는 체언인 어근에 접두사가 붙어서 된 파생어이므로, 파생어의 최종 품사도 체언이 된다. 그리고 접두사 '강-, 개-, 군-, 날-, 덧-' 등은 그 뒤에 실현된 체언 어근의 의미를 한정한다는 점에서 관형사와 비슷한 역할을 한다. 그러므로 '강술'의 '강-'처럼 체언 앞에서 실현되는 접두사를 '관형사성 접두사'라고 한다.

둘째, 용언 앞에 접두사가 붙어서 이루어진 용언 파생어가 있다. 이러한 접두사는 용언의 의미를 한정한다는 점에서 부사와 비슷하게 기능한다.(부사성 접두사)

(5) 강-마르다, 거-세다, 걸-맞다, 곱-씹다, 구-슬프다, 깔-보다, 깡-마르다, 냅-뛰다, 대-차다, 덧-나다, 도-맡다, 되-감다, 뒤-엎다, 드-높다, 들-끓다, 들이-닥치다, 몰-밀다, 벋-대다, 뻗-대다, 비-꼬다, 새-까맣다, 샛-노랗다, 시-꺼멓다, 싯-누렇다, 설-익다, 악-물다, 얼싸-안다, 엿-듣다, 올-곧다, 짓-누르다, 처-박다, 치-받다, 해-맑다, 헛-되다, 휘-둥그렇다, 휘-두르다, 휩-싸다

(5)의 접두 파생어는 용언인 어근에 접두사가 붙어서 된 파생어이므로, 파생어의 최종 품사도 용언이 된다. 그리고 접두사 '강-'은 동사 어근인 '마르다'의 의미를 한정한다는 점에서 부사와 비슷한 역할을 하므로, 이러한 접두사를 '부사성 접두사'라고 한다.

(나) 접미 파생어

어근의 뒤에 붙어서 새로운 단어를 만드는 문법적인 절차를 '접미 파생법'이라고 하

접두사는 지배적 기능을 갖춘 것도 있다.(보기: 메-마르다, 강-마르다 ; 숫-되다, 암-되다, 엇-되다, 올-되다, 좀-되다, 헛-되다 ; 걸-맞다, 알-맞다) 셋째, '덧-, 짓-, 치-, 헛-'처럼 동일한 형태의 접두사가 체언이나 용언의 어근에 두루 붙어서 파생어를 형성하는 경우도 있다.(보기: 덧-문, 덧-버선, 덧-저고리; 덧-나다, 덧-붙다, 덧-깔다)

고, 접미 파생법에 따라서 형성된 파생어를 '접미 파생어'라고 한다.[2]

　접미 파생어의 유형을 파생어의 품사를 기준으로 설정해 보면 다음과 같다.

　〈 체언 파생어 〉 체언 파생어는 어근에 접미사가 붙어서 형성된 체언이다.

(6) ㄱ. 패-거리, 기름-기, 성-깔, 남정-네, 선생-님; 너-희

　　ㄴ. 덮-개, 웃-음, 늙-정이

　　ㄷ. 빠르-기, 검-댕, 검-둥이, 높-이, 기쁨(기쁘-ㅁ)

　　ㄹ. 마구-잡이; 기러기(기럭-이), 개구리(개굴-이)

　　ㅁ. 동그라미(동글-아미), 멍텅-구리

(ㄱ)에서 '패거리'는 명사 어근인 '패'에 통사적 접사인 '-거리'가 붙어서 다시 명사가 된 파생어이고, '너희'는 대명사 어근인 '너'에 접미사인 '-희'가 붙어서 대명사가 된 파생어이다. (ㄴ)에서 '덮개'는 각각 동사 어근인 '덮-'에 '-개'가, (ㄷ)에서 '빠르기'는 형용사 어근인 '빠르-'에 '-기'가, (ㄹ)에서 '마구잡이'는 부사 어근인 '마구'에 '-잡이'가 붙어서 명사로 파생된 단어이다. 그리고 (ㅁ)에서 '동그라미'와 '멍텅구리'는 불완전 어근인 '동글'과 '멍텅'에 접미사인 '-아미'와 '-구리'가 붙어서 명사로 파생되었다.[3]

　〈 동사 파생어 〉 동사 파생어는 어근에 접미사가 붙어서 형성된 동사이다.

(7) ㄱ. 깨-뜨리-다, 밀-치-다, 읊-조리-다, 엎-지르-다

　　ㄴ. 밑-지-다, 일-하-다

　　ㄷ. 없-애-다, 미워하다(밉-<u>어하</u>-다), 미워지다(밉-<u>어지</u>-다)

　　ㄹ. 아니-하-다, 중얼중얼-하-다

　　ㅁ. 먹-이-다, 빼앗-기-다

　　ㅂ. 하늘-대-다/하늘-거리-다, 망설-이-다/망설-거리-다/망설-대-다

---

2) 접미 파생어에는 다음과 같은 특징이 나타난다. 첫째, 접미사는 파생력이 강하다. 그러므로 접미 파생어는 단어의 종류도 많으며 품사도 다양하다.(보기: 죽-음, 밀-치-다, 높-다랗-다, 다른, 많-이, -부터) 둘째, 접미사는 한정적 기능뿐만 아니라 지배적 기능도 있다. 곧, 어근에 접미사가 붙음으로써 어근의 품사를 바꾸거나 문장의 통사 구조를 바꿀 수도 있다. 예를 들어서 '패-거리, 눈-깔, 밀-치-다, 깨-뜨리-다' 등은 한정 기능의 접미사가 쓰였으며, '먹-이, 밝-히-다, 죽-이-다' 등은 지배적 기능의 접미사가 쓰였다.

3) 불완전 어근(특수 어근)은 '동그라미(동글-아미)'와 '멍텅구리(멍텅-구리)'에서 어근으로 쓰인 '?동글', '?멍텅'처럼, 단독으로 쓰이는 일이 없어서 파생어의 어근으로만 쓰이는 말이다. 이들 어근은 품사나 의미를 파악하기 어렵기 때문에 '불완전 어근(특수 어근)'이라고 부른다.

(ㄱ)에서 '깨뜨리다'는 동사 어근인 '깨-'에 한정적 접사가 붙어서 다시 동사로 파생되었다. 그리고 (ㄴ~ㅂ)에서 '밑지다, 없애다, 아니하다, 먹이다, 하늘대다'는 동사가 아닌 어근에 지배적 접사가 붙어서 동사로 파생되었다. 곧, (ㄴ)에서 '밑지다'는 명사 어근인 '밑-'에, (ㄷ)에서 '없애다'는 형용사 어근인 '없-'에, (ㄹ)에서 '아니하다'는 부사 어근인 '아니'에 접미사가 붙어서 동사로 파생되었다. (ㅁ)에서 '먹이다'는 동사 어근인 '먹-'에 사동과 피동의 접미사가 붙어서 다시 동사로 파생되었다. 끝으로 (ㅂ)에서 '하늘대다'는 불완전 어근인 '[?]하늘'에 동사 파생 접미사가 붙어서 동사로 파생되었다.

〈 형용사 파생어 〉 형용사 파생어는 어근에 접미사가 붙어서 형성된 형용사이다.

(8) ㄱ. 달-갑-다, 굵-다랗-다, 바쁘다(밭-브-다), 거멓다(검-엏-다)

　　 ㄴ. 사람-답-다, 우습다(웃-읍-다), 새-롭-다, 못-하-다

　　 ㄷ. 쌀쌀-맞-다, 좀-스럽-다, 착-하-다, 딱-하-다

(ㄱ)에서 '달갑다'는 형용사 어근인 '달-'에 한정적 접사인 '-갑-'이 붙어서 다시 형용사로 파생되었다. 반면에 (ㄴ)의 파생어에 실현된 접미사는 모두 지배적 접사이다. 곧, '사람답다'는 명사 어근인 '사람'에 '-답-'이, '우습다'는 동사 어근인 '웃-'에 '-읍-'이, '새롭다'는 관형사 어근인 '새'에 '-롭-'이, '못하다'는 부사 어근인 '못'에 '-하-'가 붙어서 형용사로 파생되었다. (ㄷ)에서 '쌀쌀맞다, 좀스럽다, 착하다, 딱하다'는 불완전 어근인 '[?]쌀쌀, [?]좀, [?]착, [?]딱'에 '-맞-, -스럽-, -하-'가 붙어서 형용사로 파생되었다.

〈 관형사 파생어 〉 관형사 파생어는 어근에 접미사가 붙어서 형성된 관형사이다.

(9) ㄱ. 이-까짓, 그-까짓, 저-까짓

　　 ㄴ. 헌(헐-ㄴ), 갖은(갖-은); 오른(옳-은), 다른(다르-ㄴ), 바른(바르-ㄴ)

(ㄱ)에서 '이까짓'은 대명사 어근인 '이'에 지배적 접사인 '-까짓'이 붙어서 관형사로 파생되었다. (ㄴ)에서 '헌'과 '오른'은 각각 동사 어근인 '헐-'과 형용사인 어근인 '옳-'에 지배적 접사인 '-은'이 붙어서 관형사로 파생되었다.

〈 부사 파생어 〉 부사 파생어는 어근에 접미사가 붙어서 형성된 부사이다.

(10) ㄱ. 더욱-이, 일찍-이, 방긋-이, 벙긋-이, 곧-장

　　 ㄴ. 마음껏(마음-껏), 봄-내, 이-다지 ; 종일-토록, 결단-코 무심-코

　　 ㄷ. 몰래(모르-애), 익-히, 너무(넘-우), 마주(맞-우), 도로(돌-오)

   ㄹ. 실컷(싫-것), 곧-추, 같-이, 많-이, 밝-히, 작-히, 자주(잦-우), 바로(바르-오)

   ㅁ. 비로소(비롯-오), 전(全)-혀, 행(幸)-여

(ㄱ)에서 '더욱이' 등은 부사 어근에 한정적 접미사인 '-이'가 붙어서 다시 부사로 파생되었다. (ㄴ~ㄹ)의 부사는 부사가 아닌 어근에 지배적 접미사가 붙어서 부사로 파생된 단어이다. 곧, (ㄴ)의 '마음껏' 등은 체언 어근에 접미사인 '-껏, -내, -다지; -토록, -코'가, (ㄷ)의 '몰래' 등은 동사 어근에 접미사 '-애, -히, -우, -오'가, (ㄹ)의 '실컷' 등은 형용사 어근에 접미사인 '-것, -추, -이, -히, -우, -오'가 붙어서 부사로 파생되었다. (ㅁ)의 '비로소, 전혀, 행여'는 불완전 어근인 '⁽ʔ⁾비롯, ʔ전, ʔ행'에 부사를 파생하는 접미사인 접미사 '-오, -혀, -여'가 붙어서 부사로 파생되었다.

 〈 **조사 파생어** 〉 조사 파생어는 어근에 접미사가 붙어서 형성된 조사이다.

 (11) ㄱ. 밖-에

   ㄴ. -부터(붙-어), -조차(좇-아)

(ㄱ)에서 '-밖에'는 명사 어근인 '밖'에 '-에'가 붙어서, (ㄴ)에서 '-부터, -조차'는 동사 어근인 '붙-, 좇-'에 '-어/-아'가 붙어서 조사로 파생되었다. 여기서 '-에'는 본래 부사격 조사이며 '-어/-아'는 연결 어미였는데, 여기서는 파생 접미사로 기능한다.

3.4. 합성어와 파생어의 겹침

 합성어에 파생 접사가 붙어서 파생어를 형성하거나, 파생어에 어근이 붙어서 합성어를 형성할 수도 있다.

 〈 **합성어의 파생어 되기** 〉 어근과 어근이 결합하여 먼저 합성어를 이룬 다음에, 그 합성어에 다시 파생 접사가 붙어서 파생어가 될 수 있다.

〈그림 1〉 합성어의 파생어 되기

(1ㄱ)의 '매한가지(결국 한가지임)'는 '한'과 '가지'가 합쳐져서 '한가지'라는 명사 합성어를 이루게 된다. 이렇게 형성된 '한가지'에 다시 접두사 '매(결국)-'가 붙어서 '매한가지'가 형성되었는데, 이때에 '한가지'는 하나의 어근의 역할을 하게 된다. '매한가지'는 단어의 전체적인 짜임새를 고려하면 어근에 접두사가 붙어서 된 파생어이다. (1ㄴ)의 '해돋이'는 먼저 '해'와 '돋-'이 결합하여 '해돋-'이라는 합성 어근을 형성한다. 그리고 '해돋-'에 접미사인 '-이'가 붙어서 '해돋이'와 같은 파생 명사가 형성되었는데, 이때 '해돋-'은 전체 파생어의 구조 속에서 어근의 역할을 하게 된다. 결국 '매한가지'와 '해돋이'는 그것이 형성된 절차를 감안하면 합성어가 파생된 현상으로 볼 수 있다. '매한가지'와 '해돋이'의 구조는 간략하게 보이면 각각 [매-[한-가지]]와 [[해-돋]-이]로 나타낼 수 있다.

다음은 〈그림 1〉처럼 합성어의 앞뒤에 파생 접사가 붙어서 다시 파생어로 형성된 예이다.

(2) ㄱ. 꿍-보리+밥, 날-도둑놈, 양-숟가락, 차-좁쌀, 한-밑천, 한-밤중

ㄴ. 되-돌아가다, 빗-나가다, 내-팽개치다, 내-동댕이치다

(3) ㄱ. 거짓말-쟁이, 흙손-질, 술래잡-기, 하루살-이, 모내-기, 꺾꽂-이, 나들-이, 맞보-기

ㄴ. 낯익-히(다), 깃들-이(다), 약올-리(다), 발맞-추(다), 구워박-히(다), 돋보-이(다)

(2)의 예는 접두 파생어로서 [접사-[어근-어근]]의 짜임새로 된 단어이다. (2ㄱ)에서 '꿍보리밥'은 [꿍-[보리-밥]]의 짜임으로 된 파생 명사이며, (2ㄴ)에서 '되돌아가다'는 [되-[돌아-가(다)]]의 짜임새로 된 파생 동사이다. (3)의 예는 접미 파생어로서 [[어근-어근]-접사]의 짜임새로 된 단어이다. (3ㄱ)에서 '거짓말쟁이'는 [[거짓-말]-쟁이]의 짜임으로 된 파생 명사이며, (3ㄴ)에서 '낯익히다'는 [[낯-익]-히(다)]의 짜임으로 된 파생 동사이다.

〈 **파생어의 합성어 되기** 〉 어근에 파생 접사가 붙어서 된 파생어에 다시 어근이 결합하여 합성어를 형성할 수 있다.

〈그림 2〉 파생어의 합성어 되기

(4ㄱ)에서 어근 '웃-'에 파생 접사 '-음'이 붙어서 접미 파생어인 '웃음'이 형성되었다. 그리고 '웃음'에 다시 어근인 '꽃'이 결합되어 최종적으로 합성어인 '웃음꽃'이 형성되었다. (4ㄴ)에서는 어근인 '걸-(←걷-)'에 파생 접미사 '-음'이 결합되어 접미 파생어인 '걸음'이 형성되었다. 그리고 이 '걸음'에 다시 어근인 '첫'이 결합되어 합성어인 '첫걸음'이 만들어졌다. 이들 단어의 짜임새는 간략하게 [[웃-음]-꽃]과 [첫-[걸-음]]으로 나타낼 수 있다.

다음은 〈그림 2〉처럼 파생어의 앞뒤에 어근이 붙어서 다시 합성어로 형성된 예이다.

(5) ㄱ. 곰-국, 구김-살, 구름-판, 낚시-터, 눈칫-밥, 디딤-돌, 바깥-옷, 얼음-장

　　ㄴ. 꿈-꾸다, 끝장-나다, 눈치-보다, 몰려-다니다, 본때-있다, 앞장-서다, 올려-놓다

(6) ㄱ. 가로-글씨, 겉-넓이, 겉-눈썹, 겨우-살이, 늦-더위, 늦-잠, 마른-갈이, 말-눈치

　　ㄴ. 기-막히다, 입맞추다, 갈라-붙이다, 덜어-내다, 흩-날리다

(5)의 합성어는 [[어근-접사]-어근]의 짜임새로 형성되었다. 곧, (5)에서 (ㄱ)의 '곰국'은 [[고-ㅁ]-국]과 같이 짜인 명사 합성어이며 (ㄴ)의 '꿈꾸다'는 [[꾸-ㅁ]-꾸다]의 짜임새로 된 동사 합성어이다. 그리고 (6)의 합성어는 [어근-[어근-접사]]의 짜임새로 형성되었다. 곧, (6)에서 (ㄱ)의 '가로글씨'는 [가로-[글-씨]]의 짜임으로 된 명사 합성어이며, (ㄴ)의 '기막히다'는 [기-[막-히-다]]의 짜임으로 된 동사 합성어이다.

【 더 배우기 】

어근과 어근이 결합하여 합성어가 되거나 어근에 파생 접사가 붙어서 파생어가 되는 과정에서, 어근이나 접사의 형태가 바뀔 수 있다. 이러한 현상을 '복합어의 음운 변동'이라고 하는데, 이러한 변동은 개별 단어에서 일어나는 한정적 변동이다.

1. 합성어의 음운 변동

어근과 어근이 합쳐져서 합성어가 되는 과정에서 어근의 형태가 바뀔 수 있다.

첫째, 어근과 어근이 결합하여 하나의 명사 합성어를 이룰 때에, 어근의 형태가 교체되거니 어근 사이에 특정한 소리가 첨가되는 수가 있다(사잇소리 현상).

(1) ㄱ. 촛불(초+불 → /초뿔/), 봄비(봄+비 → /봄삐/)

ㄴ. 잇몸(이+몸 → /인몸/), 콧날(코+날 → /콘날/)

ㄷ. 집일(집+일 → /짐닐/), 물약(물+약 → /물냑/ → /물략/) ; 댓잎(대+잎 → /댄닙/), 나뭇잎(나무 + 잎 → /나문닙/)

(ㄱ)의 '촛불'과 '봄비'처럼 앞 어근의 끝소리가 울림소리(유성음)이고 뒤 어근의 첫소리가 안울림(무성음)의 예사소리이면, 뒤의 예사소리가 된소리로 교체될 수가 있다. 그리고 (ㄴ)과 (ㄷ)은 어근과 어근 사이에 /ㄴ/이 첨가된 예이다. (ㄴ)에서 '잇몸'과 '콧날'처럼 앞 어근이 모음으로 끝나고 뒤 어근이 /ㅁ, ㄴ/으로 시작되면, /ㄴ/ 소리가 첨가될 수 있다. (ㄷ)에서 '집일, 물약, 댓잎, 나뭇잎'처럼 뒤의 어근이 모음 /i/나 반모음 /j/로 시작될 때도, /ㄴ/이 하나 혹은 둘이 겹쳐서 첨가될 수 있다.

둘째, 끝소리가 /ㄹ/인 앞 어근에 뒤 어근이 합쳐져서 합성어가 될 때에, 앞 어근의 끝소리인 /ㄹ/이 /ㄷ/로 교체되거나 탈락될 수 있다.

(2) ㄱ. 사흗날(사흘+날), 숟가락(술+가락), 섣부르다(설-+부르다), 잗다듬다(잘-+다듬다)

ㄴ. 소나무(솔+나무), 마소(말+소), 다달이(달 + 달 + -이), 우짖다(울-+짖다)

(ㄱ)에서 '사흗날'은 앞 어근의 /ㄹ/이 뒤 어근의 /ㄴ/ 앞에서 /ㄷ/으로 교체되었다. 그리고 (ㄴ)에서 '마소'는 앞 어근의 /ㄹ/이 뒤 어근의 /ㅅ/ 앞에서 /ㄹ/이 탈락했다. 이러한 탈락 현상은 뒤 어근의 첫소리가 잇몸소리(치조음, 치경음)인 /ㄴ, ㄷ, ㅅ/이나 센입천장소리(경구개음)인 /ㅈ/일 때에 일어난다.

셋째, 어근들이 합쳐져서 합성어가 되는 과정에서 /ㅂ/이나 /ㅎ/이 첨가될 수 있다.

(3) ㄱ. 좁쌀(조+쌀), 볍씨(벼+씨), 내립떠보다(내리-+뜨-+-어+보다), 칩떠보다(치-+뜨-+-어+보다)

ㄴ. 머리카락(머리+가락), 살코기(살+고기), 안팎(안+밖), 마파람(마+바람)

(ㄱ)에서 '좁쌀'은 '조'와 '쌀'이 합쳐지면서 두 어근 사이에 /ㅂ/이 첨가되었으며, (ㄴ)에서 '머리카락'은 '머리'와 '가락'이 합쳐지면서 /ㅎ/이 첨가되었다.

2. 파생어의 음운 변동

파생법의 음운 변동 현상은 '접두 파생어'와 '접미 파생어'의 음운 변동으로 나뉜다.

〈 접두 파생어의 음운 변동 〉 접두사가 어근에 붙어서 파생어가 형성될 때에 접두사나 어근의 형태가 바뀔 수 있는데, 이때에는 특정한 음운이 교체·탈락·첨가될 수가 있다.

(4) 할아버지(한-+아버지), 걸터듬다(걸-+더듬다)

(5) 오조(올-+조), 오되다(올-+되다)

(6) ㄱ. 멥쌀(메-+쌀), 찹쌀(차-+쌀); 냅뛰다(내-+뛰다), 휩쓸다(휘-+쓸다)

　　ㄴ. 암캐(암-+개), 수캐(수-+개), 암탉(암-+닭), 수탉(수-+닭)

(4)에서 '할아버지'는 접두사인 '한-'이 어근인 '아버지'에 붙으면서 '한-'의 끝소리 /ㄴ/이 /ㄹ/로 교체되었다. 그리고 '걸터듬다'에서는 접두사인 '걸-'이 어근인 '더듬다'에 붙으면서 어근의 형태가 '터듬다'로 교체되었다. (5)에서 '오조'와 '오되다'는 '올-'이 '조'와 '되다'에 붙으면서 '올-'의 끝소리인 /ㄹ/이 탈락하였다. 이러한 '/ㄹ/ 탈락'은 접두사의 끝소리인 /ㄹ/이 잇몸소리인 /ㄴ, ㄷ, ㅅ/이나 센입천장소리인 /ㅈ/으로 시작하는 어근 앞에서 탈락하는 현상이다. (6)에서 (ㄱ)의 '멥쌀'과 '찹쌀'에서는 '메-, 차-'가 '쌀'에 붙으면서 /ㅂ/이 첨가되었다. 그리고 '냅뛰다'와 '휩쓸다'에서는 '내-, 휘-'가 '뛰다, 쓸다'에 붙으면서 /ㅂ/이 첨가되었다. (ㄴ)의 '암캐, 수캐' 등에서는 접두사 '암-', '수-'가 '개'와 '닭'에 붙으면서 /ㅎ/이 첨가되었다.

　그런데 어근에 접두사가 붙어서 파생어가 되는 과정에서 어근과 접두사의 형태가 모두 교체되는 수도 있다.

(7) 할머니(한-+어머니), 할미(한-+어미), 할멈(한-+어멈)

(7)에서 '할머니, 할미, 할멈' 등은 파생어가 형성되는 과정에서 접두사 '한-'이 '할-'로 교체되었고, 어근 '어머니'도 형태가 탈락되어서 '머니, 미, 멈'으로 바뀌었다.

　〈 접미 파생어의 음운 변동 〉 어근 뒤에 접미사가 붙어서 파생어가 될 때에, 어근의 형태가 변동하는 수가 있다.

(8) ㄱ. 강아지(개+-아지), 망아지(말+-아지), 송아지(소+-아지)

　　ㄴ. 잗다랗다(잘-+-다랗-)

　　ㄷ. 겨우내(겨울+-내), 따님(딸+-님), 푸성귀(풀+-성귀), 바느질(바늘+-질) ; 가느다랗다(가늘- +-다랗-), 기다랗다(길-+-다랗-)

　　ㄹ. 모가치(몫+-아치), 기스락(기슭+-악)

(ㄱ)의 '강아지'는 어근인 '개'에 접미사 '-아지'가 붙으면서, 어근의 형태가 '강-'으로 교체되었다. (ㄴ)의 '잗다랗다'는 어근인 '잘(小)-'에 접미사인 '-다랗-'이 붙으면서 어근의 끝소리인 /ㄹ/이 /ㄷ/으로 교체되었다. (ㄷ)의 '겨우내'는 어근인 '겨울'과 '딸'에 접미사 '-내'와 '-님'이 붙으면서, 어근의 끝소리인 /ㄹ/이 탈락하였다. (ㄹ)의 '모가치'와 '기스락'은 어근인 '몫'과 '기슭'에 접미사 '-아치'와 '-악'이 붙으면서 어근의 끝소리인 /ㅅ/과 /ㄱ/이 탈락하였다.

　그리고 어근이 불규칙 용언일 때에는, 파생 접사가 붙어서 다른 품사로 파생되는 과정에서 어근의 형태가 바뀔 수도 있다.

(9) ㄱ. 걸음(걷-+-음), 물음(묻-+-음), 누룽지(눋-+-웅지)

　　ㄴ. 구이(굽-+-이), 쉬이(쉽-+-이), 어려이(어렵-+-이)

ㄷ. 빨리(빠르-+-이), 달리(다르-+-이); 눌리다(누르-+-이-), 올리다(오르-+-이
-), 흘리다(흐르-+-이-)

ㄹ. 노랑(노랗-+-ㅇ), 파랑(파랗-+-ㅇ), 하양(하얗-+-ㅇ)

(ㄱ)에서 '걸음'은 'ㄷ' 불규칙 용언인 '걷다(步)'의 어근에 접미사 '-음'이 붙으면서, 어근의 끝소리 /ㄷ/이 /ㄹ/로 교체되었다. (ㄴ)의 '구이'는 'ㅂ' 불규칙 용언인 '굽다(炙)'의 어근에 부사 파생 접미사인 '-이'가 붙으면서 어근의 끝소리 /ㅂ/이 탈락했다. (ㄷ)의 '빨리'는 '르' 불규칙 용언인 '빠르다'에 접미사 '-이'가 붙으면서 어근에 /ㄹ/이 첨가되었다. 그리고 '눌리다'는 '르' 불규칙 용언인 '누르다(押)'에 사동과 피동의 접미사 '-이-'가 붙어서 사동사로 파생되면서 어근에 /ㄹ/이 첨가되었다. (ㄹ)의 '노랑'은 'ㅎ' 불규칙 용언인 '노랗다'의 어근에 접미사 '-ㅇ'이 결합하는 과정에서 어근의 끝소리인 /ㅎ/이 탈락하였다.

이처럼 합성어나 파생어가 형성되는 과정에서 일어나는 음운의 변동은 개별 단어에서 일어나는 한정적 변동이다.

(10) ㄱ. 철새(철 + 새), 물지게(물 + 지게), 발등(발 + 등)
ㄴ. 푿소(풀 + 소), 잗주름(잘- + 주름), 섣달(설 + 달)
ㄷ. 마소(말 + 소), 무자위(물 + 자위), 다달이(달 + 달 + 이)

(10)의 합성어는 동일한 음운적인 환경에서 합성어가 형성되었다. 그런데 (ㄱ)의 '철새, 물지게, 발등'에서는 변동이 일어나지 않았으며, (ㄴ)의 '푿소, 잗주름, 섣달'처럼 /ㄹ/이 /ㄷ/으로 교체되었으며, (ㄷ)의 '마소, 무자위, 다달이'처럼 /ㄹ/이 탈락하였다. 이를 통해서 파생어와 합성어에서 일어나는 음운의 변동은 개별적으로 일어나는 한정적 변동임을 확인할 수 있다.

3.5. 새말

3.5.1. 새말의 개념

〈 새말의 개념〉 사회의 문화나 문물이 발전하게 되면 그것을 표현하기 위하여 새로운 말을 만들어서 쓸 수 있다. 이처럼 이전에 새로 생겨난 사물이나 개념을 표현하기 위해서 새로 지어낸 말을 '새말(새말, 新造語)'이라고 한다.

(1) ㄱ. 몸짱(몸-짱), 얼짱(얼굴-짱), 짐승남(짐승-男), 지름신(지름-ㅁ-神), 떡실신(떡-失神)
ㄴ. 네티즌(net-izen), 닷컴(dot-com)
ㄷ. 개드립(개-dlib), 번개팅(번개-ting), 득템(得-tem)

(2) ㄱ. 김여사, 낚시, 떡밥, 어장 관리, 종결자

　　ㄴ. 쉴드(shield), 클라스(class), 포스(force)

예를 들어서 (1)의 어휘는 새로운 개념을 표현하기 위해서 만든 새로운 형태의 말이다. 반면에 (2)의 어휘는 예전부터 사용하던 어휘의 형태에 새로운 의미만 부여하여 새롭게 사용하는 말이다. 그리고 새말을 짜 이루는 어근을 어종(語種)을 중심으로 보면, (1ㄱ)의 '몸짱(몸-짱), 짐승남(짐승-男)'은 국어와 국어의 어근으로 짜였으며 (1ㄴ)의 '네티즌(internet-citizen), 닷컴(dot-com)'은 외래어와 외래어로 짜인 새말이다. 그리고 (1ㄷ)의 '개-드립(개-adlib), 번개팅(번개-meeting)'은 국어와 영어의 어근으로 짜인 새말이다.

〈새말 생성의 계기〉 새말이 생기는 데에는 사회·문화적인 원인과 동기가 있는데, 이를 새말 생성의 계기라고 한다.

첫째, 새말은 대부분 새로 생긴 사물이나 개념을 언어로 표현하기 위해서 생긴다.

(3) ㄱ. 똑딱이(똑딱선, 통통배), 쌕쌕이

　　ㄴ. 대한민국, 조선인민공화국, 이남, 이북, 남한, 북한

(3)의 어휘는 1945년의 해방을 전후하여 생긴 새말이다. (ㄱ)은 그 전에는 없었던 새로운 문물이 생겨남에 따라서 새말이 생성된 예이다. 곧, 예전에는 노로 젓던 나룻배나 바람의 힘으로 움직이는 돛배가 기계 동력에 의해서 추진되는 배로 바뀌었다. 이처럼 동력 추진의 배가 움직일 때에 나는 소리를 본떠서 '똑딱이, 똑딱선, 통통배' 등의 말이 생겨난 것이다. 그리고 비행기는 예전에는 플로펠러 엔진으로 추진력을 얻어서 날았는데, 해방 후에 제트 엔진을 사용하게 되자, 제트 엔진의 소리를 본떠서 '쌕쌕이'라는 새말이 생겼다. (ㄴ)의 '대한민국, 조선인민공화국, 이남(以南), 이북(以北), 남한, 북한' 등의 어휘도 해방 이후에 정치적인 상황이 변화됨에 따라서 새로운 개념을 표현하기 위해서 만든 새말이다.

둘째, 이전에 이미 존재하던 개념이나 사물을 표현하던 말을 새말로 바꾸어서 사용할 수도 있다. 이는 국어 순화 정책의 일환으로 전개되는 경우가 많았는데, 주로 국어에 쓰이던 일본어, 어려운 한자어, 서양의 외래어 등을 다듬어서 새말로 바꾼 것이다.

(4) ㄱ. 갓길(노견, 路肩), 고추냉이(와사비), 나무젓가락(와라바시), 낱장 광고(찌라시), 단무지(다꾸왕), 어묵(오뎅), 지우개(게시고무), 가락국수(우동)

　　ㄴ. 도우미(봉사자), 먹을거리(음식), 새내기(신입생), 새말(신조어), 새터민(탈북자), 어

르신(노인), 해적이(연보, 年譜)

ㄷ. 그림말(이코티콘), 내려받기(다운로드), 누리꾼(네티즌), 누리집(← 홈페이지), 다걸기(올인), 댓글(리플), 동아리(서클), 뒷거울(백미러), 뒷이야기(비하인드 스토리), 박음쇠(호치키스), 붙임쪽지(포스트잇), 웃돈(프리미엄), 참살이(웰빙),

(4)에서 (ㄱ)은 일본어, (ㄴ)은 한자말, (ㄷ)은 서양 외래어의 어휘를 국어로 다듬어서 새롭게 만들어서 사용하는 말이다. 이러한 말은 대부분 1970년부터 시작된 국어 순화 운동의 일환으로서 만들어진 새말이라는 특징이 있다.

셋째, 금기어를 완곡어로 바꾸어서 표현하는 과정에서도 새말이 생길 수 있다.[1]

(5) ㄱ. 변소 → 뒷간 → 화장실

ㄴ. 봉사 → 맹인 → 시각 장애인

(6) ㄱ. 천연두(홍역) → 손님(마마)

ㄴ. 호랑이 → 산신령(산신, 영감, 사또)

(5)와 (6)에 제시된 어휘들은 원래의 말(금기어, 禁忌語)이 부정적으로 인식되는 대상을 직접적으로 표현하므로, 이를 피하기 위해서 완곡어(婉曲語)로써 부드럽게 표현한 말이다. (5)처럼 '변소(便所)'가 '뒷간(뒤-間)'으로 바뀌었다가 다시 '화장실(化粧室)'로 바뀌었고, (6)처럼 '천연두(홍역)'가 '손님(마마)'으로 바뀌었다. 금기어는 (5)처럼 일정한 시기를 거치면서 새말이 연쇄적으로 생겨날 수 있다.

3.5.2. 새말의 유형

새말은 '형태적 새말'과 '다의적 새말'로 구분할 수 있으며, '합성어의 새말'과 '파생어의 새말'로도 구분할 수도 있다.

〈 형태적 새말과 다의적 새말 〉 새말에는 새로운 형태로 형성된 '형태적 새말'과 기존에 쓰이던 어휘 형태에 의미만 새롭게 부여한 '다의적 새말'이 있다.

첫째, '형태적 새말'은 예전에는 없었던 새로운 형태의 어휘를 새로 만들어서, 새로운 의미를 표현하는 새말이다.

---

1) '금기어'는 마음에 꺼려서 하지 않거나 피하는 말이다. 관습, 신앙, 질병, 배설 따위와 관련되는 경우가 많다. 반면에 '완곡어'는 듣는 사람의 감정이 상하지 않도록 모나지 않고 부드러운 말이다.

(7) ㄱ. 개구리 주차, 거품론, 고독사(孤獨死), 홀로족, 물타기, 손전화, 쐐기포, 아나바다(운동), 작업창, 황제주(皇帝株)[2]

ㄴ. 라이브 카페(live cafe), 블루칩(blue chip), 아바타(avata), 캐시백 서비스(cash-bag service), 네티즌(netizen), 스마트폰(smartphone), CC(campus cuple),

ㄷ. 시월드(媤-world), 베이글녀(baby-얼굴-녀), 짜파게티(짜장면-스파게티), 짜파구리(짜파게티-너구리), 오다리(O형 다리), 멘붕(mental 붕괴), 휴대폰(携帶-phone)

(7)의 어휘는 예전에는 없었던 새로운 형태를 만들어서 새로운 의미를 표현하는 새말이다. 이들 중에서 (ㄱ)의 어휘는 고유어와 고유어가 결합하거나 고유어와 한자어가 결합하여서 형성된 새말이며, (ㄴ)의 어휘는 서양의 외래어가 결합하여서 형성된 새말이다. 그리고 (ㄷ)은 고유어나 한자말에 서양 외래어가 결합하여서 형성된 혼종어의 새말이다.

둘째, '다의적 새말'은 기존에 쓰이던 어휘의 형태를 그대로 이용하되, 그 어휘에 새로운 의미만 부여하여 다시 사용하는 새말이다.

(8) ㄱ. 교통 정리, 군살빼기, 떡값, 번개, 김여사, 낚시, 떡밥

ㄴ. 포털(portal), 리콜(recall), 스펙(spect), 포스(force), 쉴드(shield)

(ㄱ)의 '교통 정리'는 '복잡해진 상황을 정리하여 질서 있게 하다'라는 새로운 의미로 쓰이며, '군살빼기'는 '조직을 효율적으로 운영하기 위하여 자산이나 규모를 줄이다'의 새로운 의미로 쓰인다. (ㄴ)에서 '포털'은 '네티즌들이 인터넷에 접속할 때에 가장 먼저 연결되는 인터넷 사이트'의 새로운 의미로 쓰이며, '리콜'은 '어떤 상품에 결함이 있을 때 생산 기업에서 그 상품을 회수하여 점검·교환·수리하여 주는 제도'라는 새로운 의미로 쓰인다. 이러한 새말은 기존에 쓰이고 있던 단어의 형태를 그대로 유지하면서 새로운 의미를 표현하는 말이다.

〈 합성어의 새말과 파생어의 새말 〉 새말 중에는 단일어가 새롭게 창조되는 일은 그리 흔하지 않으며, 있다고 해도 의성어나 의태어 계통의 것이 대부분이다. 따라서 새말은 하나의 어근으로 된 단일어는 드물고, 대부분 기존에 사용하던 말(어근)을 합쳐서 만든 복합어(합성어나 파생어)이다.

첫째, 어근과 어근이 결합하여서 형성된 '합성어의 새말'이 있다.

---

2) '먹튀, 돌직구, 넘사벽, 품절남, 품절녀, 엄친아, 엄친녀, 얼짱, 몸짱, 먹방, 몸치, 된장녀, 안습' 등의 새말이 많이 쓰이고 있다. 그러나 이들 어휘가 모두 사회적인 공인을 얻어서 지속적으로 쓰이는 것은 아니다. 이들 새말 중에서 대부분은 언중들의 관심이 잦아들면 일순간에 사라져 버린다.

(9) ㄱ. 꽃-미남), 떡-밥, 누리-집, 웃-돈, 박음-쇠, 떡-실신

　　ㄴ. 심쿵(심장 + 쿵쿵), 강추(강력 + 추천), 혼밥(혼자 + 밥), 아점(아침 + 점심), 짬짜면(짬뽕 + 짜장면), 짜파케티(짜장면 + 스파게티)

　　ㄷ. 네티켓(네티즌 + 에티켓), 쫄볶이(쫄면 + 떡볶이), 차계부(차 + 가계부)

(ㄱ)이 '꽃미남' 등은 어근의 형태를 온전하게 유지하면서 새말의 합성어가 형성되었다. 반면에 (ㄴ)은 '심쿵'은 본디 단어인 '심장'과 '쿵쿵'의 첫 음절만을 따와서, (ㄷ)의 '네티켓'은 '네티즌(internet + citizen)'의 첫 음절인 '네'와 '에티켓(étiquette)'의 뒤 음절인 '티켓'을 따와서 새말의 합성어가 형성되었다.

　둘째, 어근과 파생 접사가 결합하여서 형성된 '파생어의 새말'이 있다.

(10) ㄱ. 엄지-족, 캥거루-족, 야타-족

　　ㄴ. 몸-치, 길-치, 기계-치, 방향-치

　　ㄷ. 물타-기, 군살빼-기, 다걸-기, 참살-이

(ㄱ)의 '엄지족'은 어근인 '엄지'에 접미사인 '-족(族)'이 붙어서, (ㄴ)의 '몸치'은 어근이 '몸'에 접미사인 '-치(痴)'가 붙어서, (ㄷ)의 '물타기'는 어근인 '물'과 '타-'에 명사 파생 접미사인 '-기'가 붙어서 형성된 파생어의 새말이다.

　〈 새말 생성의 경향 〉 요즘에는 일상어로 쓰이는 새말도 많이 형성되지만, 특수한 직업에 종사하는 사람들 사용하는 '전문어(專門語)'에서도 해당 분야의 새말이 많이 생기고 있다. 이들 전문어 중에서도 특히 정보 통신의 기술 분야에서 해마다 수많은 새말이 생겨 나고 있다.

　그리고 청소년 계층에서는 다른 연령의 계층보다도 새말을 더 많이 만들어서 사용하는 경향이 있다. 이들은 '심쿵, 강추, 혼밥'처럼 이미 쓰이고 있는 둘 이상의 어휘들을 합친 뒤에 그 어휘의 형태를 줄여서 합성어나 파생어의 형태로 사용하고 있다. 이에 따라서 기성 세대들은 청소년들이 생산하는 새말의 뜻을 이해하지 못하여, 젊은 세대와 기성 사이에 의사소통이 어려워지고 있다.

　이처럼 특수한 직업에 종사하는 전문가들이 그들이 활동하는 분야에 쓰이는 새말을 더 많이 생산하고, 청소년 계층이 그들의 욕구에 따라서 새말을 만들어 내는 경향은 갈수록 심화될 것이다. 따라서 우리는 사회적 구성원들이 원활하게 의사소통을 할 수 있게 하기 위하여, 국어의 문법적인 특성에 맞으면서도 참신한 새말을 창조할 수 있도록 노력해야 할 것이다.

제4장 단어의 의미 관계

개개의 어휘는 다른 어휘와 '유의 관계(동의 관계), 상하 관계, 반의 관계, 동음 관계, 다의 관계' 등의 관계를 맺을 수가 있다. 이처럼 어떤 단어가 다른 단어와 의미적으로 맺는 관계를 '의미 관계(意味 關係)'라고 한다.

제4장에서는 먼저 단어의 의미에 대한 기본적인 개념을 알아보고, 단어들 사이에 나타나는 의미 관계에 대하여 살펴본다.

4.1. 의미의 개념

언어를 구성하는 각 요소들은 '음운(음성)'과 '의미'의 결합으로 짜여 있다. 여기서 음운은 감각(청각)으로 직접적으로 확인할 수 있기 때문에 인식하기도 쉽고 그것에 대한 개념을 규정하는 것도 어렵지 않다. 반면에 의미는 음성에 맞붙어 있기는 하지만 감각적으로 인식할 수가 없다. 뿐만 아니라 일부 단어의 의미는 아주 추상적이어서 의미가 무엇인지 정의하기가 쉽지 않다.

이처럼 의미가 무엇인지 정의하는 데에도 여러 가지 어려움이 있다. 여기서는 의미의 개념과 관련하여 전통적으로 가장 널리 쓰이고 있는 '지시설'과 '개념설'을 소개한다.

4.1.1. 지시설

고대 그리스 · 로마 시대부터 시작된 '지시 의미론(指示 意味論, referential semantics)'에서는 어떤 표현의 의미를 그 표현이 지시하는 것(지시물, object, referent)으로 보았다.

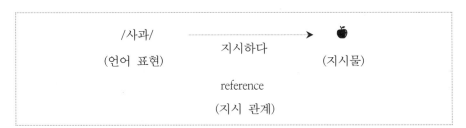

〈그림 1〉 언어 표현과 그 대응물

지시설에서는 예를 들어서 '사과'라는 언어 표현(expression)의 의미는 그 표현의 지시물(referent)인 '사과' 자체(object)로 본다. 곧, 특정한 언어 표현의 의미를 그 표현이 실제로 가리키는 사물과 동일하게 생각하는 것이다.

지시설에서는 그 지시물(referent)을 명확하게 인지할 수 있는 표현의 의미는 비교적 쉽게 기술할 수 있다.

 (1) ㄱ. 사람, 책상, 연필

   ㄴ. 뛰다, 걷다, 움직이다, 기다, 먹다, 푸르다, 노랗다

예를 들어서 '고양이'의 의미는 현실 세계에 존재하는 실제의 '고양이'이며, 동사인 '뛰다'의 의미는 실제로 사람이나 동물이 '뛰어가는 모습' 자체가 된다.

그러나 언어 표현의 의미를 지시설로써 적절하게 기술하기가 어려운 단어도 있다.

 (2) ㄱ. 소망, 미움, 절망, 환상

   ㄴ. 생각하다, 잊다, 믿다, 어렵다

   ㄷ. 상냥하다, 개운하다

 (3) 용(龍), 천마(天馬), 도깨비, 불사조(不死鳥)

 (4) 낯짝 – 얼굴, 금성(샛별-개밥바라기)

(2)의 '소망, 생각하다, 상냥하다'는 지시물을 감각적으로 확인할 수 없으며, (3)의 '용'은 그 지시물이 세상에 실제로 존재하지 않는다. 이처럼 감각적으로 확인할 수 없거나 실제로 존재하지 않은 단어는 지시설로써 그 의미를 기술하기가 어렵다. 그리고 (4)의 '낯짝–얼굴'과 '샛별–개밥바라기'처럼 지시물은 동일한데 그것을 나타내는 언어 표현이 둘 이상인 경우에는, 각각의 언어적 표현의 의미를 구분해서 기술하기가 어렵다.

4.1.2. 개념설

'심리주의 의미론(mentalistic semantics)'에서는 지시설의 한계를 극복하기 위하여 언어 표현의 의미를 '개념'으로 규정하였다. 곧 개념설에서는 어떠한 표현의 의미는 그 표현과 관련하여서 사람의 머릿속에 형성되어 있는 '관념(觀念)'이나 '개념(槪念, concept)'으로 본다.

〈그림 2〉 사과의 개념

심리주의 의미론에서는 (ㄱ)의 '사과'의 의미는 '실제의 사과(지시물, referent)'가 아니라, 실제로 이 세상에 존재하는 수많은 사과($🍎_1$, $🍎_2$, $🍎_3$, $🍎_4$, $🍎_5$, $🍎_6$, $🍎_7$, $🍎_8$, $🍎_9$, …, $🍎_n$)가 사람의 머릿속에서 추상화되어서 형성되어 있는 개념(槪念)으로 보았다. '개(犬)'의 의미 또한 '진돗개, 풍산개' 등과 같이 실제로 존재하는 수많은 '개'가 추상화된 개념으로 파악한 것이다.

〈 **의미의 기본 삼각형** 〉 의미를 개념으로 보는 학설은 언어 기호에 대한 소쉬르(F. de Saussure)의 생각에서부터 시작하여, 오그덴 & 리차즈(1923)의 '의미의 기본 삼각형'에서 완성되었다.

먼저 소쉬르는 언어 기호를 '시니피앙(청각 영상, signifiant)'과 '시니피에(개념, signifié)'의 결합체로 보았다. 그런데 소쉬르는 시니피앙과 시니피에를 일과 물건에 대한 '구체적인 실체(substances concrètes)'가 아니라, 일과 물건이 사람의 머릿속에 남긴 '잔재적인 혼적(engram)'으로 보았다. 언어 기호에 대한 소쉬르의 이러한 생각을 감안하면 언어 기호의 의미인 시니피에는 '개념'으로 해석된다.

오그덴 & 리차즈(1923: 11)는 소쉬르가 주창한 의미에 대한 개념을 더욱 정밀하게 다

들어서 의미의 본질을 '의미의 기본 삼각형(basic semiotic triangle)'로써 설명하였다. 이 책에서는 '기호(symbol)'는 '지시물(referent)'과 직접적으로 연결되는 것이 아니라, 우리 마음속의 개념인 '사고 · 지시(thought or reference)'를 통하여 연결된다고 보았다.

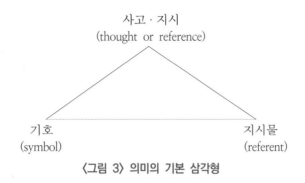

〈그림 3〉 의미의 기본 삼각형

예를 들어서 '고양이(猫)'라는 언어 기호는 실제의 '고양이(지시물, referent)'와는 직접적으로 관련을 맺지 않고, 반드시 인간의 머릿속에서 형성된 개념, 곧 '사고나 지시(thought or reference)'를 통해서만 관계를 맺는다는 것이다. 이를 정리하면 언어 기호의 '의미'는 기호와 그 지시물인 실체 사이에서 연상되는 '심리적인 영상(개념)'이 된다.

〈 개념설의 장점과 단점 〉 개념설은 실제 세계에서의 대응물은 존재하지 않으나, 실제의 의사소통에서는 전혀 의미적 결함이 없이 쓰이는 언어 표현을 설명할 수 있는 장점이 있다.

  (5) 용(龍), 천마(天馬), 도깨비, 불사조(不死鳥)

(5)에서 '용, 천마, 도깨비, 불사조' 등은 실제로는 현실 세계에서 존재하지 않으므로 대부분의 사람들이 한 번도 본 적이 없다. 그러나 이들 어휘에 대한 개념은 인간의 머릿속에 형성되어 있다. 따라서 이들 단어에 대응되는 지시물은 없지만, 이들 단어에 대하여 사람의 머릿속에 형성된 개념이나 영상을 의미로 볼 수 있는 것이다.

  그러나 '의미'를 머릿속에 형성된 개념으로 보려는 학설에도 몇 가지 문제가 있다.

  (6) ㄱ. 자아, 개념, 희망, 연민
    ㄴ. 그리고, 혹시, 만일, 대하여
    ㄷ. -이/-가, -을/-를, -의, -에게, -에서, -으로써; -었-, -겠-, -더-

(7) ㄱ. 개 : { 진돗개, 삽살개 } / { 불도그, 도사견, 세퍼드 } / { 치와와, 푸들, 말티즈 }

ㄴ. 기관차 : { 증기 기관차 〉 디젤기관차 〉 전동 기관차 }

첫째, 인간의 언어 표현에는 (6)처럼 개념 자체를 불러일으킬 수 없는 단어가 있는데, 이러한 단어는 개념이나 영상으로써 의미를 규정하기가 어렵다. 둘째, (7ㄱ)처럼 동일한 단어에 대하여 여러 사람들이 각기 다른 개념을 형성할 수가 있으며, (7ㄴ)처럼 한 사람의 머릿속에 한번 형성된 개념도 시간이 흐름에 따라서 바뀔 수가 있다. (5~7)과 같은 단어의 의미는 개념설로 설명해 내기가 어렵다.

4.2. 어휘의 의미 관계

특정한 어휘가 다른 어휘와 의미적으로 맺는 관계를 '의미 관계(意味 關係)'라고 한다. 이러한 의미 관계에는 '유의 관계(동의 관계), 반의 관계, 상하 관계' 등이 있다.

4.2.1. 유의 관계

(가) 유의 관계의 개념

'유의 관계(類意 關係, 동의관계, 同意 關係)'는 형태가 다른 둘 이상의 단어가 동일하거나 유사한 의미를 나타낼 때에 성립하는 의미 관계이다. 이러한 유의 관계에 있는 단어들을 '유의어(類意語, 동의어, 同意語)'라고 한다.

(8)에서 서로 다른 단어인 N_1, N_2, N_3 등이 하나의 의미인 S_1을 나타낼 때에, N_1, N_2, N_3 등은 유의 관계에 있다고 할 수 있다. 그리고 N_1, N_2, N_3의 단어들은 모두 유의어가 된다. 예를 들어서 (9)에서 '자라다, 크다, 성장하다'는 모두 '성장(成長)'이라는 의미에서 유의 관계가 형성된다.

(나) 유의어의 유형

두 단어의 의미가 모든 상황에서 동일한 경우는 드물다. 곧 두 단어의 개념적 의미가 동일한 경우는 있으나, 연상적 의미나 주제적인 의미까지 동일한 경우는 드물다.[1] 따라서 유의어는 동일성의 정도에 따라서 '절대적 유의어'와 '상대적 유의어'로 나눌 수 있다.

〈 **절대적 유의어** 〉'절대적 유의어'는 유의어들이 개념적 의미뿐만 아니라 '연상적 의미'와 '주제적 의미'까지 동일하며, 모든 문맥에서 대치가 가능한 유의어(동의어)이다.

(10) 호랑이/범, 봉투/피봉, 찌/동동이, 광견병/공수병, 메아리/산울림, 속옷/내의

(10)의 유의어는 개념적 의미와 연상적 의미 모두가 동일하고, 거의 모든 문맥에서 대치가 가능하므로 절대적 유의 관계에 있다.

〈 **상대적 유의어** 〉'상대적 유의어'는 유의어들이 문맥에 따른 대치가 어렵거나, 개념적 의미에 한정하여서 유의 관계가 성립하는 유의어이다.

첫째, 개념적 의미만 동일하고 나머지 연상적인 의미가 달라서, 서로 대치하기가 어려운 유의어가 있다.

(11) 부친/아버지/아빠, 모친/어머니/엄마, 얼굴/면상, 과자/까까, 잠/낸내

(11)에서 '부친/아버지/아빠' 등의 유의어는 개념적 의미는 동일하지만 어감이나 화용론적인 쓰임에서 차이가 나기 때문에 상대적인 유의 관계에 있다.

둘째, 특정한 문맥에서만 개념적 의미 · 연상적 의미 · 주제적 의미가 동일하여, 동일한 문맥 안에서만 대치가 가능한 유의어가 있다.

(12) 참다/견디다, 눈치/낌새, 틈/겨를

---

1) 의미의 유형은 다음과 같은 것으로 나뉜다. 첫째, '개념적 의미(概念的 意味)'는 어떤 언어 표현에 대해서 일반적으로 추론해 낼 수 있는 가장 보편적이고 핵심적인 의미이다. '지시적 의미'라고도 한다. 둘째, '연상적 의미(聯想的 意味)'는 발화 상황이나 화자의 의도에 따라서 달리 쓰이는 가변적인 의미이다. 이러한 연상적 의미는 다시 '내포적 의미 · 사회적 의미 · 정서적 의미 · 반사적 의미 · 연어적 의미'로 구분된다. 셋째, '주제적 의미(主題的 意味)'는 문장에서 어순을 변경하거나 강세 등을 부여함으로써, 화자나 글을 쓴 사람의 의도가 특별히 드러나는 의미이다.

(13) ㄱ. 그는 고통을 { 견디었다/참았다 }   [유정 명사 / [?]무정 명사]

ㄴ. 댐이 수압을 { 견디지/*참지 } 못하고 무너졌다.

(14) ㄱ. 그가 { 눈치/낌새 }를 챘다.   [목적어 / [?]주어]

ㄴ. { 눈치/*낌새 }가 좀 있어라.

(15) ㄱ. 일꾼들은 잠시 앉아서 쉴 { 틈/겨를 }도 없다.   [시간 / [?]공간]

ㄴ. 나무와 나무 사이에 조그만 { 틈/*겨를 }이 생겼다.

(12)에서 '참다/견디다, 틈/겨를, 눈치/낌새'는 상대적인 유의어이다. 이들 단어는 (13~15)에서 (ㄱ)의 문맥에서는 서로 대치될 수 있지만, (ㄴ)의 문맥에서는 대치될 수 없다. 이처럼 (12)의 단어는 제한된 문맥에서만 유의 관계를 형성하므로 상대적인 유의 관계에 있다.

4.2.2. 반의 관계

(가) 반의 관계의 개념

〈 반의 관계의 정의 〉 둘 이상의 단어에서 의미가 서로 짝을 이루어 대립하는 의미 관계를 '반의 관계(反意 關係)'라고 하고, 이러한 관계에 있는 단어들을 '반의어(反意語)'라고 한다. 반의 관계에 있는 두 단어는 오직 한 개의 의미 성분만 다르고, 나머지 다른 의미 성분들은 모두 같다.

(16) ㄱ. 아버지: [+사람], [+직계], [+1세대 위], [+남성]

ㄴ. 어머니: [+사람], [+직계], [+1세대 위], [−남성]

(16)에서 '아버지'와 '어머니'는 [+사람], [+직계], [+1세대 위]의 공통 성분을 가지면서 동시에 [남성]의 한 성분만 대립적이다.

(나) 반의어의 유형

반의어는 그 의미적 특성에 따라서 '상보 반의어', '등급 반의어', '방향 반의어'의 세 가지 유형으로 나눌 수가 있다(임지룡, 1993:158 참조).

〈 상보 반의어 〉 '상보 반의어(相補的 反意語)'는 반의 관계에 있는 어떤 개념적 영역을 상호 배타적인 두 구역으로 나누는 반의어이다.

(17) ㄱ. 남성/여성, 미혼/기혼, 참/거짓, 삶/죽음
ㄴ. 출석/결석, 합격/불합격, 맞다/빗나가다

(ㄱ)에서 어떠한 사람이 '남성'이면 '여성'이 될 수 없으며, 반대로 '여성'이면 '남성'이 될 수 없다. 그리고 어떤 사람이 수업에 '출석'하면 '결석'이 성립되지 않으며, 반대로 수업에 '결석'하면 '출석'이 성립될 수가 없다.

〈 등급 반의어 〉 '등급 반의어(等級 反意語)'는 두 단어 사이에 정도성이 있는 반의어이다.

(18) ㄱ. 뜨겁다/차갑다, 덥다/춥다, 길다/짧다, 쉽다/어렵다
ㄴ. 뜨겁다 – (따뜻하다) – (미지근하다) – (시원하다) – 차갑다

(18)에서 '뜨겁다'와 '차갑다'의 의미 사이에는 '따뜻하다, 미지근하다, 시원하다' 등의 중간 등급의 의미가 들어갈 수 있다. 이렇게 정도성이 있으면서 반의 관계를 형성하는 단어의 짝을 '등급 반의어'라고 한다.[2]

〈 방향 반의어 〉 '방향 반의어(方向 反意語)'는 두 단어가 서로 방향성으로써 대립하는 반의어이다.

(19) ㄱ. 동/서, 오른쪽/왼쪽, 부모/자식, 형/동생, 주인/하인, 팔다/사다, 주다/받다
ㄴ. 꼭대기/밑바닥, 출발선/결승선, 시작/끝, 출발하다/도착하다, 하나/열, 머리/발끝
ㄷ. 가다/오다, 들어가다/나오다, 오르다/내리다, 올라가다/내려오다, 전진하다/후퇴하다
ㄹ. 언덕/구렁, 두둑/고랑, 수나사/암나사, 양각/음각, 볼록거울/오목거울

(ㄱ)은 어떤 축을 중심으로 특정한 요소의 방향을 다른 쪽에 상대적으로 명시함으로써, 두 단어 사이의 관계를 나타내는 반의어(역의어)이다. (ㄴ)은 두 단어가 방향의 양극단을 나타내는 반의어(대척어)이다. (ㄷ)은 주체가 맞선 방향으로 이동이나 변화를 나타내는 반의어(역동어)이다. (ㄹ)은 어떤 균일한 표면이나 어떠한 추상적인 상태에서 서로 방향이 다른 쪽을 나타내는 반의어(대응어)이다.

---

2) 임지룡(1993:158)에서는 'gradable antonym'를 '반의 대립어(反意 對立語)'로 번역하였고, 윤평현 (2011:142)에서는 '등급 반의어(等級 反意語)'로 번역하였다. 여기서는 윤평현(2011)에 따라서 등급 반의어의 용어를 채택했다.

4.2.3. 상하 관계

(가) 상하 관계의 개념

'상하 관계(上下 關係)'는 단어의 의미에 대한 계층적 구조로서, 한 단어가 의미상 다른 단어를 포함하거나 다른 쪽에 포함되는 관계를 말한다.

예를 들어서 '어버이'는 '아버지/어머니'와 상하 관계를 형성하며, '아버지'도 '양아버지/친아버지'와 상하 관계를 형성한다. 상하 관계에서는 일반적인 의미를 나타내는 단어가 특수한 의미를 나타내는 단어를 의미적으로 포함한다. 이때에 일반적인 의미를 나타내는 단어를 '상위어(上位語)'라고 하고, 특수한 의미를 나타내는 단어를 '하위어(下位語)'라고 한다.

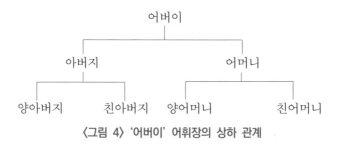

〈그림 4〉 '어버이' 어휘장의 상하 관계

〈그림 4〉의 '어버이' 어휘장의 체계에서 '아버지'는 '양아버지'와 '친아버지'의 상위어이며, '아버지'와 '어머니'는 '어버이'의 하위어이다. 그리고 특정한 하위어와 동위(同位) 관계에 있는 어휘소들을 '공하위어(共下位語)'라고 한다. 〈그림 4〉에서 '아버지'와 '어머니'는 '어버이'의 공하위어인데, 이들 공하위어들은 서로 '양립 불능의 관계'에 있다.[3]

(나) 상하 관계의 특성

상하 관계를 맺고 있는 상위어와 하위어에 사이에는 다음과 같은 세 가지의 특징이 나타난다.

---

3) '양립 불능의 관계(兩立 不能 關係)'는 어떤 상위어에 속한 단어 A, B, C 가운데에서, A를 주장하면 나머지 B, C는 거짓이 되는 의미 관계이다. 예를 들어서 '요일(曜日)'의 어휘장에 '일요일, 월요일, 화요일, 수요일, 목요일, 금요일, 토요일'이 있으므로, 이들은 '요일'에 대한 공하위어이다. 따라서 이들 공하위어 중에서 '일요일'을 선택하여 '오늘은 일요일이다.'라고 하면, 나머지 공하위어를 선택하여 주장한 문장인 '오늘은 화요일이다'는 거짓이 된다. 이처럼 특정한 단어의 어휘장에 속한 공하위어들은 '양립 불능'의 관계에 놓인다.

첫째, 하위어는 상위어를 함의(숨意)하지만 상위어는 하위어를 함의하지 못한다.[4]

> (20) ㄱ. 송편(하위어) ⊂ 떡(상위어)
> ㄴ. 송편(하위어) ⊅ 떡(상위어)

하위어인 '송편'이면 반드시 상위어인 '떡'이 되지만, 상위어인 '떡'이라고 해서 반드시 하위어인 '송편'이 되는 것은 아니다. 따라서 하위어는 상위어를 함의하지만 반대로 상위어는 하위어를 함의하지 못한다. 결과적으로 하위어와 상위어 사이에는 '일방 함의 관계'가 성립한다.

둘째, 하위어는 상위어보다 의미 성분이 더 많다.

> (21) ㄱ. 어버이   : [+사람], [+직계], [+1세대 위]
> ㄴ. 아버지   : [+사람], [+직계], [+1세대 위], [+남성]
> ㄷ. 어머니   : [+사람], [+직계], [+1세대 위], [-남성]
> ㄹ. 친아버지 : [+사람], [+직계], [+1세대 위], [+남성], [+혈연]
> ㅁ. 양아버지 : [+사람], [+직계], [+1세대 위], [+남성], [-혈연]

'어버이'의 어휘장을 형성하는 '어버이, 아버지, 어머니, 친아버지, 양아버지'의 의미 성분은 (21)과 같다. 여기서 '어버이'와 '아버지'를 비교할 때에, 상위어인 '어버이'는 의미 성분의 수가 적고 하위어인 '아버지'는 의미 성분이 적다.

셋째, '아버지'와 '어머니'처럼 의미 성분의 수가 같은 때에는, 이들 어휘는 상위어인 '어버이'에 대하여 공하위어가 된다.

【 더 배우기 】

하나의 형태나 표현이 둘 또는 그 이상의 의미를 나타내는 현상을 '의미의 복합 관계'라고 하는데, 이에는 '다의 관계'와 '동음 관계'가 포함된다. 그리고 다의 관계에 있는 어휘를 '다의어(多義語)'라고 하고, 동음 관계에 있는 어휘들을 '동음어(同音語, 동음 이의어)'라고 한다.

---

4) 어떠한 언어 표현이 참이라고 인정될 때에, 동시에 참이라고 인정하는 다른 언어 표현이 있을 수 있는데, 이를 '함의(숨意, logical entailment)'라고 한다.

〈 **다의어와 동음어의 구분** 〉 다의어와 동음어는 둘 다 하나의 형태에 둘 이상의 의미를 나타내는 다는 점에서는 같으나, 다음과 같은 점에서 차이가 난다. 곧 '다의어'는 하나의 단어 형태가 서로 관련이 있는 두 가지 이상의 의미를 나타내는 단어이다. 반면에 '동음어'는 하나의 단어 형태가 서로 관련이 없는 두 가지 이상의 의미를 나타내는 단어의 묶음이다.

〈그림 1〉 다의어   〈그림 2〉 동음어

다의어와 동음어는 '어원적 동일성'의 기준과 '의미적 유연성'의 기준으로 구분한다.

(1) '속'의 다의성
　　ㄱ. 철수는 주머니 속에 손을 넣었다.　　　　　　　　　　　[內]
　　ㄴ. 나는 과음으로 속이 더부룩하다.　　　　　　　　　　　[內臟]
　　ㄷ. 그 사람은 속이 참 넓다.　　　　　　　　　　　　　　　[心]
　　ㄹ. 밤송이를 까 보니 속은 거의 다 벌레가 먹었다.　　　　　[中心]

(2) '배'의 동음성
　　ㄱ. 태풍 때문에 배가 뜨지 못했다.　　　　　　　　　　　　[船]
　　ㄴ. 할아버지는 물이 많고 단 배를 좋아하신다.　　　　　　　[梨]
　　ㄷ. 그는 배를 깔고 엎드려 자는 습관이 있다.　　　　　　　[腹]
　　ㄹ. 속도가 네 배로 빨라졌다.　　　　　　　　　　　　　　　[倍]

(1)에서 '속(內), 속(內臟), 속(心), 속(中心)'은 다의 관계를, (2)에서 '배(船), 배(梨), 배(腹), 배(倍)'는 동음 관계를 맺고 있다. (1)에서 '속'은 (ㄱ)에서는 '內', (ㄴ)에서는 '內臟', (ㄷ)에서는 '心', (ㄹ)에서는 '中心'의 뜻을 나타낸다. (ㄱ~ㄹ)의 문맥에서 '속'은 모두 어원이 같으며, 이 단어들이 나타내는 뜻도 모두 '內'의 뜻과 관련이 있으므로 다의성을 띤다. 반면에 (2)에서 '배'는 (ㄱ)에서는 '船', (ㄴ)에서는 '梨', (ㄷ)에서는 '腹', (ㄹ)에서는 '倍'의 뜻을 나타낸다. 이처럼 (ㄱ~ㄹ)의 문맥에 실현된 각각의 '배'는 의미적으로 관련이 없으므로, 동음 이의어이다.

〈 **다의어** 〉 '다의어'는 하나의 단어에 서로 관련이 있는 두 가지 이상의 의미가 대응되는 어휘이다.

(3) 먹다
　　ㄱ. 중심 의미: [밥을 먹다] ― 음식물을 입안으로 삼키는 행위
　　ㄴ. 주변 의미: (담배, 뇌물, 욕, 마음, 겁, 나이, 더위, 물, 두 섬, 녹)을 먹다

단어 '먹다'는 문맥에서 따라서 아주 많은 의미를 나타내는데, 이들 의미 가운데서 (ㄱ)은 중심적인 의미인 '기본 의미'이며, (ㄴ)은 주변적인 의미인 '파생 의미'이다. 이러한 기본 의미와 파생 의미 사이에는 의미적 유연성(有緣性)이 유지된다.

〈 동음어 〉 '동음어(동음 이의어)'는 우연히 그 형태만 같을 뿐이지 의미는 전혀 무관하다.

(4) 골(谷) / 골(腦), 비(雨) / 비(빗자루, 彗), 풀(草) / 풀(糊)

(5) ㄱ. 버스에 사람이 가득 <u>찼다</u>.   [滿]
    ㄴ. 그는 상대편 선수를 발로 <u>찼다</u>.   [蹴]
    ㄷ. 손목에 시계를 <u>찼다</u>.   [着]
    ㄹ. 겨울 날씨가 매우 <u>찼다</u>.   [寒]

(4)에서 '골'의 형태는 '谷'과 '腦'의 뜻을 나타내고, '비'의 형태는 '雨'와 '彗'의 뜻을 나타낸다. 그리고 (5)에서 '차다'의 형태는 각각 (ㄱ)에서 (ㄹ)까지 각각 '滿', '蹴', '着', '寒'의 뜻을 나타낸다. 그런데 이들 단어는 어원이나 의미적인 관련성이 없이 우연히 형태가 같아졌다.

문장과 담화 4부

제1장 문장의 구조와 문법 요소

1.1. 문장과 문장 성분

의사 소통의 기본적인 단위는 문장인데, 문장이 모여서 하나의 담화(談話)를 형성한다. 그리고 문장을 구성하는 기본적인 요소를 문장 성분이라고 하는데, 문장 성분으로 쓰일 수 있는 문법적인 단위로는 어절(단어), 구, 절 등이 있다.

1.1.1. 문장

'문장(文章)'은 주어와 서술어를 갖추고 있고, 서술어에 종결 어미가 실현되어 있으며, 의미적인 면에서 통일되고 완결된 내용을 갖추고 있는 언어 형식이다.[1]

(1) ㄱ. <u>철수가</u> 어제 새 자동차를 <u>샀다</u>.
　　ㄴ. <u>선생님께서</u> 언제 미국에 <u>가십니까</u>?

---

[1] 『고등학교 문법』(2010:148)에서는 주어와 서술어가 쓰이지 않았거나, 종결 어미가 실현되지 않은 언어 형식도 문장으로 간주하고 있다. (보기: ① 도둑이야! ② 불이야! ③ 정말?) 곧, 단독으로 쓰인 '도둑이야!', '불이야!'나 '정말?' 등은 주어와 서술어의 구조를 갖추지 못하였거나, 혹은 종결 어미가 실현되지 않았다. 그러나 의미상으로 완결된 내용을 갖추기만 하면 '도둑이야!', '불이야!'나 '정말?'과 같은 언어 형식을 문장으로 인정하였다. 이러한 문장을 '소형문(小形文)'이라고 한다. 이처럼 소형문을 문장으로 인정하는 것은 담화 상황이나 문맥을 통하여 생략된 요소(주어, 서술어 등)의 의미를 복원할 수 있기 때문이다.

(ㄱ)과 (ㄴ)의 문장에는 '철수가'와 '선생님께서'가 주어로 쓰였으며, '샀다, 가십니까'가 서술어로 쓰였다. 그리고 서술어로 쓰인 '사다'와 '가다'에 종결 어미인 '-다'와 '-읍니까'를 실현하고 있고, 의미적인 면에서도 하나의 완결된 사건을 표현하고 있다. 따라서 (1)의 (ㄱ)과 (ㄴ)은 온전한 문장이라고 할 수 있다.

1.1.2. 문장 성분의 개념

체언, 용언, 수식언, 독립언 등의 '단어'와 이들 단어가 모여서 된 '구'나 '절' 등은 문장 속에서 일정한 기능을 하게 된다. 이처럼 특정한 문법적인 단위가 문장 속에서 담당하는 기능을 '문장 성분(文章成分)'이라고 한다.

    (2) 어머나, 철수가 새 옷을 몽땅 훔쳤네.

(2)에서 '철수'와 '옷'의 품사는 둘 다 체언인데, '철수'는 주격 조사 '-가'와 결합하여 주어로 쓰였으며, '옷'은 목적격 조사 '-을'과 결합하여 목적어로 쓰였다. 그리고 '훔쳤네'는 동사가 서술어로 쓰였으며, '어머나'는 감탄사가 독립어로 쓰였다. 마지막으로 '새'는 관형사가 관형어로 쓰였으며, '몽땅'은 부사가 부사어로 쓰였다. 이처럼 문장 성분은 특정한 언어 형식이 문장 속에서 쓰이는 기능상의 명칭을 일컫는다.

	어머나	철수가	새	옷을	몽땅	훔쳤네
품사	감탄사	명사+조사	관형사	명사+조사	부사	동사
문장 성분	독립어	주어	관형어	목적어	부사어	서술어

〈표 1〉 품사와 문장 성분

하나의 문장은 여러 가지 성분들이 모여서 이루어지는데, 문장 성분으로 쓰일 수 있는 문법적인 단위(언어 형식)로는 '어절(단어), 구, 절' 등이 있다.

    (3) 철수는 훈련소에서 훈련을 많이 받았다.   [어절]

    (4) ㄱ. [선생님의 자가용]이 방금 견인되었어요.   [명사구-주 어]

         ㄴ. 어머니께서는 밥을 정말로 빨리 드신다.   [동사구-서술어]

(5) ㄱ. <u>이 책이 많이 팔리기</u>는 거의 불가능하다.　　　[명사절－주　어]

　　ㄴ. <u>철수가 만난</u> 사람이 반기문 씨이다.　　　[관형절－관형어]

첫째로 '어절(語節)'은 문장 성분으로 쓰일 수 있는 문법적인 단위 중에서 가장 기본이 되는 것이다. (3)의 문장에서 밑줄 그은 말은 모두 어절로서 각각 '주어, 목적어, 부사어, 서술어' 등 여러 가지의 문장 성분으로 쓰였다. 둘째로 '구(句, phrase)'는 두 개 이상의 어절이 모여서 하나의 문법적인 단위를 이루는 언어 형식으로서, '주어-서술어'의 짜임을 갖추지 못한 단위이다. (4)에서 '선생님의 자가용(명사구)'과 '정말로 빨리 드신다(동사구)'는 각각 주어와 서술어로 쓰였다. 셋째, '절(節)'은 주어와 서술어를 갖추고 있으나 종결 어미가 실현되지 않은 언어 형식이다. (5)에서 (ㄱ)의 '이 책이 많이 팔리기'는 명사절이 주어로 쓰였으며, (ㄴ)의 '철수가 만난'은 관형절이 관형어로 쓰였다.

1.1.3. 문장 성분의 유형

문장 성분은 문장 속의 기능에 따라서 '주성분, 부속 성분, 독립 성분'으로 나뉜다.

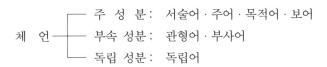

〈그림 1〉 문장 성분의 유형

(가) 주성분

'주성분(主成分)'은 문장을 이루는 데에 골격이 되는 필수적인 성분인데, 이러한 주성분이 빠지면 문장이 불완전하게 된다. 주성분으로 쓰이는 문장 성분으로는 '서술어, 주어, 목적어, 보어'가 있다.

〈 서술어 〉 '서술어(敍述語)'는 주어로 표현되는 대상의 동작이나 상태, 성질 등을 풀이하는 문장 성분이다. 서술어로 쓰일 수 있는 문법적인 단위는 용언, '명사(구, 절) + -이다', 서술절 등이 있다.[2]

---

2) 문장에서 서술어가 반드시 필요로 하는 문장 성분의 수를 '서술어의 자릿수'라고 한다. '한 자리 서술어'는 필수적으로 요구하는 문장 성분이 하나뿐인 서술어로서, 주어만 있으면 완전한 문장을 이루는 서술어이다. (보기: 꽃이 잘 <u>자란다</u>.) 둘째, '두 자리 서술어'는 필수적으로 요구하는 문장

(6) ㄱ. 괴물이 한강에 <u>나타났다</u>.

　　ㄴ. 하늘이 정말로 <u>푸릅니다</u>.

　　ㄷ. 스님은 홀연히 산속으로 <u>사라져 버렸다</u>.

(7) ㄱ. 이 사람은 <u>아버님의 친구였다</u>.

　　ㄴ. 가족을 비난하는 것은 <u>누워서 침뱉기이다</u>.

(8) ㄱ. 형은 <u>키가 크다</u>.

　　ㄴ. 국화가 <u>꽃이 핀다</u>.

(6)에서 '나타났다'와 '푸릅니다'는 용언으로서 주어인 '괴물'과 '하늘'의 동작이나 상태를 풀이하면서 서술어로 쓰였다. 그리고 (ㄷ)에 쓰인 보조 용언 '버리다'는 일반적인 용언과는 달리 실질적인 의미도 없고 자립성도 없으므로, 그 앞에 실현된 본용언과 함께 하나의 서술어로 쓰였다. (7)의 (ㄱ)에서는 명사구인 '아버님의 친구'에 '-이다'가 연결되어서, (ㄴ)에서는 명사절 '(X가) 누워서 침뱉기'에 '-이다'가 연결되어서 서술어로 쓰였다. (8)의 (ㄱ)에서 주어로 쓰인 '형은'에 대하여 '키가 크다'는 서술어로 쓰였으며, (ㄴ)에서 주어로 쓰인 '국화가'에 대하여 '꽃이 핀다'는 서술어로 쓰였다.

〈주어〉 '주어(主語)'는 문장에서 서술어로 표현되는 동작이나 상태 혹은 성질의 주체를 나타낸다. 주어는 체언이나 체언 구실을 하는 구나 절에 주격 조사가 붙어서 실현되는데, 주격 조사의 변이 형태로는 '-이/-가, -께서, -에서' 등이 있다.

(9) ㄱ. APEC 정상 회담 이후에 <u>광안대교가</u> 유명해졌다.

　　ㄴ. 어제 오후에 <u>대통령께서</u> 개헌을 발의하셨다.

　　ㄷ. <u>교육부에서</u> 2008학년도부터 수능 시험을 폐지했다.

(10) ㄱ. <u>금자 씨의 친구가</u> 어제 우리 가게에 찾아왔어요.

　　ㄴ. <u>백두산에 오르기가</u> 정말 힘들었다.

　　ㄷ. <u>철수가 돈을 얼마나 잃었느냐가</u> 문제다.

성분이 두 개인 서술어이다. (보기: 큰 아이가 작은 아이를 <u>때렸다</u>.) '세 자리 서술어'는 필수적으로 요구하는 문장 성분이 세 개인 서술어로서, 주어 이외에도 목적어와 부사어를 필수적으로 요구한다. (보기: 할아버지께서는 철수에게 돈을 <u>주셨다</u>.) 문장의 기본적인 골격은 서술어의 자릿수에 의해서 자동적으로 결정되므로, 문장 성분 중에서 서술어가 가장 중요한 역할을 한다.

(9)의 (ㄱ)에서는 체언에 주격 조사 '-가'가 붙어서, (ㄴ)에서는 높임의 대상인 '대통령'에
주격 조사 '-께서'가 붙어서, (ㄷ)에서는 단체의 뜻을 나타내는 무정 명사인 '교육부'에
주격 조사 '-에서'가 붙어서 주어로 쓰였다. (10)의 (ㄱ)에서는 명사구인 '금자 씨의 친구'
에, (ㄴ)에서는 명사절에 '-이/-가'가 붙어서 주어로 쓰였다. (ㄷ)에서는 문장인 '철수가
돈을 얼마나 잃었느냐'에 '-가'가 붙어서 주어로 쓰였다.

〈목적어〉 '목적어(目的語)'는 타동사로 표현되는 동작의 대상이 되는 문장 성분이다.
목적어는 체언 혹은 체언 구실을 하는 구나 절에 목적격 조사가 붙어서 실현되는데,
목적격 조사의 변이 형태로는 {-을, -를, -ㄹ}이 있다.[3]

    (11) ㄱ. 조홍 씨는 결국 광안대교를 찾아 내었다.

       ㄴ. 영애 씨는 3년 동안 날 따라다녔다.

       ㄷ. 김 선생은 길동 씨의 팔을 잡아당겼다.

       ㄹ. 등반대는 백두산에 오르기를 포기했다.

       ㅁ. 과학자들은 백두산이 언제 폭발할지를 알지 못했다.

(ㄱ)에서는 체언인 '광안대교'에 '-를'이 붙어서 목적어로 쓰였고, (ㄴ)에서는 '나'에 '-ㄹ'
이 붙어서 목적어로 쓰였다. 그리고 (ㄷ)에서는 명사구인 '금자 씨의 팔'에 '-을'이 붙어
서 목적어로 쓰였으며, (ㄹ)에서는 명사절인 '(등반대가) 백두산에 오르기'에 '-를'이 붙어
서 목적어로 쓰였다. 끝으로 (ㅁ)에서는 의문문인 "백두산이 언제 폭발할지"에 '-를'이
붙어서 목적어로 쓰였다.

〈보어〉 '보어(補語)'는 '되다'나 '아니다'가 서술어로 쓰일 때에, 주어와 함께 반드시
문장에 실현되어야 하는 문장 성분이다. 보어는 체언이나, 체언과 같은 역할을 하는 구
나 절에 보격 조사인 '-이/-가'가 붙어서 성립된다.

    (12) ㄱ. 저 아이가 벌써 어른이 되었구나.

       ㄴ. 이 차는 김철수 씨의 자동차가 아닙니다.

       ㄷ. 이번 일은 누워서 떡 먹기가 되었습니다.

---

3) 고등학교 문법(2010:152)에서는 '-을/-를'이 붙은 체언을 목적어로 처리한다. 이렇게 되면 다음과
같이 '-을/-를'이 실현되었지만 목적격의 기능이 없는 문장 성분도 목적어로 처리해야 한다. (보
기: ① 강도는 지나가는 행인을 머리를 때렸다. ② 철수 씨가 이 책을 나를 주었다.) ①에서 '행인'은
소유자의 뜻으로 쓰이면서 관형어처럼 기능하며, ②에서 '나를'은 '상대'의 뜻으로 쓰이면서 부사
어처럼 기능한다. 그러나 고등학교 문법(2010:152)에서는 이들을 목적어로 처리하고, 여기에 쓰인
'-을/-를'의 기능을 '목적격 조사의 보조사적 용법(강조 용법)'으로 보았다.

(ㄱ)에서는 체언인 '어른'이 보어로 쓰였고, (ㄴ)에서는 명사구인 '김철수 씨의 자동차'가 보어로 쓰였으며, (ㄷ)에서는 명사절인 '누워서 떡 먹기'가 보어로 쓰였다.[4]

(나) 부속 성분

'부속 성분(附屬成分)'은 주성분을 수식하는 문장 성분으로서 '관형어'와 '부사어'가 있다. 이러한 부속 성분은 문장을 짜 이루는 데에 필수적인 성분이 아니므로, 수의적으로 실현된다.

〈 관형어 〉 '관형어(冠形語)'는 체언을 수식하는 문장 성분이다. 관형어는 '관형사', '관형절', '체언+관형격 조사', '체언' 등 다양한 형식으로 실현된다.

(13) ㄱ. <u>새</u> 가방은 <u>헌</u> 가방과 무엇이 달라요?

ㄴ. 향숙 씨는 <u>향기가 좋은</u> 커피를 마시면서 추억에 잠겼다.

ㄷ. 우리는 1970년대에 <u>한강의</u> 기적을 이루었다.

ㄹ. 저것이 <u>금강산</u> 그림이냐?

(ㄱ)에는 '새, 헌' 등의 관형사가 직접 관형어로 쓰였다. (ㄴ)에는 관형절인 '향기가 좋은'이 관형어로 쓰였는데, 관형절 속의 서술어로 쓰인 '좋다'는 관형사형으로 실현된다. (ㄷ)에는 체언에 관형격 조사 '-의'가 결합하여 관형어로 쓰였으며, (ㄹ)에는 체언이 다른 체언 앞에서 관형어로 쓰였다.

〈 부사어 〉 '부사어(副詞語)'는 '서술어(용언), 관형어, 부사어, 문장' 등을 수식하거나, 문장이나 단어를 잇는 문장 성분이다. 이처럼 문장에서 부사어로 쓰일 수 있는 언어 단위로는 '부사', '체언(구)+부사격 조사', '관형절+부사어성 의존 명사', '부사절' 등이 있다.

첫째, 부사가 단독으로 부사어로 쓰일 수 있다.

(14) ㄱ. 시간이 늦었으니 <u>어서</u> 떠납시다.

ㄴ. 오늘은 날씨가 <u>매우</u> 차다.

---

4) 일반적으로 하나의 서술어에는 하나의 주어가 실현된다. 그런데 '되다'나 '아니다'가 서술어로 쓰일 때에는 홑문장에서 '-이/-가'가 붙는 두 개의 문장 성분이 필수적으로 실현된다. (보기: ① 뽕밭이 <u>바다가</u> 되었구나. ② 저 사람은 <u>진범이</u> 아니다.) 『고등학교 문법』(2010:152)에서는 '되다'와 '아니다'가 서술어가 서술어로 쓰이는 문장에는 주어 이외에 '보어'라는 별도의 문장 성분을 설정한다. 곧, ①과 ②에 실현된 '바다가'와 '인간이'처럼, 서술어인 '되다'와 '아니다'가 주어와 함께 필수적으로 요구하는 문장 성분을 보어로 처리한다.

(14)에서 '어서'와 '매우'는 부사인데, 다른 언어 형식에 기대지 않고 서술어인 '떠납시다'
와 '차다'를 단독으로 수식하면서 부사어로 쓰였다.

　　둘째, 체언(구)에 부사격 조사가 실현되어서 부사어로 쓰일 수 있다.5)

　　(15) ㄱ. 철수가 지금 <u>집에</u> 있다.　　　　　　　　[존재의 장소]

　　　　 ㄴ. 대통령은 다음 주에 <u>중국으로</u> 떠난다.　　[방향]

　　　　 ㄷ. 어머니는 종이를 <u>칼로써</u> 잘랐다.　　　　[수단, 도구]

　　　　 ㄹ. 나는 <u>순희와</u> 싸웠다.　　　　　　　　　[상대]

　　　　 ㅁ. 영희는 <u>철수보다</u> 힘이 세다.　　　　　[비교]

(15)에서는 '체언＋부사격 조사'의 형식으로 짜인 부사어가 서술어를 수식한다. 이처럼
'체언＋부사격 조사'의 형식으로 실현된 부사어는 부사격 조사나 서술어로 쓰이는 용언
의 종류에 따라서, '존재의 장소, 귀착점, 상대자, 목적 대상, 행위의 장소, 시발점, 방향,
시간, 수단 및 도구, 원인, 자격, 상대, 동반, 비교' 등의 다양한 의미를 나타낸다.

　　셋째, 관형절의 뒤에 부사어성 의존 명사가 실현되어서, 관형절과 의존 명사를 포함한
전체 구성이 부사어로 쓰일 수 있다.

　　(16) 방 안은 <u>숨소리가 들릴</u> <u>만큼</u> 조용했다.

　　(17) ㄱ. 사냥꾼은 노루를 <u>숨이 붙어 있는</u> 채 잡았다.

　　　　 ㄴ. 너는 <u>내가 시키는</u> 대로 하여라.

　　　　 ㄷ. 그는 <u>사건의 내막을 전혀 모르는</u> 척 딴전을 부렸다.

부사어성 의존 명사는 그 앞의 관형절을 포함한 전체 구성이 서술어를 수식하여 부사어
로 기능하게 하는 의존 명사이다. 곧 (16)에서 관형절인 '숨소리가 들릴'에 뒤에 부사어

---

5) 부사어는 부속 성분이므로 수의적(임의적)으로 문장에 실현되는 것이 일반적이다. 그런데 '체언＋
　부사격 조사'의 형식으로 된 부사어 중에는, 서술어로 쓰이는 용언의 자릿수의 특성에 따라서 필수
　적으로 실현되어야 하는 것들이 있다. (보기: ① 이것은 <u>저것과</u> 다르다. ② 병사들은 전리품을 <u>가방</u>
　<u>에</u> 넣었다. ③ 인호는 <u>동생과</u> 싸웠다. ④ 철수는 <u>영희에게</u> 편지를 주었다.) ①~④의 부사어는 문맥
　에 실현되지 않으면 비문법적인 문장이 된다. 이는 서술어로 쓰인 '다르다, 넣다, 싸우다, 주다'가
　자릿수의 특성상 부사어를 필수적으로 요구하기 때문이다. 이러한 점을 감안하여 『고등학교 문법』
　(2010: 154)에서는 ①~④에서 밑줄 그은 부사어를 '필수적 부사어'로 처리하였다.

성 의존 명사인 '만큼'이 실현되어서 짜인 '숨소리가 들릴 만큼'이 서술어로 쓰인 '조용했다'를 수식하고 있다. 마찬가지로 (17)에서도 관형절과 부사어성 의존 명사로 짜인 전체 구성이 부사어로 쓰였다.

넷째, 부사절이 부사어로 쓰일 수가 있는데, 부사절은 다음의 두 방식으로 실현된다.

(18) ㄱ. 영자는 키스를 거부하는 철수를 <u>뺨이 얼얼하도록</u> 때렸다.

ㄴ. 가을비가 <u>소리도 없이</u> 내렸다.

(19) ㄱ. <u>이상하게</u> 오늘은 운이 좋다.

ㄴ. <u>안타깝게도</u> 한국 축구 팀이 브라질 축구 팀에 3 대 1로 졌다.

먼저 (18)에서 (ㄱ)의 '뺨이 얼얼하도록'과 (ㄴ)의 '소리도 없이'와 같은 부사절이 부사어로 쓰일 수 있다. 곧 (ㄱ)의 '뺨이 얼얼하도록'은 동사인 '죽다'의 어간에 부사형 전성 어미인 '-도록'이 붙어서 부사어로 쓰였고, (ㄴ)의 '소리도 없이'에서는 '없이'는 '없다'의 어간에 파생 접미사인 '-이'가 붙어서 절 전체가 부사어로 쓰였다. 그리고 (19)에서 (ㄱ)의 '이상하게'와 (ㄴ)의 '안타깝게도'는 각각 형용사인 '이상하다'와 '안타깝다'의 어간에 부사형 전성 어미인 '-게'가 붙어서 된 부사절이 부사어로 쓰였다.6)

(다) 독립 성분

'독립 성분(獨立 性分)'인 '독립어(獨立語)'는 문장 중의 다른 성분과 직접적인 관계를 맺지 않고, 홀로 쓰이는 문장 성분이다. 일반적으로 감탄사는 모두 독립어로 쓰이며, 체언에 호격 조사가 결합한 형태도 독립어로 쓰인다.

첫째, 감탄사가 단독으로 독립어로 쓰이여서 다양한 의미를 나타낼 수 있다.

(20) ㄱ. <u>아이고</u>, 다리가 떠내려가 버렸네.   [느낌]

ㄴ. <u>쉿</u>, 조용히 해.   [시킴]

ㄷ. <u>그래</u>, 알겠다.   [대답]

ㄹ. 철수는 죽었다, <u>그지</u>?   [확인]

---

6) '이상하게'와 '안타깝게' 등은 형용사인 '이상하다'와 '안타깝다'의 활용형(부사형)이라는 점에서 부사절로 처리되며, '안타깝게도'에서 '-도'는 강조의 뜻을 나타내는 보조사이다. 그리고 (19)에 쓰인 '이상하게'와 '안타깝게도'는 문장 전체 내용에 대한 말하는 사람의 심리적인 태도(판단)를 나타내는 '양태 부사어'로 쓰였다.

ㅁ. 그때부터 학교를 그만둬 버렸지, <u>뭐</u>.   [체념]

(ㄱ)에서 '아이고'는 감정 감탄사가 독립어로 쓰인 것인데 화자의 감정을 직접 표출하였다. 반면에 (ㄴ~ㄹ)의 '쉿, 그래, 그지, 뭐' 등은 화자가 청자에게 어떠한 의사를 전달하는 의지 감탄사가 독립어로 쓰였다. (ㄴ)은 '쉿'은 시킴말로서 화자가 청자에게 특정한 행동을 금지시켰으며, (ㄷ)의 '그래'는 대답말로서 상대방의 언어적 표현에 대하여 긍정의 반응을 표현하였다. (ㄹ)의 '그지'는 확인말로서 화자가 자기가 한 말에 대하여 상대방에게 동의를 구하였으며, (ㅁ)의 '뭐'는 체념말로서 화자가 어떤 사실을 체념하면서 받아들이는 것을 표현하였다.

둘째, 체언에 호격 조사가 실현되어서 [부름]의 기능을 나타내면서 독립어로 쓰일 수 있다.

    (21) ㄱ. <u>철수야</u>, 나와 함께 떠나자.
         ㄴ. <u>신이여</u>, 우리를 굽어 살피소서.
         ㄷ. <u>대왕이시여</u>, 어서 오랑캐 땅을 치소서.

(21)에서 '철수야, 신이여, 대왕이시여'는 체언에 호격 조사가 실현되어서 독립어로 쓰였다. 이들은 모두 화자가 청자를 부르는 말로 쓰였는데, 호격 조사의 종류에 따라서 화자가 청자를 대우하는 방식이 드러난다. 곧, 이들 호격 조사 중에서 '-야'는 화자가 청자를 낮추어서 표현한 것이다. 그리고 '-이여'는 청자를 예사로 높여서 표현한 것이며, '-이시여'는 청자를 아주 높여서 표현한 것이다.

【 더 배우기 】

1. 기본 어순

국어에서는 대체로 문장 성분이 자유롭게 실현될 수 있지만 '기본 어순' 자체가 없는 것은 아니다. 곧, 국어에서 특정한 서술어에 대하여 필수적으로 실현되는 문장 성분들은 일정한 순서로 실현되며, 수식어와 피수식어도 실현되는 순서가 정해져 있다.
국어의 문장 성분은 기본적으로 〈주어+목적어+서술어〉, 〈주어+보어+서술어〉, 〈수식어+피수식어〉의 순서로 실현된다.

(1) ㄱ. 토끼가 풀을 먹는다.   [주어 + 목적어 + 서술어]

ㄴ. 철수는 범인이 아니다.   [주어 + 보어 + 서술어]

주어는 일반적으로 문장의 맨 앞에서 실현되어서, 주로 말거리(화제)의 역할을 담당한다. 목적어는 일반적으로 주어와 서술어의 사이에 실현되어서, 서술어가 표현하는 행위의 대상이 된다. 그리고 문장 속에서 서술어가 '되다' 혹은 '아니다'일 때에는 주어와 보어가 실현되는데, 이때 주어는 반드시 보어에 앞서서 실현된다.

국어에서 수식어는 피수식어(중심어)에 앞서서 실현된다. 곧, 수식어인 관형어와 부사어는 각각 피수식어인 체언과 용언의 앞에 실현된다.

(2) 인수는 <u>새</u> 가방을 <u>천천히</u> **열었다**.

(2)에서 명사인 '가방'과 동사인 '열었다'는 피수식어이며, 관형어인 '새'와 부사어인 '천천히'는 수식어이다. 이처럼 관형어와 부사어처럼 수식어는 반드시 피수식어의 앞에 실현된다.

2. 어순의 바뀜

국어의 문장 성분은 기본적으로 〈주어+목적어+서술어〉와 〈주어+보어+서술어〉, 〈수식어+피수식어〉의 어순으로 실현된다. 이러한 어순은 기본적인 어순일 뿐이며, 화자의 의도에 따라서 위치를 바꾸어서 문장 성분을 실현할 수도 있다.

〈 **격조사와 어순의 바뀜** 〉 어순이 비교적 자유롭게 바뀔 수 있다는 것은, 문장 성분의 차례가 서로 뒤바뀌더라도 문장이 문법적으로 어그러짐이 없고 기본적인 의미가 바뀌지 않는다는 것을 의미한다.

(3) ㄱ. 영이가 사과를 철수에게 주었다.

ㄴ. <u>사과를</u> 영이가 철수에게 주었다.

ㄷ. <u>철수에게</u> 영희가 사과를 주었다.

(ㄱ)은 기본 어순으로 실현된 문장이며, (ㄴ)과 (ㄷ)은 어순이 달라진 문장이다. 여기서 (ㄴ)과 (ㄷ)의 문장은 어순은 바뀌었지만 문법적인 문장이며 기본적인 의미 또한 바뀌지 않았다.

이처럼 국어에서 어순이 자유롭게 실현될 수 있는 근본적인 이유는 문장 성분을 결정해 주는 격조사가 있기 때문이다. 예를 들어서 주어는 주격 조사를 취하고 목적어는 목적격 조사를 취하고, 부사어도 각각의 의미에 대응하는 부사격 조사를 취한다. 곧 문장 성분이 어떠한 위치에 실현되든 간에 '-가'가 붙은 체언은 주어가 되고, '-를'이 붙은 체언은 목적어가 되며, '-에게'가 붙은 체언은 부사어가 된다. 이처럼 격조사를 통해서 격 관계를 분명하게 나타낼 수 있기 때문에 문장 성분의 위치가 비교적 자유롭게 바뀔 수 있다.

〈 **주제화와 어순의 바뀜** 〉 문장 속에서 말거리를 나타내는 말을 '주제(화제, topic)'라고 한다. 이렇게 주제를 나타내는 말에는 보조사 '-은/-는'이 붙으면서 문장의 맨 앞에 나타나는 것이 일반적이다. 이처럼 어떠한 문장 성분에 보조사 '-은/-는'이 붙으면서 문장의 첫머리로 이동하여 주제로 표현되는 것을 '주제화(topicalization)'라고 한다(서정수, 1996: 1338).

> (4) ㄱ. 사자가 <u>황소를</u> 잡아먹었다.
>   ㄴ. 큰불이 <u>금강산에</u> 났어요.
>
> (5) ㄱ. <u>황소는</u> 사자가 잡아먹었다.
>   ㄴ. <u>금강산에는</u> 큰불이 났어요.

(4)에서 (ㄱ)의 '황소를'은 목적어로, (ㄴ)의 '금강산에서'는 부사어로 쓰였는데, 이들은 모두 정상적인 위치에서 실현되었다. 이에 반해서 (5)에서 '황소는'과 '금강산에서는'은 모두 체언에 주제를 나타내는 보조사 '-는'이 실현되면서 문장의 맨 앞으로 이동하였다. 이렇게 문장 성분이 문장의 앞으로 이동한 것은 주제(말거리, 화제)를 표현하기에 가장 적절한 위치가 문장의 첫머리이기 때문이다.

이처럼 국어에서는 특정한 문장 성분을 주제화하여 표현하기 위하여 문장의 맨 앞으로 옮겨서 표현하는 경우가 많다.

1.2. 문장의 짜임

문장은 기본적으로 주어와 서술어로 구성되는데, 문장 속에는 주어와 서술어가 한 번 나타날 수도 있고 두 번 이상 나타날 수도 있다.

첫째, 아래의 문장은 주어와 서술어가 한 번만 실현된 문장이다.

> (1) <u>우리는</u> 황령산에서 광안리 바다를 <u>바라보았다</u>.

(1)에서 '우리는'은 주어이며 '바라보았다'는 서술어이다. (1)처럼 한 문장 속에서 주어와 서술어가 한 번만 실현된 문장을 '홑문장'이라고 한다.

둘째, 아래의 문장은 문장 속에 주어와 서술어가 두 번 이상 실현된 문장이다.

> (2) ㄱ. <u>형은</u> 학교에 <u>가-고</u>, <u>동생은</u> 놀이터에서 <u>논다</u>.
>   ㄴ. 우리는 [<u>그가</u> <u>정당했음</u>]을 깨달았다.

(ㄱ)의 문장은 선행절인 '형은 학교에 가(다)'와 후행절인 '동생은 놀이터에서 놀(다)'가

연결 어미인 '-고'에 의해 이어졌다. 이와 같은 문장을 '이어진 문장'이라고 한다. 반면에 (ㄴ)의 문장은 '우리는 X를 깨달았다'와 같은 짜임으로 된 문장 속에 '그가 정당했음'이라는 절이 목적어로 쓰였다. 이처럼 그 속에 특정한 절을 안고 있는 문장을 '안은 문장'이라고 한다.

이어진 문장과 안은 문장처럼 주어와 서술어가 두 번 이상 나타나는 문장을 '겹문장'이라고 하고, 홑문장이 결합하여 겹문장이 되는 과정을 '문장의 확대'라고 한다.

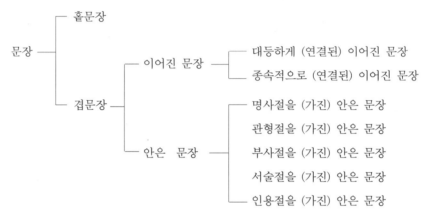

〈그림 1〉 짜임새로 분류한 문장의 유형

1.2.1. 이어진 문장

'이어진 문장(接續文)'은 둘 이상의 절이 연결 어미에 의해서 이어진 겹문장이다.

(3) [구름이 낀다] + [비가 내린다]

(4) ㄱ. 구름이 끼<u>거나</u> 비가 내린다.   [선택]

　　ㄴ. 구름이 끼<u>면서</u> 비가 내린다.   [동시]

　　ㄷ. 구름이 끼<u>니까</u> 비가 내린다.   [원인]

(3)에서 '구름이 낀다'와 '비가 내린다'가 이어져서, (2)의 이어진 문장이 되었다. 이렇게 이어진 문장이 될 때는 앞절과 뒷절의 의미적인 관계에 따라서 특정한 연결 어미가 선택된다. 곧 (4)의 (ㄱ)에서 '-거나'는 선택의 의미로, (ㄴ)에서 '-면서'는 동시의 의미로, (ㄷ)에서 '-니까'는 인과의 의미로 일이 일어남을 나타낸다.

이어진 문장은 앞절과 뒷절이 어떠한 의미 관계로 이어지는가에 따라서, '대등하게 (연결된) 이어진 문장'과 '종속적으로 (연결된) 이어진 문장'으로 구분된다.[7]

(가) 대등하게 이어진 문장

'대등하게 이어진 문장'은 앞절과 뒷벌이 '나열, 선택, 대조' 등의 의미적인 관계로 이어져서, 이어진 문장에 있는 앞절과 뒷절의 의미적인 관계가 독립적인 문장이다. 대등하게 이어진 문장에서 앞절과 뒷절을 이어 주는 연결 어미를 '대등적 연결 어미'라고 하는데, 이에는 '-고, -으며(나열 관계); -든지, -거나(선택 관계); -지만, -으나, -는데(대조 관계)' 등이 있다.

(5) ㄱ. 바람도 잠잠하고 하늘도 맑다.
ㄴ. 그는 시인이며 교수이다.

(6) ㄱ. 밥을 먹든지 떡을 먹든지 내 마음이지.
ㄴ. 어른 앞에서 술을 마시거나 담배를 피울 수는 없다.

(7) ㄱ. 부산에는 기온이 영상이지만 서울에는 기온이 영하이다.
ㄴ. 그 애는 노래는 잘 부르는데 춤은 잘 못 춰.
ㄷ. 임은 갔으나 나는 임을 보내지 않았습니다.

(5)의 '-고'나 '-으며'는 '나열'의 뜻을, (6)의 '-든지'와 '-거나'는 '선택'의 뜻을 나타낸다. 그리고 (7)의 '-지만, -는데, -으나'는 '대조'의 뜻을 나타내면서 앞절과 뒷절을 잇는다.

(나) 종속적으로 이어진 문장

'종속적으로 이어진 문장'은 앞절과 뒷절의 의미가 서로 독립적이지 못하고, 앞절의 의미가 뒷절의 의미에 이끌리는 관계로 이어진 문장이다. 종속적으로 이어진 문장의

---

7) 대등하게 이어진 문장의 앞절과 뒷벌은 앞절과 뒷벌의 순서를 바꾸어도 문법적인 표현이 되며 의미에 변화가 생기지 않는 '교호성(交互性)'도 나타난다. (보기: ① 하늘도 맑고 바람도 잠잠하다. →바람도 잠잠하고 하늘도 맑다. ② 봄이 오면 제비가 온다.→제비가 오면 봄이 온다.) ①의 대등하게 이어진 문장은 앞절과 뒷벌의 순서를 바꾸어서 표현해도 문장의 문법성이나 기본적인 의미 차이가 나지 않는다. 반면에 ②의 종속적으로 이어진 문장은 앞절과 뒷벌의 순서를 바꾸어서 표현하면 비문법적으로 되거나 기본적인 의미가 달라지게 된다. 이처럼 대등하게 이어진 문장과 종속적으로 이어진 문장은 교호성을 검증을 통해서 구분할 수 있다.

앞절과 뒷절은 종속적 연결 어미에 의해서 이어진다.

(8) ㄱ. 첫눈이 내리<u>니까</u> 강아지들이 매우 좋아한다.
ㄴ. 봄이 오<u>면</u> 우리는 고향으로 갈 수 있다.

(ㄱ)에서 앞절인 '첫눈이 내리다'는 뒷절인 '강아지들이 매우 좋아하다'에 원인의 관계로 이끌린다. 그리고 (ㄴ)의 앞절인 '봄이 오다'는 뒷절인 '우리는 고향으로 갈 수 있다'에 조건의 관계로 이끌린다. 이러한 점에서 (8)의 문장에서 뒷절의 내용이 중심이 되고 앞절의 내용은 뒷절의 내용에 원인과 조건의 의미 관계로 종속된다고 할 수 있다.

종속적 연결 어미는 그 수가 대단히 많은데, 종속적 연결 어미가 쓰인 예를 보이면 다음과 같다.

(9) ㄱ. 요즈음 학생들은 음악을 들<u>으면서</u> 공부한다.   [동시]
ㄴ. 농부들은 들일을 마치<u>고(서)</u> 점심을 먹었다.   [계기]
ㄷ. 실내 공기가 나쁘<u>므로</u> 창문을 좀 열어 둡시다.   [이유]
ㄹ. 내일 비가 와<u>도</u> 축구 대회는 열립니다.   [양보]
ㅁ. 날이 밝<u>으면</u> 수색 작업을 다시 시작한다.   [가정]
ㅂ. 날씨가 추<u>운데</u> 어디에서 자려 하느냐?   [상황]
ㅅ. 고기를 잡<u>으러</u> 바다로 갈까요?   [목적]
ㅇ. 진달래가 온 산에 흐드러지<u>게</u> 피었습니다.   [결과]
ㅈ. 군인들은 무턱대고 돌격하<u>다가</u> 많이 죽습니다.   [전환]
ㅊ. 나그네가 시골길을 구름에 달 가<u>듯이</u> 걸어간다.   [비유]
ㅋ. 날이 갈<u>수록</u> 세상은 각박해져 간다.   [점층]
ㅌ. 하늘을 봐<u>야</u> 별을 따지.   [필연]

국어에는 많은 종류의 종속적 연결 어미가 쓰여서, (9)에서처럼 '동시, 계기, 이유, 양보, 가정, 상황, 목적, 결과, 전환, 비유, 점층, 필연' 등의 의미로 앞절과 뒷절을 이어 준다.

1.2.2. 안은 문장

어떠한 문장 속에서 특정한 문장 성분으로 쓰이는 문장을 '안긴 문장(성분절)'이라고 한다. 안긴 문장의 종류로는 '명사절, 관형절, 부사절, 서술절, 인용절' 등이 있는데, 이러한 안긴 문장(절)을 포함하는 전체 문장을 '안은 문장'이라고 한다.

(가) 명사절을 안은 문장

'명사절(名詞節)'은 문장에서 마치 명사처럼 여러 가지 문장 성분으로 쓰이는 절이다. 명사절은 서술어로 쓰이는 용언에 명사형 어미인 '-음'이나 '-기'가 실현되어서 형성되는데, 이러한 명사절을 안고 있는 겹문장을 '명사절을 안은 문장'이라고 한다.8)

> (10) ㄱ. <u>그 사람이 범인임</u>이 밝혀졌다.
>
> ㄴ. 저는 <u>이 두 부부의 앞길에 평화가 깃들기</u>를 기원합니다.

(10)에서 (ㄱ)의 '그 사람이 범인임'은 주어와 서술어의 구조를 갖추고 있으면서 그 전체가 명사처럼 기능한다. 그리고 (ㄴ)의 '이 두 부부의 앞길에 평화가 깃들기'도 마찬가지로 주어와 서술어를 갖추고 있으면서 그 전체가 명사처럼 기능한다.

명사절은 명사와 마찬가지로 문장 속에서 격조사와 결합하여 '주어, 서술어, 목적어, 부사어' 등 여러 가지 문장 성분으로 두루 쓰일 수 있다. 예를 들어서 (10)에서 (ㄱ)의 명사절은 주어로 쓰이고 있으며, (ㄴ)의 명사절은 목적어로 쓰이고 있다.

(나) 관형절을 안은 문장

관형절(冠形節)'은 문장에서 관형어로 기능하는 절이다. 관형절은 서술어로 쓰이는 용언의 어간에 관형사형 어미인 '-은, -는, -을, -던'을 실현하여 성립한다. 이러한 관형절을 안고 있는 겹문장을 '관형절을 (가진) 안은 문장'이라고 한다.

> (11) 그 섬에는 <u>고기를 잡-{-은 / -는/-을/-던}</u> 사람이 없었다.

(11)에서 관형절의 서술어로 쓰인 용언 '잡다'의 어간인 '잡-'에 실현된 '-은, -는, -을, -던'은 각각 '과거, 현재, 미래, 회상'의 시간을 표현한다. 따라서 관형사형 어미는 관형절을 형성하여서 체언을 수식하는 기능과 더불어서, 관형절의 사건이 일어난 시간을

---

8) 명사형 어미로는 '-음'과 '-기'가 있는데, 이들은 명사절을 형성한다는 점에서는 동일하게 기능한다. 그러나 '-음'과 '-기'의 기능에는 약간의 차이가 있다. 곧, '-음'은 완료된 일을 표현하는 데에 쓰이고 '-기'는 완료되지 않은 일을 표현하는 데에 쓰인다. (보기: ① 국민들은 김 씨<u>가 사기꾼임</u>을 그제야 깨달았다. ② 그들은 노력하지 않고 <u>성공하기</u>를 기대했다.) 이러한 차이 때문에 '-음'은 주로 '깨닫다, 알다, 밝혀지다'처럼 지각이나 인식을 나타내는 서술어와 어울리고, '-기'는 '기대하다, 바라다, 예상하다'와 같은 바람이나 희망을 나타내는 서술어와 잘 어울린다.

표현하는 기능을 겸하고 있음을 알 수 있다.

관형절은 그것이 수식하는 중심어(체언)와의 통사론적인 관계에 따라서 '관계 관형절'과 '동격 관형절'로 구분할 수 있다.

첫째, '관계 관형절(關係冠形節)'은 관형절 속의 문장 성분 중에서 중심어(＝체언)와 동일한 대상을 표현하는 문장 성분이 삭제되고 형성된 관형절이다.

> (12) ㄱ. <u>백두산에서 호랑이를 잡은</u> **사람**은 김 포수였다.
>
> ㄴ. 저희들은 <u>손님들이 좋아하는</u> **음식**을 많이 준비했습니다.
>
> ㄷ. <u>우리가 머물렀던</u> **호텔**에서 불이 났다.

(12)의 관형절은 절이 갖추어야 할 문장 성분을 온전하게 갖추고 있지 않다. 곧 (ㄱ)의 '백두산에서 호랑이를 잡은'에는 주어가 빠졌으며9), (ㄴ)의 '손님들이 좋아하는'에는 목적어가 빠졌으며, (ㄷ)의 '우리가 머물렀던'에는 부사어가 빠졌다. (3)의 관형절에서 특정한 문장 성분이 빠져 나간 것은, 관형절 속에서 특정한 문장 성분으로 쓰인 체언과 관형절의 중심어가 동일하기 때문이다.

둘째, '동격 관형절(同格冠形節)'은 관형절 속의 특정한 문장 성분이 빠져나가지 않은 채로 형성된 관형절이다.

> (13) ㄱ. 사장은 <u>김 부장이 내일 미국으로 떠날</u> **계획**에 반대하였다.
>
> ㄴ. <u>찬호가 세리를 야구 방망이로 두들겼다는</u> **헛소문**이 돌았다.

특정한 문장 성분이 생략되고서 형성된 관계 관형절과는 달리, (13)에서 밑줄 그은 관형절은 중심어와 관련해서 어떠한 문장 성분도 삭제되지 않았다. 이러한 관형절은 관형절의 내용과 중심어(＝체언)의 내용이 동격(同格)의 관계에 있는 것이 특징이다. 곧 (ㄱ)에서 '계획'의 내용이 곧 '김 부장이 내일 미국으로 떠난다는 것'이며, (ㄴ)에서 '헛소문'의 내용이 '찬호가 세리를 야구 방망이로 두들겼다는 것'이다. 관형절과 중심어에서 나타나는

---

9) 원래 있어야 할 주어가 관형절이 형성되는 과정에서 삭제되어, 관형절 속의 주어가 나타나지 않는 관형절이 있다. (보기: ① <u>도서관에서 공부하던</u> **학생**들이 모두 뛰쳐 나왔다. ② 김두한은 <u>푸른</u> **하늘**을 바라보았다.) ①의 밑줄 그은 관형절은 속구조에서는 '학생들이 도서관에서 공부하다'처럼, 그리고 ②의 밑줄 그은 관형절은 속구조에서 '하늘이 푸르다.'처럼 주어와 서술어의 구조를 갖추고 있었다. 곧 ①과 ②의 관계 관형절은 관형절 속의 주어와 그 중심어가 동일하기 때문에, 관계 관형절 속의 주어인 '학생들이'과 '하늘이'가 생략되면서 형성된 관형절이다. 이러한 점에서 ①의 '도서관에서 공부하던'과 ②의 '푸른'도 주어가 빠져나간 관계 관형절로 처리해야 한다.

이러한 의미적인 특징 때문에 (13)의 관형절을 '동격 관형절'이라고 한다.

그런데 (12)의 관계 관형절에서는 중심어로 쓰일 수 있는 체언의 종류에 제약이 없으니, (13)의 동격 관형절에서는 중심어로 쓰일 수 있는 체언의 종류가 한정되어 있다.

(14) ㄱ. 결심, 경우, 경험, 계획, 고백, 기적, 까닭, 독촉, 명령, 목적, 보도, 불상사, 사건, 사실, 소문, 소식, 약점, 연락, 욕심, 일, 점, 정보, 죄, 증거, 질문

ㄴ. 것, 바, 적, 때문, 데, 줄, 수, 법, 리

동격 관형절의 중심어로 쓰일 수 있는 자립 명사로는 (ㄱ)의 '결심, 경우, 경험, 계획' 등이 있으며, 의존 명사로는 (ㄴ)의 '것, 바, 적, 때문, 데, 줄, 수, 법, 리' 등이 있다.[10]

(다) 부사절을 안은 문장

'부사절(副詞節)'은 문장에서 부사어로 기능하는 절로서, 용언의 어간에 부사 파생 접미사인 '-이'나 부사형 어미인 '-게, -도록', 그리고 종속적 연결 어미인 '-아서/-어서, -으면' 등이 붙어서 성립한다. 그리고 이러한 부사절을 안고 있는 겹문장을 '부사절을 (가진) 안은 문장'이라고 한다.

(15) ㄱ. 인수 씨는 <u>돈이 없이</u> 고스톱을 친다.

ㄴ. 그는 <u>형과 달리</u> 공부를 잘 한다.

ㄷ. <u>전문가들이 예상한 바와 같이</u> 주가가 크게 떨어졌다.

(16) ㄱ. 하루에 한 번씩 <u>땀이 나게</u> 운동을 하여라.

ㄴ. 이순신은 <u>왜군들이 모조리 물에 빠지**도록**</u> 작전을 짰다.

(17) ㄱ. 날씨는 <u>비가 올**수록**</u> 추워질 것이다.

ㄴ. 저 사람은 <u>내가 죽**으면**</u> 아주 좋아하겠지.

---

10) 관형사형 어미의 문법적인 형태에 따라서 관형절을 '긴 관형절'과 '짧은 관형절'로 구분하기도 한다. 첫째, '긴 관형절'은 용언의 종결형에 '-(고 하)는'이 붙어서 된 관형절이다. (보기: <u>한국인들이 탈레반에게 인질로 잡혔다는</u> 사실에 국민들이 놀랐다.) 보기에서 관형절의 서술어로 쓰인 '잡혔다는'의 형태를 '잡히-+-었-+-다+(-고+하-)+-는'으로 분석할 수 있다. 곧, '잡혔다는'은 '잡혔다고 하는'에서 '-고 하-'가 줄어져서 이루어졌다. 둘째, '짧은 관형절'은 관형절의 서술어로 쓰인 용언의 어간에 관형사형 어미가 직접 붙어서 형성된 관형절이다. (보기: <u>철수가 타고 온</u> **자동차**가 고장이 났다.) 보기에서 '온'은 '오-+-ㄴ'으로 분석할 수 있다. 관형절은 '오다'의 어간인 '오-'에 관형사형 어미인 '-ㄴ'이 바로 붙어서 이루어졌다.

(15)에서는 성분절의 서술어에 부사 파생 접미사인 '-이'가 실현되어서, (16)에서는 부사형 어미인 '-게'와 '-도록'이 실현되어서, (17)에서는 종속적 연결 어미인 '-ㄹ수록'과 '-으면'이 실현되어서 부사절이 형성되었다.

(라) 서술절을 안은 문장

'서술절(敍述節)'은 문장에서 서술어로 기능하는 절인데, 이렇게 서술절을 안고 있는 겹문장을 '서술절을 (가진) 안은 문장'이라고 한다.

 (18) ㄱ. 코끼리가 <u>코가 길다.</u>
    ㄴ. 자갈치가 <u>회가 싱싱하다.</u>

 (19) ㄱ. 이 나무가 <u>꽃이 핀다.</u>
    ㄴ. 그이가 <u>얼굴이 야위었다.</u>

(18)에서 (ㄱ)의 '코가 길다'와, (ㄴ)의 '회가 싱싱하다'는 주어와 서술어의 구조를 갖추고 있으면서, 주어인 '코끼리가, 자갈치가'에 대하여 서술어로 쓰이고 있다. 그리고 (19)에서 (ㄱ)의 '꽃이 핀다'와 '얼굴이 야위었다'는 주어인 '이 나무가'와 '그이가'에 대하여 서술어로 쓰이고 있다. 따라서 『고등학교 문법』(2010:164)에서는 (18)과 (19)에서 밑줄 친 말을 서술절로 보고 (18)와 (19)의 전체 문장을 '서술절을 안은 문장'으로 처리한다.11)

(마) 인용절을 안은 문장

'인용절(引用節)'은 다른 사람의 말이나 생각을 직접 혹은 간접적으로 따온 절인데, 인용하는 절(문장)에 부사격 조사 '-라고'와 '-고'가 붙어서 이루어진다.12) 이와 같이 인용

---

11) 서술절에는 다음과 같은 특징이 나타난다. 첫째, 서술절은 서술어가 비행동성(非行動性)의 의미적 특징이 있는 용언일 때에 나타난다. 곧 '길다'나 '싱싱하다'와 같은 '상태성(狀態性)'을 나타내거나, '피다'나 '야위다'처럼 '과정성(過程性)'을 나타내는 용언일 때만 나타날 수 있다. 둘째, 서술절에는 그것을 성립시키는 문법적인 형태가 없다. 서술절을 제외한 다른 절은 그것이 절임을 나타내는 표지(문법적인 형태소)가 실현되는 데에 반해서, 서술절에는 그러한 절을 형성시키는 문법적인 표지가 없는 것이 특징이다. 셋째, 서술절의 서술어에는 '-다'와 같은 종결 어미가 실현되어 있어서, 서술절이 완전한 문장의 형식을 취하는 것이 특징이다.

12) 직접 인용절을 이끄는 부사격 조사로는 '-하고'도 있다. '-하고'는 남의 말이나 생각 혹은 사물의 소리를 아주 생생하게 인용할 때에 쓰인다. '-하고'는 '말하다', '묻다', '생각하다' 따위의 인용 동사와 함께 실현된다. (보기: ① 김 사장은 사원들에게 "이제 다시 시작합시다." <u>하고</u> 말했다. ② 병장

절을 포함하고 있는 겹문장을 '인용절을 (가진) 안은 문장'이라고 한다.

> (20) ㄱ. 길동 씨는 "나는 박 회장한테서 10억 원을 받았다."라고 말했습니다.
> ㄴ. 길동 씨는 (자기는) 박 회장한테서 10억 원을 받았다고 말했습니다.

(20)의 문장은 다른 사람의 말을 따온 '인용절을 안은 문장'이다. (ㄱ)은 '길동 씨'가 한 말을 그대로 따온 직접 인용문인데, 직접 인용절인 '나는 박 회장한테서 10억을 받았다.'에 부사격 조사인 '-라고'가 실현되었다. 그리고 (ㄴ)은 말을 전달하는 사람이 '길동 씨'의 말을 자신의 입장으로 바꾸어서 따온 간접 인용문이다. 간접 인용절인 '박 회장한테서 10억 원을 받았다'에는 부사격 조사인 '-고'가 실현되었다.

그런데 인용절을 안은 문장은 생각·판단·주장 등을 따올 때에도 성립한다.

> (21) ㄱ. 나는 "내일은 집에서 쉬어야지."라고 **생각했다**.
> ㄴ. 김우석 박사는 자기는 결백하다고 **주장했다**.

생각이나 판단, 주장을 인용하는 표현도 남의 말을 인용하는 것과 동일한 형식의 문장으로 표현된다. 따라서 (21)처럼 문장의 서술어가 '생각하다, 믿다, 주장하다, 약속하다, 명령하다, 제의하다……' 등일 때에도 인용절의 문법적인 형식만 갖추면 인용절을 안은 문장의 서술어로 쓰일 수 있다.

1.3. 문법 요소

문법적인 형태소인 어말 어미와 선어말 의미을 비롯하여 문법적인 기능을 나타내는 어휘와 파생 접사를 '문법 요소'라고 한다. 여기서는 이러한 문법 요소를 통하여 실현되는 문법적인 표현의 종류와 기능에 대하여 알아본다.

1.3.1. 종결 표현

'종결 표현(終結表現)'은 문장에서 서술어로 쓰이는 용언에 '종결 어미(終結語尾)'를 실현

의 옆에서 포탄이 "꽝"하고 터졌다.)

함으로써, 화자가 자신의 의향을 나타내면서 문장을 끝맺는 표현이다.

국어의 종결 표현에는 '평서문, 의문문, 명령문, 청유문, 감탄문' 등이 있다. 이러한 종결 표현은 문장을 끝맺는 동시에 화자가 청자에게 여러 가지 태도를 나타낸다.

(1) ㄱ. 우리나라는 사계절이 뚜렷하다.   [평서문]

  ㄴ. 아버님께서 오셨느냐?   [의문문]

  ㄷ. 음식을 골고루 먹어라.   [명령문]

  ㄹ. 우리 함께 해결책을 생각해 보자.   [청유문]

  ㅁ. 아, 벌써 새 아침이 밝았구나.   [감탄문]

(ㄱ)의 '평서문(平敍文)'은 '-다'와 같은 평서형 어미가 실현되어서 이루어지는데, 청자에게 의사를 전달하되 아무런 요구를 하지 않는다. 반면에 '의문문, 명령문, 청유문'은 청자에게 어떠한 요구를 하면서 의사를 전달하는 문장이다. (ㄴ)의 '의문문(疑問文)'은 '-느냐'와 같은 의문형 어미가 실현되어서 이루어지는데, 청자에게 대답을 요구한다. 이에 반해서 '명령문'과 '청유문'은 청자에게 어떠한 행동을 요구한다. (ㄷ)의 '명령문(命令文)'은 '-아라/-어라'와 같은 명령형 어미가 실현되어서 이루어지는데, 청자만의 행동을 요구한다. (ㄹ)의 '청유문(請誘文)'은 '-자'와 같은 청유형 어미가 실현되어서 이루어지는데, 청자에게 어떠한 행동을 함께할 것을 요구한다. 이와 같은 '평서문, 의문문, 명령문, 청유문'은 화자가 청자에게 정보를 전달하거나 대답을 요청하거나 청자의 행동이나 함께함을 요청하는 등 어떠한 의사를 전달하는 문장이다. 이에 반해서 (ㅁ)의 '감탄문(感歎文)'은 '-구나'와 같은 감탄형 어미를 실현하여 이루어진다. 화자는 감탄문을 통하여 처음으로 인지한 일의 내용에 대하여 독백하거나 자신의 감정을 표출하는 데에 그친다.

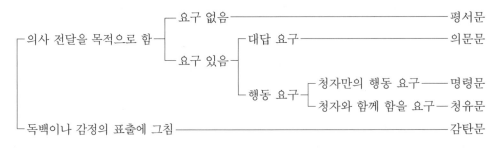

〈그림 1〉 종결 방식에 따른 문장의 유형

(가) 평서문

'평서문(平敍文)'은 화자가 청자에 대하여 특별히 요구하는 바가 없이, 자기의 생각을 단순하게 전달하는 문장이다. 평서문은 서술어로 쓰이는 용언에 '평서형의 종결 어미'가 실현됨으로써 성립된다.

(2) ㄱ. 오늘 우리 집에서 모내기를 한다.　　　　　　　　[해라체]
　　 ㄴ. 철수는 지금 집에 없네.　　　　　　　　　　　　[하게체]
　　 ㄷ. 새 자동차가 거리에 많소.　　　　　　　　　　　[하오체]
　　 ㄹ. 어제는 밀양에 비가 많이 내렸습니다.　　　　　　[하십시오체]

(2)의 평서문은 평서형 종결 어미의 종류에 따라서 상대 높임의 등분이 달라졌다. 곧, (ㄱ)은 서술어로 쓰인 용언에 아주 낮춤인 '해라체'의 '-다'가 실현되어서, (ㄴ)은 예사 낮춤인 '하게체'의 '-네'가 실현되어서, (ㄷ)은 예사 높임인 '하오체'의 '-소'가 실현되어서, (ㄹ)은 아주 높임인 '하십시오체'의 '-습니다'가 실현되어서 성립된 의문문이다.

　평서문은 기능에 따라서 '단순 평서문, 확인 평서문, 약속 평서문' 등의 하위 유형으로 나눌 수 있다.

(3) ㄱ. 황령산에는 벚꽃이 가득 피어 있다.
　　 ㄴ. 울릉도에서는 겨울에 눈이 많이 내리지.
　　 ㄷ. 네가 대학 시험에 합격하면 새 컴퓨터를 사 주마.

첫째, '단순 평서문'은 '-다, -네, -으오, -ㅂ니다/-습니다' 등으로 실현되는 평서문인데, (ㄱ)처럼 화자가 문장으로 표현되는 내용을 단순하게 서술하면서 청자에게 전달한다. 둘째, '확인 평서문'은 '-지; -것다, -렷다' 등으로 실현되는 평서문인데, (ㄴ)처럼 '확인' 이라는 특별한 뜻을 나타내면서 문장을 끝맺는다. 셋째, '약속 평서문'은 '-으마, -음세, -을게' 등으로 실현되는 평서문인데, (ㄷ)처럼 화자가 청자에게 어떠한 행동을 해 주기로 '약속'하면서 문장을 끝맺는다.

(나) 의문문

'의문문(疑問文)'은 화자가 청자에게 질문을 함으로써 대답을 요구하는 문장이다. 의문문은 서술어로 쓰이는 용언에 '의문형의 종결 어미'가 실현됨으로써 성립한다.

(4) ㄱ. 너는 남을 위해 살아 본 적이 있느냐?　　　　　　　[해라체]

　　ㄴ. 자네는 몇 시까지 사무실에 올 것인가?　　　　　　[하게체]

　　ㄷ. 돈도 얼마 없는데 어디로 가야 하오?　　　　　　　[하오체]

　　ㄹ. 선생님께서는 이제 가시면 언제쯤 돌아오십니까?　　[하십시오체]

(ㄱ)은 서술어로 쓰인 용언에 해라체의 '-느냐'가 실현되어서, (ㄴ)은 하게체의 '-ㄴ가'가 실현되어서, (ㄷ)은 하오체의 '-오'가 실현되어서, (ㄹ)은 습니다체의 '-ㅂ니까'가 실현되어서 성립된 의문문이다.

이러한 의문문은 화자가 청자에게 요구하는 대답의 성격에 따라서, '설명 의문문, 판정 의문문, 수사 의문문'으로 나뉜다.

첫째, '설명 의문문(說明 疑問文)'은 의문문에서 제시된 '물음의 초점'에 대하여 청자가 구체적인 설명을 하도록 요구하는 의문문이다.

(5) ㄱ. 오늘 회의는 어디에서 합니까? ↘

　　ㄴ. 3층 대회의실에서 합니다.

설명 의문문에서는 그 속에 '물음의 초점'을 나타내는 '의문 대명사'를 반드시 취하게 된다. 곧, (ㄱ)의 의문문에 대하여 청자는 (ㄴ)과 같이 발화함으로써, (ㄱ)에 실현된 의문 대명사인 '어디'에 관련된 정보, 곧 '회의가 열리는 구체적인 장소'를 설명해야 한다.[1]

둘째, '판정 의문문(判定 疑問文)'은 화자가 발화한 의문문의 전체적인 내용에 대하여, 청자가 긍정이나 부정의 대답을 하도록 요구하는 의문문이다. 청자는 판정 의문문에 대하여 '예' 혹은 '아니요'로써 대답하는 것이 일반적이므로, 판정 의문문을 '예-아니요' 의문문이라고도 한다.

(6) 지금 비가 오니? ↗

(7) ㄱ. 예, 지금 비가 옵니다.

　　ㄴ. 아니요, 지금 비가 오지 않습니다.

---

1) '의문사(疑問詞)'는 의문의 초점이 되는 사물이나 사태를 지시하는 말이다. 이러한 의문사로는 '누구, 언제, 어디, 무엇; 왜, 어떻게, 얼마' 따위가 있다.

(6)의 의문문은 청자에게 '지금 비가 오는지 오지 않는지'에 대하여 판정을 내려서 그에 대한 대답을 요구하는 문장이다. (6)의 의문문에 대하여 청자는 실제로 '지금 비가 오는 것'으로 판정하면 (7ㄱ)처럼 긍정문으로 대답한다. 반대로 청자가 '지금 비가 오지 않는 것'으로 판정하면 (7ㄴ)처럼 부정문으로 대답한다. 이처럼 들을이에게 문장의 내용에 대하여 진위(眞僞) 여부에 대한 판정을 요구하는 의문문을 '판정 의문문'이라고 한다.[2]

셋째, '수사 의문문(修辭 疑問文)'은 의문형 어미가 실현되어 있기는 하지만, 청자에게 굳이 대답을 요구하지 않는 의문문이다. 수사 의문문은 비록 의문문의 형식을 취하고 있지만, 평서문이나 명령문 등의 다른 종결 표현처럼 기능한다.

(8) ㄱ. 내가 이 상자를 못 들겠느냐?
ㄴ. 빨리 그만두지 못하겠느냐?

(8)의 문장은 모두 의문문의 형식을 갖추고 있으나 일반적인 의문문과 다르게 기능한다. (ㄱ)은 '반어적인 기능'을 하는 의문문으로서 평서문과 동일하게 기능한다. (ㄴ)은 청자에게 '그만두는 행동'을 요구하므로 명령문처럼 기능한다.

(다) 명령문

'명령문(命令文)'은 화자가 청자에게 자기의 의도대로 행동해 줄 것을 요구하는 문장이다. 명령문은 서술어로 쓰이는 용언에 명령형의 종결 어미가 실현됨으로써 성립된다.[3]

(9) ㄱ. 열심히 일한 당신, 이제 떠나라.   [해라체]
ㄴ. 자네, 빨리 일어나게(나).   [하게체]

---

2) '설명 의문문'은 문말의 억양이 평서문과 마찬가지로 하강조로 실현된다. 이는 설명 의문문에서는 의문사(疑問詞)가 실현되기 때문에, 억양을 높이지 않아도 의문사를 통하여 의문문임을 알 수 있기 때문이다. 반면에 '판정 의문문'은 문장의 끝의 억양이 상승조로 실현되는 것이 특징이다. 판정 의문문에는 의문사가 실현되지 않기 때문에, 그것이 의문문임을 나타내는 보조적인 수단으로써 상승의 어조를 실현하는 것이다.

3) 명령문과 청유문에는 다음과 같은 특징이 공통적으로 나타난다. 첫째, 명령문과 2인칭의 대명사인 '너'가, 청유문에서는 '우리'가 주어로 쓰일 수 있다. (보기: 너희들은 먼저 떠나거라. 우리, 손을 깨끗하게 씻자.) 둘째, 명령문과 청유문에서는 서술어로서 동사만이 쓰일 수 있고 형용사나 서술격 조사는 쓰일 수 없다. (보기: *애들아, 제발 좀 키가 작아라. *이것은 책이자.) 셋째, 명령문과 청유문의 서술어로 쓰이는 용언에는 시간을 나타내는 어미가 실현되지 않는다. (보기: *김 서방, 이 짐을 좀 들겠게. *자네, 이 짐을 좀 들겠자.) 넷째, 명령문과 청유문에서는 부정을 나타내는 보조 용언으로서 '말다'가 쓰인다. (보기: 철수야, 감기약을 먹지 마라. 선생님, 감기약을 드시지 맙시다.)

ㄷ. 저 산을 한번 보오.   [하오체]

ㄹ. 안녕히 가십시오.   [하십시오체]

(ㄱ)은 서술어로 쓰인 용언에 '해라체'의 '-아라'가 실현되어서, (ㄴ)은 하게체의 '-게
(나)'가 실현되어서, (ㄷ)에서는 '하오체'의 '-오'가 실현되어서, (ㄹ)에서는 '하십시오체'
의 '-십시오'가 실현되어서 성립된 명령문이다.

명령문은 그것이 발화되는 장면에 따른 전달의 방식에 따라서 '직접 명령문'과 '간접
명령문'으로 구분할 수 있다(남기심·고영근, 1993:54).

첫째, '직접 명령문(直接 命令文)'은 화자와 청자가 직접적으로 대면하는 발화 상황에서
쓰이는 일반적인 명령문이다.

(10) ㄱ. 여기 상자 안에서 마음에 드는 것을 골라라.

ㄴ. 출발점에서 결승점까지 힘껏 달리거라.

ㄷ. 너는 여기서 무릎을 꿇고 너의 행동을 반성하여라.

ㄹ. 어서 이리 오너라.

(10)의 명령문은 직접 명령문인데, 서술어로 쓰인 동사의 어간에 '-아라/-어라'와 '-거
라, -여라, -너라' 등의 명령형 어미가 실현되었다.

둘째, '간접 명령문(間接 命令文)'은 매체를 통하여 간접적으로 표현되는 발화 상황에서
쓰이는 특수한 명령문이다. 곧, 간접 명령문은 화자와 청자가 직접적으로 대면하지 않
고, 주로 신문의 표제어나 시험지, 표어, 현수막, 성명서 등의 매체를 통해서 간접적으로
표현된 명령문이다.

(11) ㄱ. 아래 물음에 알맞은 답의 기호를 고르라.

ㄴ. 젊은이여, 삶의 목표를 향해 힘차게 달리라.

ㄷ. 정부는 북한의 핵무기 개발을 저지하라.

ㄹ. 젊은이들이여 하루 빨리 자유의 품으로 돌아오라.

간접 명령문은 동사의 어간에 '-으라'가 붙어서 실현된다. (11)에서 '고르라, 달리라, 저
지하라, 돌아오라'는 동사의 어간에 명령형 어미인 '-으라'가 붙어서 활용한 형태이다.

(라) 청유문

'청유문(請誘文)'은 화자가 청자에게 어떠한 행동을 같이할 것을 요청하거나 제안하는 문장이다. 청유문은 서술어로 쓰이는 용언에 청유형의 종결 어미가 실현됨으로써 성립된다.

(12) ㄱ. 이제는 싸움을 그만두<u>자</u>.　　　　　　　　　　　　[해라체]
　　　ㄴ. 우리도 한번 잘 살아 보<u>세</u>.　　　　　　　　　　　[하게체]
　　　ㄷ. 선생님, 우리도 지금 출발<u>합시다</u>.　　　　　　　　[하오체]
　　　ㄹ. 어르신, 차린 음식을 많이 <u>드시지요</u>.　　　　　　　[하십시오체]

(ㄱ)은 서술어로 쓰인 용언에 해라체의 '-자'가, (ㄴ)은 하게체의 '-세'가 (ㄷ)은 하오체의 '-ㅂ시다'가, (ㄹ)은 하십시오체의 '-시지요'가 실현되어서 성립된 청유문이다.

(마) 감탄문

'감탄문(感歎文)'은 화자가 자신의 느낌을 표현하거나, 자신의 생각을 독백하는 문장이다. 감탄문은 문장에서 서술어로 쓰이는 용언에 '감탄형의 종결 어미'가 실현됨으로써 성립된다.[4]

(13) ㄱ. 아이가 길에서 넘어졌<u>구나</u>.
　　　ㄴ. 앗! 뜨거<u>워라</u>.

(ㄱ)은 서술어로 쓰인 용언에 '-구나'가 실현되어서, (ㄴ)은 '-어라'가 실현되어서 성립된 감탄문이다.

감탄문은 감탄형 어미의 형태에 따라 '구나' 형 감탄문과 '어라' 형 감탄문으로 나뉜다. 첫째, '구나' 형 감탄문은 용언이나 서술격 조사의 어간에 '-구나, -구먼, -구려; -군,

---

4) 감탄문에서는 다음과 문법적인 특징이 나타난다. 첫째, 감탄문은 화자가 자신이 알게 된 사실을 영탄적으로 진술하는 데에 그치는 문장이다. 이에 반해서 평서문은 화자가 자신이 알고 있는 사실을 청자에게 전달하는 문장이다. 둘째, 감탄문은 화자가 어떤 일을 '처음으로 인식한 상황'에서만 발화하는 문장이다. 곧, 감탄문은 화자가 발화하기 직전에 처음으로 인식한 일에 대한 반응을 직접적으로 표출하는 문장이다. 이러한 특징에 따라서 감탄문의 앞에는 주로 감정 감탄사가 독립어로 실현되는 경우가 많다.

'-네' 등이 붙어서 실현된다.

    (14) ㄱ. 철수가 개를 잡는<u>구나</u>.   [격식체]

          ㄴ. 영희가 매우 예쁘<u>구먼</u>.

          ㄷ. 오늘이 우리의 제삿날이<u>구려</u>.

    (15) ㄱ. 밖에 비가 많이 내리는<u>군(요)</u>.   [비격식체]

          ㄴ. 오늘은 날씨가 매우 춥<u>네(요)</u>.

(14)의 감탄문은 격식체의 감탄형 종결 어미인 '-구나(해라체)', '-구먼(하게체)', '-구려(하오체)' 등이 실현되었다. 그리고 (15)의 감탄문은 비격식체인 '해체'의 감탄형 어미인 '-군(요)'나 '-네(요)'를 실현함으로써 감탄문이 성립할 수도 있다.

    둘째, '어라' 형 감탄문은 형용사의 어간에 감탄형 종결 어미인 '-아라/-어라'가 붙어서 실현된다.[5)]

    (16) ㄱ. 아, <u>고와라</u>! 진정으로 아름다<u>워라</u>.

          ㄴ. 아이고, 추<u>워라</u>!

          ㄷ. 아아, 참 곱기도 하<u>여라</u>.

(16)은 형용사인 '곱다'와 '아름답다'의 어간에 '-아라'와 '-어라'가 붙어서, (ㄴ)은 '춥다'의 어간에 '-어라'가 붙어서, (ㄷ)은 보조 형용사인 '하다'의 어간에 '-여라'가 붙어서 감탄문이 성립되었다.

1.3.2. 높임 표현

    국어에서는 문장에서 표현되는 일의 주체나 객체, 혹은 말을 듣는 상대(청자)를 높이거나 낮추어서 표현함으로써, 그 사람과의 관계나 자신의 사회적인 위치를 확인한다.

---

5) '어라' 형 감탄문은 '구나' 형 감탄문에 비해서 다음과 같은 특징이 나타난다. 첫째, '어라' 형 감탄문은 화자가 느낀 감각이나 감정을 즉각적이고도 아주 강하게 표현할 때에 쓰인다. (보기: 앗, 뜨거워! 어, 추위리!) 둘째, '어라' 형 감탄문에 쓰이는 감탄형 어미인 '-어라'는 동사에는 실현되지 않고 형용사에만 실현된다. (보기: 아이고, 뜨거<u>워라</u>. *앗, 한국 팀이 바레인 팀에 졌<u>어라</u>!) 셋째, '어라' 형 감탄문은 화자가 느낀 감각이나 감정을 즉각적으로 표출하므로, 독립어와 서술어만 실현되고 이들 외의 문장 성분은 실현되지 않는다. (보기: 아이고, 시원해라. *아이고, <u>물이</u> <u>정말로</u> 시원해라.)

(가) 높임 표현의 개념

'높임 표현'은 화자가 청자나 문장 속에서 표현된 어떤 대상을, 그의 지위가 높고 낮은 정도에 따라서 언어적으로 대우하는 표현이다.

(1) ㄱ. 철수<u>가</u> 동생<u>에게</u> 책을 <u>주었다</u>.
ㄴ. 할아버지<u>께서</u> 선생님<u>께</u> 책을 <u>드리셨습니다</u>.

(ㄱ)에서는 문장 속에서 주어로 표현된 주체(=철수)와 부사어로 표현된 객체(=동생), 그리고 말을 듣는 상대(=청자)를 모두 낮추어서 표현하였다. 이에 반하여 (ㄴ)에서는 '-께서'와 '-시-'를 통하여 주체인 '할아버지'를 높였으며, 서술어 '드리다'와 조사 '-께'를 통해서 객체인 '선생님'을 높여서 표현하였다. 그리고 서술어에 종결 어미인 '-습니다'를 실현하여 발화 장면 속에서 말을 듣는 상대를 높여서 표현하였다.

(나) 높임 표현의 유형

높임 표현은 높임의 대상에 따라 '상대 높임 표현·주체 높임 표현·객체 높임 표현'으로 나뉜다.

① 상대 높임 표현

'상대(相對) 높임 표현(존비 표현)'은 화자가 서술어의 용언에 종결 어미를 실현함으로써, 말을 듣는 청자(상대)를 높이거나 낮추어서 표현하는 높임 표현이다.

(2) ㄱ. 철수가 집에 갔<u>다</u>.   [격식체]
ㄴ. 철수가 집에 갔<u>습니다</u>.

(3) ㄱ. 철수가 집에 갔<u>어</u>.   [비격식체]
ㄴ. 철수가 집에 갔<u>어요</u>.

(2)에서 (ㄱ)은 종결 어미인 '-다'를 실현하여 청자를 아주 낮추어서 표현하였고, (ㄴ)은 '-습니다'를 실현하여 청자를 아주 높여서 표현하였다. 그리고 (3)에서 (ㄱ)은 종결 어미인 '-어'를 실현하여 청자를 낮추어서 표현하였으며, (ㄴ)은 '-어'에 종결 보조사인 '-요'

를 실현하여 청자를 높여서 표현하였다. 상대 높임 표현은 '격식체'와 '비격식체'의 상대 높임 표현으로 나뉜다.

〈 격식체의 상대 높임 표현 〉 '격식체의 상대 높임 표현'은 나이나 직업, 직위 등의 주어진 사회적 규범에 따라 어느 특정한 등급의 종결 어미를 쓰게 되어서, 화자에게 개인적인 선택의 여지가 없을 때에 사용하는 상대 높임 표현이다. 격식체의 상대 높임 표현은 직접적이며 단정적이며 객관적이고 의례적인 성격이 있는 높임 표현이다.

격식체의 상대 높임 표현은 높임의 등분과 종결 방식에 따라서 다음과 같이 실현된다.

(4) ㄱ. 돼지를 잡- { -습니다 / -습니까? / -으십시오[6) / ― / ― }
　　ㄴ. 돼지를 잡- { -으오 / -으오? / -으오 / -읍시다 / -(는)구려 }
　　ㄷ. 돼지를 잡- { -네 / -(느)은가? / -게 / -으세 / -(는)구먼 }
　　ㄹ. 돼지를 잡- { -(는)다 / -(느)으냐? / -아라 / -자 / -(는)구나 }

격식체의 상대 높임 표현은 네 가지 등분으로 분류할 수 있다. 곧 (ㄱ)은 아주 높임의 등분인 '하십시오체', (ㄴ)은 예사 높임의 등분인 '하오체', (ㄷ)은 예사 낮춤의 등분인 '하게체', (ㄹ)은 아주 낮춤의 등분인 '해라체'이다. 그리고 평서문, 의문문, 명령문, 청유문, 감탄문 등과 같이 문장이 종결되는 방식에 따라서도 상대 높임법을 실현하는 종결 어미의 형태가 달라진다.

〈 비격식체의 상대 높임 표현 〉 '비격식체의 상대 높임 표현'은 청자에게 개인적 감정이나 느낌, 태도를 보이기 위하여 스스로 어떠한 문체를 선택하여 사용하는 상대 높임 표현이다. 이는 부드럽고 비단정적이며 주관적이며, 격식을 덜 차리는 정감적인 성격의 상대 높임 표현이다.

비격식체의 상대 높임 표현은 낮춤의 '해체'와 높임의 '해요체'로 나누어진다.

(5) ㄱ. 어서 고양이를 잡아. 　　　　　　　　　　　　　　[해체]
　　ㄴ. 이제 모두들 자리에서 일어서지.

(6) ㄱ. 어서 고양이를 잡아요. 　　　　　　　　　　　　　　[해요체]
　　ㄴ. 이제 모두들 자리에서 일어서지요.

'해체'는 '반말'이라고도 하는데, (5)처럼 서술어로 쓰인 용언의 끝에 반말체의 종결 어미

---

6) '-십시오'는 주체 높임의 선어말 어미인 '-시-'와 명령형의 종결 어미인 '-ㅂ시오'가 결합된 형태이다.

인 '-아/-어'나 '-지'를 붙여서 표현한다. 이때에 '-아/-어'나 '-지'로 실현되는 '해체'는 아주 낮춤과 예사 낮춤에 두루 쓰이는 '두루 낮춤'의 등급이다. 이에 반해서 '해요체'는 (6)처럼 '해체'에 높임의 뜻이 있는 보조사 '-요'를 붙여서 '-아요/-어요'나 '-지요'의 형태로 실현되는 높임 표현이다. 이러한 '해요체'는 아주 높임과 예사 높임에 두루 쓰이는 '두루 높임'의 등급이다.

② 주체 높임 표현

'주체(主體) 높임 표현(존경 표현)'은 문장에서 주어로 표현되는 대상(＝서술의 주체)을 높이는 방법으로서, 서술의 주체가 화자보다 나이나 사회적 지위 등에서 상위자일 때에 실현된다. 주체 높임 표현은 서술어로 쓰이는 용언에 선어말 어미인 '-으시-'를 붙여서 실현하는 것이 일반적이며, 이와 함께 주격 조사로서 '-께서'를 실현하거나 체언에 파생 접사 '-님'을 붙여서 실현하기도 한다.

(7) ㄱ. 김동운 사장이 금정산 아래에 <u>산다</u>.
　　ㄴ. 김동운 사장님께서 금정산 아래에 <u>사신다</u>.

(ㄱ)의 문장에는 주체를 높이는 문법적인 요소가 쓰이지 않았으므로 서술의 주체인 '김동운 사장'을 낮추어서 표현한 것이다. 이에 반해서 (ㄴ)의 문장에서는 서술어로 쓰인 '살다'에 주체 높임의 선어말 어미인 '-시-'를 실현하였고, 주체인 '김동운 사장'에 높임의 접미사인 '-님'과 주격 조사 '-께서'를 실현하여 주체를 높여서 표현하였다.

〈 간접 높임 표현 〉 일반적으로 주체 높임 표현은 문장 속에서 주어로 쓰이는 대상(주체)을 선어말 어미인 '-으시-'를 통하여 직접적으로 높여서 대우하는 표현이다.

(7') 김 사장님께서 금정산 아래에서 사신다.

　　　[+높임]

(7')에서 선어말 어미인 '-시-'는 주어로 표현된 높임의 대상인 '김 사장'을 직접적으로 높였다.

그런데 서술의 주체가 높임의 직접적인 대상이 아닌 때에도 '-으시-'를 실현하여서 표현할 수 있다. 곧 실제로 높여서 표현해야 할 인물과 밀접한 관계에 있는 대상인, '신체의 일부분, 소유물, 병, 생각, 말, 사상' 등을 나타내는 말이 문장의 주어로 쓰일 때에는,

그 대상을 높여서 표현할 수 있다. 이러한 높임 표현을 '간접 높임 표현'이라고 한다.

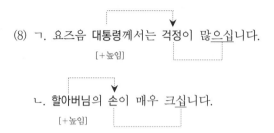

(8) ㄱ. 요즈음 대통령께서는 걱정이 많으십니다.
　　　　　　[+높임]

　　ㄴ. 할아버님의 손이 매우 크십니다.
　　　　[+높임]

(8)의 문장에서 서술어인 '많다'와 '크다'에 대한 서술의 주체는 '걱정'과 '손'인데, 이들은 원칙적으로 주체 높임의 대상이 되는 말이 아니다. 그런데 (ㄱ)에서 '걱정'은 높임의 대상인 '대통령'의 '걱정'이고 (ㄴ)에서 '손'도 높임의 대상인 '할아버님'의 '손'이다. 따라서 (8)의 '많으십니다'와 '크십니다'에 표현된 주체 높임의 선어말 어미인 '-으시-'는 문장의 주어로 쓰인 '걱정'과 '손'을 높여서 표현함으로써, 실제로 높여서 표현해야 할 '대통령'과 '할아버님'을 간접적으로 높인 것이다.[7]

　〈어휘를 통한 주체 높임 표현〉 주체 높임 표현은 선어말 어미인 '-으시-'나 주격 조사 '-께서', 혹은 파생 접사 '-님'으로 실현되는 것이 일반적이다. 하지만 주체 높임 표현은 '계시다, 잡수시다/자시다/드시다, 주무시다 ……' 등과 같이 높임의 뜻이 있는 특수한 용언으로써도 실현될 수 있다.

(9) ㄱ. 아버님께서는 지금 거실에 계시다.
　　ㄴ. 할아버님께서 점심을 잡수신다.
　　ㄷ. 선생님께서는 어제 부산호텔에서 주무셨다.

(9)에서 '계시다, 잡수시다, 주무시다'는 각각 '있다, 먹다, 자다'에 대한 높임의 어휘이다. 그러므로 (9)처럼 '계시다, 드시다, 주무시다'가 서술어로 쓰이면 자동적으로 문장의 주체가 높여져서 표현된다.[8]

---

7) 주체 높임 표현을 통하여 대상을 간접적으로 높이는 방법으로는 두 가지가 있다. 첫째, 서술절을 안은 문장에서 서술절 속의 주어로 표현되는 대상을 높임으로써, 안은 문장에서 주어로 표현되는 인물을 간접적으로 높일 수 있다. (보기: 선생님께서는 귀가 크시다. 할머니께서는 돈이 많으시다. 어머님께서도 다 생각이 있으십니다.) 둘째, 관형어의 수식을 받는 체언이 주어로 쓰일 때에, 그 체언을 높여서 표현함으로써 관형어로 표현되는 대상을 간접적으로 높일 수 있다. (보기: 사장님의 손톱이 빠지셨다. 선생님의 말씀이 있으시겠습니다.)

③ 객체 높임 표현

‘객체(客體) 높임 표현(겸손 표현)’은 문장의 목적어나 부사어로 표현되는 대상, 곧 서술의 객체를 높여서 표현하는 높임 표현이다. 여기서 객체는 화자나 문장 속의 주체보다 상위자일 경우가 많다.

(10) ㄱ. 인호는 동생을 <u>데리고</u> 집으로 왔다.

　　 ㄴ. 한 학생이 수학 책을 철수<u>에게</u> <u>주었다</u>.

(11) ㄱ. 인호는 아버지를 <u>모시고</u> 집으로 왔다.

　　 ㄴ. 한 학생이 수학 책을 선생님<u>께</u> <u>드렸다</u>.

(10)은 목적어인 ‘동생’이나 부사어인 ‘철수’를 높이지 않은 표현이다. 이에 반하여 (11)의 (ㄱ)에서는 서술어로 쓰인 ‘모시다’를 통해서 목적어로 표현된 객체(=‘아버지’)를 높여서 표현하였다. 그리고 (11ㄴ)에서는 서술어로 쓰인 ‘드리다’와 부사격 조사인 ‘-께’를 통해서, 부사어로 표현된 객체(=‘선생님’)를 높여서 표현하였다. 그런데 이러한 객체 높임 표현은 대체로 객체가 화자나 주체보다 상위자인 때에 실현된다. 곧 (11ㄱ)에서 객체인 ‘아버지’는 주체인 ‘인호’보다 상위자이며, (11ㄴ)에서 객체인 ‘선생님’은 주체인 ‘학생’보다 상위자이다. 반면에 (10)에서 객체인 ‘동생’과 ‘철수’는 주체인 ‘인호’와 ‘한 학생’에 에 비해서 상위자가 아니므로, 객체를 낮추어서 표현하였다.

〈 객체 높임 표현의 실현 방법 〉 상대 높임 표현과 주체 높임 표현은 주로 용언의 활용을 통해서 실현된다. 이에 반해서 객체 높임 표현은 일반적으로 높임의 뜻이 있는 특수한 동사를 사용하여서 실현되는 것이 특징이다.

(12) ㄱ. 류성룡은 선조 임금님을 <u>모시고</u> 의주까지 갔다.

　　 ㄴ. 큰 아들은 어머님<u>께</u> 용돈을 매달 <u>드렸다</u>.

　　 ㄷ. 목련존자는 부처님을 <u>뵙고</u> 출가의 뜻을 밝혔다.

　　 ㄹ. 저는 부모님<u>께</u> <u>여쭈어</u> 보고 가부(可否)를 결정하겠습니다.

---

8) 문장의 서술어가 ‘있다’일 때에는 주체 높임 표현이 ‘계시다(존재, 在)’와 ‘있으시다(소유, 持)’의 두 가지 단어로 실현된다. 이 경우 ‘계시다’는 직접 높임 표현으로서 높임의 뜻이 있는 어휘로써 실현된 높임 표현이고, ‘있으시다’는 간접 높임 표현으로서 선어말 어미인 ‘-으시-’로써 실현된 높임 표현이다. (보기: 선생님께서는 댁에 계시다. 선생님께서는 따님이 있으시다.) 이처럼 ‘계시다’는 주체를 직접적으로 높일 때에 사용하고, ‘있으시다’는 높여야 할 주체(=선생님)를 다른 대상(=따님)을 통해서 간접적으로 높일 때에 사용한다.

(12)에서 '모시다, 드리다, 뵙다(뵈다), 여쭈다(여쭙다)' 등이 객체 높임을 실현하는 동사인데, 각각 목적어나 부사어로 표현된 객체를 높였다. 그리고 (ㄴ)과 (ㄹ)처럼 상대를 나타내는 부사어로 쓰인 객체를 높일 때에는, 높임의 뜻을 나타내는 동사인 '드리다, 여쭙다'와 함께 부사격 조사인 '-께'를 실현하였다.

【 더 배우기 】

높임의 의미를 나타내는 어휘를 실현하여 다른 사람을 높이는 표현이 있는데, 이를 '어휘를 통한 높임 표현'이라고 한다.

〈 높임의 정도에 따른 높임 어휘의 유형 〉 '높임의 어휘'는 내용으로 볼 때에 '높임말'과 '낮춤말(겸양말)'로 나눌 수가 있다. '높임말'은 청자나 청자와 관련된 대상을 높여서 표현하는 어휘이다. 반면에 '낮춤말(겸양말)'은 화자가 자신이나 자신에 관련된 대상을 낮추어서 표현함으로써, 다른 사람을 상대적으로 높이는 어휘다.

(1) ㄱ. 아버님, 어머님, 가친(家親), 자친(慈親), 춘부장(椿府丈), 자당(慈堂), 선생님, 귀하(貴下); 계씨(季氏), 함씨(咸氏), 영애(令愛), 영식(令息), 영손(令孫); 진지, 치아(齒牙), 약주(藥酒), 댁(宅), 귀교(貴校), 옥고(玉稿), 연세(年歲)

ㄴ. 주무시다, 계시다, 자시다/잡수다, 돌아가시다; 드리다, 바치다, 받들다, 받잡다, 올리다, 아뢰다, 사뢰다, 여쭈다(여쭙다), 모시다, 뵈다(뵙다)

(2) 저, 저희, 소생(小生), 소인(小人), 소자(小子); 말씀, 졸고(拙稿), 졸저(拙著), 비견(鄙見), 상서(上書)

(1)의 어휘는 화자가 다른 이(주체나 객체)를 직접 높이거나 혹은 그 사람과 관계되는 사람이나 사물을 높여서 발화하는 높임말이다. (2)의 어휘는 화자가 자신이나 자신과 관계되는 사물을 낮추어서 표현함으로써 상대적으로 다른 사람을 높여서 표현하는 겸양말의 예이다.

〈 품사에 따른 높임 어휘의 유형 〉 높임의 어휘는 품사에 따라서 '체언으로 된 높임 어휘'와 '용언으로 된 높임 어휘'로 나뉜다.

첫째, '체언으로 된 높임 어휘'에는 '직접 높임의 어휘'와 '간접 높임의 어휘'가 있다.

(3) ㄱ. 할아버님, 어머님, 선생님, 사장님, 귀하(貴下), 각하(閣下), 가친(家親), 자친(慈親), 춘부장(椿府丈), 자당(慈堂)

ㄴ. 계씨(季氏), 함씨(咸氏), 영애(令愛), 영식(令息), 영손(令孫), 진지, 치아(齒牙), 귀교(貴校), 옥고(玉稿), 연세(年歲)

(ㄱ)의 어휘는 직접 높임의 체언으로서 화자가 높여야 할 인물을 직접적으로 높이는 말이다. 반면에 (ㄴ)의 어휘는 어떠한 대상을 직접적으로 높이는 것이 아니라, 높여야 할 대상과 관계

있는 인물이나 사물을 높임으로써 간접적으로 높이는 말이다.

> (4) ㄱ. <u>할아버님</u>께서는 아직 <u>진지</u>를 자시지 않으셨다.
>
> ㄴ. <u>선생님</u>께서는 <u>치아</u>가 상하셔서 며칠 동안 고생하셨습니다.

(4)에서 '할아버님'과 '선생님'은 화자가 그 대상을 직접적으로 높인 말이다. 이에 비해서 '진지'와 '치아'는 화자가 직접적으로는 높일 수 있는 대상은 아니다. 하지만 '할아버님'과 '선생님'에게 직접적으로 관련된 대상이기 때문에, 각각 '진지'와 '치아'로 높여서 표현한 것이다. 곧 (ㄱ)에서는 '할아버님이 잡수시는 밥'을 '진지'라고 표현함으로써 '할아버님'을 간접적으로 높였다. 그리고 (ㄴ)에서는 '선생님의 이'를 '치아'라고 표현함으로써 '선생님'을 간접적으로 높인 것이다.

둘째, 용언으로 된 높임 어휘에는 '주체 높임의 어휘'와 '객체 높임의 어휘'가 있다.

> (5) ㄱ. 할아버지께서 <u>주무신다</u>.
>
> ㄴ. 할머니께서 진지를 <u>잡수신다/자신다</u>.
>
> ㄷ. 작은아버님께서는 지금 강화도에 <u>계시다</u>.

> (6) ㄱ. 창호는 백부님을 <u>모시고</u> 다대포에 있는 몰운대에 갔다.
>
> ㄴ. 철수는 어제 할아버님을 <u>뵈러</u> 고향에 내려갔다.
>
> ㄷ. 철수가 사범님께 칼을 <u>드렸다</u>.

(5)의 '주무시다, 잡수시다/자시다, 계시다' 등은 문장 속에서 주어로 표현되는 대상인 '할아버지, 할머니, 작은아버님'을 높여서 표현하는 동사이다. 이에 반해서 (6)의 '모시다, 뵙다, 드리다' 등은 문장 속의 목적어나 부사어로 표현되는 대상인 '백부님, 할아버지, 사범님' 등을 높여서 표현하는 동사이다.

1.3.3. 시간 표현

우리는 과거·현재·미래의 일을 구분해서 표현한다. 이처럼 어떠한 일이 일어난 때를 구분하여 언어적으로 표현한 것을 '시간 표현'이라고 한다.

(가) 시간 표현의 개념

어떠한 일이 일어난 시간을 문법 형태소로 표현하는 방식을 '시제(時制)'라고 한다.

> (1) ㄱ. 아버지는 어제 부산으로 떠나셨다.   [사건시>발화시]
>
> ㄴ. 어머니는 지금 빨래를 하신다.   [사건시=발화시]

ㄷ. 내일 비가 오<u>겠</u>다.   [발화시>사건시]

(1)에서 '-었-, -ㄴ-, -겠-'과 같은 언어 기호를 사용하여 '과거, 현재, 미래'의 일을 표현
하였다. 곧 '-었-, -ㄴ-/-는-, -겠-, -더-'와 같은 문법 형태소를 통하여 시간을 분절해
서 '과거 · 현재 · 미래'의 시제로 표현한 것을 '시간 표현'이라고 한다.[1]

(나) 시간 표현의 유형

시간 표현은 발화시와 사건시의 관계에 따라서 '과거 시제 표현, 현재 시제 표현, 미래
시제 표현'으로 나누어진다. 그리고 동사가 표현하는 움직임의 모습을 나타내는 '동작
상'도 있다.

① 과거 시제 표현

'과거 시제 표현(過去時制表現)'은 사건시가 발화시에 앞서는 시간 표현이다.

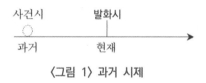

〈그림 1〉 과거 시제

과거 시제는 일반적으로 용언의 어간에 선어말 어미인 '-았-, -았었-, -더-'와 관형사
형 전성 어미인 '-은, -던'이 붙어서 실현된다. 그리고 '어제, 옛날, 아까'처럼 시간 부사
어를 통해서도 과거 시제를 표현할 수 있다.

〈 '-았-'의 기능 〉 과거 시제를 나타내는 가장 대표적인 방법은 과거 시제 선어말 어미
인 '-았-/-었-/ -였-'이나 '-았었-/-었었-'을 문장에 실현하는 것이다.

---

1) 일반적으로 시간 표현은 '발화시'와 '사건시'에 의해서 결정된다. 여기서 '발화시(發話時)'는 화자가
특정한 문장을 발화하는 시간으로서 항상 현재이며, '사건시(事件時)'는 문장으로 표현되는 사건이
나 상황이 일어난 시간이다. 국어의 일반적인 시제는 발화시를 기준으로 해서 발화시와 사건시의
선후 관계를 비교함으로써, '과거 시제 · 현재 시제 · 미래 시제'로 결정된다. 첫째, 과거 시제는 사
건시가 발화시보다 앞서는 시제이다. (보기: 아버지는 어제 부산으로 떠나<u>셨다</u>.) 둘째, 현재 시제는
사건시와 발화시가 일치하는 시제이다. (보기: 어머니는 <u>지금</u> 빨래를 <u>하신다</u>.) 셋째, 미래 시제는
사건시가 발화시보다 뒤서는 시제이다. (보기: 내일은 비가 <u>오겠다</u>.)

(2) ㄱ. 변강쇠는 앞마당에 말뚝을 힘차게 박<u>았</u>다.

　　ㄴ. 나는 어제 식당에서 김밥을 먹<u>었</u>다.

　　ㄷ. 그들은 조국을 다시 찾을 생각으로 열심히 공부하<u>였</u>다.

(2)에서 (ㄱ)의 '-았-'은 어간 끝음절의 모음이 양성 모음일 때에 실현되며, (ㄴ)의 '-었-'은 어간의 끝음절의 모음이 음성 모음일 때에 실현된다. 그리고 (ㄷ)의 '-였-'은 '(~)하다'의 어간 '하-' 다음에만 실현되므로 '-았-/-었-'의 형태론적 변이 형태이다.

　그리고 과거 시제의 선어말 어미가 겹쳐서 '-았었-/-었었-'으로 표현될 수도 있다.

(3) 올해는 이 나무에 꽃이 피지 않았지만, 작년에는 꽃이 많이 피<u>었었</u>다.

이때의 '-았었-/-었었-'은 문장으로 표현되는 사건이 발화시보다 훨씬 이전에 일어나서, 과거의 사건 내용이 현재와는 확연하게 달라져 있음을 나타낸다. (3)에서 '꽃이 많이 피었었다'는 '작년에는 이 나무에 꽃이 많이 피었지만 지금은 상황이 변하여 그렇지 않다'는 숨은 의미를 나타낸다.

　〈 '-더-'의 기능 〉 선어말 어미인 '-더-'는 과거의 어느 때를 기준으로 그때에 알게 된 일이나 경험을 돌이켜서 표현하는데, 흔히 '회상(回想)의 선어말 어미先語末語尾)'라고 부른다. 곧 '-더-'는 기준시를 발화시보다 앞선 과거의 어느 때(경험시)로 옮겨서, 화자가 그때에 직접 경험하고 확인한 사건을 표현한다.

(4) ㄱ. 철수는 어제 집에서 공부하<u>더</u>라.　　　　　　　　[회상-현재]

　　ㄴ. 오전에 보니까 어떤 손님이 찾아오셨<u>더</u>군.　　　　[회상-과거]

　　ㄷ. 점심때에 보니까 내일 눈이 내리겠<u>더</u>라.　　　　　[회상-미래]

(ㄱ)에서 화자는 '어제' 보니까 '철수가 집에서 공부하는 일'이 일어나고 있었음을 표현한 문장이다. (ㄴ)에서 화자는 '오전'에 보니까 '어떤 손님이 찾아오는 일'이 이미 일어났음을 표현하였다. (ㄷ)은 '점심때'에 보니까 '앞으로 눈이 내리겠다'라는 생각이 들었다는 표현이다. 결국 회상의 선어말 어미인 '-더-'의 기능은 기준시를 과거의 어느 때로 옮겨서, 그때를 기준으로 화자가 직접 경험한 일을 표현하는 것이다.[2]

---

2) 회상 표현에는 다음과 같은 제약이 나타난다. 첫째, 회상 표현은 화자가 직접 경험하고 확인한 일에 대하여서만 성립한다. (보기: *이순신 장군이 정말로 활을 잘 쏘더라.) 둘째, 평서문에서는 화자가 주어로 쓰일 때에 서술어에 '-더-'를 실현하지 못한다.(보기: *나는 어제 독서실에서 <u>공부하더라</u>.)

〈 '-은'과 '-던'의 기능 〉 관형절에서 나타나는 과거 시제는 관형사형 어미인 '-은'과 '-던'으로 표현된다. 관형사형에서 나타나는 과거 시제는, 동사가 서술어로 쓰일 때와 형용사나 '-이다'가 서술어로 쓰일 때에 각각 다르게 실현된다.

첫째, 관형절 속의 서술어가 동사인 때에는 '-은'과 '-던'으로 과거 시제가 표현된다.

(5) ㄱ. 이 환자는 먹은 음식을 다 토했다.
ㄴ. 이 환자는 먹던 음식을 다 토했다.

(ㄱ)과 (ㄴ)에서 '먹은'과 '먹던'은 발화시 이전에 있었던 일을 표현하므로 둘 다 과거 시제를 표현한다. 그러나 (ㄱ)의 '-은'과 (ㄴ)의 '-던'의 의미에는 미묘한 차이가 있다. 곧 (ㄱ)에서 '먹은'은 '먹다'로 표현되는 동작이 완료되었음을 표현하는 데에 반해서, (ㄴ)의 '먹던'은 동작이 완료되지 않고 진행됨을 나타낸다. '-던'에서 나타나는 이러한 의미는 '과거 미완(過去未完)'이나 '동작의 지속'의 뜻으로 추정된다.

둘째, 관형절의 서술어가 형용사나 서술격 조사일 때에는 과거 시제의 관형사형 어미로 '-던'만이 쓰인다. 그리고 '-던' 앞에 과거 시제의 선어말 어미인 '-았-/-었-'이 실현되어서 '-았던/-었던'의 형태가 실현될 수도 있다.

(6) ㄱ. 예쁘던 그 얼굴이 다 망가졌네.
ㄴ. 젊은 시절에 운동 선수이었던 영호 씨는 지금도 건강하다.

(ㄱ)과 (ㄴ)에서처럼 형용사인 '예쁘다'와 서술격 조사인 '-이다'의 어간에 '-던'이 실현되면 과거 시제를 나타낸다. 이때에는 과거의 사건 내용이 현재와 대조를 이루거나 사건의 내용이 현재와는 확연하게 달라져 있음을 나타낸다. 곧 (ㄱ)의 '예쁘던 그 얼굴'과 (ㄴ)의 '운동 선수이었던'은 과거에서는 그러했으나 지금은 그렇지 않다는 숨은 뜻이 드러난다.

② 현재 시제 표현

'현재 시제 표현(現在時制表現)'은 사건시가 발화시와 일치되는 시간 표현이다.

반면에 의문문에서는 청자가 주어로 쓰일 때에 서술어에 '-더-'를 실현할 수 없다.(보기: *네가 정말 쓰레기를 아무데나 버리더냐?)

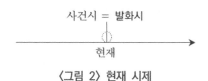

〈그림 2〉 현재 시제

현재 시제는 종결형에서는 선어말 어미인 '-는-/-ㄴ-'나 무형의 선어말 어미를 통해서 실현되며, 관형사형에서는 '-는/-은' 등에 의해서 표현된다. 그리고 경우에 따라서는 '지금, 이제, 요즘, 현재'와 같은 시간 부사어를 통해서 현재의 시간을 표현하기도 한다.

〈종결형의 현재 시제〉 종결형의 현재 시제는 서술어로 쓰이는 품사에 따라서 실현되는 방식이 다르다.

첫째, 동사는 평서형과 감탄형에서는 선어말 어미로써 현재 시제를 표현한다. 반면에 의문형에서는 선어말 어미를 실현하지 않음으로써 현재 시제를 표현한다.

첫째, 서술어로 쓰인 동사가 평서형이나 감탄형일 때는, '-는-'이나 '-ㄴ-' 등의 선어말 어미를 실현하고, 의문형일 때에는 시제 어미를 표현하지 않고 현재 시제를 표현한다.

(7) ㄱ. 학생이 칠판에 글을 적<u>는</u>다.　　[적-+-는-+-다]　　cf. 적었다, 적겠다

　　ㄴ. 코끼리는 잠을 많이 자<u>는</u>구나.　[자-+-는-+-구나]　cf. 잤구나, 자겠구나

　　ㄷ. 철수는 지금 누구를 찾<u>느냐</u>?　　[찾-+-느냐/-는가]　cf. 찾았느냐, 찾겠는가

(ㄱ)처럼 동사가 평서형으로 쓰일 때에는, 현재 시제의 선어말 어미는 '-는-/-ㄴ-'의 형태로 실현된다. 곧 어간이 자음으로 끝나면 '적는다'처럼 '-는-'으로, 어간이 모음으로 끝나면 '잔다'처럼 '-ㄴ-'의 형태로 실현된다. 그리고 (ㄴ)처럼 감탄형으로 쓰일 때에는, 앞 말이 자음으로 끝나든 모음으로 끝나든 관계없이 현재 시제의 선어말 어미가 '-는-'의 형태로 실현된다. 그리고 (ㄷ)처럼 서술어로 쓰인 동사가 의문형일 때는, 특정한 시제 선어말 어미를 실현하지 않음으로써 현재 시제를 표현한다.

둘째, 형용사와 서술격 조사에는 특정한 선어말 어미가 실현되지 않고 어간에 종결 어미가 바로 붙어서 현재 시제가 표현된다.

(8) ㄱ. 저 아가씨는 매우 <u>바쁘다</u>.　[바쁘-+-다]　　　cf. 바빴다/바쁘겠다

　　ㄴ. 김철수는 착한 <u>학생이구나</u>.　[학생+-이-+-구나]　cf. 학생이었다/학생이겠다

　　ㄷ. 누가 제일 <u>크냐/큰가</u>?　　　[크-+-냐/-ㄴ가]　　cf. 컸냐/크겠냐

(ㄱ)에는 어간에 평서형 종결 어미인 '-다'가, (ㄴ)에는 어간에 감탄형의 종결 어미인 '-구나'가, (ㄷ)에는 어간에 의문형의 종결 어미인 '-으냐'가 직접적으로 실현되어서 현재 시제를 표현하였다. 곧, 형용사의 현재 시제는 특정한 선어말 어미가 실현되지 않고서 실현된다.

〈 **관형사형의 현재 시제** 〉 관형사형의 현재 시제는 동사에서는 '-는'으로 실현되고, 형용사나 서술격 조사에서는 '-은'으로 실현된다.

(9) ㄱ. 와인을 많이 먹는 프랑스 사람들은 혈색이 좋다.

ㄴ. 마음씨 좋은 마을 사람들은 술도 잘 마셨다.

(ㄱ)에서 동사인 '먹다'와 '타다'의 현재 시제 관형사형은 '-는'으로 실현된 반면에, (ㄴ)에서 형용사인 '좋다'의 현재 시제 관형사형은 각각 '-은'으로 실현되었다.

③ 미래 시제

'미래 시제(未來時制)'는 사건시가 발화시보다 나중인 시간 표현이다.

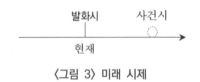

〈그림 3〉 미래 시제

미래 시제는 일반적으로 선어말 어미인 '-겠-'과 '-으리-'나 관형사형 어미인 '-을'로써 표현된다. 그리고 때로는 '내일, 모레, 글피, 곧'과 같이 미래를 나타내는 부사(어)로써 미래를 표현하기도 한다.

〈 **종결형의 미래 시제** 〉 종결형에서 표현되는 미래 시제는 선어말 어미 '-겠-'과 '-으리-'로써 실현되는데, 일반적으로는 '-겠-'이 많이 쓰인다.

(10) ㄱ. 내일도 바람이 많이 불겠다.　　　　　　　　　　[추측]

ㄴ. 내가 예방주사를 먼저 맞겠다.　　　　　　　　　[의지]

ㄷ. 나도 그 짐을 들겠나.　　　　　　　　　　　　[가능성]

'-겠-'은 미래 시제의 선어말 어미로서 발화시(현재) 이후에 일어날 것으로 추정되는 일에 대하여 표현하였다. 곧 (ㄱ)에서는 문장의 내용을 추측하였으며, (ㄴ)에서는 문장의 내용에 대한 의지를 나타내었다. 그리고 (ㄷ)에서는 문장의 내용에 대한 가능성을 표현하였다.

종결형의 미래 시제는 '-겠-'뿐만 아니라 선어말 어미 '-으리-'로도 실현된다.

(11) ㄱ. 지금 곧장 다녀오리다.

ㄴ. 내일은 틀림없이 비가 내리리라.

(ㄱ)에서 '-으리-'는 '지금 곧장 다녀오는 일'에 대한 의도를 나타내며, (ㄴ)에서 '-리-'는 '내일 비가 내리는 일'에 대한 추측을 나타낸다.

〈 관형사형의 미래 시제 〉 관형사형의 미래 시제는 일반적으로 어말 어미인 '-을'로써 실현된다.

(12) ㄱ. 김영애 씨도 내일 부산으로 떠날 예정이다.

ㄴ. 이번 휴게소에서 점심을 먹을 사람은 손을 드시오.

ㄷ. 반드시 수출 목표 100억 달러를 달성해야 할 것입니다.

(ㄱ)의 '떠날'과 (ㄴ)의 '먹을'은 각각 '떠나다'와 '먹다'의 어간에 관형사형 어미 '-(으)ㄹ' 이 실현된 표현인데, 이들은 이후에 일어날 일에 대한 미래 시제의 표현이다. 그리고 미래 시제 표현은 (ㄷ)처럼 '-을 것이다'로도 실현되는데, 이는 미래를 나타내는 관형사형 어미인 '-을'에 의존 명사인 '것'과 서술격 조사인 '-이다'가 결합된 형태이다.

④ 동작상

〈 동작상의 개념 〉 '동작상(動作相)'은 동사가 표현하는 움직임이 시간 속에서 어떠한 모습으로 이루어지는가를 나타내는 언어적인 표현이다(나진석, 1971:115). 곧, 동작상은 동작이 일어나는 모습을 언어적으로 표현하는 문법 범주인데, 국어에서 나타나는 동작상은 대체로 '진행상'과 '완료상'으로 나뉜다.

첫째, '진행상(進行相)'은 시간의 흐름 속에서 어떤 동작이 일정한 시간 동안 계속되고 있음을 언어적으로 표현하는 것이다.

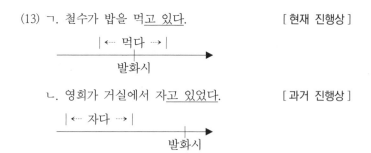

(13) ㄱ. 철수가 밥을 먹고 있다.　　　　　　　　　[현재 진행상]

　　　　|← 먹다 →|

　　　　　발화시

　　ㄴ. 영희가 거실에서 자고 있었다.　　　　　　[과거 진행상]

　　|← 자다 →|

　　　　　　발화시

(ㄱ)에서 '먹고 있다'는 '현재 진행'의 동작상으로서, 발화시(=현재)를 기준으로 하여 그 전후에 일정한 시간적인 폭을 가지면서 '먹는 동작'이 일어남을 나타낸다. (ㄴ)에서는 '과거 진행'으로서 발화시 이전의 어느 시점(=과거의 시간)을 기준으로 하여 그 전후에 '자는 동작'이 진행되고 있었음을 표현한 것이다.

　　둘째, '완료상(完了相, perfective)'은 과거로부터 진행되어 오던 어떠한 동작이 발화시(현재)에 완결되었음을 언어적으로 표현하는 것이다.

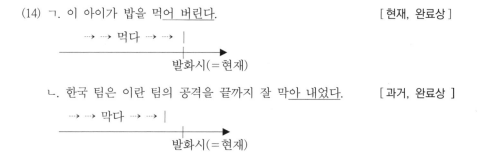

(14) ㄱ. 이 아이가 밥을 먹어 버린다.　　　　　　　　　[현재, 완료상]

　　　　→ → 먹다 → → |

　　　　　　발화시(=현재)

　　ㄴ. 한국 팀은 이란 팀의 공격을 끝까지 잘 막아 내었다.　　[과거, 완료상]

　　　→ → 막다 → → |

　　　　　발화시(=현재)

(ㄱ)에서 '먹어 버린다'는 과거 어느 때부터 시작된 '먹는 동작'이 발화시(현재)에 끝났음 (완료됨)을 나타낸다. 마찬가지로 (ㄴ)에서 '막아 내었다'도 과거의 어느 때로부터 '막는 동작'을 시작하여 과거의 어떤 때에 그 동작이 끝났음을 나타낸다.

　　〈 동작상의 실현 방식 〉 국어에서 동작상은 보조 용언이나 연결 어미로써 실현된다. 첫째, 보조 용언이나 연결 어미를 실현하여서 진행상이 실현될 수가 있다.

(15) ㄱ. 여름이 되니 많은 사람들이 해운대에서 놀고 있다.

　　ㄴ. 환자가 약이 없어서 다 죽어 간다.

　　ㄷ. 날이 밝아 온다.

(16) ㄱ. 영수는 노래를 부르면서 자전거를 탔다.

　　ㄴ. 어머니께서는 손님을 맞이하느라고 정신이 없으셨다.

(15)에서 (ㄱ)의 '-고 있다'는 어떠한 동작이 단순하게 진행되고 있음을 나타낸다. 이에 반해서 (ㄴ)의 '-아 가다'는 본용언이 뜻하는 행동이나 상태가 화자에게 멀어지거나 약해지면서 계속 진행됨을 나타내었으며, (ㄷ)의 '-아 오다'는 본용언이 뜻하는 행동이나 상태가 화자에게 가까워지거나 강해지면서 계속 진행됨을 나타내었다. (16)에서는 연결 어미인 '-면서'와 '-느라고' 등을 통해서, 앞절의 서술어가 표현하는 '부르다'와 '맞이하다'의 동작이 진행되면서 뒷절의 동작이 이루어짐을 표현했다.

　둘째, 보조 용언이나 연결 어미를 실현하여서 완료상이 실현될 수가 있다.

(17) ㄱ. 그 남자는 도박에 빠져서 평생 모은 돈을 다 써 버렸다.

　　ㄴ. 권율 장군은 적장을 베고 나서, 말을 달려 본진으로 돌아왔다.

　　ㄷ. 어떤 여인이 버스 옆에 서 있다 / 앉아 있다.

(18) ㄱ. 관광객들은 입장료를 내고 민속촌으로 들어갔다.

　　ㄴ. 경찰관이 사무실로 들어오는 것을 보고서 도둑은 뒷문으로 달아났다.

　　ㄷ. 아이는 공부를 하다가 잠이 들었다.

(17)에서는 보조 용언인 '-어 버리다, -고 나다, -아 있다'를 통해서 본용언인 '쓰다, 베다, 서다/앉다'가 표현하는 동작이 완전히 끝남을 표현하고 있다. 그리고 (18)에서는 이어진 문장에서 연결 어미인 '-고, -고서, -다가'를 통해서, 앞절의 서술어로 실현된 동사의 동작이 완전히 끝나고 나서 뒷절의 동작이 일어남을 나타낸다.

【 더 배우기 】

　선어말 어미인 '-겠-'과 '-으리-'는 학교 문법에서 '미래 시제의 선어말 어미'로 처리하고 있다. 하지만 이들 어미는 '추측'이나 '의지, 가능성' 등과 같은, 문장의 객관적인 내용에 대한 화자의 심리적인 태도를 나타내는 표현으로도 볼 수 있다(나진석, 1971:111).

　(1) ㄱ. 설악산에는 벌써 단풍이 들었겠다.　　　　　[과거의 일에 대한 추측]
　　　ㄴ. 지금은 진주에도 눈이 내리겠다.　　　　　　[현재의 일에 대한 추측]

ㄷ. 내일은 틀림없이 맑겠다. [미래의 일에 대한 추측]

예를 들어서 (ㄱ), (ㄴ), (ㄷ)에서 모두 선어말 어미 '-겠-'이 쓰였다. 그런데 만일 '-겠-'이 발화시 이후의 일에 대한 표현(미래 시제)만을 나타낸다면, (ㄱ)과 (ㄴ)에서 쓰인 시간 부사어 '지금, 벌써'와 의미적으로 충돌할 수 있다. 이러한 점에서 '-겠-'은 시간을 나타내는 표현이 라기보다는 (ㄱ)에서는 과거의 일에 대한 추측, (ㄴ)에서는 현재의 일에 대한 추측, (ㄷ)에서는 미래의 일에 대한 추측을 표현하는 것으로 볼 수 있다.

(2) ㄱ. 내일도 바람이 많이 불겠다.
ㄴ. 제가 먼저 먹겠습니다.
ㄷ. 나도 그 정도는 마시겠다.

(3) ㄱ. 내일은 일찍 일어나리라.
ㄴ. 김 교수님도 부산에 도착했으리라.

(2)에서 쓰인 '-겠-'은 (ㄱ)에서는 문장의 전체 내용에 대한 말하는 사람의 추측을 나타내며, (ㄴ)에서는 의지를 나타내고, (ㄷ)에서는 가능성을 나타낸다. 그리고 (3)에서 쓰인 '-으리-'는 (ㄱ)에서는 말하는 사람의 의지를 나타내며, (ㄴ)에서는 추측을 나타낸다.
이처럼 선어말 어미인 '-겠-'과 '-으리-'는 '추측, 의지, 가능성[능력]' 등 문장의 객관적인 내용(명제)에 대한 화자의 심리적인 태도를 나타내기도 하는데, '-겠-'과 '-으리-'에 나타나 는 이러한 기능을 '서법(敍法)' 혹은 '양태(樣態)'라고 한다.

1.3.4. 피동 표현

문장에서는 주어로 쓰인 주체가 어떠한 행위를 능동적으로 수행하는 방식으로 표현 할 수도 있고, 주체가 다른 사람에게 어떠한 행위를 당하는 방식으로 표현할 수도 있다. 이와 같은 차이에 따라서 문장을 '능동문'과 '피동문'으로 구분할 수 있다.

(가) 피동 표현의 개념

주어로 표현되는 대상(주체)이 스스로의 힘으로 행하는 행위나 동작을 '능동(能動)'이 라고 한다. 반면에 주어로 표현되는 대상이 다른 주체에 의해서 당하는 동작을 '피동(被 動)'이라고 한다.

(1) ㄱ. 원숭이가 개를 <u>물었다.</u>

ㄴ. 철수는 문법책을 쉽게 <u>읽었다.</u>

(2) ㄱ. 개가 원숭이에게 <u>물렸다.</u>

ㄴ. 문법책이 철수에게 쉽게 <u>읽어졌다.</u>

(1)에서 '물었다'와 '읽었다'로 표현되는 동작은 주체인 '원숭이'와 '철수'가 스스로 행하는 동작인데, 이처럼 주체가 스스로 행하는 동작을 '능동'이라고 한다. 반면에 (2)에서 (ㄱ)의 '물렸다'로 표현되는 동작은 주어로 표현된 '개'가 '원숭이'에게 당하는 동작이며, (ㄴ)의 '읽어졌다'도 주어로 표현된 '문법책'이 '철수'에게 당하는 동작이다. (2)의 '물렸다'와 '읽어졌다'처럼 타인에게 주체가 동작을 당하는 것을 '피동'이라고 한다.

그리고 (1)처럼 능동으로 표현된 문장을 '능동문(能動文)'이라고 하고, (2)처럼 피동으로 표현된 문장을 '피동문(被動文)'이라고 한다. 그리고 (1)의 능동문을 (2)의 피동문으로 바꾸는 문법적인 방법을 '피동법(被動法)'이라고 한다.

능동문과 피동문 사이에는 통사론적인 대응 관계가 다음과 같이 나타난다.

(3) ㄱ. 능동문: <u>주어 목적어 서술어</u> [능동사, 타동사]

ㄴ. 피동문: 주어 부사어 서술어 [피동사, 자동사]

(4) ㄱ. 능동문: 늑대가 [주어]   토끼를 [목적어]   잡았다 [능동사, 타동사]

ㄴ. 피동문: 토끼가 [주어]   늑대에게 [부사어]   잡혔다 [피동사, 자동사]

ㄷ. 피동문: 토끼가 [주어]   늑대한테 [부사어]   잡아졌다 [피동사, 보조 용언]

(3)에서 능동문에서는 타동사가 서술어로 쓰였고 피동문에서는 자동사가 서술어로 쓰였다. 이에 따라서 능동문에서 목적어로 표현되는 대상은 피동문에서는 주어로 표현되고 능동문에서 주어로 표현되는 주체는 피동문에서 부사어로 표현된다. 그리고 피동문에서 부사어로 쓰이는 체언에는 '-에게/-한테/-에/-에 의해서' 등이 붙을 수 있다.

(나) 피동문의 유형

피동문은 서술어로 쓰이는 용언의 문법적인 성격에 따라서 '파생적 피동문'과 '통사적 피동문'으로 나뉜다.

유형	피동문 서술어의 짜임	용례
파생적 피동문	타동사 어근+ -{이, 히, 리, 기}-+ -다	보이다, 먹히다, 들리다, 안기다
	체언+ {-되-}+ -다	구속되다, 관련되다, 이해되다
통사적 피동문	용언 어간+ -어지다	먹어지다, 들어지다, 안아지다
	용언 어간+ -게 되다	먹게 되다, 죽게 되다, 가게 되다

〈표 1〉 피동문의 서술어가 형성되는 방법

① 파생적 피동문

'파생적 피동문'은 능동사(타동사)의 어근에 파생 접사가 붙어서 형성된 피동사를 서술어로 실현해서 형성되는 피동문이다.

첫째, 능동사의 어근에 파생 접사 '-이-, -히-, -리-, -기-' 등이 붙어서 피동사가 될 수 있다.

(5) ㄱ. 멀리서 금강산이 우리에게 <u>보였다</u>.

ㄴ. 곰이 변강쇠한테 <u>잡혔다</u>.

ㄷ. 곰의 비명이 나에게 <u>들렸다</u>.

ㄹ. 아기가 어머니에게 <u>안긴다</u>.

(5)의 피동문에서 서술어로 쓰인 '보이다, 잡히다, 들리다, 안기다'는, 능동사인 '보다, 잡다, 듣다, 안다'의 어근인 '보-, 잡-, 들-, 안-'에 파생 접사인 '-이-, -히-, -리-, -기-'가 붙어서 파생된 피동사이다.

둘째, '명사+-하다'의 짜임으로 된 능동사의 어근(=명사)에 파생 접미사인 '-되(다)'가 붙어서 피동사가 될 수 있다. .

(6) ㄱ. 줄기세포가 수많은 학자들에 의해서 <u>연구된다</u>.

ㄴ. 신상품이 상인들에 의해서 많이 <u>반품되었다</u>.

(6)의 피동문에서 쓰인 '연구되다'와 '반품되다'는 능동사인 '연구하다'와 '반품하다'의 명사 어근인 '연구, 반품'에 피동 접사인 '-되-'가 붙어서 파생된 피동사이다.[3]

---

3) 능동사로 쓰이는 타동사가 모두 파생 접사가 붙어서 피동사로 파생될 수 있는 것은 아니다. 오히려

② 통사적 피동문

'통사적 피동문'은 용언의 어간에 보조 용언인 '-어지다'와 '-게 되다'를 실현해서 형성된 피동문이다.

첫째, 통사적 피동문은 능동문에서 서술어로 쓰인 용언에 보조 용언인 '-어지다'를 실현해서 형성될 수 있다.

> (7) ㄱ. 나뭇가지가 정원사들에 의해서 모조리 <u>잘라졌다</u>.
>   ㄴ. 교실의 문이 어린 학생들에 의해서 <u>고쳐졌다</u>.

(7)의 피동문에는 능동사인 '자르다'와 '고치다'의 어간에 보조 용언인 '-어지다'가 실현되어 '잘라지다'와 '고쳐지다'가 서술어로 실현되었다.

둘째, 통사적 피동문은 능동문에서 서술어로 쓰인 용언의 어간에 보조 용언인 '-게 되다'를 붙여서 실현될 수도 있다(고등학교 문법, 2010: 184).

> (8) ㄱ. 나는 배가 아파서 저녁을 <u>굶게 되었다</u>.
>   ㄴ. 그의 범행 사실이 곧 <u>드러나게 되었다</u>.

(8)의 통사적 피동문에는 능동사인 '굶다'와 '드러나다'의 어간에 보조 용언인 '-게 되다'를 실현하여 '굶게 되다'와 '드러나게 되다'가 서술어로 쓰였다. '굶게 되다'와 '드러나게 되다'는 과정성만 남고 행동성의 의미는 사라져 버린다. 이와 같은 이유로 '-게 되다'를 통한 문장을 피동문으로 처리할 수 있는 것이다.[4]

타동사 중에는 피동사로 파생되지 않는 것이 더 많다.
(보기) ㄱ. 느끼다, 돕다, 바라다, 받다, 배우다, 알다, 얻다, 잃다, 주다, 참다
      ㄴ. 고집하다, 공양하다, 사냥하다, 사랑하다('하다'가 붙은 파생어)
      ㄷ. 깨우다, 날리다, 높이다, 숨기다, 익히다, 죽이다(사동사)

4) 통사적 피동문은 다음과 같은 특징이 있다. 첫째, 통사적 피동문을 형성할 때에 '-어지다'와 '-게 되다'가 붙을 수 있는 어간의 종류에는 제약이 적어서 거의 모든 어간에 '-어지다'와 '-게 되다'가 붙을 수 있다. 둘째, 능동사에 피동 접미사가 붙어서 형성된 피동사에 또다시 피동을 나타내는 보조 용언인 '-어지다'가 붙어서, 피동의 의미가 중복되어서 표현되는 경우가 있다.
(보기) ㄱ. 오늘은 문법책이 잘 <u>읽힌다</u>.
      ㄴ. 오늘은 문법책이 잘 <u>읽어진다</u>.
      ㄷ. ?오늘은 문법책이 잘 <u>읽혀진다</u>.

【 더 배우기 】

1. 능동문과 피동문의 의미적인 차이

일반적으로 능동문과 피동문은 화용론적인 기능에서만 차이가 날 뿐이고, 지시적인 의미에서는 차이가 나지 않는다. 그런데 능동문과 피동문에 수량사가 표현된 경우에는 두 문장의 지시적인 의미까지 차이가 나는 수가 있다.

(1) 능동문: 세 명의 여자가 남자 한 명을 찼다.

(2) ㄱ. 여자 세 명이 함께 남자 한 명을 찼다.
ㄴ. 여자 세 명이 각각 남자 한 명씩을 찼다.

(3) 피동문: 남자 한 명이 세 명의 여자에게 차였다. (= 2ㄱ)

(1)의 문장은 능동문인데 이 문장은 두 가지의 의미로 해석할 수 있다. 곧 (2ㄱ)과 같이 '여자 세 명이 모두 특정한 남자 한 명을 찼다.'는 의미로 해석될 수도 있고, (2ㄴ)처럼 '여자 세 명이 각각 다른 남자 한 명씩을 찼다.'는 의미로 해석될 수도 있다. 그런데 (1)의 문장을 피동문으로 바꾼 (2)의 문장은 단일한 의미, 곧 (2ㄱ)의 의미로만 해석된다. 따라서 (1)처럼 수량사가 표현된 능동문의 의미는 그것을 피동문으로 바꾼 (3)의 문장과는 지시적인 의미가 달라질 수 있다는 것을 확인할 수 있다.

2. '파생적 피동문'과 '통사적 피동문'의 의미적인 차이

파생적 피동문은 서술어로 표현되는 행위가 비의도적으로 이루어짐을 뜻한다. 반면에 통사적 피동문은 서술어로 표현되는 행위가 의도적으로 이루어짐을 뜻한다.

(4) ㄱ. 탈주병의 옷이 철조망에 <u>걸렸다</u>.
ㄴ. 수건이 빨랫줄에 <u>걸어졌다</u>.

(5) ㄱ. 유리가 손에 <u>박혔다</u>.
ㄴ. [?]유리가 손에 <u>박아졌다</u>.

(4)와 (5)의 예문에서 (ㄱ)의 파생적 피동문에서는 '걸리다'와 '박히다'로 표현되는 피동의 동작이 행위자의 의도 없이 이루어진 것으로 해석된다. 이에 반해서 (ㄴ)의 '-어지다'에 의한 통사적 피동문에서 '걸어지다'와 '박아지다'로 표현되는 피동의 동작은, 행위자의 의도로써 이루어진 것으로 해석된다.

1.3.5. 사동 표현

문장에서 주체가 어떠한 행위를 직접 수행할 수도 있고, 다른 사람이 주체를 시켜서 어떠한 행위를 수행할 수도 있다. 이와 같이 행위를 수행하는 방법의 차이에 따라서, 문장을 '주동문'과 '사동문'으로 구분할 수 있다.

(가) 사동 표현의 개념

문장 속에서 주어로 표현되는 대상(주체)이 자기 스스로 하는 동작을 '주동(主動)'이라고 하고, 주체가 남으로 하여금 어떤 일을 하도록 시키는 동작을 '사동(使動)'이라고 한다.

(1) ㄱ. 아기가 자꾸 <u>울었다</u>.

　　ㄴ. 인부들이 짐을 <u>쌌다</u>.

(2) ㄱ. 어머니가 아기를 자꾸 <u>울렸다</u>.

　　ㄴ. 감독이 인부들에게 짐을 <u>싸게 했다</u>.

(1)에서 주어로 표현된 '아기'와 '인부들'이 스스로 동작을 하는데, 이처럼 '주동'으로 표현된 문장을 '주동문(主動文)'이라고 한다. 반면에 (2)에서는 주어로 표현되는 '어머니'와 '감독'이 '아기'와 '인부들'에게 어떠한 동작을 시키는데, 이처럼 '사동'으로 표현된 문장을 '사동문(使動文)'이라고 한다. 그리고 주동문이 사동문으로 바뀌는 문법적인 절차를 '사동법(使動法)'이라고 한다.

주동문과 사동문은 통사론적으로 다음과 같은 대응 관계에 있다.

(3) 주동문: 　　**동작주**[주어] + …… + 주동사

　　　　　　　　↓

(4) ㄱ. **사동주**[주어] + **피사동주** {-가, -에게/-한테, -에, -로 하여금, -를} + … + 사동사[타동사]

　　ㄴ. **사동주**[주어] + **피사동주** {-가, -에게/-한테, -에, -로 하여금, -를} + … + V-게 하다

주동문은 기본적으로 (3)과 같이 '주어'와 그 주어가 직접 수행하는 동작을 풀이하는 '주동사'로 짜여 있다. (3)의 구조로 되어 있는 주동문을 (4)의 사동문으로 바꾸려면 다음과 같은 문법적인 절차를 거친다. 첫째, 주동문의 주동사는 사동문에서는 파생 접사가 붙어서 사동사(타동사)로 바뀌거나 '용언의 어간(V)+-게 하다'의 형태로 바뀌어야 한다.

둘째, 사동문에서 남에게 어떠한 행동을 시키는 주체로서 '사동주(使動主)'를 주어로 새롭게 도입하여 표현한다. 셋째, 주동문에서 주어로 표현되었던 체언이 사동문에서는 피사동주(= 행동주)로 바뀌어서 부사어나 목적어로 표현된다.

이러한 문법적인 절차에 따라서 아래의 (5)와 (6)처럼 주동문이 사동문으로 전환된다.

(5) 아기가[주어] 우유를 <u>먹었다</u>[주동사]

(6) ㄱ. 어머니가[주어: 사동주] 아기에게[부사어: 피사동주] 우유를 <u>먹였다</u>.

　　ㄴ. 어머니가[주어: 사동주] 아기에게[부사어: 피사동주] 우유를 <u>먹게 했다</u>.

(6ㄱ)은 파생 접미사인 '-이-'에 의한 파생적 사동문이며, (6ㄴ)은 보조 용언인 '-게 하다'에 의한 통사적 사동문이다.

(나) 사동문의 유형

사동문은 사동사의 형성 방법에 따라 '파생적 사동문'과 '통사적 사동문'으로 나뉜다.

유형	사동문 서술어의 짜임	용 례
파생적 사동문	용언 어근 + -{이, 히, 리, 기, 우, 구, 추, 애}- + -다	속이다, 묻히다, 들리다, 맡기다; 지우다, 솟구다, 낮추다; 없애다
	체언 + -시키- + -다	정지시키다, 감동시키다, 출발시키다
통사적 사동문	용언 어간 + -게 하다	속게 하다, 맡게 하다, 지게 하다; 밝게 하다, 뜨겁게 하다

〈표 1〉 사동문에서 서술어가 형성되는 방법

① 파생적 사동문

'파생적 사동문'은 용언의 어근에 파생 접미사인 '-이-, -히-, -리-, -기-, -우-, -구-, -추-, -애-'를 실현하거나, 또는 체언의 어근에 파생 접사인 '-시키-'를 실현해서 형성한 사동문이다.

(7) ㄱ. 멧돼지가 <u>죽었다</u>.

　　ㄴ. 인부들이 작업을 <u>중지했다</u>.

(8) ㄱ. 군인들이 멧돼지를 죽였다.

　　ㄴ. 감독이 인부들에게 작업을 중지시켰다.

(8)의 문장은 (7)의 주동문에 대한 사동문이다. (8)의 사동문 중에서(ㄱ)의 '죽이다'는 주동사인 '죽다'의 어근에 사동 접사인 '-이-'를 붙여서 파생된 사동사이다. 그리고 (ㄴ)의 '중지시키다'는 주동사인 '중지하다'에서 명사 어근으로 쓰이는 '중지'에 사동 접사인 '-시키-'를 붙여서 파생된 사동사이다. 피동사와 마찬가지로 주동사에 대응되는 사동사도 아주 제한적이다. 따라서 주동사를 사동사로 만드는 '-이-, -히-, -리-, -기-, -우-, -구-, -추-, -애-' 등은 굴절 접사가 아니라 파생 접사로 처리된다.

　파생적 사동문에서 서술어로 쓰이는 사동사는 '자동사, 타동사, 형용사'에 파생 접미사인 '-이-, -히-, -리-, -기-, -우-, -구-, -추-, -애-, -이우-'가 붙거나, 체언에 파생 접미사인 '-하-'가 붙어서 형성된다.

(9) ㄱ. 어머니께서 냄비에 물을 끓였다.

　　ㄴ. 할머니가 아이에게 한복을 입혔다.

　　ㄷ. 운전자는 차의 속력을 늦추었다.

(10) 교통 경찰관이 승합차를 정지시켰다.

(ㄱ)은 자동사인 '끓다'에 사동 접사인 '-이-'가 실현되어서 '끓이다'의 사동사가 형성되었으며, (ㄴ)은 타동사인 '입다'에 사동 접사인 '-히-'가 실현되어서 '입혔다'의 사동사가 형성되었다. 그리고 (ㄷ)은 형용사인 '늦다'에 사동 접사인 '-추-'가 실현되어서 '늦추다'의 사동사가 형성되었으며, (ㄹ)은 체언인 '정지'에 사동 접사인 '-하-'가 실현되어서 사동사인 '정지시켰다'가 형성되었다.

주동사	접미사	능동사 → 사동사
형용사	-이-	높다 → 높이다
	-히-	좁다 → 좁히다, 넓다 → 넓히다, 밝다 → 밝히다
	-추-	낮다 → 낮추다, 늦다 → 늦추다
	-애-	없다 → 없애다

주동사	접미사	능동사 → 사동사
자동사	-이-	끓다 → 끓이다, 녹다 → 녹이다, 속다 → 속이다, 죽다 → 죽이다, 줄다 → 줄이다
	-히-	눕다 → 눕히다, 맞다 → 맞히다, 앉다 → 앉히다, 익다 → 익히다, 맞다 → 맞히다
	-리-	날다 → 날리다, 돌다 → 돌리다, 살다 → 살리다, 얼다 → 얼리다, 울다 → 울리다
	-기-	남다 → 남기다, 숨다 → 숨기다, 웃다 → 웃기다, 옮다 → 옮기다
	-우-	깨다 → 깨우다, 비다 → 비우다, 지다 → 지우다(除), 찌다(肥) → 찌우다
	-구-	솟다 → 솟구다, 달다 → 달구다, 돋다 → 돋구다, 일다(成) → 일구다
	-이우-	서다 → 세우다, 자다 → 재우다, 타다 → 태우다(乘, 燒), 차다 → 채우다(滿)
타동사	-이-	누다 → 누이다, 먹다 → 먹이다, 보다 → 보이다
	-히-	잡다 → 잡히다, 입다 → 입히다, 읽다 → 읽히다, 업다 → 업히다, 식다 → 식히다
	-리-	물다 → 물리다, 듣다 → 들리다, 들다 → 들리다, 얼다 → 얼리다, 알다 → 알리다
	-기-	안다 → 안기다, 뜯다 → 뜯기다, 벗다 → 벗기다, 맡다 → 맡기다, 감다 → 감기다
	-우-	지다 → 지우다(負)
	-이우-	차다 → 채우다(着)
명사+하다	-시키-	공부하다 → 공부시키다, 정지하다 → 정지시키다, 출발하다 → 출발시키다

〈표 2〉 사동사의 형성 방법

② 통사적 사동문

'통사적 사동문'은 주동사의 어간에 보조 용언인 '-게 하다'를 실현해서 형성한 사동 문이다.

(10) ㄱ. 영화 제작사는 <u>심형래가</u> 영화를 찍게 했다.   [← <u>심형래가</u> 영화를 찍다]
  ㄴ. 나는 <u>아이들을</u> 내 방에서 놀게 하였다.   [← <u>아이들이</u> 내 방에서 놀다]
  ㄷ. 경찰은 <u>구급대에게</u> 아이들을 구하게 하였다.   [← <u>구급대가</u> 아이들을 구하다]
  ㄹ. 교장은 <u>학생들로 하여금</u> 집에서 공부하게 했다.   [← <u>학생들이</u> 집에서 공부하다]

(10)의 문장은 주동사에 '-게 하다'가 실현되어서 형성된 통사적 사동문이다. 이때 주동 문에서 주어로 표현되던 체언이 통사적 사동문에서는 주어, 목적어, 부사어 등의 문장 성분으로 다양하게 표현될 수 있다. 곧, 주동문에서 주어로 쓰인 체언들은 (ㄱ)에서는 주어인 '심형래가'로 표현되었고, (ㄴ)에서는 목적어인 '아이들을'로, (ㄷ)과 (ㄹ)에서는 부사어인 '119 구급대에게'와 '학생들로 하여금'으로 표현되었다.

【 더 배우기 】

1. 파생적 사동과 통사적 사동의 겹침

주동사에 사동 접미사가 붙어서 형성된 사동사의 어간에, '-게 하다'를 붙여서 또다시 사동화할 수 있다.

(1) 형이 철수에게 토끼한테 풀을 <u>먹이게 하였다</u>.

(1)에서 '먹이게 하다'는 주동사인 '먹다'의 어근에 사동 접미사 '-이-'를 붙여서 사동사인 '먹이다'를 파생하고, 이렇게 파생된 '먹이다'의 어간에 보조 용언인 '-게 하다'를 붙여서 된 '먹이게 하다'가 사동문의 서술어가 되었다. 이처럼 (1)의 사동문은 사동법이 두 번 적용된 사동문인데, 행위의 주체와 그 서술어는 각각 다음과 같이 대응한다.

(2) 형이 철수에게 토끼한테 풀을 먹- -이- -게 하였다

(2)에서 능동사인 '먹다'의 행위 주체는 '토끼'이며, 사동사인 '먹이다'의 행위 주체는 '철수'이다. 그리고 파생적 사동법과 통사적 사동법이 겹쳐서 표현된 '먹이게 하다'의 행위 주체는 '형'이다.

2. 파생적 사동문과 통사적 사동문의 차이

파생적 사동문과 통사적 사동문은 사동주가 수행하는 행위의 성격에 따라서 의미적으로 차이를 보일 수 있다. 곧, 사동문에서 서술어로 표현되는 행위는 어떤 경우에는 사동주가 직접적인 행동을 통하여 피사동주에게 어떠한 행동을 시키는 것으로 해석될 수 있다. 그리고 또 다른 경우에는 사동주가 직접적인 행동 이외에 다른 방법으로 피사동주에게 간접적인 방법으로 시키는 것으로도 해석될 수도 있다.

이처럼 직접 사동과 간접 사동의 의미와 관련하여 파생적 사동문과 통사적 사동문 사이에는 차이가 약간 있다.

(3) ㄱ. 철수가 아이를 침대에 <u>눕혔다</u>.
ㄴ. 철수가 아이를 침대에 <u>눕게 하였다</u>.

(4) ㄱ. 선생님께서 철수에게 책을 <u>읽혔다</u>.
ㄴ. 선생님께서 철수에게 책을 <u>읽게 하셨다</u>.

(3)에서 (ㄱ)의 파생적 사동문에서는 사동주인 '철수'가 '아이'를 직접 눕힌 것으로 해석되는 반면에, (ㄴ)의 통사적 사동문에서는 '철수'가 아이에게 말로써 교사(教唆)함으로써 간접적으로 눕힌 것으로 해석된다. 반면에 (4)의 파생적 사동문과 통사적 사동문에서는 둘 다 사동주인 '선생님'이 '철수'에게 책을 읽는 행위를 언어를 통하여 간접적으로 시킨 것으로 해석된다. 따라서 (4)의 파생적 사동문과 통사적 사동문은 모두 간접적인 사동 행위를 표현한 문장으로 해석된다.

이처럼 파생적 사동문은 (3~4)의 (ㄱ)처럼 '직접 사동'으로 해석될 수도 있고 '간접 사동'으로 해석될 수도 있다. 그러나 파생적 사동문과는 달리 통사적 사동문은 (3~4)의 (ㄴ)처럼 '간접 사동'으로만 해석된다. 결국 파생적 사동문과 통사적 사동문의 의미적인 차이는 서술어를 비롯한 다른 문장 성분들의 문법적인 특성에 따라서 다르게 해석되는 것으로 보아야 한다.

1.3.6. 부정 표현

대부분의 문장은 어떤 대상의 움직임이나 상태 혹은 환언 관계 등을 긍정적으로 표현한다. 하지만 경우에 따라서는 부정의 요소를 문장에 실현하여 긍정 표현의 서술 내용을 부정하기도 한다.

(가) 부정 표현의 개념

'부정문(否定文)'은 부정 요소가 쓰여서 문장이 서술하는 내용을 부정하는 문장이다.

    (1) ㄱ. 정애 씨는 고스톱을 친다.
        ㄴ. 경숙 씨는 영화를 보았다.

    (2) ㄱ. 정애 씨는 고스톱을 <u>안</u> 친다.
        ㄴ. 정애 씨는 고스톱을 <u>못</u> 친다.

    (3) ㄱ. 경숙 씨는 영화를 <u>보지 않았다</u>.
        ㄴ. 경숙 씨는 영화를 <u>보지 못했다</u>.

(1)처럼 부정의 요소가 실현되지 않은 문장을 '긍정문(肯定文)'이라고 한다. 이러한 긍정문에 부정의 의미를 나타내는 요소를 문장에 실현한 문장을 부정문이라고 한다. 예를

들어서 (2)의 부정문은 (1)의 긍정문에 (2)처럼 부정 부사인 '아니(안)'나 '못'을 실현하거나, (3)처럼 부정의 보조 용언인 '-지 않다'나 '-지 못하다'를 실현해서 형성되었다.

(나) 부정문의 유형

부정문의 유형은 문법적인 형식에 따라서 '짧은 부정문'과 '긴 부정문'으로 나눌 수 있고, 의미에 따라서는 '안 부정문'과 '못 부정문'으로 나눌 수 있다.

종결의 유형	의미	짧은 부정문	긴 부정문
평서문 의문문 감탄문	단순/의지 부정	아니(안) 먹다	먹지 아니하다(않다)
	능력 부정	못 먹다	먹지 못하다
명령문	금지	—	먹지 마라, 먹지 마
청유문	중단	—	먹지 말자

〈표 1〉 부정문의 유형

① 문법적 형식에 따른 부정문의 유형

부정문은 부정 부사를 통해서 실현되는 '짧은 부정문'과 보조 용언을 통해서 실현되는 '긴 부정문'으로 나누어진다.

〈**짧은 부정문**〉 '짧은 부정문(어휘적 부정문)'은 부정 부사인 '아니(안)'나 '못'이 서술어 앞에 놓여서 문장의 내용을 부정하는 문장이다.

　(4) ㄱ. 철수는 아침밥을 먹었다.
　　　ㄴ. 철수는 아침밥을 <u>안 / 못</u> 먹었다.

(4)에서 (ㄴ)은 부정 부사인 '안'과 '못'을 서술어인 '먹었다'의 앞에 실현하여 (ㄱ)의 긍정 문의 내용을 부정한 문장이다. (ㄴ)의 부정문에 부정의 요소로 실현된 '안'과 '못'이 보조 용언인 '-지 아니하다'나 '-지 못하다'에 비해서 길이가 짧다는 점에서, (ㄴ)의 부정문을 '짧은 부정문'이라고 부른다.

〈**긴 부정문**〉 '긴 부정문(통사적 부정문)'은 부정을 나타내는 보조 용언인 '-지 아니하다' 나 '-지 못하다'가 본용언의 뒤에 실현되어서 문장의 내용을 부정하는 문장이다.

(5) ㄱ. 철수는 아침밥을 먹지 아니하였다.

　　ㄴ. 철수는 아침밥을 먹지 못하였다.

(5)는 긴 부정문으로서 서술어인 '먹다'의 뒤에 보조 용언인 '-지 아니하다'와 '-지 못하다'를 실현하여 문장의 내용을 부정하였다. (5)의 부정문에 부정의 요소로 실현된 '-지 아니하다'와 '-지 못하다'가 짧은 부정문에서 부정의 요소로 쓰이는 '안'이나 '못'에 비해서 길이가 길다는 점에서, (5)의 부정문을 '긴 부정문'이라고 부른다.

② 의미에 따른 부정문의 유형

부정문은 의미에 따라서 단순 부정의 의미를 나타내는 '안' 부정문과 능력 부정의 의미를 나타내는 '못' 부정문으로 나뉜다.

〈 '안' 부정문 〉 '안' 부정문은 부정 부사인 '아니'나 보조 용언인 '-지 아니하다'를 통하여 긍정문의 내용을 부정하는 문장이다. '안' 부정문은 일반적으로는 '단순 부정(單純否定)'의 의미를 나타내지만, 화자의 의도에 따라서는 '의지 부정(意志否定)'을 나타내는 경우도 있다.

첫째, 문장의 서술어가 주체의 의지에 영향을 받지 않는 비행동성의 용언일 때에는, '안' 부정문은 이미 전제된 문장의 내용을 사실적인 측면에서 단순하게 부정하는 것으로 해석된다.

(6) ㄱ. 인호는 안색이 안 좋았다.

　　ㄴ. 인호는 안색이 좋지 않았다.

(7) ㄱ. 남산이 안 보인다.

　　ㄴ. 남산이 보이지 않는다.

(6~7)에 쓰인 서술어는 각각 형용사인 '좋다'와 피동사인 '보이다'로서 이들은 모두 동작성이 없는 비행동성 용언이다. 이와 같이 비행동성의 용언이 서술어로 표현된 문장을 '안'이나 '-지 아니하다'로 부정하면, 문장에서 표현되는 사실을 단순하게 부정한 것으로 해석된다.

둘째, 행동성의 용언이 서술로 쓰인 '안' 부정문은, 화자의 의도에 따라서는 '단순 부정'뿐만 아니라 '의지 부정'으로도 해석될 수 있다.

(8) ㄱ. 철수가 시골에 <u>안</u> 갔다.

ㄴ. 철수가 시골에 가<u>지 아니하였다</u>.

(8)의 '안' 부정문에는 행동성의 용언인 '가다'가 서술어로 쓰였다. 이 문장은 일반적으로는 주체의 의도와는 관련이 없이 "철수가 시골에 갔다."라는 사실을 단순하게 부정하는 것으로 해석된다. 다만, 말하는 사람의 의도에 따라서는 "철수가 시골에 가기 싫어서 의도적으로 안 갔다."라고 하는 의미로 해석되어 '의지 부정'으로 쓰일 수가 있다. 결과적으로 (7)에서 의지 부정의 의미가 나타날 때에는 다분히 화용론적으로 해석된 것이다.

그리고 '안' 부정문이 '못' 부정문과 대조됨으로써, 의지 부정의 뜻이 두드러질 수도 있다.

(9) ㄱ. 옥소리 씨는 낙지를 <u>안</u> 먹는다.

ㄴ. 옥소리 씨는 낙지를 <u>안</u> 먹는 것이 아니고, <u>못</u> 먹는 것이다.

(ㄱ)의 부정문은 단순 부정이나 의지 부정의 뜻을 나타낸다. 반면에 (ㄴ)의 이어진 문장에서 앞절의 '안' 부정의 의미는 의지 부정으로 해석되는데, 이것은 뒷절에서 실현된 '못' 부정(=능력 부정)의 의미와 대조됨으로써 생겨나는 특수한 의미이다.

〈 '못' 부정문 〉 '못' 부정문은 부정 부사인 '못'이나 보조 용언인 '-지 못하다'를 통하여 실현되는 부정이다.

'못' 부정문은 '할 수 없음' 또는 '불가능성'의 뜻을 나타내는 부정문으로서, 이러한 부정을 '능력 부정(能力否定)'이라고도 한다.

(10) ㄱ. 나는 아침을 <u>못</u> 먹었다.

ㄴ. 나는 아침을 먹<u>지 못했다</u>.

(10)의 문장은 '못'과 '-지 못하다'를 통해서 실현되는 부정문인데, 이는 외적인 요인에 의해서 어떠한 행위가 부정된 것으로 해석된다. 곧 (10)의 '못' 부정문은 '이가 아프거나, 소화가 안 되는 등의 요인에 의해서 어쩔 수 없이 '아침을 먹는 행동'이 부정됨'을 나타낸다.

그런데 '못'과 '-지 못하다'는 능력 부정의 뜻을 나타내지만, 화용론적인 쓰임에 따라서는 '금지'나 '거부'의 뜻을 나타내기도 한다.

(11) ㄱ. 미성년자들은 술집에 <u>못</u> 들어간다.　　　　[능력 부정, 금지]

　　　ㄴ. 미성년자들은 술집에 들어가<u>지 못한다</u>.

(12) ㄱ. 나는 결혼식에 <u>못</u> 가겠다.　　　　　　　[능력 부정, 거부]

　　　ㄴ. 나는 결혼식에 가<u>지 못하겠다</u>.

(11)의 '못' 부정문은 '미성년자들이 술집에 들어갈 능력이 없음'을 나타낼 수도 있지만, 화자의 의도에 따라서는 '미성년자들이 술집에 들어가는 행위를 금지함'을 나타낼 수도 있다. 그리고 (12)의 '못' 부정문도 '내가 거기에 갈 능력이 없음'을 나타낼 수도 있고 결혼식에 가 달라는 상대방의 요청을 거부하는 뜻으로 쓰일 수도 있다.

③ 명령문과 청유문의 부정

　명령문이나 청유문에서 실현되는 부정문은 평서문, 의문문, 감탄문의 부정문과는 다른 양상을 보인다.

㉮ 명령문과 청유문에 실현되는 부정문의 형식

　평서문, 의문문, 감탄문으로 실현되는 부정문은 '안/못＋용언'의 형식이나 '어간 ＋ －지 않다/－지 못하다'의 형식으로 표현된다. 이에 반하여 명령문과 청유문에서는 부정문이 '어간 ＋ －지 말다'의 형식으로 나타난다.5)

(13) ㄱ. 여름철에는 피조개를 먹<u>지 마라</u>.　　　　　[금지]

　　　ㄴ. *여름철에는 피조개를 <u>안/못</u> 먹어라.

　　　ㄷ. *여름철에는 피조개를 { 먹<u>지 않아라</u> / 먹<u>지 못해라</u> }.

(14) ㄱ. 집에서는 뱀을 키우<u>지 말자</u>.　　　　　　　[금지, 부정 권유]

　　　ㄴ. *집에서는 뱀을 <u>안/못</u> 키우자.

　　　ㄷ. *집에서는 뱀을 { 키우<u>지 않자</u> / 키우<u>지 못하자</u> }.

명령문과 청유문에서는 (13~14)의 (ㄱ)에서처럼 보조 용언인 '-지 말다'의 형식을 통해

---

5) '말다'에 명령형 어미인 '-아'나 '-아라'가 결합하면 '말아'나 '말아라'의 형태로 실현되지 않고 '마, 마라'의 형태로 불규칙하게 실현된다. 그리고 '말지못하다, 말지않다' 대신에 '마지못하다, 마지않다'로 실현된다. (보기) (하)지 <u>마</u>(아), (하)지 <u>마</u>라, 마지못하다, <u>마</u>지않다, (하)다<u>마</u>다, (하)자<u>마</u>자

서만 부정문이 실현된다. 반면에 (13~14)의 (ㄴ)과 (ㄷ)에서처럼 부정의 요소로서 '못/안'이나 '-지 않다/-지 못하다'가 쓰이면 비문법적인 문장이 된다. 그리고 명령문과 청유문에서 쓰이는 부정문은 '부정'의 뜻보다는 '금지'나 '부정 권유'의 뜻을 나타낸다. 따라서 '-지 말다'는 명령문에서는 청자에게 어떠한 행위를 금지하고, 청유문에서 화자와 청자가 함께 어떠한 행위를 함께 중단하자는 뜻을 나타내게 된다.

㉴ '-지 말다'의 특수한 용법

'-지 말다'는 명령문과 청유문에서 동사의 어간에만 붙어서 실현되는 것이 일반적이다. 그런데 경우에 따라서는 '-지 말다'가 평서문에서 쓰이기도 하고 형용사의 어간에 붙어서 실현되기도 하는데, 이는 '-지 말다'로 표현되는 부정문의 특수한 용법이다.

첫째, '바람'이나 '희망'을 나타내는 동사가 서술어로 쓰이면, 평서문에도 '-지 말다'가 부정의 요소로서 쓰일 수 있다.

> (15) ㄱ. 노 대통령은 탄핵안이 국회에서 통과되지 {않기를 / <u>말기를</u>} 바랐다.
> ㄴ. 경찰이 내 가방을 뒤지지 {않았으면 / <u>말았으면</u>} 좋겠다.

(15)에서 주절의 서술어로서 '바라다'와 '좋다'가 쓰였다. 여기서 '바라다'와 '좋다'는 '탄핵안이 국회에서 통과되는 일'과 '경찰이 자기의 가방을 뒤지는 일'이 이루어지지 않기를 희망하거나 기원하는 뜻을 나타낸다. 따라서 이들 문장은 '상황의 변화'를 바란다는 점에서 명령문과 비슷하게 기능한다. 이러한 의미적인 특징 때문에 서술어가 '희망'이나 '기원'을 나타내는 겹문장 속의 종속절에서는 부정의 요소로서 '-지 말다'가 쓰일 수 있다.

둘째, 일반적으로 형용사는 명령문과 청유문의 서술어로 쓰이지 않는다. 그런데 화자가 '기원'이나 '바람'의 의도를 문장으로 표현할 때에는, 형용사의 어간에 '-지 말다'를 실현하여서 명령문의 형식을 취하는 예외적인 경우가 있다.

> (16) ㄱ. 제발 신랑의 키가 작<u>지만 마라</u>.
> ㄴ. 제발 성적이 나쁘<u>지만 마라</u>.

> (17) ㄱ. 제발 신랑의 키가 작<u>지만 않으면</u> 좋겠다.
> ㄴ. 제발 성적이 나쁘<u>지만 않으면</u> 좋겠다.

(16)의 문장에서 서술어로 쓰이는 '작다'와 '나쁘다'는 형용사이지만 '-지 말다'의 형식을 취하여 부정의 명령문에 쓰였다. (17)의 문장은 형식상으로는 '-지 마라'를 취하여 명령문으로 실현되었지만 그 기능을 보면 (17)처럼 '바람'이나 '기원'을 나타내는 평서문과 같다. 따라서 형용사를 서술어로 하여 부정의 명령문의 형식인 '작지만 마라'와 '나쁘지만 마라'가 쓰인 것이다.

【 더 배우기 】

1. 부정의 범위와 문장의 중의성

〈**부정의 범위**〉 문장 속에서 실현된 부정 요소의 의미가 그 문장 속의 특정한 문장 성분에 미치는 현상을 '부정의 범위(否定의 範圍)'라고 한다.

(1) ㄱ. 선생님이@ 교실에서ⓑ 학생을ⓒ <u>안</u> 때렸다ⓓ.
　　ㄴ. 선생님이@ 교실에서ⓑ 학생을ⓒ 때리ⓓ<u>지 않았다</u>.

(2) ㄱ. 교실에서 학생을 때린 사람은 <u>선생님</u>이 아니다.　　(다른 사람이 때렸다.)
　　ㄴ. 선생님이 학생을 때린 곳은 <u>교실</u>이 아니다.　　(다른 곳에서 때렸다.)
　　ㄷ. 선생님이 교실에서 때린 사람은 <u>학생</u>이 아니다.　　(다른 사람을 때렸다.)
　　ㄹ. 선생님이 교실에서 학생을 <u>때린 것</u>이 아니다.　　(다른 행위를 했다.)

(1)의 문장은 화자의 발화 의도에 따라서 (2)처럼 다양한 의미로 해석될 수 있다. 곧, (1)의 문장에서 주어인 '선생님이@'가 부정의 범위에 들어가면 (2ㄱ)과 같이 해석되며, 부사어로 쓰이는 '교실에서ⓑ'가 부정의 범위 들어가면 (2ㄴ)처럼 해석된다. 그리고 목적어로 쓰이는 '학생을ⓒ'이 부정의 범위에 들면 (2ㄷ)처럼 해석되며, 서술어로 쓰이는 '때리다ⓓ'가 부정의 범위에 들면 (2ㄹ)처럼 해석된다.

〈**부정의 범위에 따른 문장의 중의성**〉 부정문을 발화할 때에, 화자의 발화 의도를 모르거나 특정한 문장 성분에 강세가 부여되지 않으면, 그 부정문은 중의성(重義性)을 띠게 된다. 특히 수량을 나타내는 부사어가 부정문에 쓰이면, 수량의 의미 전부가 부정되기도 하고 수량의 의미 일부가 부정되기도 해서 문장이 중의적으로 된다.

(3) 마을 사람들이 다 모이<u>지 않았다</u>.　　　　　[전체 부정, 부분 부정]

(4) ㄱ. 마을 사람들이 다 [모이지 <u>않았다</u>].　　　[전체 부정]
　　ㄴ. (마을 사람들이 모두 다 안 모였다.)

(5) ㄱ. 마을 사람들이 [다 모이-]-지 않았다.　　　　　　[부분 부정]

　　ㄴ. (마을 사람들이 모두 다 모인 것은 아니다.)

(3)에서 수량을 나타내는 부사어인 '다'는 부정문에서 쓰이면, '다'의 의미 전체가 부정되기도 하고 의미의 일부만 부정되기도 한다. 곧, '다'의 의미 전체가 부정되면 (4)처럼 해석되고, '다'의 의미 일부만 부정되면 (5)처럼 해석된다. 통사적으로 보면 (4ㄱ)의 문장은 '-지 않았다'가 '모이(다)'만 부정하였으므로 '전체 부정'으로 뜻으로 해석되고, (5ㄱ)의 문장은 '-지 않았다'가 '다 모이(다)'를 부정하였으므로 '부분 부정'의 뜻으로 해석되는 것이다.

〈 중의성의 해소 〉 부정하려는 문장 성분에 '대조'나 '차이'의 뜻을 나타내는 보조사인 '-은/-는'을 실현하면 부정문에 나타나는 중의성이 해소되는 수가 있다.

(6) ㄱ. 선생님이 교실에서<u>는</u> 학생을 때리지 않았다.

　　ㄴ. 선생님이 교실에서 학생<u>은</u> 때리지 않았다.

　　ㄷ. 선생님이 교실에서 학생을 때리지<u>는</u> 않았다.

(7) ㄱ. 마을 사람들이 다 모이지<u>는</u> 않았다.　　　　　　[부분 부정]

　　ㄴ. 마을 사람들이 다<u>는</u> 모이지 않았다.　　　　　　[부분 부정]

(6)의 (ㄱ)에서는 부사어인 '교실에서'가 부정되며, (ㄴ)에서는 목적어인 '학생을'이 부정되고, (ㄷ)에서는 서술어인 '때리다'가 부정되어서 중의성이 해소된다. 그리고 앞의 (3)의 부정문에서는 부사인 '다'의 의미가 '전체 부정' 혹은 '부분 부정'으로 해석되었다. 반면에 (7ㄱ)처럼 본용언의 서술어에 보조사인 '-는'을 실현하거나 (7ㄴ)처럼 '다'에 '-는'을 실현하면, 문장의 중의성이 해소되어서 '부분 부정'으로만 해석된다.

2. '부정 의문문'과 대답말

국어에서 '부정 의문문'에 대한 대답말인 '네(예)'와 '아니요'는 질문한 사람의 언어적인 표현을 중심으로 표현되는 것이 특징이다.

첫째, 긍정 의문문에 대하여 상대방은 질문자가 발화한 의문문의 내용이 '참(眞)'이라고 판단하면 대답말을 '네'로 표현하고, '거짓(僞)'으로 판단하면 대답말을 '아니요'로 표현한다.

(8) 지금 부산에 눈이 오니?

(9) ㄱ. <u>네</u>, 와요.

　　ㄴ. <u>아니요</u>, 안 와요.

(8)의 긍정 의문문에 대한 대답은 (9)와 같이 표현된다. 곧 (9)에서 대답하는 사람이 (8)의 의문문이 표현하는 내용을 '참'이라고 판단하면 (9ㄱ)처럼 "예, 와요."라고 대답하고, '거짓'이

라고 판단하면 (9ㄴ)처럼 "아니요, 안 와요."라고 대답한다.

둘째, 부정 의문문에서는 대답하는 사람은 질문자가 발화한 표현(부정 의문문)을 '참'이라고 판단하면 대답말을 '예'로 표현하고, '거짓'으로 판단하면 대답말을 '아니요'로 표현한다.

(10) ㄱ. 지금 부산에 눈이 안 오니?

ㄴ. 지금 부산에 눈이 오지 않니?

(11) ㄱ. <u>아니요</u>, (눈이) <u>와요</u>. ― (3)의 의문문의 표현 자체에 대한 부정 대답말

ㄴ. <u>네</u>, (눈이) <u>안 와요</u>. ― (3)의 의문문의 표현 자체에 대한 긍정 대답말

대답하는 사람은 (10)의 의문문의 표현 자체를 '거짓'이라고 판단하면 (11ㄱ)처럼 대답말을 '아니요'로 표현한다. 반면에 (10)의 의문문의 표현을 '참'이라고 판단하면 (11ㄴ)처럼 대답말을 '예'로 표현한다. 결국 국어에서는 대답말인 '예, 아니요'는 의문문의 표현을 긍정하거나 부정하는 말이며, 대답말 뒤에 서술어의 형식으로 실현되는 '와요'와 '안 와요'는 의문문으로 표현된 '일'이나 '상황'을 긍정이나 부정하는 말이다. 이러한 현상을 한 마디로 요약하면 다음과 같다. 곧, 부정 의문문에 대한 대답 표현에서 실현되는 '네/아니요'와 같은 대답말은 그 뒤에서 서술어로 표현되는 '긍정-부정'의 판단과는 항상 반대가 된다.

반면에 영어에서는 부정 의문문에 대한 대답 표현이 국어와는 정반대로 실현된다.

(12) Isn't it snowing in Busan?

(13) ㄱ. <u>No</u>, it isn't.(아니요, 안 와요) ― (12)의 '일'에 대한 부정 대답말

ㄴ. <u>Yes</u>, it is.(예, 와요) ― (12)의 '일'에 대한 긍정 대답말

영어에서는 대답하는 사람이 의문문으로 표현된 일(상황)을 부정적으로 판단하면 'No'로 표현하고, 긍정적으로 판단하면 'Yes'로 표현한다. 곧 (12)에서 부산에 눈이 오는 일 자체가 거짓이면 (13)의 (ㄱ)처럼 'No'로 표현하고, 눈이 오는 일 자체가 '참'이면 'Yes'로 표현한다.

곧 국어의 부정 의문문에 대한 대답말은 의문문으로 표현되는 '일(상황)' 자체에 대한 '긍정/부정'의 표현이 아니라, 질문자의 표현(부정 의문문)에 대한 '긍정/부정'의 표현이다.

참고로 표면적으로는 부정 의문문의 형식을 갖추고 있지만, 실제로는 부정의 기능이 없이 어떠한 사실을 확인하는 기능을 하는 의문문이 있다.

(14) ㄱ. 너는 이미 밥을 먹었잖니?　　　　(15)ㄱ. <u>예</u>, 먹었어요.

ㄴ. 너는 이미 밥을 먹었다. <u>그렇지</u>?　　　　ㄴ. <u>아니요</u>, 안 먹었어요.

(14ㄱ)에서 서술어로 쓰인 '먹었잖니'는 '먹었지 않니?'가 줄어진 형태인데, 이때에는 (14ㄱ)은 실제로는 (14ㄴ)처럼 사실을 확인하는 긍정 평서문으로 해석된다. 따라서 (14ㄱ)의 문장은 부정 의문문이 아니라 확인 의문문으로 쓰였다. (14ㄱ)처럼 확인 의문문으로 쓰인 문장에 대한 대답말은 (14ㄴ)의 긍정의 문장과 동일하게 기능하므로 (15)처럼 대답하여야 한다.

1.3.7. 인용 표현

(가) 인용 표현의 개념

'인용 표현(引用 表現)'은 다른 사람의 말(글)이나 생각 등을 직접 또는 간접적으로 가져오는 표현이다. 인용 표현은 인용하는 절(문장)에 부사격 조사 '-라고'와 '-고'가 붙어서 이루어진다.

(1) ㄱ. 인호 씨는 "<u>나는 10억 원을 받았다.</u>"<u>라고</u> 말했습니다.

ㄴ. 인호 씨는 <u>(자기는) 10억 원을 받았다고</u> 말했습니다.

(2) ㄱ. 나는 "<u>내일은 집에서 쉬어야지.</u>"<u>라고</u> 생각했다.

ㄴ. 김우석 박사는 <u>자기는 결백하다고</u> 주장했다.

(1)의 문장은 다른 사람의 말을 따온 '인용절을 안은 문장'이다. (ㄱ)은 '인호 씨'가 한 말을 그대로 따온 직접 인용문인데 인용절에 부사격 조사인 '-라고'가 실현되었다. 그리고 (ㄴ)은 말을 전달하는 사람이 '인호 씨'의 말을 자신의 입장으로 바꾸어서 따온 간접 인용문인데 인용절에 부사격 조사인 '-고'가 실현되었다.

인용절을 안은 문장은 생각·판단·주장 등을 따올 때에도 성립한다. 곧, (2)처럼 문장의 서술어가 '생각하다, 믿다, 주장하다, 약속하다, 명령하다, 제의하다……' 등일 때에도, 인용절의 문법적인 형식만 갖추면 인용절을 안은 문장이 성립한다.[1]

(나) 인용 표현의 유형

인용절은 남의 말을 인용하는 형식에 따라서 '직접 인용절'과 '간접 인용절'로 나뉜다. 직접 인용절은 다른 사람의 말을 그대로 따서 옮기는 인용절로서 부사격 조사인 '-라고'가 붙어서 성립한다. 반면에 '간접 인용절'은 다른 사람의 말을 전달하되, 그 말을 전달하는 이의 입장으로 내용이나 형식을 바꾸어서 표현한 인용절이다. 이러한 간접 인용절은 부사격 조사인 '-고'가 붙어서 성립한다.

---

1) 직접 인용절을 이끄는 부사격 조사로는 '-하고'도 있다. '-하고'는 남의 말이나 생각 혹은 사물의 소리를 아주 생생하게 인용할 때에 실현된다. '말하다', '묻다', '생각하다' 따위의 인용 동사와 함께 쓰인다. (보기: 김 사장은 사원들에게 "이제 다시 시작합시다."<u>하고</u> 말했다. 하늘에서 포탄이 "쿵" <u>하고</u> 터졌다.)

다음은 '장효리'가 '이동건'에게 한 말을 '이동건'이 다른 사람에게 옮기는 상황이다.

(3) 〈화자 : 장효리〉 : "나는 내일 너의 집에 가겠다." 〈청자: 이동건〉

(4) ㄱ. 〈화자 : 이동건〉: 효리가 나에게 <u>"나는 내일 너의 집에 가겠다."</u>라고 말했다.

　　ㄴ. 〈화자 : 이동건〉: 효리가 나에게 <u>자기는 내일 우리 집에 오겠다고</u> 말했다.

　　ㄷ. 〈화자 : 이동건〉: 효리가 나에게 <u>내일 우리 집에 오겠다고</u> 말했다.

여기서 (3)의 (ㄱ)은 이동건이 장효리의 말을 직접적으로 인용한 표현인데, 이렇게 직접적으로 인용할 경우에는 부사격 조사로서 '-라고'를 쓴다. 이에 반해서 (4)의 (ㄴ)과 (ㄷ)은 이동건이 장효리가 한 말을 자신의 입장으로 내용이나 형식을 바꾸어서 간접적으로 인용한 표현이다. 이처럼 다른 사람이 한 말을 간접적으로 인용할 경우에는 부사격 조사로서 '-고'를 쓴다. 그리고 간접 인용절을 안은 문장의 전체의 주어와 안긴 문장 속의 주어가 동일할 때에는, (ㄴ)처럼 안긴 문장의 주어를 재귀 대명사인 '자기'로 바꾸어서 표현하거나 (ㄷ)처럼 안긴 문장의 주어를 생략하여 표현한다.

(다) 간접 인용 표현의 어미 변동

직접 인용절은 다른 사람이 한 말을 그대로 따오기 때문에 인용절 속에 나타나는 말에 변화가 일어나지 않는다. 반면에 간접 인용절에서는 서술어로 쓰인 용언의 종결 어미가 다른 형태로 바뀌거나, 특정한 종결 어미가 아예 실현되지 않을 수도 있다.

첫째, 종결 어미의 형태가 간접 인용절에서 다른 형태로 바뀌어서 실현될 수 있다.

(5) ㄱ. 철수 씨는 <u>"저 사람이 봉준호 감독이다."</u>라고 말했다.　　[직접 인용문]

　　ㄴ. 철수 씨는 <u>저 사람이 봉준호 감독이라고</u> 말했다.　　[간접 인용문]

(6) ㄱ. 선생님께서는 <u>"지금 서울에는 비가 오는가?"</u>라고 물으셨다. [직접 인용문]

　　ㄴ. 선생님께서는 <u>지금 서울에는 비가 오느냐고</u> 물으셨다.　　[간접 인용문]

(7) ㄱ. 의사 선생님께서 <u>"아침에는 죽을 먹어라."</u>라고 말씀하셨다. [직접 인용문]

　　ㄴ. 의사 선생님께서 <u>아침에는 죽을 먹으라고</u> 말씀하셨다.　　[간접 인용문]

(5)에서 (ㄱ)의 직접 인용에서는 서술격 조사인 '-이다'의 평서형은 '-다'로 실현되는데, 이때의 '-다'는 (ㄴ)의 간접 인용에서는 부사격 조사 '-고' 앞에서 '-라'로 바뀌게 된다.

(6)에서 의문형 어미인 '-는가'는 (ㄱ)의 직접 인용에서는 그대로 실현되지만, 간접 인용에서는 (ㄴ)처럼 '-느냐'의 형태로 바뀌어서 실현된다. (7)에서 명령형 어미인 '-어라'는 (ㄱ)의 직접 인용에서는 그대로 실현되지만, (ㄴ)의 간접 인용에서는 '-으라'로 바뀌어서 실현된다.

둘째, 감탄형 어미인 '-구나'와 '-아라'는 간접 인용문에서 평서형 어미로 바뀐다. 이에 따라서 직접 인용문의 감탄문은 간접 인용문에서는 평서문으로 전환된다.

(8) ㄱ. 영희는 "다빈 씨는 정말로 멋있구나."라고 생각했다.　　　　[직접 인용문]
　　 ㄴ. *영희는 다빈 씨는 정말로 멋있구나고 생각했다.　　　　　[간접 인용문]
　　 ㄷ. 영희는 다빈 씨는 정말로 멋있다고 생각했다.　　　　　　[간접 인용문]

(9) ㄱ. 아이는 밖에 나오자마자, "아이, 추워라!"라고 소리를 질렀다. [직접 인용문]
　　 ㄴ. *아이는 밖에 나오자마자, 아이, 추워라고 소리를 질렀다.　[간접 인용문]
　　 ㄷ. 아이는 밖에 나오자마자, 정말 춥다고 소리를 질렀다.　　[간접 인용문]

(8~9)에서 감탄형 어미 '-구나'와 '-어라'는 (ㄱ)처럼 직접 인용절에서는 형태가 그대로 유지되지만, (ㄷ)처럼 간접 인용절에서는 평서형 종결 어미인 '-다'로 바뀌게 된다.

이처럼 간접 인용절에서 나타나는 어미의 변동 양상을 정리하면 다음과 같다.

	직접 인용절	간접 인용절
서술격 조사의 평서형 어미	-이다 + -라고	-이라 + -고
의문형 어미	-는가 + -라고	-느냐 + -고
명령형 어미	-어라 + -라고	-으라 + -고
감탄형 어미	-구나 + -라고 -아라 + -라고	-다 + -고

〈표 1〉 간접 인용절에서 나타나는 어미의 변동

제2장 담화와 맥락

담화(談話)는 문장의 형식을 갖춘 개별적인 발화(發話)가 유기적으로 결합되어서 형성된 하나의 언어적 통일체이다.[1] 이러한 담화는 화자와 청자, 시공간적인 장면, 발화(언어 표현) 등과 같은 구성 요소에 따라서 형성된다.

2.1. 담화의 개념

〈 담화의 개념 〉 현실의 언어 생활에서는 하나의 발화만 발화되는 경우는 매우 드물고 대개는 발화들이 이어져서 하나의 담화를 형성한다. 곧, '담화(談話)'는 특정한 상황에서 어떠한 주제를 중심으로 하여 화자와 청자가 주고받은 발화의 묶음이다.[2]

그런데 여러 개의 발화가 그냥 나열된다고 해서 담화가 형성되는 것은 아니다. 담화는

---

1) 문장과 발화는 다음과 같은 점에서 차이가 나타난다. 먼저 '문장(文章)'은 '표현 형식－의미'의 결합 체이며, 개별 의미소의 의미와 통사적 규칙으로써 형성된다. 이때의 문장은 현실 세계에서 실제로 발화되는 않은 상태의 언어 표현으로 간주된다. 이에 반하여 '발화(發話)'는 문장이 사람의 입을 통하여 현실에서 실제로 쓰인 것이다. 발화는 표현 형식뿐만 아니라 화자와 청자, 그리고 발화 장면을 포함한 '표현 형식－의미－담화 상황'의 3중 관계에서 파악되는 복합적인 표현이다. 결과적 으로 문장이 현실 세계의 상황에서 쓰이면 발화가 된다.

2) 언어학의 전통적인 영역인 '음운론, 문법론, 의미론' 등은 주로 메시지(문장)의 내용(의미)과 형식(소리)에 관심을 두고 연구를 진행한다. 이에 반해서 '화용론(話用論)'은 '언어적 표현(발화, utterance)'을 둘러싸고 있는 외부적인 환경인 '화자, 청자, 시간적·공간적 맥락면'과 관련을 지어서 '언어 표현(발화)'을 연구하는 분야이다.

그것을 구성하는 언어 요소들이 형식적인 측면에서는 '응집성(凝集性)'을 갖추고, 내용적인 측면에서는 주제를 중심으로 '통일성(統一性)'이 있는 구조체를 이루어야 하는 것이다. 여기서 '응집성(凝集性, cohesion)'은 담화를 구성하는 구성 요소들이 '지시 표현, 대용 표현, 접속 표현' 등에 의해서 형식적으로 결속되어 있는 성질이다. 반면에 '통일성(統一性, 결속성, coherence)'은 개별 발화가 어떠한 주제를 중심으로 모여서 내용상으로 하나의 구조체를 구성하는 것이다. 곧, 응집성은 문장들이 모여서 담화를 구성할 때에 필요한 형식적인 조건이며, 통일성은 문장들이 모여서 담화를 구성할 때에 필요한 내용적인 조건이다.

    (1) 나는 어제 저녁에 남포동에서 영희와 한정식을 먹었어. 철수가 나를 보자고 했어. 집으로 돌가기 전에 영희와 나는 '아바타' 영화를 보았어. 잠시 시간이 생겨서 우리들은 호프집에서 맥주를 마셨어. 종업원도 우리들처럼 음악 감상을 매우 좋아한대.

    (2) 옛날 옛적에 한 <u>나무꾼</u>이 살았습니다. 어느 날 <u>그</u> <u>나무꾼</u>은 뒷산에 나무를 하러 올라갔습니다. <u>그런데</u> <u>나무꾼</u>이 나무를 하던 중에 이상한 장면을 보게 되었습니다. <u>하늘나라</u>에서 내려온 <u>선녀</u>들이 조그만 연못에서 목욕을 하고 있었던 것입니다. <u>나무꾼</u>은 목욕하고 있던 한 <u>선녀</u>의 <u>옷</u>을 몰래 훔쳐서 감추어 두었습니다. 목욕을 마치고 다른 <u>선녀</u>들은 <u>하늘나라</u>로 다시 올라갔으나, <u>옷</u>을 잃어 버린 <u>선녀</u>는 <u>하늘나라</u>로 올라가지 못했습니다.

(1)에 실현된 발화들은 전체적으로 보면 의미적으로 하나의 담화를 구성하지 못한다. 이는 (1)의 발화들이 의미적으로 서로 관련성 없이 나열되어 있고, 담화 구성 요소도 적절하게 실현되지 않아서 응집성을 갖추지 못했기 때문이다. 이에 반해서 (2)에서는 개개의 발화가 유기적으로 짜여서 하나의 통일된 담화를 구성하고 있다. 이처럼 (2)의 발화가 하나의 담화를 구성할 수 있는 것은 '나무꾼, 선녀, 하늘나라, 옷'이 문맥에 되풀이되었고, 접속어인 '그런데'와 지시어인 '그' 등이 실현되어서 응집성을 갖추었기 때문이다.[3)]

    〈 담화의 구성 요소 〉 담화를 짜 이루는 데에 기여하는 외적인 요소를 '담화의 구성 요소'라고 한다. 이러한 담화 구성 요소로는 '화자(필자), 청자(독자), 언어 표현, 맥락(脈絡)'이 있다.

---

3) 일반적으로 개별 발화는 '응집성'과 '통일성(결속성)'을 바탕으로 유기적으로 모여서 하나의 담화를 이룬다. 그러나 한 개의 발화가 '화자 · 청자 · 시공간적인 상황' 등의 비언어적 맥락을 바탕으로 단독으로 담화를 이룰 수도 있다. (보기: ① 불이야! ② 자나 깨나 불조심. ③ 속도를 줄이시오. ④ 백지장도 맞들면 낫다.) ①~④의 개별 발화들은 비언어적 맥락을 바탕으로 하나의 담화를 이룬다.

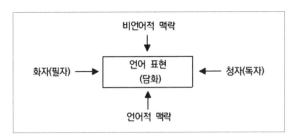

〈그림 1〉 담화의 구성 요소

곧, 어떠한 담화가 구성되려면 개개의 발화를 생산하는 화자(필자)와 그 발화를 수용하는 청자(독자)가 전제되어야 한다. 그리고 담화가 이루어지는 언어적 맥락과 비언어적 맥락을 배경으로 하여 화자가 청자에게 전달하는 발화(發話)가 있어야 한다.

2.2. 담화의 맥락

'맥락(脈絡)'은 담화의 형성하거나 담화를 구성하는 개별 발화의 의미를 해석하는 데에 영향을 끼치는 요소이다.

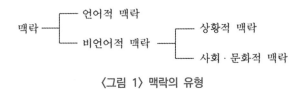

〈그림 1〉 맥락의 유형

맥락은 먼저 '언어적 맥락'과 '비언어적 맥락'으로 구분되며, 비언어적 맥락은 다시 '상황 맥락'과 '사회 · 문화적 맥락'으로 구분된다.

2.2.1. 언어적 맥락

'언어적 맥락'은 특정한 발화가 그것의 앞뒤에 실현된 언어적 표현과 관련해서 형성되는 맥락이다.

(1) ㄱ. 어머니는 아들을 위하여 털실로 장갑을 짰다.

ㄴ. <u>그러나</u> <u>아들</u>은 <u>그것</u>을 겨우내 끼지 않았다.

(1)에서 (ㄱ)의 발화와 (ㄴ)의 개별 발화는 내용이나 형식의 측면에서 담화를 구성하고 있다. 이때에 (1)의 (ㄱ)과 (ㄴ)의 문장은 '그러나'와 같은 접속어와 '그것'과 같은 지시 대명사를 실현하거나, '아들'과 같은 명사를 되풀이하여 표현함으로써 하나의 담화로 엮기게 된다. 결국 (1)의 문장들은 언어적 맥락을 통해서 하나의 담화로 구성된 것이다.

언어적 맥락을 형성하는 언어적 현상으로는 '대용, 문맥 생략, 반복, 접속, 신정보-구정보의 구조, 주제-설명의 구조' 등이 있다.

(가) 대용 표현

어떤 언어 표현이 앞서 발화된 문맥에 표현되어 있는 다른 언어적 표현을 대신하는 경우가 있는데, 이를 '대용(代用) 표현'이라고 한다. 이러한 대용 표현을 통해서 언어적 맥락이 형성될 수 있다.

(2) 철수는 내일 <u>영애</u>와 <u>울산</u>에 놀러 갈 거지?

(3) ㄱ. 아니, 나는 <u>그녀</u>와는 안 가.

ㄴ. 아니, 나는 <u>거기</u>는 안 갈 거야.

(3ㄱ)의 '그녀'는 앞선 문맥인 (2)에 표현된 '영애'를 대용하며, (3ㄴ)의 '거기'는 (2)에 표현된 '울산'을 대용하였다. 결국 (3)에 실현된 대명사 '그녀'와 '거기'가 나타내는 의미 는 앞선 문맥인 (2)를 통해서 확인할 수 있다. 이러한 대용 현상을 통하여 (3)의 (ㄱ)이나 (ㄴ)의 문장은 앞선 문맥인 (2)와 언어적 맥락을 형성하고 이러한 언어적 맥락에 기대어 서 (2)와 (3)의 문장은 하나의 담화를 이루었다.

(나) 문맥 생략 표현

앞선 발화에서 이미 실현되어서 알려진 요소를 다음 발화에서 실현하지 않을 수 있는 데, 이와 같은 생략을 '문맥 생략(文脈 省略)'이라고 한다. 이와 같은 문맥 생략을 통해서 도 언어적 맥락이 형성될 수 있다.

(4) 갑 : 철수는 어제 시험에서 몇 점 받았니?

(5) 을₁ : 철수는 어제 시험에서 30점 받았어.

을₂ : 30점.

(4)와 (5)는 '갑'과 '을'의 대화인데, '갑'의 질문에 대하여 '을₂'는 문장의 다른 요소는 모두 생략하고 '30점'이라는 명사구만 발화했다. 이렇게 문장에서 다른 모든 요소를 다 생략하고 '30점'이라는 말만 발화해도 '갑'과 '을₂'의 대화가 자연스러운 이유는 앞선 문맥('갑'이 발화한 말)을 통해서 생략된 언어 요소의 내용을 알 수 있기 때문이다. 곧, 앞선 문맥이 없으면 반드시 '을₁'처럼 발화해야 하지만, '갑'의 발화가 있었기 때문에 '을₂'처럼 생략된 문장으로 발화할 수 있다. 이렇게 문맥 생략이 일어나도 의사소통이 가능한 것은 앞선 문맥인 '갑'의 발화와 뒤의 문맥인 '을₂'의 발화가 언어적인 맥락을 형성하고 있기 때문이다.

(다) 반복 표현

앞의 발화와 뒤의 발화에 동일 어구를 반복하여 표현함으로써 개별 발화 사이에 언어적인 맥락이 형성되어서 결과적으로 두 발화가 담화를 이룰 수가 있다.

(6) 철수가 비빔밥을 식당에서 먹었다. 철수는 처음부터 비빔밥을 좋아한 것은 아니었다. 철수는 초등학교 때까지는 비빔밥을 먹지는 않았다. 그러나 철수가 중학교 무렵에 진주에서 비빔밥을 먹어 보고는 그 맛에 푹 반했다.

(6)에 실현된 네 개의 발화에는 '철수'와 '비빔밥'이 되풀이하여 표현되었다. 이렇게 동일한 명사가 되풀이됨으로써 네 개의 발화가 서로 언어적 맥락을 형성하고 이러한 맥락을 바탕으로 결과적으로 담화를 이루었다.

(라) 접속 표현

앞의 발화와 뒤의 발화 사이에 '접속어(接續語)'를 실현함으로써, 개별 발화들이 언어적 맥락을 형성하여 하나의 통일된 담화 구조를 이룰 수 있다.

첫째, 발화와 발화 사이에 그들이 연결되는 의미 관계에 알맞은 '접속 부사'를 실현해서 개별 발화를 의미적으로 통합할 수 있다.

(7) 김 형사는 사건 현장에서 범인을 잡지는 못했다. <u>그러나</u> 사건 현장에서 범인이 떨어뜨린 열쇠를 발견했다. <u>따라서</u> 그 열쇠에서 범인의 지문을 채취할 수만 있다면 범인을 잡는 것은 시간 문제였다. <u>그런데</u> 열쇠에 묻어 있는 지문이 분명하지 않아서 '국립 과학 수사 연구소'에 지문 감식을 의뢰해야 하는 것이 문제였다.

(7)에서는 네 개의 발화가 실현되었는데, 이들 발화는 '그러나', '따라서', '그런데'와 같은 접속어를 통해서 이어졌다. 이처럼 문장과 문장을 직접적으로 잇는 접속어를 통해서 개별의 발화가 하나의 담화를 이룰 수도 있다.

둘째, 구(句)의 형식으로 된 접속어를 사용해서 개별 발화를 담화로 통합할 수 있다.

(8) 요즈음은 '제철 과일'이 별로 없다. <u>예를 들어서</u> 여름 과일이었던 '수박, 참외, 포도' 등은 일 년 내내 출하되고 있어 슈퍼마켓의 과일 코너에서 팔리고 있다. <u>그뿐만 아니라</u> 가격 또한 제철에 나는 과일과 별로 차이를 보이지 않아서, 돈만 있으면 언제든지 모든 과일을 맛볼 수 있다. <u>다시 말해서</u> 우리는 돈만 있으면 식생활에 관한 한 예전의 중국 황제보다도 더 풍요롭게 생활할 수 있다.

(8)에서는 '예를 들어서', '뿐만 아니라', '다시 말해서' 등의 접속어를 실현해서 앞선 발화와 뒤의 발화를 이어서 하나의 담화체를 이루고 있다. 이들 접속어들은 구(句)의 구성인데, 앞의 (7)에 쓰인 '그러나, 따라서, 그런데'와 마찬가지로 발화와 발화를 잇는 접속기능을 한다. 이들 접속어로 말미암아서 개별 발화들이 언어적 맥락을 형성하면서 전체 발화가 하나의 통일성 있는 담화를 이루었다.

(마) 발화의 정보 구조

발화 속에 실현되는 문장 성분에는 여러 가지의 정보가 담겨 있다. 발화의 구조를 정보 전달의 관점에서 분석하면, 정보 전달의 두 가지 구조로서 '구정보-신정보'의 구조와 '주제-설명'의 구조로 나눌 수 있다. 이처럼 개개의 발화에 내재하는 정보의 구조가 언어적 맥락을 형성하는 요인이 되기도 한다.

① '신정보-구정보'의 구조

〈 신정보와 구정보의 개념 〉 하나의 발화 속에는 여러 가지 문장 성분이 실현되어 있는데, 이들 문장 성분에는 발화 참여자가 이미 알고 있는 정보가 실려 있기도 하고 새로운 정보가 실려 있기도 하다. 이처럼 문장의 구조를 정보 전달의 측면에서 분석하면 새로운 정보를 나타내는 부분과 이미 알고 있는 정보를 나타내는 부분으로 나눌 수 있다.

$$S_1: \quad [\,구정보_1 - 신정보_1\,]$$
$$\downarrow$$
$$S_2: \qquad\quad [\,구정보_2 - 신정보_2\,]$$
$$\downarrow$$
$$S_3: \qquad\qquad\quad [\,구정보_3 - 신정보_3\,]$$

〈그림 2〉 발화의 정보 구조

'구정보(舊情報)'는 하나의 발화에 이미 전제되어 있어서, 청자의 의식 속에 들어 있는 정보이다. 반면에 '신정보(新情報)'는 청자에게 알려지지 않아서 청자가 궁금하게 생각하는 사항으로서, 화자가 문장을 통해서 새롭게 제시하는 정보이다. 하나의 문장 속에는 '구정보'를 나타내는 말과 '신정보'를 나타내는 말이 순환되어서, 점진적으로 새로운 정보를 추가하면서 화자와 청자가 서로 의사소통을 한다.[4] 〈그림 2〉처럼 S_1, S_2, S_3 등의 문장이 '구정보-신정보'의 구조로써 담화의 구조를 형성할 수 있다.

〈 신정보와 구정보의 실현 방식 〉 문장에 실현된 신·구정보에는 일정한 표지가 붙어서 실현될 수가 있는데, 조사 '-이/-가'와 '-은/-는'이 이러한 표지로 기능한다.

첫째, 문장에서 신정보를 전달하는 요소에는 조사 '-이/-가'를 실현하여 표현한다.

(9) 갑 : <u>누가</u>초점 먼저 서울에 도착했나요?

(10) ㄱ. 을₁ : <u>철수가</u>신정보 <u>먼저 도착했습니다.</u>구정보

　　ㄴ. 을₂ : [?]<u>철수는</u>신정보 <u>먼저 도착했습니다.</u>구정보

'갑'과 '을'의 대화에서 '갑'이 발화한 (9)의 문장에는 '어떤 사람이 먼저 서울에 도착했다는 사실'이 전제되어 있다. 그러므로 '갑'의 물음에 대하여 '을'이 발화한 (10ㄱ)의 문장에서 '먼저 도착했다'는 청자가 이미 알고 있는 구정보을 담고 있다. 그리고 (10ㄱ)에서 '철수'는 '갑'이 알고 싶어 하는 '새로운 정보'가 되는데, 이러한 새로운 정보에는 조사 '-가'가 표지로 쓰인다. 만일 새로운 정보를 나타내는 '철수'에 구정보의 표지인 '-는'을

---

4) 어떠한 발화는 이미 경험한 다른 담화의 지식에 의존하여서 표현되는데, 담화에서 나타나는 이러한 특성을 '상호 텍스트성'이라고 한다(Baugrand & Dressler, 1981).

실현하게 되면 (10ㄴ)처럼 부자연스러운 문장이 된다.

둘째, 문장에서 구정보를 전달하는 요소에는 조사 '-은/-는'을 실현하여 표현한다. 이처럼 '-은/-는'이 화용론적으로 구정보를 나타내는 표지로 쓰일 때에는 대부분 문장의 첫머리에 위치하여서 '화제(주제)'의 기능을 담당한다.

(11) 갑 : 영희가 언제_{초점} 집을 샀나요?

(12) ㄱ. 을₁ : 영희는_{구정보} 작년에_{신정보} 집을 샀습니다_{구정보}
ㄴ. 을₂: ⁇영희가_{구정보} 작년에_{신정보} 집을 샀습니다_{구정보}

'갑'과 '을'의 대화에서 '갑'이 발화한 (11)의 의문문에는 '영희가 집을 샀다는 사실'이 전제되어 있으므로, 청자인 '을'에게는 '영희'는 구정보가 된다. 이처럼 구정보로 전달되는 '영희'에는 (12ㄱ)처럼 구정보 표지인 '-는'이 실현되는 것이 자연스럽다. 만일 구정보인 '영희'에 (12ㄴ)처럼 신정보 표지인 '-가'를 실현하면 부자연스러운 문장이 된다.

그리고 아래에 제시된 전래 설화처럼 '단독적 발화'가 일어나는 담화 상황에서도 정보 전달의 양상에 따라서 '-이/-가'와 '-은/-는'이 구분되어서 쓰인다.

(13) A. 옛날 옛적에 어느 시골에 한 나무꾼이_신 살았습니다. 그런데 그 나무꾼은_구 나이가 들도록 장가를 들지 못했습니다. 그 나무꾼은_구 장가들 돈이 없었던 것입니다.

B. 그러던 어느 날 나무꾼이_신 산에서 나무를 하고 있는데, 늙은 산신령이_신 나타나서 나무꾼에게 복주머니를 하나 건네주었습니다. 나무꾼은_구 그 복주머니를 받아서 집으로 돌아왔습니다.

(13)의 글은 이야기의 내용상 (A)와 (B)의 두 가지의 담화로 구성되어 있다. (A)에서 '나무꾼'이 처음 등장할 때에는 신정보를 전달하여 조사 '-이'가 실현되었고, 두 번째 이하의 문장에서는 '나무꾼'이 구정보를 전달하여 조사 '-은'이 실현되었다. 그런데 (B)의 담화에서는 새로운 담화 상황이 형성되기 때문에 첫 번째 문장에서는 '나무꾼'과 '산신령'에 신정보를 나타내는 '-이'를 실현하였고, 두 번째 문장에 나타나는 '나무꾼'에는 구정보를 나타내는 '-은'을 실현하였다.

② '주제-설명'의 구조

발화의 정보 구조는 '주제(화제)-설명(논평)'의 정보 구조로도 분석할 수도 있다.

〈 '주제'와 '설명'의 개념 〉 대부분의 발화는 '~에 대하여 ~으로 설명하다'의 형식으로 실현된다. 곧, 발화의 구조는 화자가 청자에게 '말하려는 것'과 '그것(=말하려고 하는 것)에 대한 풀이'의 두 부분으로 구분할 수 있다.

(14) ㄱ. <u>기린은</u>_{주제} <u>목이 길다.</u>_{설명}

ㄴ. <u>콩쥐는</u>_{주제} <u>치마를 잘 입지 않았다.</u>_{설명}

(ㄱ)에서 '기린'은 이 발화에서 말하려는 것(주제)이며, '목이 길다'는 말하려는 것에 대한 풀이이다. (ㄴ)에서 '콩쥐'는 이 발화에서 말하려는 것(주제)이며, '치마를 잘 입지 않았다'는 말하려는 것에 대한 풀이이다.

• 주제(主題, topic): 발화에서 말하려고 하는 그 무엇이다.
• 설명(說明, comment): 주제에 대하여 풀이하는 부분이다.

〈표 1〉 '주제'와 '설명'

여기서 발화에서 '무엇에 대하여 말하려는 것'을 '주제(主題)' 또는 '화제(話題)'라고 하고, '말하려고 하는 것에 대한 풀이'를 '설명(說明)' 또는 '논평(論評)'이라고 한다.

〈 '주제-설명' 구조의 실현 방식 〉 발화의 '주제-설명'의 구조에서는 일반적으로 주제는 문장의 왼쪽에 위치하며, 설명은 오른쪽에 위치한다. 그리고 주제를 나타내는 말은 체언에 보조사 '-은/-는'이 붙으면서 문장의 맨 앞에 나타나는 것이 일반적이다. 이처럼 어떠한 문장 성분에 보조사 '-은/-는'이 붙으면서 문장의 첫머리로 이동하여 주제로 표현되는 것을 '주제화(主題化)'라고 한다.

(15) ㄱ. <u>김 선생님께서</u>_{주어} 지금 삼성중학교에서 근무하고 있으십니다.

ㄴ. 송 총장이 <u>헛돈을</u>_{목적어} 많이 씁니다.

ㄷ. 내가 종이학을 <u>영희한테</u>_{부사어} 주었다.

(16) ㄱ. <u>김 선생님께서는</u>_{주제} 지금 삼성중학교에서 근무하고 있으십니다._{설명}

ㄴ. <u>헛돈은</u>_{주제} 송 총장이 많이 씁니다._{설명}

ㄴ. <u>영희한테는</u>_{주제} (내가) 종이학을 주었다._{실명}

(15)에서 (ㄱ)의 '김 선생님께서'는 주어로 쓰였으며, (ㄴ)의 '헛돈을'은 목적어로 쓰였으며 (ㄷ)의 '영희한테'는 부사어로 쓰였다. 이들 문장 성분은 모두 정상적인 위치에서 실현되었다. 이에 반해서 (16)에서 '헛돈은'과 '영희한테는'은 모두 체언에 주제를 나타내는 보조사 '-는'이 실현되면서 문장의 맨 앞으로 이동하였다. 이처럼 (16)의 (ㄴ)과 (ㄷ)에서 목적어와 부사어가 문장의 첫머리로 이동한 것은 주제화에 따른 어순의 이동에 해당된다. 이렇게 문장 성분이 문장의 앞으로 이동한 것은 주제(말거리, 화제)를 표현하기에 가장 적절한 위치가 문장의 첫머리이기 때문이다.[5]

〈 '주제 – 설명' 구조와 담화 〉 여러 개의 발화가 이어서 실현될 때에는 '주제 – 설명'의 구조가 되풀이되면서 하나의 통일된 담화를 형성할 수도 있다.

〈그림 2〉 담화의 '주제-설명' 구조

발화1은 '주제1-설명1'의 구조를 갖추었는데, 발화2에서는 발화1에서 이미 제시된 설명1이 주제2로 바뀌어서 '주제2-설명2'의 구조가 된다. 그리고 발화3에서는 발화2에서 이미 제시된 설명2가 주제3으로 바뀌어서 '주제3-설명3'의 구조가 된다. 이처럼 발화의 연속체인 S1, S2, S3은 주제-설명의 구조를 통해서 하나의 담화를 형성하게 된다.

다음은 거북선에 대한 해설을 세 개의 문장의 형태로 발화한 것인데, 이들 발화들에 나타나는 '주제-설명'의 실현 양상을 살펴보자.

(17) ㄱ. <u>거북선은</u>주제 <u>세계 최초의 철갑선이다.</u>설명

ㄴ. <u>철갑선은</u>주제 <u>나무 위에 철판으로 거죽을 싸서 만든 병선(兵船)이다.</u>설명

ㄷ. <u>철판으로 만든 병선은</u>주제 <u>적군의 병선과 싸우는 데에 큰 이점이 있다.</u>설명

ㄹ. <u>그 이점은</u>주제 <u>아군의 은폐가 용이하고 적의 공격으로부터 안전하다는 것이다.</u>설명

---

5) 결국 화용론적인 측면에서 보면 (16)에서 '김 선생님은', '헛돈은', '영희한테는'은 모두 문장의 첫머리(왼편)에 실현되어서 '주제'임을 나타내며, 이들 주제를 나타내는 문장 성분을 제외한 나머지 부분은 문장의 오른쪽에 실현되어서 '설명'을 나타낸다.

(18) 거북선은 세계 최초의 철갑선이다. 철갑선은 나무 위에 철판으로 거죽을 싸서 만든 병선(兵船)이다. 철판으로 만든 병선은 적군의 병선과 싸우는 데에 큰 이점이 있다. 그 이점은 아군의 은폐가 용이하고 적의 공격으로부터 안전하다는 것이다.

(17)의 개별 발화는 '주제-설명'의 구조를 형성하고 있다. 이들 발화는 모두 (18)처럼 앞 문장과 뒤의 문장이 연쇄적으로 '주제-설명'의 구조를 형성하고 있으므로, 결과적으로 (17)에 실현된 개별 발화들은 (18)처럼 언어 내부적으로 하나의 담화를 형성한다.

2.2.2. 비언어적 맥락

비언어적 맥락이 발화의 성립과 의미 해석에 영향을 끼칠 수도 있다. 이러한 '비언어적 맥락'은 특정한 발화가 '화자·청자·시공간적 배경·사회 문화적 배경' 등, 비언어적 표현을 담화 구성 요소와 관련을 맺으면서 형성되는 맥락이다. 이러한 비언어적 맥락에는 '상황 맥락'과 '사회·문화적 맥락'이 있다.

(가) 상황 맥락

'상황 맥락'은 화자와 청자, 그리고 시간과 공간 등의 요인으로 형성되는 맥락이다. 곧, 화자의 의도와 청자의 처지, 그리고 시간과 공간적 배경과 관련하여 형성되는 맥락으로서, 이들 맥락에 따라서 동일한 발화의 내용이 다르게 표현되거나 해석될 수 있다.
상황 맥락과 관련이 있는 언어적 표현으로는 '화자와 청자에 관련된 상황 맥락'과 '시·공간적 상황에 관련된 상황 맥락'이 있다.

① 화자와 청자의 상황 맥락

화자와 청자에 관련된 맥락으로서 '화자의 의도', '상대 높임 표현', '청자에 대한 심리적 거리 표현', '시점 표현' 등이 있다.
〈화자의 의도〉 화자의 의도에 따라서 어떠한 언어적 표현이 다르게 해석될 수 있는데, 이때에는 화자의 의도가 상황 맥락을 형성한다.
예를 들어서 다음은 학교에서 막 돌아온 '아들'과 집에 있는 '어머니'가 나눈 대화이다.

(19) ㄱ. 아들: 엄마, 나 지금 배고파.　　　　　　　　　[평서문, 요청]
　　　ㄴ. 엄마: ?그래, 참 안됐구나.

(19)에서 '아들'은 (ㄱ)처럼 평서문으로 발화했지만, 아들의 의도는 엄마에게 '먹을 것을 달라.'고 하는 요청이다. 만일 엄마가 아들의 발화 의도를 이해하지 못한 채로 아들의 발화를 문맥 그대로 받아들여서 (ㄴ)처럼 대답했다면, 어머니의 발화는 상황 맥락에 맞지 않는 발화가 된다. 결국 '아들'의 발화는 그 형식은 평서문으로서 '배가 고프다.'고 하는 '호소(呼訴)'의 기능을 하지만, 발화 의도는 '먹을 것을 달라.'고 하는 '요청'의 기능을 한다.

청자는 화자가 발화한 의도를 잘 알아야 대화를 효율적으로 할 수 있는데, 이는 화자의 발화가 청자의 의도와 함께 상황 맥락을 형성할 수 있기 때문이다.

〈**상대 높임 표현**〉 '높임 표현(대우 표현)'은 화자가 청자나 문장 속에서 표현된 어떤 대상을, 그의 지위가 높고 낮은 정도에 따라서 언어적으로 대우하는 표현이다.

(20) ㄱ. 선생님 : 철수<u>야</u>, <u>네</u>가 이 유리창을 깼<u>니</u>?
　　 ㄴ. 학　생 : <u>저</u>는 유리창을 깨지 않았<u>습니다</u>.

선생님과 학생의 대화에서 (ㄱ)에서 화자인 '선생님'은 청자인 '학생'을 아주 낮추어서 표현하였다. 곧, 선생님이 발화한 호격 조사 '-야'와 2인칭 대명사인 '너'와 의문형 어미인 '-니'는 모두 청자를 아주 낮추어서 대우한 표현이다. 반면에 (ㄴ)에서 화자인 '학생'은 청자인 '선생님'을 아주 높여서 표현하였다. 곧, 학생이 발화한 '저'는 겸양의 표현이며, '-습니다'은 청자를 아주 높여서 대우한 표현이다.

이처럼 상대 높임 표현은 화자가 청자를 대우하는 상황적 맥락을 형성하여서, 개별 발화를 적절하게 성립시키거나 발화가 담화를 형성하는 데에 기여한다.

〈**심리적 거리 표현**〉 높임 표현을 통해서 화자와 청자의 서열만 확인하는 것은 아니다. 국어의 높임 표현은 화자와 청자 사이의 친소성(親疎性)과 같이, 어떠한 대상에 대한 심리적인 거리를 표현할 수 있다.

화자는 높임 표현을 통하여 다른 사람에 대하여 심리적인 거리를 조정할 수 있다.

첫째, 높임 표현을 통해서 어떤 대상에 대한 개인적인 친밀감을 표현할 수도 있다.

(21) ㄱ. <u>김구</u>는 그 길로 임시 정부를 <u>찾아갔다</u>.
　　 ㄴ. 김구 <u>선생님께서는</u> 그 길로 임시 정부를 찾아가<u>셨</u>다.

(21)에서 화자는 동일한 인물을 (ㄱ)처럼 낮추어서 대우할 수도 있고 (ㄴ)처럼 높여서 대우할 수도 있다. 여기서 (ㄱ)의 문장은 '김구'에 관한 일을 객관적으로 진술한 표현이

며, (ㄴ)의 문장은 '김구'에 대한 개인적인 존경심이 드러나 있는 표현이다.

둘째, 높임 표현을 통해서 대화 상대에 대한 감정을 조정할 수 있다.

(22) ㄱ. 무슨 말씀이세요? 선생님의 애가 저희 애를 먼저 때렸잖습니까?

ㄴ. 무슨 말이야. 당신의 애가 우리 애를 먼저 때렸잖아?

그리고 (22)는 두 집안의 아이들끼리 싸운 일에 대하여 그들의 부모들이 서로 잘잘못을 따지는 문장이다. 동일한 대상에 대하여 처음에는 (ㄱ)처럼 상대를 높여서 표현할 수도 있지만, 감정이 격해지면 (ㄴ)처럼 낮추어서 표현할 수도 있다.

이처럼 화자가 문장으로 표현된 주체나 청자와의 개인적인 친소 관계나 감정으로 맥락을 형성하고, 그 맥락적 특징으로써 개별 발화가 담화를 형성하도록 한다.

〈 시점 표현 〉 발화에 나타난 어떠한 대상에 대하여 화자의 개인적인 관심도가 언어 표현에 반영되는 경우가 있는데, 이러한 현상을 발화의 '시점(視點)'이라고 한다. 시점이 적용되면 화자가 관심을 많이 가지는 요소를 주어로 표현하는 경향이 매우 강하다.

첫째, '이기다/지다', '주다/받다', '때리다/맞다'와 같은 반의어가 문장에 실현될 때에는, 동일한 일에 대하여 말하는 시점에 따라서 발화의 표현 양상이 달라질 수 있다.

예를 들어서 프로 야구 경기에서 롯데 팀과 삼성 팀이 벌인 시합의 결과가 2:3으로 나왔다고 가정하자. 이와 같은 경기의 결과를 문장으로 표현할 때에는 다음과 같은 2가지 방법으로 표현할 수 있다.

(23) ㄱ. <u>롯데 팀</u>이 삼성 팀에 2 대 3으로 <u>졌습니다</u>.

ㄴ. <u>삼성 팀</u>이 롯데 팀에 3 대 2로 <u>이겼습니다</u>.

보통의 경우에 화자는 자기가 관심을 제일 많이 두는 대상을 주어로 설정하면서 문장에서 맨 앞자리에 표현한다. 따라서 동일한 경기 결과를 표현하더라도 만일 화자가 롯데 팀의 팬일 경우에는 (ㄱ)처럼 표현하겠지만, 반대로 화자가 삼성 팀의 팬이라면 (ㄴ)처럼 표현할 것이다.

그리고 '주다/받다', '때리다/맞다' 등의 반의어가 서술어로 쓰인 문장에서도 시점의 원리가 적용되어서 서로 다르게 표현될 수도 있다.

(24) ㄱ. 김현식이 손예진에게 루이비통 가방을 <u>주었다</u>.

ㄴ. 손예진이 김현식에게서 루이비통 가방을 <u>받았다</u>.

(25) ㄱ. 놀부의 처가 흥부를 밥주걱으로 <u>때렸다</u>.

　　ㄴ. 흥부가 놀부의 처에게 밥주걱으로 <u>맞았다</u>.

(24)의 문장은 동일한 일을 반의어인 '주다'와 '받다'로 표현한 것이다. (ㄱ)의 '주다'가 서술어로 쓰인 문장은 화자가 '김현식'에게 관심을 두고 표현한 것이며, (ㄴ)의 '받다'가 서술어로 쓰인 문장은 '손예진'에게 관심을 두고 표현한 것이다. 그리고 (25)의 문장도 시점의 원리에 따라서 화자가 관심을 두는 대상을 주어로 표현함에 따라서, 문장의 서술어를 '때리다'와 '맞다'로 달리 표현한 문장이다.

　둘째, 능동문과 피동문도 '시점의 원리'에 의해서 결정된다. 곧 같은 일에 대하여 화자가 어떠한 대상에 관심을 두느냐에 따라서 능동문과 피동문으로 달리 표현된다.

〈그림 3〉 '개 - 쫓다 - 닭'의 상황

　예를 들어서 [개가 닭을 쫓는 상황]이 있다고 가정할 때에, 이러한 상황을 화자는 다음과 같이 능동문이나 피동문으로 표현할 수 있다.

(26) ㄱ. 개가 닭을 쫓았다.　　　　　〈능동문〉

　　ㄴ. 닭이 개에게 쫓겼다.　　　　　〈피동문〉

화자가 행위의 주체인 '개'에 관심이 있을 때에는 (ㄱ)과 같이 '개'를 주어로 취하여서 능동문으로 표현한다. 이에 반해서 화자가 행위의 객체인 '닭'에 관심이 있는 경우에는 (ㄴ)처럼 '닭'을 주어로 취하여서 피동문으로 표현한다. 결국 (26)의 예는 화자가 관심을 두는 대상에 따라서 각기 다르게 표현된 것이므로, 시점이 언어에 영향을 끼친 예이다.

　이처럼 화자의 관심도가 발화 속의 특정 언어 요소와 상황적 맥락을 형성하여서 특정한 발화가 담화를 형성할 수가 있다.

② 시간과 공간의 상황 맥락

현실 세계에서 발화가 일어나는 시간 · 공간적인 상황도 맥락을 형성하는 데에 영향을 준다. 시 · 공간적 상황 맥락에 따라서 담화 구조를 이루는 언어적 표현으로는 '직시 표현', '격식체와 비격식체의 표현', '현장 생략 표현' 등이 있다.

〈**직시 표현**〉 '직시 표현(直示)'은 화자가 특정한 시간과 공간을 기준으로 하여서, '사람, 사물, 장소, 시간' 등을 직접적으로 가리키는 표현이다.

(27) ㄱ. <u>나</u>는 <u>어제</u> <u>그녀</u>를 <u>여기</u>까지 안고 왔다.

　　 ㄴ. <u>정동건</u>은 <u>3월 14일</u>에 <u>구소영</u>을 <u>순풍산부인과</u>까지 안고 왔다.

(ㄱ)에서 '나', '어제', '그녀', '여기'는 각각 화자(=정동건)가 '3월 15일'의 시간과 '순풍산부인과'의 장소를 기준으로 하여 특정한 사람(=구소영)을 가리키는 직시적 표현이다. 이에 반해서 (ㄴ)의 '정동건, 3월 14일, 구소영, 순풍산부인과'와 같이 실질적인 뜻을 나타내는 표현을 '비직시 표현'이라고 한다.

직시 표현은 특정한 발화 장면에서 대화 참여자들이 관계함으로써 성립하므로, 직시 표현을 발화할 때에는 직시 표현의 기준점이 있다. 이러한 기준점을 '직시의 중심'이라고 하는데, 화자는 전적으로 자기 중심적인 방법으로 '직시의 중심'을 설정한다.[6] 곧, 직시의 '중심 인물'은 '화자'이며, '중심 시간'은 화자가 발화를 수행하고 있는 시간이다. 그리고 '중심 장소'는 화자가 발화할 때에 위치한 장소이며, '중심 발화(메시지)'는 화자가 발화하고 있는 순간의 언어적 표현이다. (ㄱ)의 발화에서 직시의 중심 인물은 '정동건'이며, 중심 시간은 '3월 15일'이며, 중심 장소는 '순풍산부인과'이며, 중심 발화는 (ㄴ)의 발화 자체이다.

〈**격식체와 비격식체 표현**〉 화자와 청자가 동일하여도 발화 장면이 공적(公的)이냐 사적(私的)이냐에 따라서 종결 어미의 실현 양상이 달라질 수 있다. 곧, 국어의 종결 표현은 문장에서 실현되는 종결 어미의 형태에 따라서 '격식체'와 '비격식체'의 종결 표현으로 나뉜다.[7] 공식적 상황에서는 격식체를 주로 쓰고 비공식적 상황에서는 비격식체의 종결

---

6) Karl Bühler(1934)에서는 '나−여기−지금(I−here−now)'이 직시의 중심을 이룬다고 하였다. 곧 '나 (I)'는 화자 자신이며, '여기(here)'는 화자가 발화할 때에 위치한 장소이며, '지금'은 화자가 발화하는 '시간(now)'이다.

7) '격식체의 상대 높임법'은 나이나 직업, 직위 등의 주어진 사회적 규범에 의해 어느 특정한 등급의 종결 어미를 쓰게 되어서, 화자에게 개인적인 선택의 여지가 없을 때에 사용하는 상대 높임법이다. (보기: ① 철수가, 왔다. ② 철수가 왔네. ③ 철수가 왔소. ④ 철수가 왔습니다.) 격식체의 상대 높임

표현을 사용하는 경향이 있다.

(28) ㄱ. "판매 계획은 김희순 대리께서 보고하십시오."   [화자(부장) > 청자(대리)]

ㄴ. "김희순 대리, 잠시 나 좀 봐."   [화자(부장) > 청자(대리)]

동일한 관계에 있는 사람들 사이의 대화일지라도 그것이 어떠한 발화 상황에서 이루어 졌느냐에 따라서 높임법의 실현 양상이 달라질 수 있다. (ㄱ)과 (ㄴ)의 대화는 직장에서 박 부장이 부하 직원인 김 대리에게 한 발화이다. 이 가운데 (ㄱ)은 공식적인 회의에서 박 부장이 김 대리에게 한 격식체의 발화고, (ㄴ)은 부장이 김 대리를 사무실에서 개인적 으로 부르는 상황에서 한 비격식체의 발화이다.

이처럼 발화가 일어나는 공간적인 장면의 성격에 따라서 발화의 종결 형태가 달라짐 으로써, 의례적 성격의 담화와 비의례적인 성격의 담화를 형성할 수 있다.

〈 현장 생략 표현 〉 국어에서는 생략 현상이 잘 일어난다. 국어에서는 발화 현장을 통해 서 화자와 청자가 이미 알고 있는 요소는 대체로 발화하지 않는 경향이 많다. 곧, 화자와 청자가 발화 현장에서 제시되어 있는 대상을 직접 인지하여서 그 대상을 직접적으로 언급할 때가 있는데, 이러한 경우에는 원래의 문장에 실현되어야 할 성분이 실현되지 않을 수 있다. 이렇게 발화 현장에서 알 수 있는 요소를 문맥에 실현하지 않는 현상을 '현장 생략(現場 省略)'이라고 한다.

다음은 '철수'가 '영이'에게 '사과'를 전달하는 담화 상황에서 발화하는 대화이다.

(29) ㄱ. 철수 : 너 이것을 가질래?   [영이에게 사과를 보이며]

ㄴ. 영이 : 그래, 너 그것을 나에게 줘.   [철수에게 손을 내밀며]

(30) ㄱ. 철수 : (너) (이 사과를) 가질래?

ㄴ. 영이 : 그래. (네가) (나에게) (그 사과를) (줘)

(31) ㄱ. 철수 : 가질래?

ㄴ. 영이 : 그래.

법은 직접적이며 단정적이며 객관적이고 의례적인 성격이 있는 높임법이다. 반면에 '비격식체 상 대 높임법'은 청자에게 개인적 감정이나 느낌, 태도를 보이기 위하여 스스로 어떠한 문체를 선택하 여 사용하는 상대 높임법이다. (보기: ⑤ 철수가, 왔어. ⑥ 철수가 왔어요.) 이는 부드럽고 비단정적 이며 주관적이며, 격식을 덜 차리는 정감적인 성격의 상대 높임법이다.

만일 구체적인 발화 장면이 제시되지 않았다면 (29)와 같이 온전한 문장의 형식으로 발화해야 한다. 반면에 (31)과 같은 생략 표현은 구체적인 발화 장면 속에서 화자와 청자, 그리고 '사과'가 드러나 있기 때문에 가능하다. 곧 공간적인 발화 장면에서 화자와 청자가 '철수'와 '영이'이며, 전달의 대상이 '사과'라는 것을 직접적으로 확인할 수 있다. (30)처럼 발화 장면에서 직접적으로 알 수 있는 요소를 생략하여서 (31)과 같이 표현하는 것을 '현장 생략'이라고 한다.

이러한 현장 생략 현상은 대화 참여자들이 발화 현장에서 알 수 있는 요소를 생략함으로써 맥락을 형성하고, 결과적으로 개별 발화가 담화를 형성하게 된다.

(나) 사회 · 문화적 맥락

사회 · 문화적 맥락은 특정한 공동체에서 사회적, 문화적으로 오랜 시간에 걸쳐 만들어진 맥락이다. 곧, 사회 · 문화적 맥락은 하나의 사회 집단이 구성한 집단적인 지식이며, 혹은 개인이 사회에 소속되어 있거나 집단 속으로 동화되어 가는 과정에서 형성하는 사회 · 문화적인 지식이다.

대화에 참여하는 청자나 제3자가 이러한 사회 · 문화적인 맥락을 이해하고 있지 않으면 의사소통이 제대로 이루어질 수 없는 경우가 많다.

첫째, 장모가 사위에게 한 다음의 발화에서 높임법의 사용에서 사회 · 문화적인 맥락이 작용한 예를 볼 수 있다.

(33) ㄱ. 나 서방, 어서 오게.   [장모가 사위에게]
     ㄴ. 나 서방, 어서 오시게.

일반적인 높임법을 적용하면 상위자인 장모가 하위자인 사위에게 (ㄱ)처럼 발화해야 할 것 같다. 그러나 실제 언어 생활에서는 장모는 (ㄴ)처럼 주체 높임의 선어말 어미인 '-시-'를 실현하여 사위를 높여서 발화하는 것이 일반적이다. 이러한 표현은 '백년 손님'이라고 하여 장모가 사위를 아주 어렵게 대우하던 전통적인 문화가 언어적 표현에 반영된 것이다.

둘째, 일상적으로 사용하는 인사말에서도 사회 · 문화적인 맥락을 이해하여야만 발화의 뜻을 이해할 수 있는 예가 있다.

(34) ㄱ. 인호 : 영희야 잘 가. <u>우리 나중에 밥 한번 같이 먹자.</u>

　　ㄴ. 영희 : [?]그래. <u>언제 밥 먹을래?</u>

(ㄱ)은 '인호'가 '영희'와 헤어지면서 한 발화인데, 이 발화는 언어적 표현 자체로는 청유문이어서 '약속'이나 '권유'의 기능을 한다. 그러나 한국 사회에서는 실제로는 '약속'이나 '권유'의 뜻이 아니라, 헤어질 때의 인사말로 쓰이고 있다. 따라서 한국의 사회·문화적인 맥락을 이해하지 못하는 외국인들은 (ㄴ)처럼 상황에 맞지 않게 발화할 수 있다. 결국 (34)와 같은 표현도 사회·문화적인 맥락을 바탕으로 담화를 형성한 것이다.

　　셋째, 일상 생활에서 사용하는 관용적인 언어 표현에도 사회·문화적인 맥락이 작용한다.

(35) ㄱ. <u>쌀팔러</u> 간다.　　　　　　　　　　　　[쌀을 사러 가다]

　　ㄴ. <u>쌀을 사러</u> 간다.

예로부터 '쌀팔러 가다'라는 표현이 쓰였는데, 이는 실제로는 '쌀을 사러 가는 행위'를 나타낸다. 이러한 표현은 16세기의 문헌인 『훈몽자회』(1527)에 이미 '뿔 플다'의 형태로 나타났는데, 실제의 행위와 반대의 뜻을 나타내는 것이 특징이다. 이러한 표현은 과거에 궁핍하던 시절에 '집에 쌀이 떨어져서 쌀을 사러 가는 일'을 부끄러워해서, 이를 '집에 있는 쌀을 팔러 가는 것'으로 표현한 데서 유래한다. 따라서 (ㄱ)에서 '쌀팔러 가다'와 같은 발화는 과거 우리나라의 선조들의 삶을 이해하여야만 그 본뜻을 이해될 수가 있다.

　　넷째, 옛날부터 전해 내려온 속담(俗談), 격언(格言) 등의 의미를 해석할 때에도 개별 문장을 넘어서 사회·문화적인 맥락을 이해해야 한다.

(36) ㄱ. 말은 나면 제주로 보내고 사람은 나면 서울로 보내라.

　　ㄴ. 여자 팔자 뒤웅박 팔자.

(36)에서 (ㄱ)의 속담은 우리나라에서 예전부터 서울을 중심으로 정치·문화·경제·교육의 활동이 이루어져서 누구든지 서울에 가서 생활해야 성공할 수 있다는 사회 문화적 현상을 표현한 것이다. (ㄴ)의 속담은 예전의 봉건 사회에서 여자의 운명은 어떤 남자를 만나느냐에 달려 있다는 생각을 표현한 것이다.

(37) ㄱ. 법은 멀고 주먹은 가깝다.

　　ㄴ. 잘 키운 딸 하나 열 아들 안 부럽다.

(37)에서 (ㄱ)의 격언도 사회적인 약자가 사법적인 보호를 받는 원칙보다 현실적으로 폭력에 의해서 억울한 일을 당하기가 더 쉽다는 사회적 현상을 표현한 것이다. (ㄴ)의 격언도 1980년대 말에 전통적으로 남아를 선호하는 경향에 따라서 남녀의 성비가 불규형적인 상태에 이르자, 정부에서 이러한 사회적 현상을 바로잡기 위해서 발표한 표어이다.

언어 표현의 의미를 잘 이해하기 위해서는 문장 그 자체의 의미뿐만 아니라, 그러한 언어 표현이 생성된 한국 사회의 문화와 사회 현상을 이해하여야 한다. 특히 오랜 시간을 거쳐서 전해 온 속담, 격언 등의 관용 표현은 사회·문화적인 맥락을 바탕으로 담화를 형성하는 것으로 보아야 한다.

어문 규범 5부

제1장 국어 어문 규범의 이해

언어는 자의성을 띠고 있기 때문에 그대로 방치하면 그 언어가 사용되는 시대, 지역, 계층에 따라서 끊임없이 변화한다. 이러한 변화가 지속되면 그 언어를 사용하는 구성원들이 의사소통을 하는 데에 지장을 줄 수가 있다. '어문 규범'은 사회 구성원들이 공적인 언어 생활에서 의사소통을 효과적으로 할 수 있도록, 국가에서 제정한 '말과 글의 규범'을 이른다. 우리나라에서는 국가 주도로 어문 규범을 정하여 행정 고시의 형식으로 공포해 놓았는데, 이것이 바로 '국어 어문 규정'이다. 현재 제정된 '국어 어문 규정'에는 〈표준어 규정〉, 〈한글 맞춤법〉, 〈외래어 표기법〉, 〈국어의 로마자 표기법〉이 있다.

첫째, 〈표준어 규정〉은 국어의 입말의 어휘들을 표준화한 규정인데, 이는 제1부인 '표준어 사정 원칙'과 제2부인 '표준 발음법'으로 구성되어 있다.

제1부 '표준어 사정 원칙'에서는 동일한 뜻을 나타내는 여러 가지 입말 단어의 형태 중에서 널리 쓰이는 형태를 표준어로 정하는 방법을 규정하였다.(보기: 강낭콩/*강남콩, 냄비/*남비, 양파/*둥근파, 자두/*오얏 ; 우렁쉥이/멍게, 땔감/땔거리, 삽살개/삽사리)

제2부 '표준 발음법'에서는 발음할 때의 표준을 정하였다. 곧, 입말의 어휘를 표준어로 구사한다고 하더라도, 사람마다 발음하는 방법이 다르면 의사소통에 지장을 줄 수가 있다. 따라서 발음에 대한 표준을 정하는 규정을 따로 마련한 것이다.(보기: 쌀[쌀/*살], 값이[갑시/*가비], 흙이[흘기/*흐기] ; 엄마[엄마/*음마], 의사[의사/*으사], 사과[사과/*사가] ; 꽃이[꼬치/*꼬시], 들녘에서[들녀케서/*들녀게서], 무릎이[무르피/*무르비])

둘째, 〈한글 맞춤법〉은 입말인 표준어 어휘를 대상으로 그것을 한글로 적는 법을 표준화한 규정이다.(보기: [꼳또] 꽃도/*꼳또, [멍는] 먹는/*멍는 ; [궁물] 국물/*궁물, [며칠] 며칠/*

몇일 ; [머기] 먹이/*머기, [마개] 마개/*막애) 이처럼 〈한글 맞춤법〉의 주요 내용은 표준어의 입말 어휘를 한글로 적을 때에, '형태소의 원형을 밝혀서 적는 것'과 '소리대로 적는 것'을 구분하여 규정한 것이다.

그리고 〈한글 맞춤법〉의 제5장인 '띄어쓰기'에서는 문장을 적을 때에, 문장 속에 실현된 단어들을 입말에 나타나는 쉼(休止, pause)의 단위에 맞추어서 띄어서 적는 방법을 규정하고 있다.(보기: 할아버지께서 진지를 드셨다.) 곧, 문장에 실현된 어휘들을 한 덩어리로 붙여서 적는 것이 아니라, 독서의 효율을 높이기 위해서 단어(어절)별로 띄어서 적도록 규정하였다.

셋째, 외래어는 외국어에서 국어로 유입된 어휘 중에서 국어의 음운이나 어휘 체계에 동화되어서 일상 생활에 널리 쓰이는 어휘를 이른다. 〈외래어 표기법〉에서는 외래어를 한글의 24글자로 적는 방법을 표준화한 규정이다. 예를 들어서 영어의 'supermarket[súːpərmàːrkit]'을 '슈퍼마켓/*수퍼마킷'으로, 'placard[plǽkɑːrd]'를 '플래카드/*플랑카드/*플랙카드'로, 'orange[ɔ́ːrindʒ]'와 'piano[piǽnou]'를 각각 '오렌지/*오린쥐'와 '피아노/*피애노'로 적도록 규정하였다.

넷째, 〈국어의 로마자 표기법〉에서는 국어의 인명, 지명, 단체명 등과 같은 어휘를 로마자로 적는 방법을 표준으로 정하였다. 곧, '부산'을 'Busan/*Pusan'으로, '종로[종노]'를 'Jongno/*Jongro'로, '떡볶이[떡뽀끼]'를 'tteokbokki/*tteokppokki'로, '한복남[한봉남]'을 'Han Boknam/*Han Bongnam'으로 적도록 정하였다.

국어 어문 규정의 종류	어문 규범의 내용
표준어 규정	입말의 어휘를 표준화함.
한글 맞춤법	표준어를 한글로 적는 방법을 표준화함.
외래어 표기법	외래어의 표기를 표준화함.
국어의 로마자 표기법	국어 입말을 로마자로 적는 방법을 표준화함.

〈표 1〉 '국어 어문 규정'의 내용

【 더 배우기 】

주시경의 학문과 사상에 크게 영향을 받은 권덕규, 장지영, 김윤경 등의 국어 학자들이 중심이 되어서, 국어의 정확한 법리(法理)를 연구할 목적으로 1921년 12월에 '조선어 연구회'를 창립하였다. 그 뒤 '조선어 연구회'는 1931년에 '조선어 학회'로 이름을 바꾸고 기관지

『한글』을 발간하여서 국어와 한글의 연구에 힘썼다.

이러한 연구 활동과 더불어서 조선어 학회에서는 원래『우리말 큰사전』을 제작하려는 장기적인 계획을 세웠다. 그런데『우리말 큰사전』을 제작하기 위해서는 우선 입말을 글말로 표기하는 방법인 맞춤법(철자법)을 제정해야 하고, 수많은 방언 어휘를 사정하여 표준어를 선정하는 기초적인 작업이 필요하였다. 이를 위하여 조선어 학회에서는 통일된 '한글 맞춤법'을 제정하고 표준어를 사정(査定)하는 일을 시작하였다.

〈 '한글 맞춤법'의 제정 경과 〉 조선어 학회에서는 1930년 12월 13일에 총회를 열어 〈한글 맞춤법 통일안〉을 제정하기로 결의하였다. 이 결의에 따라 권덕규, 김윤경, 박현식, 신명균, 이병기, 이희승, 이윤재, 장지영, 정인승, 최현배 등 위원 12명이 2년 동안 심의를 거듭한 결과 1932년 12월 원안을 완성하였다. 그 후 몇 차례의 수정을 거쳐서 1933년 10월 19일에 조선어 학회의 임시 총회에서 〈조선어 마춤법 통일안〉을 공포하였고, 그 당시의 한글날이었던 10월 29일에 맞추어서『조선어 마춤법 통일안』이라는 이름으로 책을 발간하여 공포하였다.

〈한글 맞춤법 통일안〉(1933)은 그 후에 조선어 학회와 그 후신인 한글 학회를 주축으로 몇 차례 부분적으로 개정한 바가 있었다. 그러던 중에 1970년부터 문교부에서는 '국어 심의회'를 열어 〈한글 맞춤법〉 및 〈외래어 표기법〉의 개정을 추진하게 되었다. 그 이후에 오랜 작업 끝에 〈한글 맞춤법〉은 1988년 1월 19일 '문교부 고시 제88-1호'로 공포되었고, 그 부칙에 따라 1989년 3월 1일부터 시행하게 된 것이다.

〈 '표준어 규정'의 제정 경과 〉『우리말 큰사전』을 편찬하려면 기초 사업으로서 글말을 적는 방법인 한글의 맞춤법을 통일해야 하고, 그 다음에는 지역이나 계층에 따라서 달리 쓰이는 여러 가지 방언 가운데서 표준어를 선정하여야 한다.

1933년에 공포된『한글 맞춤법 통일안』의 총론에서는 표준어에 대한 개념을 다음과 같이 정하였다.

(1) "표준말은 대체로 현재 중류 사회에서 쓰는 서울말로 한다."

조선어 학회에서는 이 규정을 바탕으로 표준어를 선정하는 사업을 시작하여 1936년 10월 28일에 〈사정한 조선어 표준말 모음〉을 공포하였다. 조선어 학회에서 발표한『사정한 조선어 표준말 모음』에서는 총 9,547개의 단어를 선정하였는데, 이에는 표준어 6,321개와 준말 134개, 비표준어 3,082개, 한자어 100개가 포함되어 있다. 그러나 표준어를 사정한 원칙을 설명하는 규정은 별도로 만들지 않았다.

말은 세월이 지남에 따라 변화하므로 1936년에 정한 〈사정한 조선어 표준말 모음〉에서 정한 표준어의 어휘들은 현실 언어에서 실제로 사용되는 어휘와 차이가 나게 되었다. 이러한 문제를 해결하기 위하여 표준어를 제정하는 새로운 원칙인 〈표준어 규정〉을 마련하려는 작업이 1970년대 초부터 시작되었다. 1970년에 문교부에서는 '국어 심의회'에 표준어의 재사정과 표준어 규정을 제정하는 일을 위촉하였다. 이를 계기로 하여 '국어 조사 연구 위원회', '어문 연구 위원회', '국어 연구소' 등의 각종 단체의 심의와 검토를 거친 후, 1988년 1월 19일에 〈표준어 규정〉을 문교부 고시 제88-2호로 발표하였다.

제2장 표준어 규정

현행의 〈표준어 규정〉은 '표준어 사정 원칙'과 '표준 발음법'으로 구성되어 있다. 이중에서 '표준어 사정 원칙'은 여러 가지 방언 어휘 중에서 어떤 하나를 표준어로 선정하는 기준을 밝히는 규정이며, '표준 발음법'은 표준어를 발음할 때의 표준을 정한 규정이다.

2.1. 표준어 사정 원칙

한 국가의 말은 어떠한 시기, 어떠한 지역, 어떠한 계층의 사람들이 쓰는 말이냐에 따라 그 모습이 달라진다. 곧 15세기의 말의 모습과 현대어의 모습은 차이가 있으며, 같은 현대어라고 하더라도 경상도 지역의 말과 서울 지역의 말의 모습에는 꽤 다름이 있다. 또 같은 서울 지역에서 사용하는 현대어라도 어떠한 계층의 사람들이 쓰느냐에 따라서도 말의 모습은 달라진다.

이렇게 다양한 말의 모습을 그대로 방치하면 정치·경제·교육·문화 등 국가의 모든 분야에서 큰 혼란을 겪게 된다. 그러므로 국가는 여러 가지 지역 방언 가운데에서 정치·경제·교육·문화의 중심이 되는 지역의 말을 바탕으로 하여 표준어를 정하게 된다.

'표준어(標準語)'는 하나의 언어 체계 내부에 존재하는 여러 방언(특히 입말 방언) 가운데 특별히 사회적으로 공용어로 인정받은 방언을 말한다. 표준어를 채택하고 있는 국가들은 대체로 정치·사회·경제·문화의 중심 지역에서 쓰인 말과 현재 많은 사람들이 두루 쓰는 말(공통어)을 표준어로 삼는다.

'표준어 사정 원칙'은 제1장 총론, 제2장 발음 변화에 따른 표준어 규정, 제3장 어휘 선택의 변화에 따른 표준어 규정으로 짜여 있다.

제1장 총론
제2장 발음 변화에 따른 표준어 규정
       제1절 자음   제2절 모음
       제3절 준말   제4절 단수 표준어
       제5절 복수 표준어
제3장 어휘 선택의 변화에 따른 표준어 규정
       제1절 고어   제2절 한자어
       제3절 방언   제4절 단수 표준어
       제5절 복수 표준어

〈표 1〉 표준어 사정 원칙의 개요

① 제1장 총론

〈표준어 사정 원칙〉의 제1장의 총론에는 표준어를 다음과 같이 규정하고 있다.

제1항 표준어는 교양 있는 사람들이 두루 쓰는 현대 서울말로 정함을 원칙으로 한다.

'표준어 사정 원칙'에서는 위와 같이 설정한 표준어의 개념을 바탕으로 하여, 각 지역이나 사회 집단에 따라서 다르게 쓰이는 여러 가지 방언 어휘 중에서 표준어를 선정하는 일반적인 원칙을 제시하였다.

제1항의 내용 가운데 '교양 있는 사람들'은 계층적인 조건인데, 이 조건에 따라서 '비어 · 속어 · 은어' 등은 표준어의 범위에서 제외된다. 그리고 '두루 쓰는'이라는 말은 많은 사람이 사용하는 '공통어'로서의 특징을 언급한 것이다. '현대'는 표준어가 갖추어야 할 시대적 조건으로서 이 조건에 따르면 예전에는 쓰였으나 지금은 쓰이지 않는 고어나 사어 등은 표준어에서 제외된다. 마지막으로 '서울말'은 지역적 조건을 규정한 것으로, '서울 지역에서 널리 쓰이는 말'을 표준어로 삼는다는 것이다.

이처럼 표준어로 정하는 세 가지 조건, 곧 계층적 조건, 시대적 조건, 지역적 조건과 함께 공통어로서의 조건을 설정함으로써, 표준어를 사정하는 원칙의 토태를 마련했다.

② 제2장 발음 변화에 따른 표준어 규정

'발음 변화에 따른 표준어 규정'에서는 원래는 하나의 형태였던 단어가 발음이 변하여 둘 이상의 형태가 생겼을 때에, 이들 단어 형태를 처리하는 원칙을 제시하는 규정이다.

[제1절]의 '자음'은 특정한 어휘의 자음이 변화됨에 따라서 둘 이상의 단어 형태가 생겼을 때에, 그 중에서 널리 쓰이는 단어 형태를 표준어로 삼는다는 규정이다. (보기: 나팔꽃/*나발꽃, 강낭콩/*강남콩)

[제2절]의 '모음'은 특정한 어휘의 모음이 변화됨에 따라서 둘 이상의 단어 형태가 생겼을 때에, 이들 단어 형태를 표준어나 비표준어로 처리한다는 규정이다. (보기: 오뚝이/*오똑이, 냄비/*남비)

[제3절]의 '준말'은 본말과 준말이 있을 때에, 본말과 준말 중에서 두루 쓰이는 것을 표준어로 삼는 규정이다. (보기: 장사치/*장사아치, 귀이개/*귀개) 그리고 본말과 준말이 둘 다 널리 쓰일 때에는, 본말과 준말을 모두 표준어로 선택하였다. (보기: 노을/*놀, 막대기/막대)

[제4절]의 '단수 표준어'는 동일한 뜻을 나타내면서 유사하게 발음되는 둘 이상의 단어 형태 중에서, 한쪽이 다른 쪽보다 현저하게 많이 사용된다고 판단되는 경우에는 그 사용 빈도가 높은 한 어형만을 표준어로 삼는다는 규정이다. (보기: 귀거리/*귀엣고리, 천장/*천정)

[제5절]의 '복수 표준어'는 동일한 개념을 나타내는 말이 비슷한 발음을 가진 두 가지 어형을 취할 때에, 두 어형이 모두 다 널리 쓰이는 경우에는 둘 다를 표준어로 삼는다는 규정이다. (보기: 쇠가죽/소가죽, 고까옷/꼬까옷)

③ 제3장 어휘 선택의 변화에 따른 표준어 규정

'어휘 선택의 변화에 따른 표준어 규정'은 어휘의 발음 변화와 관계없이, 동일한 의미를 나타내는 어휘 중에서 보다 널리 쓰이는 특정한 단어를 표준으로 선정하는 규정이다.

[제1절]의 '고어'는 이미 사어가 되어서 현재 쓰이지 않는 단어는 고어로 처리하여 버리고, 현재 널리 사용되는 단어를 표준어로 삼는 다는 규정이다. (보기: 자두/*오얏, 오동나무/*머귀나무)

[제2절]의 '한자어'는 동일한 뜻을 나타내는 한자어와 고유어가 있을 때에, 그 중에 한 쪽이 널리 쓰이낀 닐리 쓰이는 깃을 표준어로 삼는다는 규정이다. (보기: 가루약/*말약, 개다리소반/*개다리밥상)

[제3절]의 '방언(方言)'은 방언이던 단어가 표준어보다 더 널리 쓰이게 된 것은, 그것을 표준어로 삼는다는 규정이다. 이 경우, 원래의 표준어는 그대로 표준어로 남겨 두는 것을 원칙으로 한다. (보기: 멍게/우렁쉥이, 귀밑머리/*귓머리)

[제4절]의 '단수 표준어'는 같은 뜻을 가진 두 가지 단어 중에서 언중들 사이에 널리 쓰이는 단어만을 표준어로 인정한다는 규정이다. (보기: 고구마/*참감자, 부각/*다시마자반)

[제5절]의 '복수 표준어'는 동일한 의미를 가진 두세 가지 단어가 대등한 세력으로 널리 익어져 쓰이는 경우, 그 두세 가지 단어를 모두 다 표준어로 인정한다는 규정이다. (보기: 가는허리/잔허리, 우레/천둥)

2.2. 표준 발음법

한국 사람이면 누구나 똑같이 발음할 것으로 생각하지만, 실제로는 지역이나 개인에 따라서 발음하는 방법이 다를 수 있다.

(1) ㄱ. 쌀 : [쌀], [*살]　　　(2) ㄱ. 엄마: [엄마], [*음마]
　　ㄴ. 값이: [갑시], [*가비]　　　　ㄴ. 의사: [의사], [*으사]
　　ㄷ. 흙이: [흘기], [*흐기]　　　　ㄷ. 사과: [사과], [*사가]

예를 들어서 지역에 따라서는 '쌀'을 [살]로 발음하거나, '값이'를 [가비]로 발음하는 사람이 있다. 그리고 '엄마'를 [음마]로 발음하거나 '의사'를 [으사]로 발음하는 사람도 있다.

표준어를 정확하게 구사하기 위해서는, '표준 어휘'를 사용하는 것뿐만 아니라 '표준 발음'을 정확하게 이해하고 발음하는 것도 중요하다. '표준 발음법'은 이처럼 특정한 언어를 쓰는 화자들 사이에 발음하는 법이 서로 달라서 의사 소통에 지장이 생기는 것을 막기 위하여, 국어를 발음할 때의 표준을 정해 놓은 규정이다.

제1장 총칙	
제2장 자음과 모음	제3장 음의 길이
제4장 받침의 발음	제5장 음의 동화
제6장 된소리되기	제7장 음의 첨가

〈표 1〉 표준 발음법의 얼개

[제1장]의 '총칙'에서는 표준어를 발음하는 법에 대한 일반적인 원칙을 제시하였다. 곧 총칙의 제1항은 '표준어의 실제 발음'을 따른다는 기본적인 원칙 아래에서, '국어의 전통성'과 '국어의 합리성'을 고려해서 정한다는 것이다.

> **제1항** 표준 발음법은 표준어의 실제 발음을 따르되, 국어의 전통성과 합리성을 고려하여 정함을 원칙으로 한다.

첫째, 표준 발음법은 기본적으로 '표준어의 실제 발음'을 따른다. 곧 〈표준어 사정 원칙〉의 총칙 제1항에서 표준어를 "교양 있는 사람들이 두루 쓰는 현대 서울말"로 규정함에 따라서, 현재 지금 교양 있는 서울 사람들이 실제로 사용하는 발음을 표준 발음으로 정한다는 것이다. 따라서 발음처럼 특정 지역에 편중되고 개인의 언어 습관에 따라서 발음하는 하는 것은 표준어의 발음으로 인정하지 않는다는 것이다.

둘째, 국어의 '전통성'과 '합리성'은 국어사적인 전통성과 음운론적인 타당성을 말한다. 곧 현대 국어는 그 이전에 이미 고대 국어, 중세 국어와 근대 국어의 기반 위에서 형성된 언어 체계이다. 따라서 현대 국어에서 특정한 어휘의 발음에 여러 가지의 변이형이 생겼을 때에는 가급적이면 국어사적인 전통을 고려해서 표준 발음을 정한다는 것이다.

(3) ㄱ. ㅟ [y] / [wi]   (4) ㄱ. 馬 [말] cf. 言 [말 :]
     ㄴ. ㅚ [ø] / [we]   ㄴ. 罰 [벌] cf. 蜂 [벌 :]

(3)에서 현대어에서 전설 고모음인 'ㅟ'와 전설 중모음인 'ㅚ'는 현실 언어에서는 대부분의 언중들이 이중 모음인 [wi]와 [we]로 발음하고 있다. 그러나 18세기 말부터 서울 지역어에서 'ㅟ'와 'ㅚ'를 단모음인 [y]와 [ø]로 발음해 왔는데, 〈표준 발음법〉에서는 이러한 국어사적인 전통을 감안하여 'ㅟ'와 'ㅚ'를 단모음으로 인정하고 있다. 그리고 근대 국어 이래로 현대 서울말에서는 (4)처럼 단어에서 긴소리와 짧은 소리가 구분되어 쓰여 왔다. 그런데 경상도 지역의 언중들이나 서울 지역의 젊은 사람들 중에서는 단어의 장단을 구분하지 않고 발음하는 사람이 많다. 이처럼 현실 언어에서 장단을 구분하지 않는 발음이 쓰이기는 하지만, 근대 국어 이후로 장단을 구분하여 발음하는 국어사의 전통에 따라서 장단을 구분하는 것을 표준 발음으로 정한다.

그리고 현실 언어에서 사용되는 발음이 예전의 국어사적인 전통과 달라져 있다고 하여도, 국어 음운론의 이론적인 합리성에 근거하여 표준 발음을 정하는 경우도 있다.

(5) ㄱ. 꽃을 [꼬츨/꼬슬], 젖을[저즐/저슬], 낯을[나츨/나슬]

　　ㄴ. 멋있다[머딛따/머싣따], 맛있다[마딛따/마싣따]

(ㄱ)에서 '꽃을, 젖을, 낯을'은 비록 청소년 계층에서 [꼬슬], [저슬], [나슬]으로 발음하는 경향이 있으나, '연음 법칙'이라는 음운론적인 규칙을 고려하여 [꼬츨], [저즐], [나츨]을 표준 발음으로 정했다. 그리고 (ㄴ)에서 '멋있다'와 '맛있다'도 현실 언어에서는 대부분 [머싣따]와 [마싣따]로 발음하고 있으나, 합성어 내부에서 일어나는 평파열음화와 연음 규칙에 따라서 [머딛따]와 [마딛따]의 발음도 표준 발음으로 인정하고 있다.

　이처럼 '표준 발음'은 국어에서 실제로 사용되는 현실 발음을 기반으로 정하되, 국어 사적인 전통성과 국어 음운론의 이론적 합리성을 고려하여 정한 것이다.

　[제2장]의 '자음과 모음'에서는 국어의 자음 음소와 모음 음소의 목록을 정하였다. 〈표준 발음법〉에서는 표준어의 자음 음소를 'ㄱ, ㄲ, ㄴ, ㄷ, ㄸ, ㄹ, ㅁ, ㅂ, ㅃ, ㅅ, ㅆ, ㅇ, ㅈ, ㅉ, ㅊ, ㅋ, ㅌ, ㅍ, ㅎ'의 19개로 정하였다. 그리고 표준어의 모음을 'ㅏ, ㅐ, ㅑ, ㅒ, ㅓ, ㅔ, ㅕ, ㅖ, ㅗ, ㅘ, ㅙ, ㅚ, ㅛ, ㅜ, ㅝ, ㅞ, ㅟ, ㅠ, ㅡ, ㅢ, ㅣ'의 21개로 정하였다. 이들 모음 중에서 'ㅏ ㅐ ㅓ ㅔ ㅗ ㅚ ㅜ ㅟ ㅡ ㅣ'는 단모음(單母音)으로 발음하며, 'ㅑ ㅒ ㅕ ㅖ ㅘ ㅙ ㅛ ㅝ ㅞ ㅠ ㅢ'는 이중 모음으로 발음한다고 규정하였다.

　[제3장]의 '음의 길이'에서는 음의 길이에 따른 대립인 긴소리와 짧은소리의 두 가지 발음을 표준 발음으로 인정하였다. (보기: 눈보라 [눈 : 보라], 많다 [만 : 타]) 그리고 긴소리는 단어의 제1음절에서만 인정하고 둘째 음절 이하에서는 짧게 발음하는 것으로 정했다. (보기: 첫눈 [천눈], 수많이 [수 : 마니])

　[제4장]의 '받침의 소리'에서는 음절의 받침에 오는 자음에 적용되는 음운 법칙을 제시하였다. 국어의 자음은 총 19개인데 이들 자음 중에서 음절의 끝소리(종성)에서 발음될 수 있는 자음은 'ㄱ, ㄴ, ㄷ, ㄹ, ㅁ, ㅂ, ㅇ'의 7개로 한정된다. 이러한 제약 때문에 음절의 끝 자리에 이 일곱 자음 이외의 자음이 오게 되면 이 7개의 자음 중의 하나로 바뀌어서 발음되는데, 이 현상을 '음절의 끝소리 규칙'이라고 한다. 이러한 '음절의 끝소리 규칙'은 그것이 적용되는 소리의 종류에 따라서, '평파열음화(일곱 끝소리 되기)'와 '자음군 단순화(겹받침 줄이기)'로 나누어서 규정하였다. (보기: 솥[솓], 옷[옫] ; 넋[넉], 닭[닥])

　[제5장]의 '음의 동화'에서는 발음을 편하게 하기 위하여 인접한 두 음운이 서로 닮는 현상을 다루고 있다. 주로 음의 동화는 앞이나 뒤의 소리의 조음 위치나 조음 방법이 비슷해지거나 같아지는 현상이다. 〈표준 발음법〉에서는 '음의 동화' 현상을 '구개음화, 비음화, 유음화, 자음의 위치 동화, 'ㅣ' 모음 순행 동화' 등으로 나누어서 자세히 다루었다. (보기: 굳이[구지], 해돋이[해도지] ; 국물[궁물], 담력[담녁] ; 난로[날로], 칼날[칼랄] ; 문법[문뻡

/*뭄뻡], 감기[감기/*강기] ; 되어[되어/되여], 아니오[아니오/아니요])

[제6장]의 '된소리되기'는 두 형태소가 이어지는 과정에서 앞 형태소의 끝소리의 영향을 받아서 뒤 형태소의 예사소리가 된소리로 바뀌는 현상을 이른다. 〈표준 발음법〉에서는 된소리되기를 '국밥[국빱]'처럼 장애음의 뒤에서 일어나는 것과 '갈등[갈뜽]'처럼 유성 자음의 뒤에서 일어나는 것의 두 유형으로 나누어서 다루었다. 그리고 '문고리[문꼬리]'처럼 사이시옷이 표기되지 않았으나 사잇소리 현상에 따라서 예사소리가 된소리로 바뀌는 현상도 함께 다루었다. (보기: 국밥[국빱], 갈등[갈뜽], 문고리[문꼬리])

[제7장]의 '음의 첨가'에서는 형태소와 형태소가 합쳐져서 명사 합성어가 될 때에 그 사이에 음운이 덧붙은 현상을 다루었다. 〈표준 발음법〉에는 '음의 첨가' 현상을 '솜이불[솜니불]'과 같은 일반적인 "ㄴ'의 첨가 현상과 함께, '냇가[내까/낻까]'처럼 사이시옷이 표기된 합성어에서 일어나는 된소리되기를 아울러서 다루었다. (보기: 솜이불[솜니불], 한여름[한녀름]; 냇가[내까/낻까], 콧날[콛날→콘날], 나뭇잎[나묻닙→나문닙])

제3장 한글 맞춤법

표준어가 입말을 중심으로 언어를 표준화한 것인 반면에, '한글 맞춤법'은 표준어를 글자로 적는 방법을 표준화한 것이다. 최초의 한글 맞춤법은 일제 강점기 시기인 1933년 10월 29일에 '조선어 학회'에서『조선어 마춤법 통일안』이라는 책으로 공포하였다. 이후 몇 차례의 개정을 거쳐서 1988년에 현행의〈한글 맞춤법〉이 공포되어 시행되었다.

3.1. 한글 맞춤법의 특징

한글은 음소 글자로 만들었지만 실제로 적을 때에는 음절 단위로 모아서 적는다. 그리고〈한글 맞춤법〉에서는 단어를 소리 나는 대로 적는 것을 원칙으로 하되, 변동된 형태의 기본 형태를 밝혀서 적기도 한다.

〈 모아쓰기 〉한글은 음소 글자이므로 한 글자가 하나의 음소를 대표한다. 이러한 점을 고려하면 한글은 영어의 알파벳처럼 풀어서 적어야 한다. 그러나 한글은 훈민정음을 창제할 당시부터 모아쓰기를 해 왔는데, 이는『훈민정음 해례본』의 다음과 같은 규정 때문이다.

> (1) ㄱ. ᆞ ᅳ ᅩ ᅮ ᅭ ᅲ 附書初聲之下, ㅣ ㅏ ㅓ ㅑ ㅕ 附書於右. <u>凡字必合而成音</u>.
>   ㄴ. ᆞ, ᅳ, ᅩ, ᅮ, ᅭ, ᅲ는 초성의 아래에 붙여 쓰고, ㅣ, ㅏ, ㅓ, ㅑ, ㅕ는 초성의 오른쪽
>   에 붙여 쓴다. <u>모든 글자는 반드시 합쳐야 소리를 이룬다</u>.

『훈민정음 해례본』에 나타난 규정에 따라서 한글은 창제된 이래로 줄곧 음절 단위로 모아서 적는 것을 원칙으로 삼았다. 예를 들어 입말 [손님]을 풀어서 적으면 'ㅅㅗㄴㄴㅣㅁ'처럼 되는데, 이들 낱글자를 모아 적어서 '손님'으로 적었다.

[손님] ┬ 〈모아쓰기〉: 손님
      └ 〈풀어쓰기〉: ㅅㅗㄴㄴㅣㅁ

『훈민정음』에서 모아쓰기를 하게 된 것은 두 가지 이유 때문이라고 추측한다. 첫 번째 이유는 훈민정음 창제 이전부터 줄곧 사용해 왔던 한자가 모두 음절의 소리 단위로만 쓰였다는 점이다. 이 때문에 한글도 한자에 맞추기 위하여 음절 단위로 모아서 적었을 가능성이 크다. 그리고 두 번째 이유는 모아쓰기를 하면 한글과 한자의 글꼴이 조화를 이룰 수 있다는 점이다. '국민(國民)'을 풀어 쓰면 'ㄱㅜㄱㅁㅣㄴ'과 같이 되는데, 이것은 國民과 비교할 때 글꼴이 아주 다르다. 한글과 한자를 혼용할 것을 염두에 두었기 때문에, 한글과 한자의 글꼴을 비슷하게 할 필요가 있었으므로 모아쓰기를 한 것이다.

한글은 위와 같은 두 가지 이유 때문에 모아쓰기를 시작하였지만, 결과적으로 모아쓰기를 함으로써 우리말을 적을 때에 표의성이 높아지는 효과가 생긴다.

(2) ㄱ. 먹으니   (3) ㄱ. ㅁㅓㄱㅇㅡㄴㅣ
    ㄴ. 먹으면서   ㄴ. ㅁㅓㄱㅇㅡㅁㅕㄴㅅㅓ
    ㄷ. 먹겠다   ㄷ. ㅁㅓㄱㄱㅔㅆㄷㅏ

(2)와 같이 모아쓰기를 하게 되면 어간의 꼴이 '먹'으로 고정되어 어간과 어미가 시각적으로 구분되는 효과가 나타난다. 이에 반하여 (3)처럼 풀어쓰기를 하면 (2)에서 나타나는 시각적 효과를 얻을 수 없다. 결국 한글은 음절 단위로 모아쓰게 된 결과 표의성이 생기게 되어 독서 효율이 높아지게 되었다.

〈 원형 밝히기 〉 한글은 한 단어가 나타내는 음소를 하나의 글자로 표현하는 소리글자이기 때문에 소리 나는 대로 적는 것이 원칙이다. 곧 '잠자리, 개구리, 사람' 등의 단어는 그것이 [잠자리, 개구리, 사람]으로 소리 나기 때문에 '잠자리, 개구리, 사람'으로 적는다.

〈한글 맞춤법〉 제1항에서도 다음과 같이 규정하여 소리 나는 대로 적는 것을 제1의 원칙으로 삼고 있다.

(4) 한글 맞춤법은 표준어를 <u>소리대로 적되</u>, 어법에 맞도록 함을 원칙으로 한다.

이처럼 소리 나는 대로 글자를 적는 표기법을 '음소적 표기법(音素的 表記法)'이라고 한다.
그런데 한글을 소리 나는 대로만 적었을 때에는 문제가 생길 수 있다.

(5) ㄱ. 꽃 + -이   (6) ㄱ. 꼬치   (7) ㄱ. 꽃이
   ㄴ. 꽃 + -도   ㄴ. 꼳또   ㄴ. 꽃도
   ㄷ. 꽃 + -만   ㄷ. 꼰만   ㄷ. 꽃만

(5)의 예들은 체언인 '꽃'에 조사인 '-이, -도, -만'이 붙은 것인데, 이들 단어를 소리
나는 대로 적으면 (6)과 같이 '꼬치, 꼳또, 꼰만'으로 적어야 한다. 이렇게 소리 나는 대로
적으면 체언의 형태가 '꽃, 꼳, 꼰'으로 각각 달리 적히게 되어서, 독자들이 글을 읽을
때에 혼동할 수 있다. 이에 반하여 (7)처럼 적는다면 '꽃'의 형태가 바뀌더라도 동일한
형태소의 형태를 일관되게 적을 수 있는 장점이 있다.

'형태 음소적 표기법(形態音素的 表記法)'은 단어가 활용을 할 때에 형태가 달라지는 문
제를 방지하고 글자의 시각적 효과를 극대화하기 위하여 나타난 표기법이다. 형태 음소
적 표기법에서는 표준어를 적을 때에 두 가지 점을 고려한다.

첫째, 한 형태소가 여러 변이 형태로 바뀌어 실현되더라도 기본 형태로 적는다.

(8) 값 → [값, 갑, 감]

(9) ㄱ. 값+이 → [갑시] ┐
   ㄴ. 값+도 → [갑또] ├─ '값이, 값도, 값만'
   ㄷ. 값+만 → [감만] ┘

예를 들어 형태소 '값'은 음운적 환경에 따라서 '값, 갑, 감'으로 변동하지만 이를 소리
나는 대로(변이 형태대로) 적지 않고 기본 형태인 '값'으로 적는다. 형태소가 변동하는 것
과는 관계없이 기본 형태를 고정하여, 의미를 효율적으로 파악할 수 있게 하는 것이다.

둘째, 형태소와 형태소의 경계를 구분하여 적는다.

(10) { 닭 } + { -이, -을, -에, -에게 }

(11) ㄱ. 닭+이 → [달기] ┐
    ㄴ. 닭+을 → [달글] ├─ '닭이, 닭을, 닭에게'
    ㄷ. 닭+에게 → [달게게] ┘

체언인 '닭'의 뒤에 모음으로 시작하는 조사가 오면 체언의 끝 자음이 뒤 음절로 넘어가게 되어서 [달기, 달글, 달게게] 등으로 발음된다. 이렇게 소리 나는 대로 적으면 체언 부분과 조사 부분이 구분되지 않아서 이들 단어의 의미를 파악하기가 쉽지 않게 된다. 이러한 현상을 막기 위하여 체언과 조사의 형태를 구분하여 '닭이, 닭을, 닭에게'로 표기하는 것이다.

(12) ㄱ. 먹고[먹꼬] (13) ㄱ. 죽고[죽꼬]
ㄴ. 먹으니[머그니]   ㄴ. 죽으니[주그니]
ㄷ. 먹는다[멍는다]   ㄷ. 죽는다[중는다]

그리고 (12)와 (13)처럼 용언의 활용 형태를 적을 때에도 어간과 어미의 형태를 구분하여 표기함으로써, 문자를 통한 의미를 효율적으로 파악하게 한다.

이렇게 의미 파악의 능률을 높이기 위하여 〈한글 맞춤법〉의 제1항의 두 번째 조건으로 '어법에 맞게 함'이라는 규정을 두게 되었다. 곧 체언이나 어간의 꼴을 고정시켜서, 그 단어가 어떻게 활용하든지 간에 동일한 글자로 적는다. 이와 같이 한 단어의 여러 변이 형태 중에서 기본 형태를 밝혀 기본형을 세우고, 분철까지 하여 원형을 밝혀서 적는 표기 방법을 '형태 음소적 표기법'이라고 한다. 결국 〈한글 맞춤법〉은 음소적 표기법을 기반으로 하되, 형태 음소적 표기법을 지향한다.

3.2. 한글 맞춤법의 원리

3.2.1. 소리대로 적기와 원형 적기의 원리

〈한글 맞춤법〉에서 가장 핵심이 되는 내용은 '표준어를 소리 나는 대로 적을 것인가, 아니면 원형을 밝혀 적을 것인가'이다. 곧 표음주의를 따를 것인가 아니면 표의주의를 따를 것인가의 문제이다. 이 문제에 대한 절대적인 원칙은 없지만, 〈한글 맞춤법〉에서는 대략 다음과 같은 몇 가지 기준에 따라 '소리대로 적기'와 '원형 적기'를 적용한다.

하나의 형태소로 이루어진 단어이면서 변동이 일어나지 않는 것은 소리 나는 대로 적는다. 곧 [달]은 '달'로, [감자]는 '감자'로, [하늘]은 '하늘'로 적는다. 이는 하나의 형태소로 된 단어가 형태 변화를 보이지 않기 때문에 소리 나는 대로 적는 것이다. 반면에 한 단어(어절) 속의 형태소에 변동이 일어나는 경우에는, 이를 소리 나는 대로 적기도 하고 형태소의 원형을 밝혀 적기도 한다.

'소리대로 적기'와 '원형 적기'는 대략 다음의 세 가지 기준에 따라서 결정된다.

① 변동의 유형에 따른 기준
② 복합어에서 밑말의 확실성에 따른 기준
③ 복합어에서 접사의 파생력에 따른 기준

〈표 1〉 '소리대로 적기'와 '원형을 밝혀서 적기'의 기준

다음은 변동이 일어나는 단어를 적는 데에 적용되는 '소리대로 적기'와 '원형을 밝혀서 적기'의 기준에 대하여 자세하게 알아보기로 한다.

(가) 변동의 유형에 따른 기준

〈한글 맞춤법〉의 규정 가운데 많은 부분이 '단어를 소리 나는 대로 적을 것인가, 아니면 원형을 밝혀 적을 것인가'의 문제를 다루고 있다. 〈한글 맞춤법〉에서는 대략 몇 가지의 기준을 바탕으로 위의 문제에 대한 결정을 내린다.

① 보편적·필연적인 변동은 원형을 밝힌다

보편적이면서 필연적인 변동은 특정한 조건 아래에서 어떠한 경우에라도 반드시 일어나므로 변동의 결과를 예측할 수 있다. 따라서 이러한 단어는 소리의 변화와 관계없이 원형을 밝혀서 적더라도 글을 읽는 사람이 발음을 혼동할 염려가 없다.

(1) ㄱ. 잎[입], 웃[옫], 있고[읻꼬], 낮[낟], 꽃[꼳], 바깥[바깥], 밖[박], 부엌[부억]

ㄴ. 값[갑], 앉고[안꼬], 외곬[외골]

ㄷ. 술이[수리], 먹어[머거], 속옷[소곧]

ㄹ. 먹는다[멍는다], 받는[반는], 앞만[암만], 남루[남누], 종로[종노], 섭리[섬니]

ㅁ. 신라[실라], 난로[날로], 칼날[칼랄]

ㅂ. 굳이[구지], 같이[가치]; 밭이[바치], 붙이다[부치다]

ㅅ. 입학[이팍]; 좋고[조코], 많다[만타], 옳지[올치]; 잡히다[자피다], 먹히다[머키다]

ㅇ. 입고[입꼬], 앞길[압낄], 젖소[젇쏘], 책도[책또]; 넘고[넘꼬], 신더라[신떠라]

(1)에서 (ㄱ)의 단어들은 평파열음화, (ㄴ)은 자음군 단순화, (ㄷ)은 연음 법칙, (ㄹ)은 비음화, (ㅁ)은 유음화, (ㅂ)은 구개음화, (ㅅ)은 자음 축약(거센소리되기), (ㅇ)은 '된소리되

기'의 보편적-필연적 음운 변동이 일어나는 환경에 놓여 있다. 그러므로 (1)의 어휘들은 모든 경우에(보편적 변동) 그리고 반드시(필연적 변동) 변동된 대로 발음된다. 이러한 경우에는 독서 효율을 높이기 위해서 '잎, 먹는다, 굳이, 입학, 입고'처럼 원형을 밝혀서 적더라도 글을 읽는 사람은 반드시 [입, 멍는다, 구지, 이팍, 입꼬]로 발음하게 되므로 발음상의 혼동은 일어나지 않는다. 따라서 (1)처럼 특정한 단어가 보편적이면서 필연적으로 변동할 때에는 독서 효율을 높이기 위해서 원형을 밝혀서 적는다.

이렇게 보편적이면서 필연적으로 변동하기 때문에 원형을 밝혀 적는 변동으로는 '평파열음화, 자음군 단순화, 연음 법칙, 비음화, 유음화, 구개음화, 자음 축약(거센소리되기), 된소리되기' 등이 있다.

② 한정적 · 필연적 변동은 소리대로 적는다

한정적 · 필연적 변동은 특정한 단어들에서는 변동이 반드시 일어나기는 하지만, 그와 같은 음운적 환경에 놓인 다른 단어들에는 변동이 일어나지 않는 변동이다. 이처럼 한정적 · 필연적인 변동이 일어나는 단어를 변동된 대로 적지 않으면, 글을 읽는 사람은 변동이 일어나지 않는 형태에 이끌려서 변동되지 않은 형태로 발음을 그릇되게 할 가능성이 있다. 따라서 한정적 변동을 하는 단어들은 원형을 밝히지 않고 소리 나는 대로 적는다.

예를 들어서 불규칙 활용을 하는 용언의 어간과 어미는 소리 나는 대로 적는다.

(2) ㄱ. 긷+어 → [기러]   (3) ㄱ. 닫+아 → [다다]   (4) ㄱ. 긷어 → [*기더]
　　ㄴ. 잇+어 → [이어]　　　ㄴ. 벗+어 → [버서]　　　ㄴ. 잇어 → [*이서]
　　ㄷ. 곱+아 → [고와]　　　ㄷ. 꼽+아 → [꼬바]　　　ㄷ. 곱아 → [*고바]

(2)의 '긷다, 잇다, 곱다'의 어간인 '긷-, 잇-, 곱-'은 어미인 '-아/어'와 결합하면 [기러, 이어, 고와]로 발음된다. 그러나 (3)의 '닫다, 벗다, 꼽다'의 어간은, (3)와 동일한 음운적인 환경에 놓여 있지만, 어미인 '-아/어'와 결합하더라도 변동하지 않고 [다다, 버서, 꼬바]로 발음된다. 그런데 만약에 (4)처럼 원형을 밝혀서 '긷어, 잇어, 곱아'로 적으면, 변동이 일어나지 않는 (3)의 예에 이끌려서 잘못된 발음인 [*기더, *이서, *고바]로 발음할 수 있다. 곧 불규칙 활용처럼 한정적인 변동을 하는 단어들은 원형을 밝혀서 적으면 오히려 글을 읽는 사람이 발음을 잘못하게 될 가능성이 있는 것이다. 이러한 문제점 때문에 불규칙 활용을 하는 용언의 어간과 어미는 소리 나는 대로 적는다.

이처럼 한정적 · 필연적인 변동을 하기 때문에 소리 나는 대로 적는 변동 현상에는 '불규칙 활용, /ㅡ/ 탈락, 모음 조화, 매개 모음 탈락'이 있다. 그리고 합성어에서 어근과 어근이 결합할 때에 일어나는 /ㄴ/ 첨가, /ㅂ/ 첨가, /ㅎ/ 첨가, /ㄹ/ 탈락, /ㄹ/의 /ㄷ/ 되기' 등이 일어날 때에도 소리 나는 대로 적는다.

③ 임의적 변동은 표준 발음에 따른다

형태소와 형태소가 결합할 때에 그들이 임의적 변동을 하는 경우에는 다음의 원칙에 따라서 적는다. 원형과 비기본 형태 둘 다를 '표준 발음'으로 인정하는 경우에는 '원형 밝히기'와 '소리 나는 대로 적기'를 모두 다 인정한다.

㉮ 원형을 밝혀 적는 경우

임의적으로 변동하는 단어 중에서 표준 발음법에서 원형만을 '표준 발음'으로 인정한 것은 반드시 원형을 밝혀 적는다. 예를 들어서 '모음 동화'가 일어날 수 있는 단어들은 변동된 발음과 변동되지 않은 발음이 모두 쓰일 수 있기 때문에 '모음 동화'는 임의적인 변동이다. 그러나 〈표준어 규정〉에서는 변동되지 않은 형태만을 표준 발음으로 인정되기 때문에 원형을 밝혀서 적는다(〈표준어 사정 원칙〉제9항).

(5) 먹+이, 먹+이+다, 잡+히+다, 벗+기+다……

(6) ㄱ. [머기]/[*메기], [머기다]/[*메기다], [자피다]/[*재피다], [벋끼다]/[*벤끼다]……
　　ㄴ. 먹이, 먹이다, 잡히다, 벗기다……

(7) 듣보다([듣뽀다]/[*듭뽀다]), 신발([신발]/[*심발]), 감기([감기]/[*강기])

곧, (5)의 단어들은 화자의 개인적인 발음 습관에 따라서 (6)처럼 기본 형태로 발음하는 사람도 있고 변동된 대로 발음하는 사람도 있다. 그런데 〈표준어 사정 원칙〉제9항은 모음 동화('이' 역행 동화) 때문에 변동된 대로 발음하는 단어는 표준어로 인정하지 않는 다. 이에 따라서 비록 [메기], [메기다], [재피다], [벤끼다]처럼 발음하는 사람이 있더라 도 〈한글 맞춤법〉에서는 원형을 밝혀서 '모음 동화'가 일어나지 않은 '먹이, 먹이다, 잡 히다, 벗기다'로 적는다. 이처럼 원형을 밝혀 적는 임의적 변동으로는 (6)의 '모음 동화' 와 (7)의 '자음의 위치 동화' 등이 있다.

㉯ 원형을 밝히거나 소리대로 적을 수 있는 경우

형태소와 형태소가 결합할 때 두 음소가 한 음소로, 또는 두 음절이 한 음절로 줄어지는 일이 있는데 이를 '축약'이라고 한다. 그리고 한 단어 안에서 형태소의 소리가 없어지거나, 형태소와 형태소가 결합할 때에 특정한 음운이 없어지는 것을 '탈락'이라고 한다. 이렇게 한 단어에서 축약이나 탈락이 일어난 말을 준말이라고 하고, 원래의 형태의 말을 본말(본딧말)이라고 한다. 〈한글 맞춤법〉 제5절의 '준말'에서는 줄어진 경우에는 준 대로, 줄지 않은 경우에는 줄지 않은 대로 적는다고 규정하고 있다.

예를 들어서 온전한 모음이 반모음이 되어, 뒤의 모음과 한 음절이 되는 수가 있다.

(8) ㄱ. 쏘+았+다 → [쏘알따], [쏴다]　　(9) ㄱ. 쏘았다, 쏴다
　　ㄴ. 두+어+라 → [두어라], [둬라]　　　　ㄴ. 두어라, 둬라
　　ㄷ. 뜨+이+다 → [뜨이다], [띠다]　　　　ㄷ. 뜨이다, 띠다
　　ㄹ. 그리+어 → [그리어], [그려]　　　　ㄹ. 그리어, 그려

(8)은 모음 [ㅗ, ㅜ, ㅡ, ㅣ]로 끝난 어간에 '-아/-어, -았-/-었-, -이-' 등이 어울린 경우이다. 이때는 [쏘알따, 두어라, 뜨이다, 그리어]처럼 본말대로 발음되는 경우도 있고, [둬라, 쏴따, 띠다, 그려] 등으로 줄어지는 경우도 있다. 이때 줄어진 형태의 변동은 임의적인 변동인데, 〈한글 맞춤법〉에서는 (9)에서처럼 원형을 밝혀 적을 수도 있고 준 대로 적을 수도 있다(〈한글 맞춤법〉 제35항).

이처럼 〈한글 맞춤법〉에서는 표준어에서 본말과 준말이 모두 쓰일 때에는, 원칙적으로 본말과 준말의 형태를 모두 적을 수 있도록 하였다.

지금까지 살펴본 '변동의 유형에 따른 표기 원리'를 정리하면 다음과 같다.

변동 유형	적는 방법	변동 규칙의 종류	보기
보편적 · 필연적 변동	원형을 밝혀서 적음	평파열음화	잎[입], 옷[옫], 꽃[꼳], 부엌[부억], 같다[갇따]
		자음군 단순화	읽다[익따], 닭[닥], 값[갑], 밟다[밥따]
		연음 법칙	사람이[사라미], 손을[소늘], 먹어[머거], 잡아[자바]
		비음화	먹는다[멍는다], 잡는[잠는], 닫느냐[단느냐]
		유음화	신라[실라], 난로[날로], 칼날[칼랄]
		구개음화	굳이[구지], 같이[가치], 밭이[바치], 닫이다[마지다]
		자음 축약	입학[이팍], 눕히다[누피다], 좋고[조코], 많다[만타]
		된소리되기	책도[책또], 집보다[집뽀다], 닫거나[닫꺼나]

변동 유형	적는 방법	변동 규칙의 종류	보기
한정적·필연적 변동	소리대로 적음	불규칙 활용	지어[지어], 고와[고와], 길어[기러], 빨라[빨라]; 오너라[오너라], 하여라[하여라], 푸르러[푸르러]; 담가[담가], 만드니[만드니], 노래서[노래서]
		모음 조화	막아[마가], 막아서[마가서], 막아도[마가도]; 먹어[머거], 먹어서[머거서], 먹어도[머거도]
		'ㅡ' 탈락	담그+어→담가[담가], 바쁘+어→바빠[바빠]
		매개 모음의 탈락	먹으니[머그니], 막으니[마그니], 잡으면[자브면]; 보니[보니], 만들며[만들며], 자면[자면]
		'ㄴ' 첨가	사랑[사랑니], 틀니[틀니], 송곳니[송곤니]
		'ㅂ' 첨가	좁쌀[좁쌀], 볍씨[볍씨], 휩싸다[휩싸다]
		'ㅎ' 첨가	머리카락[머리카락], 암캐[암캐], 수컷[수컷]
		'ㄹ' 탈락	따님[따님], 마소[마소], 바느질[바느질], 싸전[싸전]
		'ㄹ'의 'ㄷ' 되기	사흗날(사흔날), 숟가락[숟까락], 푿소[푿쏘]
임의적 변동	원형을 밝힘	모음 동화	먹이[머기]/[*메기], 고양이[고양이]/[*고앵이], 잡히다[잡피다]/[*재피다], 벗기다[벋끼다]/[*벧끼다]
		자음의 위치 동화	듣보다[듣뽀다]/[*듭뽀다], 신발[신발]/[*심발], 감기[감기]/[*강기]
	원형이나 소리대로 적음	반모음화	쏘았다[쏘앋따]/쐈다[쐳따], 두어라[두어라]/둬라[둬라], 뜨이다[뜨이다]/띄다[띠다]
		'ㅏ' 탈락	다정하다/다정타, 흔하게/흔케
		'하' 탈락	생각하다 못해/생각다 못해, 깨끗하지/깨끗지

〈표 1〉 변동의 유형에 따른 표기 방법

3.2.2. 밑말의 확실성에 따른 기준

복합어는 어근(밑말)의 의미가 분명한 것이 있고, 그렇지 못한 것이 있다.

① 밑말이 분명한 복합어는 밑말의 원형을 밝힌다.

첫째, 합성어나 파생어로 된 체언 가운데 밑말이 분명한 것은 밑말의 원형을 밝혀 적어서 의미 파악의 효율을 높인다.

(10) ㄱ. 팥알[파달], 웃옷[우돋]

　　　ㄴ. *파달, *우돋

곧, '팥알'은 비록 [파달]로 소리 나지만 밑말의 원형을 밝혀서 '팥알'로 적음으로써 '팥
알'이 '팥'과 '알'에서 온 말임을 분명하게 해 준다. 만일 '팥알'을 소리 나는 대로 적어서
'*파달'로 적으면 합성어의 밑말을 깨닫기가 힘들기 때문에 단어의 뜻을 파악하기가
쉽지 않다. 이러한 문제를 해결하기 위하여 기존에 쓰이고 있는 '팥'과 '알'의 형태를
합성어에서 그대로 유지시켜서 한글 표기에 표의성을 높이는 것이다. 파생어인 '웃옷'도
밑말인 '웃-'과 '옷'의 원형을 밝혀 적음으로써 이 말이 접두사 '웃-'과 어근의 '옷'에서
온 말임을 분명히 한다. 만일 이 단어도 소리 나는 대로 적어서 '*우돋'으로 적는다면
밑말과의 형태적인 관련성을 파악하기가 어렵다. 그러므로 복합어의 밑말이 분명할 때
에는 원형을 밝혀서 적는다.

　둘째, 합성 용언도 밑말이 분명할 때에는 밑말의 원형을 밝혀서 적는다.

(11) ㄱ. 넘어지다, 늘어나다, 돌아가다, 엎어지다

　　　ㄴ. *너머지다, *느러나다, *도라가다, *어퍼지다

'넘어지다, 늘어나다, 돌아가다, 엎어지다'는 각각 [너머지다, 느러나다, 도라가다, 어퍼
지다]로 소리난다. 그러나 이들은 '넘다, 늘다, 돌다, 엎다'에서 온 말이 분명하므로 합성
어의 밑말을 밝혀서 (ㄱ)처럼 적는다.

② 밑말이 분명하지 않거나 밑말의 뜻에서 멀어진 복합어는 소리 나는 대로 적는다.

　첫째, 밑말이 분명한 복합어는 원형을 밝혀서 적지만, 밑말이 분명하지 못한 복합어는
소리 나는 대로 적는다. 곧, 복합어의 원형을 밝혀 적는 것은 복합어의 밑말을 글자의
꼴에 반영하여 의미 파악을 쉽게 하기 위해서이다. 그러나 복합어의 밑말이 무엇인지
알 수 없을 때에는 원형을 밝히려고 해도 그렇게 할 수가 없다.

(12) 골병, 부리나케, 아재비

(12)에서 '골병, 부리나케, 아재비' 등은 그 밑말이 무엇인지 분명하지 않다. 먼저 '골병'
은 밑말을 '골(골수)＋병(病)', '골(骨)＋병(病)', '곯＋병(病)' 등으로 상정해 볼 수 있는데

이들 중 어느 것이 밑말인지 분명하지 않다. 그리고 '부리나케'는 의미상으로 보면 '불이 +나게'로 분석된다. 그런데 밑말을 '부리나게'로 잡으면 [부리나게]로 발음되어야만 하는데, 실제의 발음이 [부리나케]로 나기 때문에 발음 형태와 의미가 서로 호응하지 않게 된다. 결국 '부리나케'는 밑말이 정확하지 않은 말로 처리하여 소리 나는 대로 적는다. '아재비'도 어원적으로는 '아ᅀᆞ(弟)+아비(父)'로 분석된다. 이러한 어원을 보면 현대어에서도 '앗+애비'로 분석하여 '*앗애비'로 적을 수 있을 듯하다. 그러나 현대어에서는 '*앗'이라는 형태소가 쓰이고 있지 않으므로 밑말의 원형을 밝혀 적을 수가 없다. 이렇게 복합어의 밑말이 분명하지 않아서 원형을 밝혀 적을 수 없을 때에는 소리 나는 대로 '아재비'로 적을 수밖에 없다.

둘째, 복합어 중에서 밑말의 뜻에서 멀어진 뜻을 나타내는 것도 밑말의 원형을 밝히지 않고 소리 나는 대로 적는다.[1]

(13) ㄱ. 무녀리: 문(門 : 명사)+열(開 : 동사의 어간)+이(명사 파생 접미사) → *문열이

　　ㄴ. 목거리: 목(頸 : 명사)+걸(染 : 동사의 어간)+이(명사 파생 접미사) → *목걸이

(13)의 (ㄱ)에서 '무녀리'의 사전적 의미는 '한 태에 낳은 여러 마리의 새끼 가운데서 맨 먼저 나온 새끼'이다. 이 단어의 뜻도 밑말의 뜻인 '문을 열 이'라는 뜻과는 멀어져 있으므로 '*문열이'로 적지 않고 소리 나는 대로 '무녀리'로 적는다. 끝으로 (ㄷ)에서 '목거리(목병)'도 사전상의 뜻으로는 '목이 붓고 몹시 아픈 병(病)'이다. 만일 이 단어의 밑말이 단순히 '목에 걸린 것' 혹은 '목에 거는 것'이라는 뜻일 때는 원형을 밝혀서 '*목걸이'로 적는 것이 효율적이다. 그러나 이 단어는 '목에 걸린 병'의 일종으로 밑말의 뜻과는 상당히 멀어져 있을 뿐만 아니라, 언중들도 이 단어의 밑말을 인식하지 못하기 때문에 그냥 소리 나는 대로 적는다. 반면에 '목에 거는 장식물이라는 뜻'으로 쓰이는 '목걸이 (珧)'는 밑말의 뜻이 유지되고 있으므로, 밑말의 원형을 밝혀서 적는다.[2]

---

1) 부사인 '반듯이(直)'는 '반듯하다(直)'의 어근인 '반듯-'에 접미사 '-이'가 붙어서 된 파생 부사이다. 이 단어는 밑말인 '반듯-'이 나타내는 '直'의 의미가 유지되고 있으므로 원형을 밝혀서 '반듯이'로 적는다. 반면에 부사 '반드시(必)'는 '꼭(必)'의 의미로 쓰이고, 밑말의 뜻인 '정(正)'이나 '직(直)'의 뜻과는 멀어져 있으므로, 소리 나는 대로 적는다.

2) 합성 용언도 밑말이 본래의 뜻에서 멀어지면, 소리 나는 대로 적는다. 예를 들어 '드러나다(露), 사라지다(滅), 쓰러지다(轉倒), 나타나다(現), 부러지다(折)'는 어원적으로 보면 '들(入)- + -어+나다(出), 살(燒)-+ -아 + 지다(落), 쓸(掃)- + 어+지다(落), 낟(現)- + -아 + 나다(出), 불(←*블다)- + -어+지다(落)'로 분석할 수 있으나, 현대어에서 이들 단어는 그것을 짜 이루고 있는 개별 어근의 뜻과는 달라져 버렸다. 따라서 이들 단어는 소리 나는 대로 적는다.

3.2.3. 접사의 파생력에 따른 기준

① 파생력이 강한 접사가 붙어서 된 파생어는 어근의 원형을 밝혀 적는다.

파생력이 강한 접사는 쓰이는 빈도가 높기 때문에 언중들이 이들 접미사의 형태나 기능을 인식하고 있을 가능성이 높다. 따라서 파생력이 강한 접사가 붙어서 된 파생어들은 원형을 밝혀서 적음으로써 독서의 효율을 높일 수 있는 것이다.

〈한글 맞춤법〉에서는 다음과 같은 접사가 붙은 파생어는 접사의 파생력이 높으므로 어근의 원형을 밝혀서 적는다.

첫째, 파생력이 강한 접사로는 먼저 명사 파생 접미사 '-이, -음'과 부사 파생 접미사 '-이, -히'를 들 수 있다.

> (14) ㄱ. 길이, 깊이, 높이, 다듬이, 바둑이, 삼발이, 애꾸눈이
>
> ㄴ. 묶음, 믿음, 얼음, 엮음, 울음, 웃음, 졸음, 죽음, 앎
>
> (15) ㄱ. 같이, 굳이, 길이, 높이, 많이; 곳곳이, 낱낱이, 몫몫이, 샅샅이, 앞앞이, 집집이
>
> ㄴ. 밝히, 익히, 작히, 급히, 꾸준히, 도저히, 딱히

(14)와 (15)에서 확인할 수 있듯이 명사 파생 접미사 '-이, -음'과 부사 파생 접미사 '-이, -히'는 파생어를 많이 만들 수 있다. 이처럼 파생어를 많이 만들 수 있으면 이들 파생 접미사가 명사를 만들거나 부사를 만드는 데에 두루 쓰일 수 있다.

둘째, 사동사와 피동사를 만드는 접미사 '-기-, -리-, -이-, -히-, -구-, -우-, -추-, -으키-, -이키-, -애-'와 강조의 기능을 가진 접미사 '-치-, -뜨리-/-트리-'도 파생력이 강하다. 따라서 이들 파생 접사가 붙어서 된 말들도 어간의 원형을 밝혀 적는다.

> (16) ㄱ. 맡기다, 뚫리다, 낚이다, 굳히다, 돋구다, 돋우다, 갖추다, 일으키다, 돌이키다, 없애다
>
> ㄴ. 놓치다, 엎치다, 부딪뜨리다/부딪트리다, 쏟뜨리다/쏟트리다

셋째, 명사를 용언으로 파생하는 접미사 '-하다'도 파생력이 강하므로, 이것이 붙어서 된 용언도 '-하다'의 원형을 밝혀서 적는다.

> (17) ㄱ. 공부-하다, 일-하다, 자랑-하다, 선전-하다, 농구-하다, 생각-하다, ……
>
> ㄴ. 성실-하다, 차분-하다, 순-하다, 조용하다, 날씬-하다, 노-하다……

접미사 '-하다'는 (17)에서처럼 어근에 붙어서 그 어근을 용언으로 만드는 접미사로서 널리 쓰이고 있다. 따라서 (17)의 단어들은 모두 원형을 밝혀서 적는다.

② 파생력이 약한 접사가 붙어서 된 파생어는 소리 나는 대로 적는다.

앞의 (14~17)에 제시한 '-이, -음, -히, -하다'와 피동, 사동, 강세 접미사를 제외한 대부분의 접미사들은 파생력이 약하므로, 그것이 붙어서 파생되는 단어의 수가 적다. 곧, 이들 접미사는 제한적으로만 쓰이는 파생 접미사라고 할 수 있다.

> (18) ㄱ. 귀+먹+어리 → 귀머거리/*귀먹어리
>
> ㄴ. 맞+웅   → 마중/ *맞웅
>
> ㄷ. 꼴+악서니 → 꼬락서니/*꼴악서니
>
> ㄹ. 믿+업+다 → 미덥다/*믿업다

(18)의 '귀머거리, 마중, 꼬락서니, 미덥다'는 각각 '귀먹-, 맞-, 꼴, 믿-'에 접미사 '-어리, -웅, -악서니, -업-'이 붙어서 된 파생어이다. 이들 단어에 붙은 파생 접미사들은 다른 파생어를 만드는 경우가 드물다.

앞에서 설명한 '-이, -음, -히' 등과 같이 파생력이 강해서 보편적으로 널리 쓰이는 파생 접미사는 그 기능이나 의미를 언중들이 쉽게 인식할 수 있어서 원형을 밝혀 적었다. 그러나 (18)에서 제시한 파생력이 약한 접미사는 널리 쓰이지 않기 때문에 그 기능이나 의미를 언중들이 쉽게 인식할 수 없다. 또 일반 언중들은 이러한 접사가 붙어서 된 단어를 파생어로 보지 않고 하나의 단일어와 같이 생각하는 경향이 강하다. 그러므로 이들 단어는 밑말의 원형을 밝히기보다는 소리 나는 대로 적는 것이 좋다.

3.2.4. 띄어쓰기의 원리

〈한글 맞춤법〉의 총론 제2항에서는 띄어쓰기의 대원칙으로 "문장의 각 단어는 띄어 씀을 원칙으로 한다."라고 규정하고 있다. 제2항의 원칙에 적용을 받는 말은 자립성이 있는 말, 즉 '체언, 용언, 수식언, 독립언' 등이다. 그런데 단어 가운데 조사는 자립성이 없으므로 〈한글 맞춤법〉의 제41항에서는 "조사는 그 앞말에 붙여 쓴다."라고 규정하고 있다. 제2항과 제41항의 규정을 종합해 보면 우리말에서는 결과적으로 어절을 단위로 하여 띄어 쓰는 셈이다.

(1) ㄱ. 철수는 헌 신을 밖으로 던졌다.

　　 ㄴ. 어머나, 달이 정말 밝네.

예를 들어 (1)에서 '헌, 던졌다, 어머나, 정말, 밝네'는 각각 관형사, 동사, 감탄사, 부사, 형용사로서 단독으로 띄어쓰기 단위로 쓰였으며, '철수는, 신을, 밖으로, 달이'는 체언에 조사가 붙어서 띄어쓰기 단위로 쓰였다.

　그리고 복합어는 '어근 + 어근' 혹은 '어근 + 파생 접사'의 짜임새를 하고 있다. 이러한 복합어는 이미 하나의 단어로 굳은 말이므로, 복합어를 구성하는 구성 요소들은 서로 붙여 쓴다.

(2) ㄱ. 포수는 산꼭대기에서 강물을 바라보았다.

　　 ㄴ. 형님은 한 말들이 자루에 햇감자를 처넣었다.

(2ㄱ)에서 '포수, 산꼭대기, 강물, 바라보다'는 각각 '포 + 수', '산 + 꼭대기', '강 + 물', '바라(아) + 보다'의 짜임으로 된 합성어다. 그리고 (2ㄴ)의 '형님, 말들이, 햇감자, 처넣다'는 '형 + -님', '말 + -들- + -이', '햇- + 감자', '처- + 넣다'의 짜임으로 된 파생어이다. 이들 합성어와 파생어는 어근과 어근이나, 어근과 파생 접사를 붙여서 적는다.

　이처럼 띄어쓰기는 <한글 맞춤법>의 제2항과 제41항의 규정을 원칙적으로 따르되, 이 규정으로 해결할 수 없는 사항은 제42항~제50항의 규정을 따른다.

[가] 의존 명사의 띄어쓰기는 제42항의 규정을 따른다.

(3) 이 일은 나도 할 수 있다.

[나] 단위를 나타내는 명사의 띄어쓰기는 제43항의 규정을 따른다.

(4) ㄱ. 우리는 금 서 돈에 개 한 마리를 샀다.

　　 ㄴ. 두 시 삼십 분 오 초 / 두시 삼십분 오초

[다] 수를 적는 말의 띄어쓰기는 제44항의 규정을 따른다.

(5) 십이억 삼천사백오십육만 칠천팔백구십팔(12억 3456만 7898)

[라] 두 말을 이어주는 말과 열거하는 말의 띄어쓰기는 제45항의 규정을 따른다.

    (6) ㄱ. 사무실 겸 살림집
        ㄴ. 책상, 걸상 등이 있다.

[마] 단음절 단어가 연이어 나타날 때의 띄어쓰기는 제46항의 규정을 따른다.

    (7) ㄱ. 그 때 그 곳 / 그때 그곳
        ㄴ. 좀 더 큰 것 / 좀더 큰것

[바] 보조 용언의 띄어쓰기는 제47항의 규정을 따른다.

    (8) ㄱ. 불이 꺼져 간다. / 불이 꺼져간다.
        ㄴ. 잘도 놀아만 나는구나! 네가 덤벼들어 보아라. 잘난 체를 한다.

[사] 사람의 성명과 관련된 고유 명사의 띄어쓰기는 제48항의 규정을 따른다.

    (9) 김양수, 서화담, 채영신 씨, 최치원 선생, 충무공 이순신 장군, 남궁억 / 남궁 억

[아] 성명을 제외한 고유 명사의 띄어쓰기는 제49항의 규정을 따른다.

    (10) 한국 대학교 사범 대학 / 한국대학교 사범대학

[자] 전문 용어의 띄어쓰기는 제50항의 규정을 따른다.

    (11) 만성 골수성 백혈병 / 만성골수성백혈병

3.3. 〈한글 맞춤법〉 규정의 개요

〈한글 맞춤법, 1988〉은 본문인 제1장 총칙, 제2장 자모, 제3장 소리에 관한 것, 제4장 형태에 관한 것, 제5장 띄어쓰기, 제6장 그 밖의 것 등 제6장 제56항으로 짜여 있다. 이러한 본문에 더하여서 [부록]으로 '문장 부호'를 다루고 있다.

제1장 총칙

제2장 자모

제3장 소리에 관한 것

    제1절 된소리

    제2절 구개음화

    제3절 'ㄷ' 소리 받침

    제4절 모음

    제5절 두음 법칙

    제6절 겹쳐 나는 소리

제4장 형태에 관한 것

    제1절 체언과 조사

    제2절 어간과 어미

    제3절 접미사가 붙어서 된 말

    제4절 합성어 및 접두사가 붙는 말

    제5절 준말

제5장 띄어쓰기

    제1절 조사

    제2절 의존 명사, 단위를 나타내는 명사 및 열거하는 말 등

    제3절 보조 용언

    제4절 고유 명사 및 전문 용어

제6장 그 밖의 것

[부록] 문장 부호

〈표 2〉 한글 맞춤법의 얼개

[제1장]의 '총칙'에서는 〈한글 맞춤법〉의 대원칙을 규정한 것으로 '표준어를 소리대로 적되 어법에 맞도록 하며(1항), 각 단어는 띄어 쓴다(2항)'는 대원칙을 밝혔다.

[제2장]의 '자모'에서는 글자 생활의 기본이 되는 글자의 명칭과 그 배열의 순서를 밝히고 사전에서 단어의 배열 순서에 대한 기준을 정하였다.

[제3장]의 '소리에 관한 것'에서는 특정한 단어에서 음운 현상이 나타날 때에 이들을 어떻게 적는가에 대한 규정을 제시하였다. 곧, 특정한 단어 내부에서 '된소리, 구개음화, ㄷ 소리 받침, 두음 법칙' 등의 음운 변동이 일어날 때에, 그러한 단어를 어떻게 적을

것인지에 대한 규정을 정하였다. 아울러서 제4절 '모음'에서는 모음 [예]와 [의]를 적는 방법을 규정하였다. 곧 [예]와 [의]는 쓰이는 환경에 따라서 다양하게 발음될 수 있는데, 이렇게 다양하게 실현되는 [예]와 [의]의 변이된 발음을 한글로 적는 방법을 제시하였다. 끝으로 제6절 '겹쳐나는 소리'에서는 '똑딱똑딱', '쌕쌕'처럼 한 단어 속에서 동일하거나 유사한 음절이 겹쳐서 나는 부분은 동일하게 적는다는 것을 규정하였다.

[제4장]의 '형태에 관한 것'에서는 단어를 부려쓸 때나 새로운 단어가 만들어질 때에 나타나는 표기상의 문제를 다루었다. 제4장의 1절에서는 체언과 조사를 구분하여 적는다고 규정하였다. 그리고 제2절에서는 어간과 어미는 구별하여서 적음을 밝힘과 아울러서 불규칙적으로 활용하는 단어는 소리 나는 대로 적도록 규정하였다. 제4장의 3절과 4절은 단어 형성법에 관련된 맞춤법 규정으로서, 제3절은 어근에 접미사가 붙어 된 접미 파생어를 적는 방법에 관한 규정이고, 제4절은 어근과 어근이 결합해서 된 합성어나, 어근에 접두사가 붙어서 된 접두 파생어를 적는 방법에 대한 규정이다. 끝으로 제5절은 본말이 줄어서 준말이 될 때에 생기는 맞춤법의 문제를 다루었다.

[제5장]의 '띄어쓰기'에서는 총론 제2항의 '각 단어는 띄어 쓴다'와 제41항의 '조사는 그 앞말에 붙여 쓴다'는 원칙적인 규정을 정하였다. 그리고 이 두 규정으로 해결할 수 없는 사항은 제42항~제50항의 규정에 따른다. 이들 규정의 세부 내용은 '의존 명사, 단위를 나타내는 명사, 수를 적는 말, 두 말을 이어주는 말과 열거하는 말, 연이어 나타나는 단음절 단어들, 보조 용언, 사람의 성명과 관련된 고유 명사, 성명을 제외한 고유 명사, 전문 용어' 등의 띄어쓰기를 규정한 것이다.

[제6장]의 '그 밖의 것'에서는 특별히 어떠한 절로 묶을 수 없는 개별적인 사항에 대한 규정을 모은 것이다. 제6장에서는 부사를 파생하는 접미사 '-이'와 '-히'를 구분해서 적는 방법, 속음(俗音)으로 나는 한자어의 적기, [ㄹ] 뒤에서 된소리 발음되는 어미의 적기, 된소리로 나는 접미사의 적기, '맞추다'와 '뻗치다'의 적기, '-더라, -던'과 '-든지'를 구분하여 적기 등에 관한 규정을 다룬다. 그리고 제6장의 제57항에서는 발음이 비슷하지만 그 의미가 다른 단어들을 구분하여 적는 방법을 소개하였다.

[부록]에서는 '문장 부호'에 관한 규정으로서 문장을 한글로 적을 때에 사용되는 부호의 종류, 명칭, 기능 등을 규정했다. 곧, '마침표(= 온점 .), 물음표(?), 느낌표(!), 쉼표(= 반점 ,), 가운뎃점(·), 쌍점(:), 빗금(/), 큰따옴표(" "), 작은따옴표(' '), 소괄호(( )), 중괄호({ }), 대괄호([ ]), 겹낫표(『 』), 겹화살표괄호(≪ ≫), 홑낫표(「 」)와 홑화살괄호(〈 〉), 줄표(—), 붙임표(-), 물결표(~), 드러냄표(˙)와 밑줄(__), 숨김표(○, ×), 빠짐표(□), 줄임표(……) 등에 관한 소개와 사용법을 제시하였다.

제4장 외래어 표기법

4.1. 외래어 표기의 기본 원칙

외래어란 다른 언어 체계의 어휘를 국어의 체계에 빌려 와서 사회적으로 사용이 승인된 말을 이른다. 외래어에는 국어의 음운 체계·문법 체계·어휘 체계의 특징이 반영되어 있다. 그러므로 '외래어'는 국어의 어휘이고, 〈외래어 표기법〉은 외국에서 들어온 국어를 대상으로 하는 표기법이다.

외래어는 어느 외국어로부터 받아들였는가에 따라 상당히 많은 유형으로 나눌 수 있다. 국어에서 일반적으로 외래어라고 하면 중국의 한자에서 온 외래어는 제외하고 기타 동양이나 서양의 말에서 들어온 것을 이르게 된다.

고유어나 한자어의 표기를 통일하기 위하여 〈한글 맞춤법〉의 규정이 마련되어 있듯이 외래어를 표기할 때에도 표기 형태를 통일하여야 한다.

(1) ㄱ. placard   : 플래카드/*프랭카드/*플랙카드/*프랑카드
    ㄴ. supermarke : 슈퍼마켓/*슈퍼마켙/*슈퍼마킷/*수퍼마켓/*수퍼마켙

예를 들어서 일상 언어에서 'placard'를 '플래카드, *프랭카드, *플랙카드, *프랑카드' 등으로 직고, 'supermarket'도 '슈퍼마켓, *슈퍼마켙, *슈퍼마킷, *수퍼마켓, *수퍼마켙' 등으로 적는 경우가 많다. 이렇게 되면 언어 생활이 매우 혼란스러워지므로 외래어의 표기를 통일하는 일이 필요하다. 〈외래어 표기법〉은 이와 같은 혼란을 방지하기 위하여

외래어의 어형을 통일되게 적기 위하여 마련한 규정이다.

외래어를 적을 때에는 〈한글 맞춤법〉을 따르는 것이 아니라, 〈외래어 표기법〉에 따라야 한다. 곧 비록 외래어가 국어에 동화된 말이기는 하지만, 출신 언어에 나타나는 특질을 고려해서 적어야 하기 때문에 〈외래어 표기법〉을 따로 정한 것이다. 〈외래어 표기법〉은 조선어 학회에서 제정한 〈외래어 표기법 통일안〉(1940), 해방 후에 제정된 〈로마자의 한글화 표기법〉(1958)을 거쳐서 지금은 〈외래어 표기법〉(1986)이 시행되고 있다.

> **제1항** 외래어는 국어의 현용 24자모만으로 적는다.

제1항은 외래어를 표기할 때에는 어떤 나라에서 들어온 외래어를 표기하든 간에 현행 한글에 없는 새로운 글자를 만들어서 표기하지는 않는다는 규정이다. 수많은 외래어에 나타나는 모든 음운을 한글에 반영하기 위하여 일일이 새로운 문자를 만들다 보면, 외래어를 표기하는 데에 필요한 글자의 수가 한정 없이 늘어날 수 있다. 따라서 외래어를 표기할 때에는 현재 쓰이고 있는 한글의 자모 24자만으로 적는다.

예를 들어서 한글의 자모에는 영어의 [f], [v], [z]의 발음에 정확하게 대응되는 것이 없다. 따라서 이들 발음을 정확하게 적기 위하여 현행의 한글 자모에는 없는 'ㆄ, ㅸ, ㅿ'의 글자를 사용하자고 주장하는 이도 있다.

하지만 모든 외래어의 수많은 발음을 정확하게 표기하기 위하여 이에 대응되는 새로운 글자를 일일이 만들어 낸다는 것은 불가능하다. 그리고 외래어는 외국어와는 달리 국어의 음운 체계와 어휘 체계에 동화된 어휘이므로 현행의 한글 자모만으로도 적을 수 있어야 한다. 이러한 이유로 때문에 외래어는 현용의 24개의 한글 자모만으로 적기로 하였다.

> **제2항** 외래어의 1음운은 원칙적으로 1기호로 적는다.

음소 글자인 한글은 당연히 국어의 1음운을 1글자로만 적도록 되어 있다. 이러한 한글 표기의 원칙을 외래어 표기에도 그대로 적용하여, 외래어의 1음운을 1기호로 적는다는 것이다. 곧 특정한 국가에서 들어온 외래어의 특정한 음운을 여러 종류의 한글 자모를 이용하여 적는다면 외래어 표기에 일관성이 없어져서 혼란이 일어날 수 있기 때문이다. 예를 들어서 'fashion'은 '패션'으로 적고 'file'은 '화일'로 적어서 영어의 [f]를 'ㅍ'과 'ㅎ'

으로 적거나, 혹은 'biscuit'은 '비스킷'으로 'bus'는 '뻐스'로 적어서 영어의 [b]를 'ㅂ'과 'ㅃ'으로 적는 경우가 있다. 그러나 이렇게 하나의 음운을 둘 이상의 기호로 적으면 외래어의 표기에 일관성이 없으므로 혼란이 생긴다. 따라서 외래어의 1음운은 원칙적으로 1기호로 적는다.

　다만, 원래의 외국어로서는 하나이던 음운이 그것이 외래어가 되는 과정에서 둘 이상으로 소리 나는 경우가 있는데, 이때는 예외적으로 두 가지 이상의 글자를 사용할 수도 있다.

　　(2) [t] : 테이블, table[teibl], 트라이앵글, triangle[traiæŋgl], 샷, shot[ʃɑt]

예를 들어서 영어의 자음인 [t]는 table[teibl]에서는 '테이블'과 같이 'ㅌ'로 적지만, triangle[traiæŋgl]에서는 '트'로, shot[ʃɑt]에서는 '샷'과 같이 'ㅅ'으로 적는다.

> **제3항** 받침에는 'ㄱ, ㄴ, ㄹ, ㅁ, ㅂ, ㅅ, ㅇ'만을 적는다.

　국어의 음절 구조상 받침으로 쓰일 수 있는 소리는 [ㄱ, ㄴ, ㄷ, ㄹ, ㅁ, ㅂ, ㅇ]의 7자음뿐이다. 이 일곱 자음 이외의 자음을 받침 소리로 가진 형태소가 실현될 때에는 이 일곱 자음 중의 하나로 바뀌게 된다.

　이러한 음절 구조에도 불구하고 〈한글 맞춤법〉에서는 국어의 받침을 적는 데에 모든 자음을 다 쓸 수 있도록 하였다. 예를 들어서 '낫, 낯, 낱'이 모두 [낟]으로 소리날지라도 각각의 단어의 원형을 밝히기 위하여 받침을 각각 달리 표현한 것이다.

　받침 표기에서 원형을 밝히는 것은, 이들 단어가 자음 앞에서 나타나거나 단독으로 실현되면 모두 [낟]으로 발음되지만 '-으로'와 같이 모음으로 시작하는 형태소 앞에서 나타나면 [나스로, 나츠로, 나트로] 등과 같이 발음되기 때문이다.

　　(3) ㄱ. 낫+으로 → [나스로]──┐
　　　　ㄴ. 낯+으로 → [나츠로]──┤──── [낟]$^{\#}$
　　　　ㄷ. 낱+으로 → [나트로]──┘

그런데 외래어를 표기할 때에는 굳이 이와 같이 원형을 밝힐 필요가 없다. 예를 들어 'book'에 모음으로 시작하는 조사 '-이, -을, -에'를 붙이면 [부키, 부클, 부케]로 발음되지 않고, [부기, 부글, 부게]로 발음된다. 또한 'shop'에 조사 '-이, -을, -에'를 붙이면, [쇼피, 쇼플, 쇼페]로 소리 나지 않고 반드시 [쇼비, 쇼블, 쇼베]로만 소리난다.

(4) book [buːk], shop [ʃɔp]

(5) ㄱ. book + 이 → [부기], *[부키]

　　ㄴ. book + 을 → [부글], *[부클]

　　ㄷ. book + 에 → [부게], *[부케]

(6) ㄱ. shop + 이 → [쇼비], *[쇼피]

　　ㄴ. shop + 을 → [쇼블], *[쇼플]

　　ㄷ. shop + 에 → [쇼베], *[쇼페]

곧 외래어의 끝음절의 받침 소리가 [k]와 [p]일 때에는 [k]는 [ㄱ]으로, [p]는 [ㅂ]으로 소리 나므로 'book, shop'은 '북, 숍'으로 적어야 한다. 이처럼 외래어를 적을 때에는 받침 글자로 'ㄱ, ㄴ, ㄹ, ㅁ, ㅂ, ㅅ, ㅇ'의 일곱 글자만으로 충분히 적을 수 있다.

　여기서 한 가지 유의할 사항이 있다. 국어에서는 음절의 끝소리로 날 수 있는 자음에 'ㄷ'이 포함되는 반면에 외래어 표기에는 'ㄷ' 대신에 'ㅅ'이 쓰인다.

(7) ㄱ. robot#　　　→ [로볻]

　　ㄴ. robot + 이 → [로보시]

　　ㄷ. robot + 을 → [로보슬]

　　ㄹ. robot + 에 → [로보세]

(8) ㄱ. biscuit#　　　→ [비스킫]

　　ㄴ. biscuit + 이 → [비스키시]

　　ㄷ. biscuit + 을 → [비스키을]

　　ㄹ. biscuit + 에 → [비스키세]

(9) ㄱ. 못# → [몯], 못 + 에 → [모세]

　　ㄴ. 깃# → [긷], 깃 + 에 → [기세]

예를 들어 'robot, biscuit'에서 끝음절의 받침은 [t]로 소리 나므로 이들 외래어는 끝음절의 받침을 'ㄷ'으로 적어야 할 것 같다. 그러나 이들 외래어에 모음으로 시작하는 조사

'-이, -을, -에'를 붙여 보면 각각 [로보시, 로보슬, 로보세]와 [비스키시, 비스키슬, 비스키세]로 발음된다. 이는 국어에서 'ㅅ' 받침을 가진 말이 음절 말에서는 [ㄷ]으로 소리나지만 모음으로 시작하는 조사 아래에서는 [ㅅ]으로 실현되는 현상과 꼭 같다. 결국 외국어의 음절 말의 [t]는 국어에 동화되는 과정에서 [ㅅ]으로 바뀌어서 실현된다고 할 수 있다. 그러므로 외래어 표기를 할 때 음절 말의 받침으로 'ㄷ' 대신에 'ㅅ'을 쓰게 되었다.

> **제4항** 파열음 표기에는 된소리를 쓰지 않는 것을 원칙으로 한다.

국어의 파열음은 예사소리, 된소리, 거센소리로 제3항으로 대립하는 반면에 유성음과 무성음의 대립이 없다. 따라서 영어, 독일어, 프랑스 어, 일본어처럼 파열음이 유성음과 무성음으로 제2항 대립을 가진 언어에서 유입된 외래어의 파열음을 적는 방법에 문제가 생긴다.

제4항의 규정은 이러한 차이를 고려하여서 외래어의 무성 파열음 [p, t, k]는 거센소리 글자인 'ㅍ, ㅌ, ㅋ'로 적고 유성 파열음 [b, d, g]는 예사소리 글자인 'ㅂ, ㄷ, ㄱ'로 어서, 외래어의 파열음 표기에 된소리 글자인 'ㅃ, ㄸ, ㄲ'를 쓰지 않는다는 규정이다. 곧 대부분의 외국어의 파열음이 제2항 대립하는 것을 고려하여, 이들 국가에서 들어온 외래어의 파열음을 적을 때도 예사소리 글자와 거센소리 글자로만 적는다는 것이다.

무성 파열음 [p, t, k]는 음가가 언어마다 차이가 있다. 곧 영어, 독일어의 무성 파열음은 국어의 거센소리인 [ㅍ, ㅌ, ㅋ]에 가깝다. 반면에 프랑스 어, 러시아 어, 스페인 어, 이탈리아 어의 무성 파열음은 국어의 된소리인 [ㅃ, ㄸ, ㄲ]에 가깝다. 이처럼 언어마다 음가가 조금씩 차이가 나는 무성 파열음 [p, t, k]을 한글의 거센소리로 적을지, 된소리로 적을지를 결정하기가 어렵다. 이 때문에 외래어의 무성 파열음은 모두 거센소리 글자인 'ㅍ, ㅌ, ㅋ'로 통일하여 적기로 하였다. 곧 'Paris'는 '빠리'로 적지 않고 '파리'로, 'conte'는 '꽁뜨'로 적지 않고 '콩트'로 적는다. 그리고 'piano, talent, cream' 등은 각각 '피아노, 탤런트, 크림'으로 적는다.

그런데 영어의 유성 파열음인 [b, d, g]를 국어로 발음할 때에 된소리로 발음하는 경우가 있다. 곧 일반 언중들이 'bus, dollar, gang'을 '뻐스, 딸러, 깽'과 같이 된소리로 발음하기도 한다. 그런데 원래 국어에는 유성 파열음이 독립된 음소로서 인식되지 않으므로 외래어의 유성 파열음은 예사소리 글자인 'ㅂ, ㄷ, ㄱ'이나 된소리 글자인 'ㅃ, ㄸ, ㄲ'으로 적어야 한다. 그런데 앞에서 외래어의 무성 파열음 [p, t, k]를 적을 때에는 된소리 글자를 쓰지 않기로 하였으므로, 외래어의 유성 파열음을 적을 때도 된소리 글자를 쓰지 않는다. 곧 외래어를 국어로 옮길 때 발음을 완벽하게 전사하는 것은 어차피 불가능하므로, 규정을 간결하게 하기 위하여 유성 파열음을 적을 때도 된소리 글자를 쓰지 않고 예사소리 글자인 'ㅂ, ㄷ, ㄱ'로 적는다. 따라서 'bus, dollar, gang'은 '버스, 달러, 갱'으로 적는다.

외래어의 발음		대응 한글	보기		비 고
			영어 표기	한글 표기	
유성 파열음	[b]	ㅂ	bus	버스	뻐스(×)
	[d]	ㄷ	dollar	달러	딸러(×)
	[g]	ㄱ	gang	갱	깽(×)
무성 파열음	[p]	ㅍ	piano, Paris	피아노, 파리	삐아노(×), 빠리(×)
	[t]	ㅌ	talent, conte	탤런트, 콩트	땔런뜨(×), 꽁뜨(×)
	[k]	ㅋ	cream, cognac	크림, 코냑	끄림(×), 꼬냑(×)

〈표 1〉 파열음의 표기

그런데 파열음을 적을 때에 된소리를 전혀 쓰지 않는 것은 아니다. 곧, '빨치산(partizan)', '껌(gum)' 등에는 된소리가 글자가 쓰였는데, 이는 이들 단어가 이미 된소리로 굳어져서 널리 쓰이기 때문이다(제5항 참조).

> **제5항** 이미 굳어진 외래어는 관용을 존중하되, 그 범위와 용례는 따로 정한다.

언어는 사회적인 제약을 받는다. 곧 언중들 사이에 널리 사용되어서 이미 굳어진 말은 바꾸기도 어렵고, 또 억지로 바꾸게 되면 글자 생활에 혼란을 일으킬 수도 있다. 따라서 어떠한 외래어가 일단 국어에 들어와 그 형태가 이미 굳어져서 널리 쓰이는 경우에는, 비록 그 어형이 외래어 표기법에 어긋나더라도 관용을 존중하여 널리 쓰이는 형태를 인정한다.

예를 들어 영어 'radio, piano, vitamin'은 〈외래어 표기법〉의 규정대로 표기하자면 '레이디오, 피애노, 바이터민'으로 적어야 한다. 하지만 이러한 외래어는 이미 우리나라에서 오랫동안 쓰여서 '라디오, 피아노, 비타민'으로 아주 굳어져 버렸다. 따라서 이러한 말은 관용어로 처리하여 이전부터 적어 오던 방식대로 적는다.

4.2. 외래어 표기의 일람표

외래어는 〈표 1〉에 따라 표기한다.

자음			반모음		모음	
국제 음성 기호	한글		국제 음성 기호	한글	국제 음성 기호	한글
	모음 앞	자음 앞 또는 어말				
p	ㅍ	ㅂ, 프	j	이*	i	이
b	ㅂ	브	ɥ	위	y	위
t	ㅌ	ㅅ, 트	w	오, 우*	e	에
d	ㄷ	드			ø	외
k	ㅋ	ㄱ, 크			ɛ	에
g	ㄱ	그			ɛ̃	앵
f	ㅍ	프			œ	외
v	ㅂ	브			œ̃	욍
θ	ㅅ	스			æ	애
ð	ㄷ	드			a	아
s	ㅅ	스			ɑ	아
z	ㅈ	즈			ɑ̃	앙
ʃ	시	슈, 시			ʌ	어
ʒ	ㅈ	지			ɔ	오
ʦ	ㅊ	츠			ɔ̃	옹
dz	ㅈ	즈			o	오
ʧ	ㅊ	치			u	우
ʤ	ㅈ	지			ə**	어
m	ㅁ	ㅁ			ɚ	어
n	ㄴ	ㄴ				
ɲ	니*	뉴				
ŋ	ㅇ	ㅇ				
l	ㄹ, ㄹㄹ	ㄹ				
r	ㄹ	르				
h	ㅎ	흐				
ç	ㅎ	히				
x	ㅎ	흐				

* [j], [w]의 '이'와 '오, 우', 그리고 [ɲ]의 '니'는 모음과 결합할 때 제3장 표기 세칙에 따른다.
** 독일어의 경우에는 '에', 프랑스어의 경우에는 '으'로 적는다.

〈표 2〉 국제 음성 기호와 한글 대조표

4.3. 외래어의 인명, 지명의 표기 원칙

제1절 표기 원칙

> **제1항** 외국의 인명, 지명의 표기는 제1장, 제2장, 제3장의 규정을 따르는 것을 원
> 칙으로 한다.

외국의 인명(人名)이나 지명(地名)도 외래어이기 때문에, 원칙적으로 다른 외래어처럼 외래어 표기법의 일반적인 규정(제1장, 제2장, 제3장)을 따른다. 다만, 이들이 고유 명사이기 때문에 나타나는 여러 가지 특성을 외래어 표기에 어떻게 반영하는가를 규정한 것이 제4장인 '인명, 지명의 표기 원칙'의 내용이다.

> **제2항** 제3장에 포함되어 있지 않은 언어권의 인명, 지명은 원지음을 따르는 것을
> 원칙으로 한다.
> (보기) Ankara(앙카라), Gandhi(간디)

제2항에서는 제3장의 외래어의 '표기 세칙'에 표기 방법이 제시되어 있지 않은 언어권의 인명과 지명은 그 지역에서 실제로 쓰이는 인명과 지명의 발음을 반영하여서 적어야 한다는 것을 규정한 것이다.

예를 들어 튀르키예(터키)의 지명인 'Ankara'는 영어식 발음으로는 [ǽŋkərə]인데 이를 '표 1'의 '국제 음성 기호와 한글 대조표'에 따라 적으면 '앵커러'로 적어야 한다. 하지만 제2항에 따라서 'Ankara'를 현지어에 따라서 '앙카라'로 적는다. 그리고 'Gandhi'는 간디 [gáːndi], 갠드히[gǽndi], 갠디[gǽndi], 간드히[gáːndhi] 등으로 적을 가능성이 있다. 그러나 인도의 현지에서는 [gáːndi]로 발음하고 있으므로 원지음에 따라서 '간디'로 적는다.

> **제3항** 원지음이 아닌 제3국의 발음으로 통용되고 있는 것은 관용을 따른다.
> (보기) Hague(헤이그), Caesar(시저)

인명과 지명을 표기할 때에는 원지음을 따른 것이 원칙이지만, 특정한 인명과 지명이 이미 제3국의 발음으로 널리 통용되고 있을 때에는 그 관용적인 표기를 인정한다.

예를 들어서 네덜란드의 지명인 'Hague'는 현지에서는 'Den Haag(덴 하흐)'로 부르는

데, 이를 영어식으로 적은 'Hague[héig]'를 '표 1'에 따라서 한글로 표기한 것이 '헤이그'이다. 그런데 원지음인 '덴 하흐'보다 영어식 발음인 '헤이그'가 국제적으로 더 널리 통용됨에 따라서 예외적으로 관용에 따라서 '헤이그'로 적는다. 그리고 'Caesar'는 로마 시대의 통치자인 'Julius Caesar'의 성(姓)인데, 원지음인 라틴어로는 '카이사르'로 적는다. 반면에 'Caesar'를 영어식으로 발음하면 [síːzər]가 되는데, 이를 '표 1'에 따라서 한글로 적으면 '시저'가 된다. 그런데 국제적으로는 원지음인 '카이사르'보다는 영어식의 발음인 '시저'가 더 통용되고 있으므로, 관용에 따라서 '시저'로 적는 것이다.

> **제4항** 고유 명사의 번역명이 통용되는 경우 관용을 따른다.
> (보기) Pacific Ocean(태평양), Black Sea(흑해)

고유 명사의 의미를 국어로 번역한 이름이 이미 국어에서 통용되는 경우에는, 고유 명사의 발음을 한글로 표기하는 것이 아니라 관용에 따라서 번역명으로 표기한다.

'Pacific Ocean'과 'Black Sea'는 원지명의 발음과는 관계 없이, 국어에서는 예전부터 번역명인 '태평양(太平洋)'과 '흑해(黑海)'를 통용하고 있다. 이처럼 이미 번역명으로 굳어서 쓰이는 외래어의 고유 명사는 번역명으로 적는다.

제2절 동양의 인명, 지명 표기

여기서 '동양'이라고 하는 말은 중국과 일본을 가리킨다. 이들 나라는 오랜 기간 동안 우리나라와 정치, 경제, 문화적으로 밀접한 관계를 맺어 왔기 때문에, 중국과 일본에서 쓰이는 인명, 지명의 표기법에 대한 원칙을 별도로 정하였다.

그런데 오랜 옛적부터 중국이나 일본의 인명과 지명은 우리나라의 한자음으로 읽어 왔다. 예전에 교통이나 통신의 발달이 어려웠던 시절에 중국이나 일본의 현지 발음을 알 수 없었기 때문에, 불가피하게 인명이나 지명의 고유 명사까지도 우리나라의 한자음으로 적을 수밖에 없었다. 그러나 현대의 〈외래어 표기법〉에서는 중국과 일본의 인명과 지명을 고유 명사로 간주하여, 다른 외국의 고유 명사와 마찬가지로 기본적으로 원지음을 존중하는 태도를 취한다. 이러한 점에서 〈외래어 표기법〉에서는 중국이나 일본의 인명과 지명을 국어의 한자음으로 표기해 온 표기 전통도 고려하고, 인명과 지명을 원지음으로 표기하기를 원하는 현실적인 요구도 수용하는 절충적인 태도를 취한다.

> **제1항** 중국 인명은 과거인과 현대인을 구분하여 과거인은 종전의 한자음대로 표기하고, 현대인은 원칙적으로 중국어 표기법에 따라 표기하되, 필요한 경우 한자를 병기한다.

중국의 옛 인명은 고전의 서적을 통하여 국어의 한자음으로 기록되어서 우리의 생활 속에서 융화되었다. 따라서 표기의 역사성을 고려하여서 중국의 옛 사람의 인명은 우리나라의 한자음으로 적기로 하였다.

   (1) ㄱ. 孔子(공자), 項羽(항우), 韓信(한신), 劉備(유비)
       ㄴ. 장쩌민(江澤民)/ *강택민, 후진타오(胡錦濤)/ *호금도, 시진핑(習近平)/ *습근평

예를 들어서 (ㄱ)의 '孔子, 項羽, 韓信, 劉備'의 옛 인명은 우리나라의 한자음으로 적어서 '공자, 항우, 한신, 유비'처럼 표기한다. 반면에 (ㄴ)의 인물들은 신해혁명(辛亥革命, 1911)의 이후에 존재하는 현대인의 이름이므로, 중국어 표기법에 따라서 적되 필요한 경우에는 한자를 병기한다.[1]

> **제2항** 중국의 역사 지명으로서 현재 쓰이지 않는 것은 우리 한자음대로 하고, 현재 지명과 동일한 것은 중국어 표기법에 따라 표기하되, 필요한 경우 한자를 병기한다.

제2항의 취지는 제1항의 인명의 경우와 동일하다. 중국의 옛 지명 가운데에서 현재 쓰이지 않는 지명은 고전(古典)을 통하여 우리 한자음으로 이미 굳어져 있다. 그리고 이들 지명은 현대 중국에서는 사용되지 않으므로 현대 중국의 원지음 발음으로 표기하는 것이 별의미가 없다. 따라서 이러한 옛 지명은 우리 한자음으로 표기한다.

   (2) ㄱ. 北平(북평), 三巴(삼파), 大山(대산), 回溪(회계)
       ㄴ. 상하이(上海), 베이징(北京), 톈진(天津), 칭타오(青島), 난징(南京)

예를 들어서 (ㄱ)의 '北平, 三巴, 大山, 回溪' 등의 옛 지명은 현대 중국에서는 쓰이지 않는

---

1) 현대인과 과거인은 1911년에 발생한 중국의 신해혁명(辛亥革命)을 분기점으로 구분한다.

데, 이들 지명은 국어의 한자음으로 '북평, 삼파, 대산, 회계' 등으로 표기한다. 이에 반해서 (ㄴ)의 '상하이, 베이징, 톈진, 칭타오, 난징' 등은 현대에도 중국에서 지명으로 쓰이고 있으므로, 중국어의 표기법에 따라서 적는다.

> **제3항** 일본의 인명과 지명은 과거와 현대의 구분 없이 일본어 표기법에 따라 표기하는 것을 원칙으로 하되, 필요한 경우 한자를 병기한다.

일본의 인명과 지명은 과거와 현대를 구분하지 않고 '일본어 표기법'에 따라서 적는 것을 원칙으로 한다. 중국의 인명과 지명은 예전부터 고전을 통하여 우리나라 사람에게 우리 한자음 적혀서 통용되는 전통이 있었다. 반면에 일본의 인명과 지명은 이러한 전통이 거의 없었고, 우리 한자음으로 적는 경우가 있다고 해도 그 수가 극히 적었다. 따라서 일본의 인명과 지명은 과거와 현대를 구분하지 않고 일본어의 표기법에 따라서 적는다.

> (3) ㄱ. 도요토미 히데요시(豊臣秀吉), 도쿠카와 이에야스(德川家康), 이토 히로부미(伊藤博文)
> ㄴ. 히로히토(裕仁), 스즈키 이치로(鈴木一朗), 요시모토 하지메(吉本一), 고이즈미 준이치로(小泉純一郎)

(3)에서 (ㄱ)의 '도요토미 히데요시, 도쿠카와 이에야스, 이토 히로부미' 등은 옛날 사람의 이름이며, (ㄴ)의 '히로히토, 스즈키 이치로, 요시모토 하지메, 고이즈미 준이치로' 등은 현대인의 이름이다. 이들은 과거인과 현대인을 가리지 않고 모두 일본어의 발음대로 적었으며, 필요한 경우에는 한자를 병기하여 혼동을 피할 수 있게 하였다.

> **제4항** 중국 및 일본의 지명 가운데 한국 한자음으로 읽는 관용이 있는 것은 이를 허용한다.
> (보기) 東京(도쿄/동경), 京都(교토/경도), 上海(상하이/상해), 臺灣(타이완/대만), 黃河(황허/황하)

제4항은 중국과 일본의 지명 중에서 관용적으로 한국 한자음으로 사용해 오던 것에 한해서, 한국 한자음으로 표기하는 것을 허용하는 규정이다. 이러한 처리는 중국이나 일본의 지명을 한자로 표기해 온 전통도 고려하고, 지명을 원지음으로 표기하기를 원하는 현실적인 요구도 수용하는 절충적인 태도를 취한 것이다. 제4항의 규정에 따라서

'東京'과 '臺灣'은 원지음인 '도쿄', '타이완'으로 적는 것뿐만 아니라 한국 한자음인 '동경', '대만'으로 적는 것도 허용한다.

제3절 바다, 섬, 강, 산 등의 표기 세칙

> **제1항** 바다는 '해(海)'로 통일한다.
> (보기) 홍해, 발트해, 아라비아해

외래어를 표기할 때에 '바다'는 한자말인 '해(海)'로 통일해서 적고, 그 앞 말이 한자어일 때와 외래어일 때를 구분하지 않고 모두 앞 말에 붙여서 적는다. 곧, '홍해, 흑해, 북극해, 남극해' 등에서는 '해'가 우리말 한자어 지명 다음에 실현되었고, '발트해, 아라비아해, 카스피해, 아랄해' 등에서는 외래어로 된 지명에 '해'가 붙었다. 이러한 차이에도 불구하고 '해'는 모두 앞 말에 붙여서 적는다.[2]

> **제2항** 우리나라를 제외하고 섬은 모두 '섬'으로 통일한다.
> (보기) 타이완섬, 코르시카섬 (우리나라: 제주도, 울릉도)

외국의 섬(島)에 붙이는 이름은 모두 '섬'으로 통일하여 적고, 그 앞 말이 한자어일 때와 외래어일 때를 구분하지 않고 모두 앞 말에 붙여서 적는다. 곧, (ㄱ)의 '타이완섬, 코르시카섬, 포클랜드섬' 등에서는 '섬'으로 적고, (ㄴ)의 '제주도, 울릉도, 거제도' 등에서는 '도'로 적었다.

> **제3항** 한자 사용 지역(일본, 중국)의 지명이 하나의 한자로 되어 있을 경우, '강',
> '산', '호', '섬' 등은 겹쳐 적는다.
> (보기) 온타케산(御岳), 주장강(珠江), 도시마섬(利島), 하야카와강(早川), 위산산(玉山)

제4항은 한자를 기준으로 하나의 글자로 된 '산'이나 '강' 등의 이름이 일반적이지 않다는 점을 고려하여서 만든 규정이다. '산(山), 타케(岳); 장(江), 카와(川); 시마(島)' 등은

---

2) 2016년까지는 한자말로 된 지명 뒤에 쓰이는 '해'는 '홍해, 흑해, 북극해, 남극해'처럼 앞 말에 붙여 쓰고, 외래어로 된 지명 뒤에 쓰이는 '해'는 '발트 해, 아리비아 해, 카스피 해, 아랄 해'처럼 앞 말에 띄어서 적었다. 그러나 2017년 3월에 발표된 '문화체육관광부고시 제2017-14호'에 따르면, '해, 섬, 강, 산, 산맥' 등은 모두 앞 말에 붙여 적는다.

중국어와 일본어에서 '산, 강, 섬'을 나타내는 단어이므로, 이들 단어는 원칙적으로 '위산, 온산, 주강, 하야강, 도섬, 히로섬' 등으로 표기해야 한다. 그런데 '산, 타케, 장, 카와, 시마' 앞에 붙은 단어는 1음절의 한자이라는 특징이 있는데, 이처럼 1음절의 한자로 된 지명은 일반적으로 잘 쓰이지 않는다. 따라서 (7)에서처럼 '위산, 온타케; 주장, 하야카와; 도시마, 히로시마' 뒤에 동일한 뜻을 나타내는 '산, 강, 섬'을 다시 붙여서 '위산산, 온타케산; 주장강, 하야카와강; 도시마섬, 가미시마섬(神島)' 등으로 적는다.

> **제4항** 지명이 산맥, 산, 강 등의 뜻이 들어 있는 것은 '산맥', '산', '강' 등을 겹쳐 적는다.
> (보기) Rio Grande(리오그란데강), Monte Rosa(몬테로사산), Mont Blanc(몽블랑산), Sierra Madre(시에라마드레산맥)

제5항은 관용적인 지명 표기에 관련된 규정이다. 곧 외래어의 원어 중에는 그 자체에 '산, 강, 산맥'의 뜻을 나타내는 말이 들어 있는 것이 있는데, 우리나라 사람들이 이들 외래어에 들어 있는 '산, 강, 산맥'의 뜻을 인식하지 못한 채로 사용하는 경우가 있다. 제5항에서는 이러한 말의 관용적인 쓰임을 인정하여서, 이들 지명에 '강, 산, 산맥'을 겹쳐서 적는 것을 인정한다.

곧, 'Rio Grande'에서 'Rio'는 '강'의 뜻을, 'Monte Rosa'와 'Mont Blanc'에서 'Monte'와 'Mont'는 '산'의 뜻을, 'Sierra Madre'에서 'Madre'는 '산맥'의 뜻을 나타낸다. 그러나 우리나라 사람들은 이들 외래어에서 '산, 강, 산맥'의 뜻을 인식하지 못하기 때문에, 이들 단어 뒤에 '강, 산, 산맥'을 겹쳐서 적어서 '리오그란데강, 몬테로사산, 몽블랑산, 시에라마드레산맥' 등으로 표기해 왔다. 제5항에서는 외래어 지명에서 나타나는 이러한 관용적 표현이 국어에서 이미 굳어진 것으로 인정한 것이다.

[부칙]

(시행일) 이 규정은 공포한 날부터 시행한다. 다만, 제4장제3절 개정 규정은 2017년 6월 1일부터 시행한다.

제5장 국어의 로마자 표기법

5.1. 국어의 로마자 표기법의 변천

'국어의 로마자 표기법'은 국어를 로마자로 표기하는 방법에 대한 표준 규범이다. 곧 한국어와 한글을 모르는 외국인들을 위하여 도로의 표지판이나 여권, 지도 등에 쓰이는 국어를 로마자로 적는 방법이다.

〈 국어의 로마자 표기법의 역사 〉 국어를 로마자로 적는 방법은 꽤 많이 변화였는데, 이를 간략히 소개하면 〈표 1〉과 같다.

			머큔-라이샤워	문교부	문교부	문교부	문화 관광부
발표 연대			1939년	1948년	1959년	1984년	2000년
표기 원칙			전음법	절충식	전자법	전음법	전음법
자음과 모음의 표기	자음	ㄱ	k/g	k/g	g	k/g	g/k
		ㅋ	k'	kh(k')	k	k'	k
		ㄲ	kk	gg	gg	kk	kk
		ㅈ	ch/j	ch/j	j	ch/j	j
		ㅊ	ch'	chh	ch	ch'	ch
		ㅉ	tch	dch	jj	tch	jj
	모음	ㅓ	ŏ	ŏ	eo	ŏ	eo
		ㅡ	ŭ	ŭ	eu	ŭ	eu

		머큔-라이샤워	문교부	문교부	문교부	문화 관광부
표기 용례	한국	Han-guk	Han-guk	Han-gug	Han-guk	Han-guk
	전주	Chŏnju	Chŏnju	Jeonju	Chŏnju	Jeonju
	금산	Kŭmsan	Kŭmsan	Geumsan	Kŭmsan	Geumsan
특징	모음 표기	구별 부호 사용	구별 부호 사용	단모음 표기에 2글자 사용	구별 부호 사용	단모음 표기에 2글자 사용
	자음 표기	유·무성 구별	유·무성 부분적 구별	유·무성 구별하지 않음	유·무성 구별	자음을 음운 환경에 따라 구별

〈표 1〉 '국어의 로마자 표기법'의 일람표

〈 현행의 '국어의 로마자 표기법' 〉 1984년의 로마자 표기법에 나타나는 문제점을 해결하기 위하여 '국립 국어 연구원'이 주관하여 1995년부터 로마자 표기법에 대한 개정 작업에 착수하였다. 곧 학계 전문가로 '로마자 개정 실무 소위원회'를 구성하여 공청회를 열고 각종 여론 조사와 전문가의 연구 검토를 거쳐 2000년에 〈국어의 로마자 표기법〉을 확정하여 발표하였다.

현행의 〈국어의 로마자 표기법〉(2000)은 기본적으로 '내국인 위주로 바꾼 표기법'이라고 할 수 있다. 로마자 표기법이 외국인들을 위한 어문 규정이라고 해도, 그것은 기본적으로 한국인들의 표준 발음과 언어 인식에 맞아야 한다는 것이다. 또한 현행의 〈국어의 로마자 표기법〉(2000)은 글자 생활의 정보화와 기계화를 염두에 두고, 이에 장애가 되는 사항은 없앴다. 특히 타자기나 컴퓨터의 자판에 없는 반달표(˘)는 글자 생활의 기계화를 가로막는 큰 장애 요소며, 현재처럼 컴퓨터나 인터넷의 이용량이 급격하게 증가하는 상황을 고려할 때는 반드시 없애야 할 부호였다. 그리고 어깨점(')은 타자기와 컴퓨터의 자판에서 사용되고 있지만 글자 체계에 이러한 부호를 사용하는 것은 바람직하지 않으므로 이번 개정에서 사용하지 않도록 하였다. 〈국어의 로마자 표기법〉(2000)에서 개정된 주요 내용은 다음과 같다.

① '어, 으'의 표기는 ŏ, ŭ에서 eo, eu로 바뀌었다(반달표 폐지).
② 모음 앞의 무성 자음 'ㄱ, ㄷ, ㅂ, ㅈ'의 표기는 k, t, p, ch에서 g, d, b, j로 바뀌었다.
③ 'ㅋ, ㅌ, ㅍ, ㅊ'의 표기는 k', t', p', ch'에서 k, t, p, ch로 바뀌었다(어깨점 폐지).
④ 'ㅅ'은 경우에 따라 sh와 s로 나누어 적던 것을 s로만 적는다.
⑤ 오래 전부터 쓰던 회사 명, 단체 명 등은 관용을 허용한다.

5.2. 국어의 로마자 표기법의 규정 풀이

제1장 표기의 기본 원칙

> **제1항** 국어의 로마자 표기는 국어의 표준 발음법에 따라 적는 것을 원칙으로 한다.

국어를 로마자로 표기하는 방식에는 '전음법(轉音法)'과 '전자법(轉字法)'이 있다.

	표기 대상		로마자	표기법
신라	발음	[실라]	Silla	전음법
	철자	ㅅㅣㄴㄹㅏ	Sinra	전자법
종로	발음	[종노]	Jongno	전음법
	철자	ㅈㅗㅇㄹㅗ	Jongro	전자법

〈표 2〉 전음법과 전자법

'전음법(轉音法, 전사법, transcription)'은 우리말의 발음을 그대로 로마자로 옮기는 방법이고, '전자법(轉字法, transliteration)'은 우리말의 글자인 한글의 철자를 로마자로 적는 방법이다. 예를 들어 '신라, 종로'라는 단어를 로마자로 적을 때에, 전음법에 따라 발음을 로마자로 옮기면 Silla, Jongno로 옮겨질 것이다. 그러나 반대로 전자법에 따라 철자를 로마자로 옮기면 Sinra, Jongro로 옮겨진다.

전음법은 발음을 로마자로 옮기기 때문에 우리말을 잘 모르는 외국인에게 우리말 발음을 비슷하게 내도록 하는 데에는 효과적이다. 그러나 이 전음법은 우리말을 일단 로마자로 옮기고 난 후에는 원래의 우리말을 복원하기가 어렵다는 단점이 있다. 곧 발음에 따라 Silla, Jonno로 표기되고 나면 이것을 원래의 한글 꼴인 '신라, 종로'로 복원하는 것은 힘든 일이다. 그리고 우리말의 '신라'나 '실라'는 모두 [실라]로만 발음되기 때문에, 한국어로는 분명히 다른 두 단어가 전음법에 따라서 로마자로 적으면 둘 다 Silla로 적힐 수밖에 없는 문제가 있다.

한편 전자법으로 한글을 로마자로 옮기면, 한글의 특정한 글자는 항상 특정한 로마자에 대응되기 때문에 '한글의 로마자 표기'가 체계적으로 이루어진다. 그리고 전음법과는 달리 로마자로 옮겨진 글자를 다시 한글로 복원하기가 쉽다는 장점이 있다. 그러나 한글의 철자를 기준으로 로마자로 적으면, 우리말을 모르는 외국인이 그것을 보고서 정확하게 발음하기는 어렵다. 우리말의 음운 규칙을 모르는 외국인들은 '신라, 종로'를 Sinra, Jongro로 적어 놓으면 [실라], [종노]로 발음하지 못하고 글자의 꼴에 이끌려서 [*신라 / *신나], [*종로] 등으로 발음할 가능성이 있다.

　결국 전음법이나 전자법에는 각각 장단점이 있는데, 현행의 〈국어의 로마자 표기법〉에서는 제1항과 같이 '국어의 표준 발음에 따라 적는 것을 원칙으로 한다.'라고 하여 전음법으로 적는다는 것을 원칙으로 삼았다. 외국인들이 우리말의 발음을 정확하게 발음하는 것이 로마자 표기의 가장 큰 목적임을 생각할 때에, 전음법에서 생기는 몇 가지 불편한 점은 감수할 수밖에 없는 것이다.

제2항 로마자 이외의 부호는 되도록 사용하지 않는다.

　1984년의 〈로마자 표기법〉에도 제2항의 규정이 나와 있었으나, 실제로는 반달표(˘)와 어깨점(')을 사용하였기 때문에 엄격하게 지켜진 규정이라고는 할 수 없다. 1984년의 로마자 표기법에서는 자음의 경우 거센소리 계열의 소리 [ㅋ, ㅌ, ㅍ, ㅊ]는 k', t', p', ch'와 같이 어깨점을 찍어서 적었고, 단모음 가운데 '어'와 '으'는 ŏ, ŭ처럼 반달표를 찍어서 적었기 때문이다.

　그런데 타자기나 컴퓨터가 발달하여 글자 생활이 점차 기계로 이루어짐에 따라서 로마자 이외의 부호를 사용하는 데에는 큰 어려움이 있었다. 특히 최근에는 인터넷 환경이 급격하게 확산되고, 앞으로 이러한 추세가 더욱 더 확대될 것이 틀림없는 상황에서, 컴퓨터의 자판에 없는 반달표를 로마자로 적으려면 불편하기 짝이 없었다. 로마자 이외의 부호가 가진 이러한 문제점 때문에 2000년에 개정된 〈국어의 로마자 표기법〉에서는 a부터 z까지의 로마자 스물여섯 글자 이외의 부호는 가능한 쓰지 않는다는 원칙을 세웠다.

　그러나 2000년에 개정된 '국어의 로마자 표기법'을 적용하여 국어를 로마자로 적을 때에도 부호를 전혀 사용하지 않는 것은 아니다. 부호 가운데 붙임표만은 제한된 조건 하에서 사용할 수도 있다. 예를 들어 발음상 혼동의 우려가 있을 때나(보기: 해운대 → Hae-undae), '도, 시, 군, 구, 읍, 면, 리, 동, 가'의 행정 구역 단위 앞에는 붙임표(–)를 넣는다(보기: 제주도 → Jeju-do, 의정부시 → Uijeongbu-si).

　아무튼 2000년의 로마자 표기법은 '84년의 로마자 표기법에 비해서, 로마자 이외의 부호 사용에 엄격해진 것만은 사실이다.

제2장 표기 일람

제1항 모음은 다음 가 호와 같이 석는다.

1. 단모음

ㅏ	ㅓ	ㅗ	ㅜ	ㅡ	ㅣ	ㅐ	ㅔ	ㅚ	ㅟ
a	eo	o	u	eu	i	ae	e	oe	wi

2. 이중 모음

ㅑ	ㅕ	ㅛ	ㅠ	ㅒ	ㅖ	ㅘ	ㅙ	ㅝ	ㅞ	ㅢ
ya	yeo	yo	yu	yae	ye	wa	wae	wo	we	ui

[붙임 1] 'ㅢ'는 'ㅣ'로 소리 나더라도 'ui'로 적는다.

　(보기) 광희문 Gwanghuimun

[붙임 2] 장모음의 표기는 따로 하지 않는다.

제1항은 모음의 표기법을 규정하였는데, 단모음과 이중 모음의 표기법으로 규정하였다.

1. 단모음의 로마자 표기법

단모음은 발음을 할 때 처음과 끝의 입 모양이 변하지 않는 모음인데, 이들 단모음은 원칙적으로 한 글자의 로마자로 표기한다. 그러나 [ㅓ, ㅡ, ㅐ, ㅚ, ㅟ]는 로마자 한 글자로 대응시키기가 어렵기 때문에 두 글자로 적는다. 곧, [ㅓ]는 'eo'로 적고, [ㅡ]는 'eu'로, 'ㅐ'는 'ae'로, 'ㅚ'는 'oe'로, 'ㅟ'는 'wi'로 적는다.

2. 이중 모음의 로마자 표기법

이중 모음은 모음을 발음할 때에 반모음인 [j]와 [w]에 이어서 단모음을 발음하는 모음이다. 이러한 특징을 감안하여 반모음인 [j]를 표기하는 'y'와 [w]를 표기하는 글자인 'w'를 단모음을 적는 로마자를 함께 써서 국어의 이중 모음을 적었다.

　(1) ㄱ. ㅑ(ya), ㅕ(yeo), ㅛ(yo), ㅠ(yu), ㅒ(yae), ㅖ(ye)

　　　ㄴ. ㅘ(wa), ㅙ(wae), ㅝ(wo), ㅞ(we)

　　　ㄷ. ㅢ(ui)

(ㄱ)의 'ㅣ'계 이중 모음은 반모음 [j]를 표기하는 로마자 'y'와 단모음을 표기하는 로마자를 함께 적어서, 'ㅑ(ya), ㅕ(yeo), ㅛ(yo), ㅠ(yu), ㅒ(yae), ㅖ(ye)'로 표기한다. (ㄴ)의 'ㅜ'계 이중 모음은 반모음 [w]를 표기하는 로마자 'w'와 단모음을 표기하는 로마자를 함께 적어서, 'ㅘ(wa), ㅙ(wae), ㅝ(wo), ㅞ(we)'로 적는다.1) (ㄷ)의 'ㅢ'는 [ij]의 음성 형태에 가깝게 'ui'로 표기하였다.

[붙임 1] '의'는 'ㅣ'로 소리 나더라도 'ui'로 적는다.

<표준 발음법>의 제5항에 따르면 자음 뒤에 실현되는 'ㅢ'는 [ㅣ]로만 소리난다.

    (2) 늴리리, 닁큼, 무늬, 띄어쓰기, 씌어, 틔어, 희어, 희떱다, 희망, 유희

곧, (3)에서처럼 자음 뒤에 실현되는 'ㅢ'는 모두 [ㅣ]로 발음된다. 따라서 '늴리리'는 [닐리리]로, '닁큼'은 [닝큼]으로, '무늬'는 [무니]로 소리난다. '붙임 1'에서는 비록 (3)처럼 'ㅢ'가 자음 뒤에서 [ㅣ]로 소리 나더라도 로마자로 표기할 때에는 'i'로 적지 않고 이중 모음을 적는 방법으로 'ui'로 적기로 하였다.

    (3) 광희문 Gwanghuimun, 박정희 Bak Jeonghui

(3)에서 '희'는 자음인 'ㅎ' 뒤에 'ㅢ'가 실현되었는데, '희'는 [히]로 발음되지만 'hi'로 적지 않고 'hui'로 적었다.

[붙임 2] 장모음의 표기는 따로 하지 않는다.

<표준 발음법>의 제6항과 제7항에서는 국어의 모음은 짧은 소리와 긴 소리를 구분하여 발음하도록 규정하고 있다. 그러나 국어와 마찬가지로 세계의 거의 대부분의 언어에서 '장단'이나 '고저', '강세'와 같은 운소를 표기에 반영한 예가 없다. 따라서 국어에서 발음되는 장모음을 로마자로 적을 때에도 별도로 표기하지 않는다.

---

1) [ㅞ]는 반모음의 로마자와 단모음의 로마자를 합성하여 이중 모음을 표기하는 원칙에 따르면 'weo'로 적어야 한다. 그러나 현행의 <국어의 로마자 표기법>에서는 'weo'로 적지 않고 'wo'로 적도록 규정하고 있다. 이는 영어에서 'worry[wʌri]'나 'wonder[wʌndər]'처럼 [워]의 발음은 'wo'로 적는 경우가 많기 때문이다.

제2항 자음은 다음 각 호와 같이 적는다.

1. 파열음

ㄱ	ㄲ	ㅋ	ㄷ	ㄸ	ㅌ	ㅂ	ㅃ	ㅍ
g, k	kk	k	d, t	tt	t	b, p	pp	p

2. 파찰음

ㅈ	ㅉ	ㅊ
j	jj	ch

3. 마찰음

ㅅ	ㅆ	ㅎ
s	ss	h

4. 비음

ㄴ	ㅁ	ㅇ
n	m	ng

5. 유음

ㄹ
r, l

[붙임 1] 'ㄱ, ㄷ, ㅂ'은 모음 앞에서는 'g, d, b'로, 자음 앞이나 어말에서는 'k, t, p'로 적는다([ ] 안의 발음에 따라 표기함).

　　(보기) 구미 Gumi, 영동 Yeongdong, 백암 Baegam, 옥천 Okcheon, 합덕 Hapdeok, 호법 Hobeop, 월곶[월곧] Wolgot, 벚꽃[벋꼳] beotkkot, 한밭[한받] Hanbat

[붙임 2] 'ㄹ'은 모음 앞에서는 'r'로, 자음 앞이나 어말에서는 'l'로 적는다. 단, 'ㄹㄹ'은 'll'로 적는다.

　　(보기) 구리 Guri, 설악 Seorak, 칠곡 Chilgok, 임실 Imsil, 울릉 Ulleung, 대관령 [대괄령] Daegwallyeong

　제2항은 국어의 자음을 로마자로 표기하는 방법을 규정하였는데, 발음할 때의 조음 방법에 따라서 로마자의 표기 방법을 정하였다.

1. 파열음의 로마자 표기

국어의 파열음에는 [ㄱ, ㄲ, ㅋ, ㄷ, ㄸ, ㅌ, ㅂ, ㅃ, ㅍ] 등이 있다. 이러한 파열음은 소리의 세기에 따라서 '예사소리, 된소리, 거센소리'로 나뉜다.

첫째, 예사소리 [ㄱ, ㄷ, ㅂ]는 그것이 실현되는 음운론적 환경에 따라서 두 가지 종류의 로마자로 표기한다.

> (4) 모음 앞(g, d, b) : 고기 gogi, 도다리 dodari, 바보 babo

> (5) ㄱ. 자음 앞(k, t, p) : 박수 baksu, 돋보기 dotbogi, 압정 apjeong
>   ㄴ. 단어 끝(k, t, p) : 물독 muldok, 곧 got, 발굽 balgup

곧, 예사소리인 [ㄱ, ㄷ, ㅂ]가 (5)에서처럼 모음 앞에 실현될 때에는 유성의 자음자인 'g, d, b'로 적는데, '고기, 도다리, 바보'를 각각 'gogi', 'dodari', 'babo'로 표기한다. 그리고 (6)처럼 자음 앞이나 단어의 끝(어말)에 실현될 때에는 무성의 자음자인 'k, t, p'로 적는다. 이에 따라서 'k, t, p'가 자음의 앞에 실현되는 '박수, 돋보기, 압정'은 각각 'baksu, dotbogi, apjeong'으로 표기하고, 'k, t, p'가 단어의 끝에 실현되는 '물독, 곧, 발굽'은 'muldok, got, balgup'으로 표기한다.

둘째, 된소리인 [ㄲ, ㄸ, ㅃ]는 무성 자음자인 'k, t, p'를 겹쳐서 'kk, tt, pp'로 적는다.

> (6) ㄱ. 'ㄲ'(kk) : 꿀 kkul, 주꾸미 jukkumi
>   ㄴ. 'ㄸ'(tt) : 또아리 ttoari, 산딸기 santtalgi
>   ㄷ. 'ㅃ'(pp) : 뿌리 ppuri, 오빠 oppa

(ㄱ)의 [ㄲ]는 'k'를 겹쳐서 'kk'로 적어서 '꿀'과 '주꾸미'를 'kkul', 'jukkumi'로 표기하며, (ㄴ)의 [ㄸ]는 't'를 겹쳐서 'tt'로 적어서 '또아리'와 '산딸기'를 'ttoari'와 'santtalgi'로 표기한다. 그리고 (ㄷ)의 [ㅃ]는 'p'를 겹쳐서 'pp'로 적어서 '뿌리'와 '오빠'를 'ppuri'와 'oppa'로 표기한다.

셋째, 거센소리인 [ㅋ, ㅌ, ㅍ]는 각각 무성의 자음 글자인 'k, t, p'로 표기한다. 국어에서 자음 앞이나 단어의 끝에 실현되는 'ㅋ, ㅌ, ㅍ'는 평파열음화에 따라서 각각 [ㄱ, ㄷ, ㅂ]로 변동한다. 그 결과 'ㅋ, ㅌ, ㅍ'는 자음 앞이나 단어의 끝에서는 모두 [ㄱ, ㄷ, ㅂ]로 발음되어서 로마자로는 'k, t, p'로 적는다. 이러한 이유로 무성의 예사소리 파열음인 [ㄱ, ㄷ, ㅂ]와 거센소리의 파열음인 [ㅋ, ㅌ, ㅍ]를 똑같이 'k, t, p'로 표기할 수 있는 것이다.

2. 파찰음의 로마자 표기

국어의 파찰음에는 [ㅈ, ㅉ, ㅊ]이 있는데, 이들 파찰음은 각각 'j, jj, ch'로 표기한다.

(7) ㄱ. 'ㅈ' (j) : 제주 Jeju, 과자 gwaja

ㄴ. 'ㅉ' (jj) : 짜깁기 jjagipgi, 공짜 gongjja

ㄷ. 'ㅊ' (ch) : 추석 chuseok, 고추 gochu

(ㄱ)에서 파찰음인 [ㅈ]는 유성음으로 실현될 때와 무성음으로 실현될 때를 구분하지 않고, 모두 'j'로 적어서 '제주'와 '과자'를 각각 'Jeju'와 'gwaja'로 표기한다. (ㄴ)에서 [ㅉ]는 j를 겹쳐 적어서 '짜깁기'와 '공짜'를 'jjagipgi'와 'gongjja'로 표기한다.

3. 마찰음의 로마자 표기

국어의 마찰음에는 [ㅅ, ㅆ ; ㅎ]이 있는데, 이들 소리는 각각 's, ss, h'로 표기한다.

(8) ㄱ. 'ㅅ' (s) : 사과 sagwa, 가수 gasu

ㄴ. 'ㅆ' (ss) : 쓰레기 sseuregi, 찹쌀 chapssal

ㄷ. 'ㅎ' (h) : 호랑이 horang-i, 대한민국 Daehanmin-guk

(ㄱ)에서 [ㅅ]은 's'로 적어서 '사과'와 '가수'를 각각 'sagwa'와 'gasu'로 표기하며, (ㄴ)에서 [ㅆ]는 'ss'로 적어서 '쓰레기'와 '찹쌀'을 'sseuregi'와 'chapssal'로 표기한다. 그리고 (ㄷ)에서 'ㅎ'는 'h'로 적어서 '호랑이'와 '대한민국'을 각각 'horang-i'와 'Daehanmin-guk'으로 표기한다.

4. 비음의 표기

국어의 비음에는 [ㄴ, ㅁ, ㅇ]이 있는데, 이들 소리는 각각 'n, m ng'로 표기한다.

(9) ㄱ. 'ㄴ' (n) : 나무 namu, 손바닥 sonbadak

ㄴ. 'ㅁ' (m) : 말씀 malsseum, 이마 ima

ㄷ. 'ㅇ' (ng) : 홍어 hong-eo, 멍게 meong-ge

(9)에서 (ㄱ)의 [ㄴ]은 'n'으로 적어서 '나무'와 '손바닥'을 'namu, sonbadak'으로 표기하

며, (ㄴ)에서 [ㅁ]은 'm'으로 적어서 '말씀'과 '이마'를 'malsseum, ima'로 표기한다. 그리고 (ㄷ)에서 [ㅇ]은 'ng'로 적어서 '홍어'와 '멍게'를 'hong-eo'와 'meong-ge'로 적는다.

5. 유음의 표기

국어의 유음에는 [ㄹ]이 있는데, 그것이 실현되는 [ㄹ]은 음운론적 환경에 따라서 'r'과 'l'로 구분하여 표기한다.

첫째, 모음 앞에 실현되는 [ㄹ]은 탄설음(彈舌音)[2]인 [ɾ]로 발음되는데, 로마자에는 'ɾ'의 글자가 없으므로 대신에 로마자로 쓰이는 'r'로 적는다.

(10) 모음 앞 (r) : 구리 Guri, 도시락 dosirak

(10)에서 '구리'와 '도시락'의 [ㄹ]은 모두 모음 앞에서 [ɾ]로 발음는데, 이러한 [ㄹ]은 'r'로 적어서 각각 'Guri'와 'dosirak'으로 표기한다.

둘째, 자음 앞이나 단어의 끝에서 실현되는 [ㄹ]은 설측음(舌側音)[3]인 [l]로 발음되는데, 이처럼 설측음으로 발음되는 [ㄹ]은 'l'로 적는다.

(11) ㄱ. 자음 앞 (l) : 달밤 dalbam, 들판 deulpan
    ㄴ. 단어 끝 (l) : 밤실 Bamsil, 달걀 dalgyal

셋째, 설측음인 [ㄹ]이 겹쳐서 실현된 [ㄹㄹ]은 음운론적인 환경으로는 자음 앞에서 실현되는 설측음 'l'과 모음 앞에서 실현되는 탄설음인 'r'로 적어야 한다. 그러나 실제로는 [ㄹㄹ]은 설측음이 겹쳐서 나는 [ll]로 발음되므로, 'll'로 적는다.

(12) 울릉 Ulleung, 대관령[대괄령] Daegwallyeong

(12)에서는 '울릉'과 '대관령[대관령]'의 'ㄹㄹ'은 설측음이 겹쳐서 [ll]로 발음되므로, 'ㄹㄹ'을 'll'로 적어서 이들 단어를 'Ulleung'과 'Daegwallyeong'으로 표기한다.

---

2) '탄설음(彈舌音)'인 [ɾ]은 혀끝과 잇몸 사이가 한 번 닫혔다가 열리는 동안에, 혀 옆으로 공기가 새어 나가면서 나는 소리이다.
3) '설측음(舌側音)'인 [l]은 혀끝을 윗잇몸에 아주 붙이고, 혀 양쪽의 트인 데로 날숨을 흘려 내는 소리이다.

[붙임 1] '¬, ㄷ, ㅂ'은 모음 앞에서는 'g, d, b'로, 자음 앞이나 어말에서는 'k, t, p'로 적는다.

국어의 파열음이 실현되는 음운론적이 환경에 따라서 두 가지의 로마자 표기법을 설정하였다. 곧 모음 앞에서 실현되는 [¬, ㄷ, ㅂ]는 외파음(外破音)으로 발음되는데, 이러한 외파음은 유성 자음의 음가를 나타내는 'g, d, b'의 글자로 적는다. 반면에 자음 앞이나 단어의 끝에 실현되는 파열음은 내파음(內破音)으로 발음되는데, 이러한 내파음은 무성 자음의 음가를 나타내는 'k, t, p'의 글자로 적는다.

(13) 모음 앞 : 구미 Gumi, 영동 Yeongdong, 백암 Baegam

(14) ㄱ. 자음 앞 : 옥천 Okcheon, 곧장 gotjang, 합덕 Hapdeok

　　ㄴ. 단어 끝 : 호박 hobak, 말뚝 malttuk ; 호법 Hobeop, 손톱 sontop ; 월곳[월곧] Wolgot, 벚꽃[벋꼳] beotkkot, 한밭[한받] Hanbat

(13)의 '구미, 영동, 백암'에서 [¬, ㄷ, ㅂ]은 모음 앞에 실현되었는데, 이들은 각각 유성 자음인 'g, d, b'로 적어서, 'Gumi, Yeongdong, Baegam'으로 표기한다. 그리고 (14ㄱ)의 '옥천, 곧장, 합덕'에서 [¬, ㄷ, ㅂ]은 자음 앞에 실현되었는데, 이들은 무성 자음인 'k, t, p'로 적어서, 이들 단어를 'Okcheon, gotjang, Hapdeok'으로 표기한다. 그리고 (14ㄴ)의 '호박, 호법, 월곳' 등에서는 각각 [¬, ㄷ, ㅂ]이 단어의 끝에 실현되었는데, 이들도 무성 자음인 'k, t, p'로 적어서 각각 'hobak, Hobeop, Wolgot'으로 표기한다.

[붙임 2] 'ㄹ'은 모음 앞에서는 'r'로, 자음 앞이나 어말에서는 'l'로 적는다. 단, 'ㄹㄹ'은 'll'로 적는다.

'붙임 2'의 내용은 국어의 [ㄹ]을 로마자로 적는 방법에 관한 내용으로 본항 5에서 제시한 유음 표기에서 자세히 설명하였다. 따라서 아래에서는 예시를 중심으로 간단하게 풀이하는 데에 그친다.

(15) ㄱ. 구리 Guri, 설악 Seorak

　　ㄴ. 칠곡 Chilgok, 임실 Imsil

　　ㄷ. 울릉 Ulleung, 대관령 [대괄령] Daegwallyeong

(ㄱ)처럼 모음 앞에 실현된 탄설음의 [ㄹ]은 'r'로 적으며, (ㄴ)처럼 자음 앞이나 단어의 끝에 실현된 설측음의 [ㄹ]은 'l'로 적는다. 그리고 (ㄷ)처럼 설측음의 [ㄹ]이 겹쳐서 발음되는 [ㄹㄹ]은 'll'로 적는다.

제3장 표기상의 유의점

제1항 음운 변화가 일어날 때에는 변화의 결과에 따라 다음 각 호와 같이 적는다.

1. 자음 사이에서 동화 작용이 일어나는 경우
    (보기) 백마 [뱅마] Baengma, 신문로 [신문노] Sinmunno, 종로 [종노] Jongno, 왕십리 [왕심니] Wangsimni, 별내 [별래] Byeollae, 신라 [실라] Silla

2. 'ㄴ, ㄹ'이 덧나는 경우
    (보기) 학여울 [항녀울] Hangnyeoul, 알약 [알략] allyak

3. 구개음화가 되는 경우
    (보기) 해돋이 [해도지] haedoji, 같이 [가치] gachi, 맞히다 [마치다] machida

4. 'ㄱ, ㄷ, ㅂ, ㅈ'이 'ㅎ'과 합하여 거센소리로 소리 나는 경우
    (보기) 좋고 [조코] joko, 놓다 [노타] nota, 잡혀 [자펴] japyeo, 낳지 [나치] nachi

    다만, 체언에서 'ㄱ, ㄷ, ㅂ' 뒤에 'ㅎ'이 따를 때에는 'ㅎ'을 밝혀 적는다.
    (보기) 묵호 Mukho, 집현전 Jiphyeonjeon

[붙임] 된소리되기는 표기에 반영하지 않는다.
    (보기) 압구정 Apgujeong, 낙동강 Nakdonggang, 죽변 Jukbyeon, 낙성대 Nakseongdae, 합정 Hapjeong, 팔당 Paldang, 샛별 saetbyeol, 울산 Ulsan

---

제1항은 국어의 단어 내부에서 형태소와 형태소가 결합하는 과정에서 소리가 바뀔 때에, 변동된 단어를 적는 방법을 제시하였다. 외국인들은 국어의 음운 변동에 대한 내재적인 언어 능력이 없으므로, 제1항에서는 변동이 일어난 단어는 원칙적으로 변동이 일어난 형태대로 로마자로 적기로 하였다. 다만, 예외적으로 변동 현상 중에서 '체언에서 나타나는 거센소리되기 현상'과 '된소리되기 현상'은 로마자 표기에 반영하지 않는다.

첫째, 체언에서 나타나는 '거센소리되기'의 현상은 표기에 반영하지 않고, 형태소의

기본 형태대로 적는다.

(16) 묵호[무코] Mukho, 집현전[지편전] Jiphyeonjeon

(16)에서 '묵호'와 '집현전'은 자음 축약에 따라서 [무코]와 [지편전]으로 발음되더라도, 원래의 기본 형태대로 'Mukho'와 'Jiphyeonjeon'으로 적는다.

이처럼 체언에서 나타나는 자음 축약 현상을 로마자 표기에 반영하지 않는 것은, 일반 언중들이 체언에 대하여 단어의 원형태에 대한 의식을 매우 강하게 하고 있기 때문이다. 만일 '묵호[무코]'를 소리 나는 대로 적으면 'Muko'가 되는데, 이렇게 적어 놓으면 로마자인 'k'를 '묵'의 끝소리인 [ㄱ]와 '호'의 첫소리인 [ㅎ]가 결합된 거센소리라는 사실을 인식하기 어렵다. 곧, 단순히 소리 나는 대로 'Muko'로만 적어 놓으면, 'Muko'의 원래 형태(발음)가 '무코'인 것으로 오해할 가능성이 있다. 이러한 혼동을 막기 위해서, 체언에서 일어나는 자음 축약 현상은 표기에 반영하지 않는다.

둘째, '된소리되기'에 따른 변동 현상은 로마자의 표기에 반영하지 않고, 기본 형태대로 적는다.

두 형태소가 이어지는 과정에서 앞 형태소의 끝 소리에 영향을 받아서 뒤 형태소의 예사소리가 된소리로 바뀌는 현상을 '된소리되기(경음화, 硬音化)'라고 한다. 제1항 '4'의 '붙임'에서는 된소리되기는 로마자 표기에 반영하지 않는다고 규정하고 있다.

(17) ㄱ. 압구정[압꾸정] Apgujeong, 옷고름[옫꼬름] otgoreum
    ㄴ. 낙동강[낙똥강] Nakdonggang, 팔당[팔땅] Paldang
    ㄷ. 죽변[죽뼌] Jukbyeon, 샛별[샏뼐] saetbyeol
    ㄹ. 낙성대[낙썽대] Nakseongdae, 울산[울싼] Ulsan
    ㅁ. 합정[합쩡] Hapjeong, 겁쟁이[겁쨍이] geopjeng-i

(17)의 단어를 이루는 형태소와 형태소가 결합하는 과정에서 예사소리인 [ㄱ, ㄷ, ㅂ, ㅅ, ㅈ]이 된소리인 [ㄲ, ㄸ, ㅃ, ㅆ, ㅉ]로 바뀌었다. 이와 같이 된소리되기가 실현되더라도 이들 단어를 로마자로 적을 때는 예사소리로 적는다.

제2항 발음상 혼동의 우려가 있을 때에는 음절 사이에 붙임표(-)를 쓸 수 있다.
　(보기) 중앙 Jung-ang, 반구대 Ban-gudae, 세운 Se-un, 해운대 Hae-undae

<국어의 로마자 표기법>에서는 원칙적으로 로마자 이외의 다른 부호는 사용하지 않는다.(제1장 2항) 그러나 예외적으로 발음상 혼동이 생길 가능성이 있을 때에는 음절 사이에 붙임표(‑)를 쓸 수 있다.

  (18) ㄱ. 중앙 Jungang, 반구대 Bangudae
     ㄴ. 중앙 Jun-gang, 반구대 Ban-gudae

  (19) ㄱ. 해운대 Haeundae, 세운 Seun
     ㄴ. 해운대 Hae-undae, 세운 Se-un

(18)과 (19)에서 (ㄱ)처럼 '중앙'과 '해운대'에 붙임표를 쓰지 않고 로마자로 적으면, 각각 'Jungang'과 'Haeundae'로 표기하여야 한다. 이처럼 'Jungang'과 'Haeundae'로 적으면 외국인들이 원래의 발음인 [중앙]과 [해운대]뿐만 아니라 [준강]과 [하은대]로도 발음할 수도 있다. 이와 같이 발음상 혼동할 가능성이 있을 때에는, (18)과 (19)의 (ㄴ)처럼 로마자 표기의 음절과 음절 사이에 붙임표를 넣어서 발음의 혼동을 막을 수 있다.

제3항 고유 명사는 첫 글자를 대문자로 적는다.
  (보기) 부산 Busan, 세종 Sejong

특정한 사물이나 사람을 다른 것들과 구별하여 부르기 위하여 고유의 기호를 붙인 이름을 '고유 명사(固有名詞)'라고 한다. 이러한 고유 명사는 영어나 독일어, 프랑스어, 이탈리아어를 비롯하여 로마자를 사용하여 표기하는 언어에서는 관례적으로 첫 글자를 대문자로 쓴다.

제4항 인명은 성과 이름의 순서로 띄어 쓴다. 이름은 붙여 쓰는 것을 원칙으로 하되 음절 사이에 붙임표(‑)를 쓰는 것을 허용한다(( ) 안의 표기를 허용함).
  (보기) 민용하 Min Yongha (Min Yong-ha), 송나리 Song Nari (Song Na-ri)
  (1) 이름에서 일어나는 음운 변화는 표기에 반영하지 않는다.
    (보기) 한복남 Han Boknam(Han Bok-nam), 홍빛나 Hong Bitna (Hong Bit-na)
  (2) 성의 표기는 따로 정한다.

로마자 표기법의 제4항에서는 <한글 맞춤법>에서 규정한 국어의 인명 표기법을 그대로 적용하여 성과 이름의 순서로 적는다. 다만, 서양의 인명 표기법에 따라서 성과 이름은 각각 띄어 쓴다. 그리고 이름 내부의 음절은 붙여 쓰는 것을 원칙으로 하되, 음절 사이에 붙임표(-)를 쓰는 것을 허용한다.

  (20) ㄱ. 민용하 Min Yongha / Min Yong-ha
      ㄴ. 송나리 Song Nari / Song Na-ri

이러한 규정에 따라서 (ㄱ)의 '민용하'는 'Min Yongha'나 'Min Yong-ha'로, (ㄴ)의 '송나리'는 'Song Nari'나 'Song Na-ri'로 적는다.

(1) 이름의 내부에서 일어나는 음운 변화는 표기에 반영하지 않는다.

  제4항의 (1)에서는 이름을 구성하는 형태소의 원형을 그대로 유지함으로써, 이름 속에 들어 있는 형태소의 기본 형태를 로마자 표기에 반영하고자 하였다.

  (21) ㄱ. 한복남[한봉남] Han Boknam / Han Bok-nam
      ㄴ. 홍빛나[홍빈나] Hong Bitna / Hong Bit-na

이름은 대부분 두 음절로 구성되어 있으며, 각 음절이 한자어로 되어 있어서 독립된 형태소의 역할을 한다. 제4항 (1)의 규정에서는 인명은 특정한 개인에 붙은 고유 명사라는 특수성을 감안하여, 지명과는 달리 이름에 일어나는 음운 변동을 로마자 표기에 반영하지 않기로 하였다. 이러한 표기 원칙에 따라서 '한복남[한봉남]'은 'Han Boknam'이나 'Han Bok-nam'으로 표기하며, '홍빛나[홍빈나]'는 'Hong Bitna' 혹은 'Hong Bit-na'로 표기한다.

(2) 성의 표기는 따로 정한다.

  제4항의 (2)에서는 향후에 성의 표기법을 통일하여서 단일한 로마자 표기법을 만들려고 하는 규정이다. 그러나 이 규정에도 불구하고 '성(姓)'을 로마자로 표기하는 데에는 개인에 따라서 매우 다양한 방법으로 적어 온 관용이 있다.

(22) ㄱ. 김(金) : Gim / *Kim

ㄴ. 나(羅) : Na / *Ra

ㄷ. 노(盧) : No / *Rhno

ㄹ. 이(李) : I / *Lee / *Rhee / *Yi

곧 '성(姓)'은 그 성을 쓰는 개인들이 오랫동안 자의적으로 로마자로 적어 왔고, 그 성씨를 쓰는 가문(家門)에서도 자신의 성을 표기하는 방법에 대하여 매우 다양한 의견을 내놓고 있다. 이러한 이유로 정부에서는 제4항의 (2)의 규정에도 불구하고 성에 대하여 통일된 로마자 표기법을 아직 마련하지 못하고 있다.

제5항 '도, 시, 군, 구, 읍, 면, 리, 동'의 행정 구역 단위와 '가'는 각각 'do, si, gun, gu, eup, myeon, ri, dong, ga'로 적고, 그 앞에는 붙임표(-)를 넣는다. 붙임표(-) 앞뒤에서 일어나는 음운 변화는 표기에 반영하지 않는다.

(보기)	충청북도 Chungcheongbuk-do	제주도 Jeju-do
	의정부시 Uijeongbu-si	양주군 Yangju-gun
	도봉구 Dobong-gu	신창읍 Sinchang-eup
	삼죽면 Samjuk-myeon	인왕리 Inwang-ri
	당산동 Dangsan-dong	봉천1동 Bongcheon 1(il)-dong
	종로 2가 Jongno 2(i)-ga	퇴계로 3가 Toegyero 3(sam)-ga

[붙임] '시, 군, 읍'의 행정 구역 단위는 생략할 수 있다.

(보기)　청주시 Cheongju, 함평군 Hampyeong, 순창읍 Sunchang

제5항에 따르면 '도, 시, 군, 구, 읍, 면, 리, 동' 등의 행정 구역 단위와 '거리'나 '지역'의 뜻을 더하는 접미사인 '가(街)'는 각각 'do, si, gun, gu, eup, myeon, ri, dong, ga'로 적는다. 그리고 이들 단위의 앞에는 붙임표(-)를 넣어서 표기하되, 붙임표의 앞뒤에서 일어나는 음운의 변동은 로마자 표기에 반영하지 않는다. 이러한 로마자 표기는 행정 구역의 고유 명칭과 그에 붙은 단위를 나타내는 말의 형태를 명확하게 구분하여서 표기하기 위한 방편이다.

[붙임] '시, 군, 읍'의 행정 구역 단위는 생략할 수 있다.

'시, 군, 읍'의 단위의 행정 구역은 대부분 관례적으로 '시, 군, 읍'을 생략하고 고유 명사로만 표현하는 경우가 많다. 따라서 '시, 군, 읍'의 지명 단위를 나타내는 말을 로마자로 표기할 때에는 '시, 군, 읍'을 생략하고 표기할 수 있다.

(23) ㄱ. 청주시 Cheongju-si / Cheongju, 경주시 Kyeongju-si / Kyeongju

ㄴ. 함평군 Hampyeong-gun / Hampyeong, 무주군 Muju-gun / Muju

ㄷ. 순창읍 Sunchang-eup / Sunchang, 화양읍 Hwayang-eup / Hwayang

(ㄱ)의 '청주시'와 '경주시'는 'si'를 생략하고 Cheongju와 Kyengju로 적으며, (ㄴ)의 '함평군'과 '무주군'은 '군'을 생략하고 'Hampyeong'와 'Muju'로 적는다. 그리고 (ㄷ)의 '순창읍, 화양읍'은 '읍'을 생략하고 'Sunchang'과 'Hwayang'으로 적는다.

제6항 자연 지물명, 문화재명, 인공 축조물명은 붙임표(-) 없이 붙여 쓴다.

(보기)   남산 Namsan   속리산 Songnisan

금강 Geumgang   독도 Dokdo

경복궁 Gyeongbokgung   무량수전 Muryangsujeon

연화교 Yeonhwagyo   극락전 Geungnakjeon

안압지 Anapji   남한산성 Namhansanseong

화랑대 Hwarangdae   불국사 Bulguksa

현충사 Hyeonchungsa   독립문 Dongnimmun

오죽헌 Ojukheon   촉석루 Chokseongnu

종묘 Jongmyo   다보탑 Dabotap

자연 지물명, 문화재명, 인공 축조물명은 붙임표(-) 없이 붙여 쓴다. 이는 앞의 제5항에서 행정 구역의 단위인 '도, 시, 군, 구, 읍, 면, 리, 동, 가'를 그 앞에 붙임표를 넣어서 표기하는 처리 방법과는 상반된다. 예를 들어서 '남산'은 '남'과 '산'의 복합어이지만, 이 두 단어를 구분하지 않고 '남산' 자체를 하나의 고유 명사로 처리하는 것이다.

제7항 인명, 회사명, 단체명 등은 그 동안 써 온 표기를 쓸 수 있다.

사람 이름, 회사 이름, 단체 이름 등은 그 동안 사용해 오던 관용적인 표기를 인정하여서, 예전에 쓰던 로마자의 표기 방법 그대로 적을 수 있도록 허용한다. 예를 들어서 사람 이름인 '김유신'을 'Kim Yusin'으로, 회사 이름인 '현대'를 'Hyundai'로, 단체 이름인 '부

산대학교'를 'Pusan University'로 적는 것을 허용한 것이다. 다만, 모든 로마자 표기에 대하여 이러한 관용적인 표기를 인정하는 것이 아니라, '인명, 회사명, 단체명'의 세 가지에 한정해서 인정한다.

제8항 학술 연구 논문 등 특수 분야에서 한글 복원을 전제로 표기할 경우에는 한글 표기를 대상으로 적는다. 이때 글자 대응은 제2장을 따르되 'ㄱ, ㄷ, ㅂ, ㄹ'은 'g, d, b, l'로만 적는다. 음가 없는 'ㅇ'은 붙임표(-)로 표기하되 어두에서는 생략하는 것을 원칙으로 한다. 기타 분절의 필요가 있을 때에도 붙임표(-)를 쓴다.

(보기)		
	집 jib	짚 jip
	밖 bakk	값 gabs
	붓꽃 buskkoch	먹는 meogneun
	독립 doglib	문리 munli
	물엿 mul-yeos	굳이 gud-i
	좋다 johda	가곡 gagog
	조랑말 jolangmal	없었습니다 eobs-eoss-seubnida

학술 연구 논문 등 특수 분야에서 한글로 다시 복원할 것을 염두에 두고서 국어를 로마자로 표기할 때에는, '전자법(轉字法)'에 따라서 국어를 로마자로 표기할 수 있다.

[부칙]
① (시행일) 이 규정은 고시한 날부터 시행한다.
② (표지판 등에 대한 경과 조치) 이 표기법 시행 당시 종전의 표기법에 의하여 설치된 표지판(도로, 광고물, 문화재 등의 안내판)은 2005. 12. 31.까지 이 표기법을 따라야 한다.
③ (출판물 등에 대한 경과 조치) 이 표기법 시행 당시 종전의 표기법에 의하여 발간된 교과서 등 출판물은 2002. 2. 28.까지 이 표기법을 따라야 한다.

국어의 변화 6부

제6부 '국어의 변화'에서 다룬 '중세 국어'와 '근대 국어'의 예문에 대한 주해서 (PDF 파일)를 '학교 문법 교실'의 홈페이지(http://www.scammar.com) 자료실에서 내려받을 수 있습니다.

제1장 고대 국어

〈**국어사의 시대 구분**〉 국어는 시대적인 흐름에 따라서 고대 국어, 중세 국어, 근대 국어, 현대 국어로 나뉜다.

먼저 '고대 국어'는 기원전부터 통일 신라가 멸망한 10세기 초까지의 국어이다. 둘째로 '중세 국어'는 전기 중세 국어와 후기 중세 국어로 나뉜다. 전기 중세 국어는 고려가 건국한 10세기 초로부터 고려가 멸망한 14세기 말까지의 국어이며, 후기 중세 국어는 조선이 건국한 14세기 말부터 임진왜란이 발발한 16세기 말까지의 국어이다. '근대 국어'는 임진왜란의 끝난 17세기 초기로부터 개화기 시기인 19세기 말까지의 국어를 이른다. 끝으로 '현대 국어'는 20세기 초로부터 지금까지의 국어를 이른다.

〈**고대 국어 시기**〉 고대 국어는 기원전부터 통일 신라가 멸망한 10세기 초(935년)까지 한반도에서 사용된 국어를 '고대 국어'라고 한다. 이 시기에 사용했던 입말의 전체적인 모습은 파악하기 힘들지만, 차자 표기법을 통해서 고대 국어에 쓰였던 입말의 모습을 부분적으로 짐작할 수 있다.

B.C. 1세기 경에 중국으로부터 한반도에 한자와 한문이 전래된 이후로 우리 조상들은 한자와 한문을 이용하여 국어의 입말을 표기하였다. 그러나 국어와 중국어의 구조적 차이 때문에 한문으로써 국어를 표기하기는 매우 어려웠다. 따라서 기왕에 사용하던 한자와 한문을 이용하여 국어를 표기하는 수단을 모색하기 시작하였는데, 이러한 표기법을 '차자 표기법(借字 表記法)'이라고 한다. 차자 표기법의 종류로는 '고유 명사의 표기법, 이두(吏讀), 향찰(鄕札), 구결(口訣)' 등이 있다.

1.1. 고유 명사의 차자 표기

이 땅에서 살았던 고대인들은 한자를 이용하여 고유 명사인 인명, 지명, 국명, 관직명을 표기하는 노력을 보였는데, 이러한 노력은 국어 표기의 가장 이른 단계에서 이루어졌다.

한자는 각 글자마다 뜻을 나타내는 '표의적인 기능'과 소리를 나타내는 '표음적인 기능'이 있으므로, 한자를 이용하여 국어를 표기하는 방법은 두 가지가 있었다. 첫째는 '음차(音借)'로서 한자의 소리를 취하여 국어를 표기하는 방법이고, 둘째는 '훈차(訓借)'로서 한자의 뜻을 취하여 국어를 표기하는 방법이다.

    (1) ㄱ. 므를 먹고
        ㄴ. 水乙 食古

예를 들어서 (ㄱ)의 '므를 먹고'를 한자를 빌려서 (ㄴ)처럼 표기할 수 있었다. 이때에 '믈'과 '먹-'을 각각 '水'와 '食'으로 표기한 것은 한자의 뜻을 빌려서 표기한 음차이며, '-을'과 '-고'를 각각 '乙'과 '古'로 표기한 것은 한자의 음을 빌려서 표기한 훈차이다.

이처럼 한자의 음과 훈을 빌려서 땅 이름이나 사람 이름, 관직 이름과 같은 고유 명사를 표기한 예가 『삼국사기』나 『삼국유사』에 실려 있다.

〈 고유어 지명의 표기 〉 고유어 지명을 한자의 음과 훈을 빌려서 한자로 표기하였다.

    (2) ㄱ. 淸風 縣 本 沙熱伊 縣   [삼국사기 권35, 지리 2]
           청풍 현 본 사 열 이 현
       ㄴ. 淸風 縣은 본디 沙熱伊 縣이다.

(2)에서 '淸風(청풍)'은 중세 국어에서 부사로 쓰인 '서늘히(寒)'와 관련이 있는 말이다. 아마 '서늘한 바람'이 많이 부는 고을'이라는 뜻으로 '沙熱伊(사열이)'이라는 땅 이름이 붙은 것 같다. 곧 '서늘히'라는 순우리말을 한자의 음을 빌려서 '沙熱伊'로 표기한 것이다. 그리고 '淸風'은 '沙熱伊'의 뜻을 한자로 표기한 것이다.[1]

    (3) ㄱ. 永同郡 本吉同郡 景德王改名

       ㄴ. 영동군(永同郡)은 본래 길동군(吉同郡)인데, 경덕왕이 이름을 고쳤다.

(3)에서 '吉同'은 고유어의 지명인 '길동(吉同)'을 한자를 빌어서 표기한 것이다. 곧, '길동'

---

1) ① 沙熱伊: 沙(모래 사), 熱(더울 열), 伊(저 이) ② 淸風: 淸(맑을 청, 차가울 청), 風(바람 풍)

이라는 고유어의 인명을 한자인 '吉(/길/)'과 '同(/동/)'의 음을 빌어서 표기한 것이다. 곧, 고유어 지명인 '길동'을 '吉同'으로 음차하여 표기하였다. 그리고 '永同'에서 '永'은 한자의 뜻(= 길다)을 차용하였으며, '同'은 한자의 음(= /동/)을 차용하여 표기하였다.[2]

차자 표기	발음	대응 어휘	대응 한자
沙熱伊	/사여리/	서늘히	淸風(청풍)
吉同	/길동/	길동	永同(영동)

〈표 1〉 고유 인명의 차자 표기

〈고유어 인명의 표기〉 고유어로 된 땅 이름만 한자를 빌려서 표기한 것이 아니라, 아래와 같이 고유어로 된 사람의 이름도 한자를 빌려서 표기하였다.

(4) ㄱ. 素那(或云金川) 白城郡蛇山人也
　　ㄴ. '소나'(혹은 금천이라고 한다.)는 백성군(白城郡)의 사산(蛇山) 사람이다.

(4)에서 '素那'에서 '素'는 /쇠/의 소리를 한자로써 음차하였으며, '那'는 /내/의 소리를 한자로서 음차하였다. 결국 '素那'는 고유어 지명인 /쇠내/를 한자의 음을 빌려서 표기한 것이다. 그리고 '金川'은 '쇠내'의 뜻을 한자로 표기한 것인데, '金'은 '쇠'의 뜻을 '川'은 '내'의 뜻을 한자로 표기한 것이다.[3]

(5) ㄱ. 赫居世王 … 蓋鄕言也 或作弗矩內王 言光明理世也 [삼국유사 권 1, 신라 시조]
　　　혁거세왕　　　개향언야　혹작불구내왕　언광명리세야
　　ㄴ. 赫居世王은 … 대개 향언(鄕言, 국어)이다. 혹은 弗矩內王이라고 하는데, (이는) 광명(光明)이 세상을 다스린다고 하는 말이다.

(5)에서는 '赫居世王(혁거세왕)'을 '弗矩內王(불구내왕)'으로 표기하였는데, 이를 '光明理世(광명이세)'로 그 뜻을 풀이하였다. 이를 종합하면 '弗矩內'는 '붉ᄀᆞ(ㄱ) 뉘(밝은 세상)'을 한자의 소리로 적은 것이고, 이 말의 뜻을 '赫居世'로 적은 것이다.[4]

---

2) ① 吉同: 吉(좋을 길), 同(같을 동) ② 永同: 永(길 영), 同(같을 동)
3) ① 素那: 素(횔 소), 那(어찌 나) ② 金川: 金(쇠 금), 川(내 천)
4) '赫居世'에서 '赫(붉을 혁)'은 용언의 어간인 '붉-'을 훈차하여 표기하였으며, '居(있을 거)'는 관형사형 전성 어미인 '-은'을 음차하여 표기하였으며, '世(누리 세)'는 '뉘'를 훈차하여 표기하였다.

차자 표기	발음	대응 어휘	대응 한자
素那	/쇠내/	쇠내	金川
弗矩內	/블ᄀ뉘/	블ᄀ뉘	赫居世

〈표 2〉 고유 지명의 차자 표기

이처럼 한자의 음과 훈을 빌려서 땅 이름이나 사람 이름과 같은 고유 명사를 표기한 것은 국어를 표기한 가장 초기 단계의 차자 표기법이다.

1.2. 이두

원래 고립어인 중국어를 표기하는 데에 쓰였던 한자와 한문으로 첨가어인 국어의 문장을 표기하는 것은 매우 어려웠고 불편하였다. 따라서 한자의 음과 훈(訓: 새김)을 빌려서 국어의 문장을 표기하는 '차자 표기법(借字表記法)'이 생겼는데, 이것이 '이두'이다. 이두(吏讀)는 특정한 시대에 완성된 것이 아니라, 삼국 시대부터 초기의 형식이 발달하기 시작하여 통일 신라, 고려, 조선 시대까지 쓰인 차자 표기법이다. 이러한 이두는 국어의 입말을 표기하는 방식에 따라서 '초기의 이두'와 '본격적인 이두'로 구분할 수 있다.

1.2.1. 초기의 이두

'초기의 이두'는 한문 문장의 그대로 쓰되 어순만 국어의 문장에 맞게 바꾸어 표기하는 방법인데, 이를 흔히 '서기문식 표기(誓記文式 表記)'라고 한다. 곧, '서기문식 표기'는 한자를 빌려서 적되, 중국어의 어법을 완전히 무시하고 국어의 어순에 맞도록 한자를 나열하는 표기법이다. 그리고 국어에 나타나는 일부 문법 형태소를 한자를 이용하여 표기하기도 했다.

초기 이두문의 예로서, 경주군 견곡면 김척리 석장사 터의 뒤 언덕에서 발견된 '임신서기석(壬申誓記石)'에 새겨진 다음의 (4)와 같은 글이 있다.

(6) 任申年六月十八日, 二人幷誓記, 天前誓, 今自三年以後, 忠道執持, 過失无誓, 若此事失,
　　임신년육월십팔일　이인병서기　천전서　금자삼년이후　충도집지　과실무서　약차사실
　　天大罪得誓, 若國不安大亂世, 可容行誓之, 又別先辛未年 七月廿二日大誓, 詩尙書禮傳
　　천대죄득서　약국불안대란세　가용행서지　우별선신미년　칠월입이일대서　시상서예전
　　倫得誓三年5)
　　륜득서삼년

(7) 任申年六月十八日, 二人幷誓記, 天前誓, <u>自今三年以後</u>, <u>執持忠道</u>, <u>誓无過失</u>, <u>若失此事</u>, <u>誓得大</u>
<u>罪於天</u>, 若國不安大亂世, <u>誓可容行之</u>, 又別先辛未年 七月卅二日大誓, <u>誓倫得時尙書禮傳三年</u>

(6)의 문장에 쓰인 한자의 순서를 바꾸면 (7)과 같은 온전한 한문이 된다. 이처럼 서기문식
표기법은 한자를 국어의 어순과 동일하게 배열하여 사용하였기 때문에, 국어의 입말을
표기할 때에는 한문을 그대로 쓰는 것보다 나은 점이 있었다. 그러나 국어의 조사나
어미와 같은 문법 형태소를 서기문식 표기로는 적을 수 없었기 때문에 큰 불편이 따랐다.

서기문식 표기	今自	忠道執持	過失无誓	若此事失
한문	自今	執持忠道	誓无過失	若失此事
서기문식 표기	天大罪得誓	可容行誓之	詩尙書禮傳倫得誓三年	
한문	誓得大罪於天	誓可容行之	誓倫得時尙書禮傳三年	

〈표 3〉 서기문식 표기의 예

1.2.2. 후기의 이두

'서기문식 표기'의 형태에서 더욱 발전된 표기 방법이 '후기 이두'이다. 이는 국어의
조사나 어미와 같은 일부 문법 형태소를 한자를 이용하여 표기하여, 국어의 입말을 더욱
온전하게 표기한 것이다. 곧 문장의 중심을 이루는 의미부는 한자의 뜻을 빌려서 표기하
되, 서기문식으로 그 차례를 국어의 어순에 맞게 하였다. 반면에 국어의 형식 형태소와
일부 극소수의 명사나 부사 등은 국어의 음에 맞는 한자를 빌려와서 적었다.

(8) 凡僧道取妻妾者 杖八十還俗 女家同罪離異 寺觀住持知情 與同罪 若僧道假託親屬或僮
　범 승 도 취 처 첩 자 장 팔 십 환 속 녀 가 동 죄 이 이 사 관 주 지 지 정 여 동 죄 약 승 도 가 탁 친 속 혹 동
僕爲名求聚而僧道自占者 以奸論　　　　　　　　　　　　　　　　　[대명률]
복 위 명 구 취 이 승 도 자 점 자 이 간 론

(9) 凡僧人等亦 取妻妾爲在乙良 杖八十遣 還俗爲弥 女家罪同遣 離異爲乎矣 寺院住持亦 知情爲在
　　　　들 히　　　　　ㅎ겨늘랑　　　　고　　ㅎ며　　　　고　ㅎ오되　　　　　　이　　　ㅎ겨
乙良 罪同齊 僧人亦 妄稱親族及奴子等乙 委爲 求婚爲如可 自聚爲妻妾爲在乙良 犯奸以 論爲
늘랑　　제　　　이　　　　　　　　들을　　ㅎ아　　　ㅎ다가　　　　　　ㅎ겨늘랑　　　로　　ㅎ

---

5) 임신년 6월 18일에 둘이 함께 맹서하여 기록한다. 하늘 앞에 맹서한다. 지금으로부터 3년 이후에
충도(忠道)를 집지(執持)하고 과실이 없기를 맹서한다. 만일 이 일(서약)을 잃으면(어기면) 하늘에
큰 죄를 얻을 것이라고 맹서한다. 만일 나라가 편안치 않고 크게 세상이 어지러우면 가히 모름지기
(충도를) 행할 것을 맹서한다. 또 따로 앞서 신미년 7월 22일에 크게 맹서하였다. 모시, 상서, 예기,
춘추전(좌전)을 윤득(차례로 습득)하기를 맹서하되 3년으로써 하였다.

乎事6)
온 일

(8)은 완전한 한문식 문장인 『대명률』(大明律, 1367)의 문장이다. 그리고 (9)는 1395년에 발간된 『대명률직해』(大明律直解)인데, 이는 (8)의 한문 문장을 이두문으로 바꾸어서 적은 것이다.7) (9)의 이두문에서 아래에 덧말이 적힌 글자가 이두 글자인데, 이를 중세 국어와 현대 국어로 옮기면 대략 다음의 (10)과 같다.

(10) 等=들ㅎ(들), 亦=이, 爲在乙良=ㅎ겨늘랑(하거들랑), 遣=(ㅎ)고, 爲弥=ㅎ며(하며), 爲乎矣=ㅎ오듸(하오되), 齊=(ㅎ)제(-라 : 명령형 어미), 等乙=들흘(-들을), 爲=ㅎ야(하여), 爲如可=ㅎ다가(하다가), 以=으로/ㅇ로, 爲乎事=ㅎ온일(한 일)

그 밖에도 '矣身(=의몸 : 이 몸, 저), 私音丁(=아름뎌 : 사사로이), 更良(=가시야 : 다시), 此樣以(=이 양ㅇ로 : 이와 같이), 有去等(=잇거든 : 있거든), 他矣(=나ㅣ : 남의), 必于(=비록), 令是良置(=시기여두 : 시키어도), 不冬(=안들 : 아니, 不), 曾只(=일즉 : 일찍)' 등의 이두 글자가 후기 이두문에 많이 쓰였다(허웅, 1983:287 참조).

그리고 후기 이두문의 또 다른 예로서 한문 문장인 『대명률』의 (11)과 같은 구절을 『대명률직해』에서 이두문으로 (12)의 (ㄱ)처럼 표기한 것도 있다.

(11) 凡奴婢毆家長者皆斬   [대명률]
    범 노 비 구 가 장 자 개 참

(12) ㄱ. 凡奴婢亦 家長乙 犯打爲在乙良 並只 斬齊   [대명률직해]
       이   을   ㅎ 겨 늘 랑 다모 기 제
    ㄴ. 무릇 노비(奴婢)가 가장(家長)을 범(犯)하여 때리거든 반드시 참(斬)하라.

(11)과 (12)의 (ㄱ)을 비교하면, (11)은 완전한 한문의 어순을 하고 있지만 (12ㄱ)의 이두문은 국어의 어순인 '주어-목적어-서술어'의 짜임을 하고 있다. 그리고 일부 용언의 어간과 부사의 의미부는 '爲(ㅎ-), 並(다모-)'로 적었으며, 형식 형태소인 국어의 조사는

---

6) 무릇 중들이 (처첩을) 장가들거든 매 80을 때리고 환속하며, 여자의 집도 죄를 같이 주고, 중과 여자는 떼어 버리되, 절의 주지가 그 사정을 알았다면 또한 죄를 같게 하라. 중이 그 친척이나, 종들의 이름을 빙자하여 구혼하다가 자기가 장가를 들거든 범간한 죄로 다스릴 일.

7) 조선조 태조는 명나라 형률인 『대명률』(大明律)을 그대로 사용했다. 그러나 『대명률』은 중국의 것이었기 때문에 우리나라 형편에는 맞지 않는 것이었고, 또한 어려운 글귀도 많아서 이로써 형(刑)을 다스리기는 여간 어려운 일이 아니었다. 그러므로 태조(太祖) 임금은 이두로써 이것을 번역하게 했는데, 이것이 바로 『대명률직해』(大明律直解)이다.

'亦, 乙'로 용언의 어미는 '在乙良(-겨늘랑), 只(-기), 齊(-제)'로 적었다.

이처럼 이두는 한자의 음과 뜻의 중의 어느 하나로 읽힌다. 하지만 그것을 어느 쪽으로 읽어야 하는가 하는 데에는 일정한 기준이 없었다. 예를 들어서 '明'의 글자는 현대어에서는 /명/으로만 읽히지만, 이두에서는 소리로 읽어서 /명/으로 읽을 수도 있고 뜻으로 읽어서 '붉-'으로도 읽을 수 있다. 이두에서 발음으로 읽은 것은 음절 글자의 특징이고, 뜻으로 읽은 것은 단어 문자의 특징이라고 할 수 있다. 그러므로 엄격히 말하면 이두 문자는 '단어 – 음절 문자'로 볼 수 있다.

1.3. 향찰

통일 신라 시대 사람들은 한자의 소리나 뜻을 이용하여 국어의 문장, 특히 향가(鄕歌)의 노랫말을 적는 방법을 생각해 내었는데, 그것이 곧 '향찰(鄕札)'이다.[8]

1.3.1. 향찰의 표기 원리

이두는 한문 문장의 어순을 국어의 어순으로 바꾸고 일부 문법 형태소에 한정해서 한자의 음과 훈을 빌려서 표기했기 때문에 이두로는 국어의 입말을 전면적으로 표기할 수는 없었다. 이와는 달리 향찰은 국어 입말의 문장을 그대로 한자를 빌려서 표기하되, 실질 형태소와 문법 형태소를 모두 한자의 음(音, 소리)과 훈(訓, 뜻)을 빌려서 표기했다. 이 점에서 향찰은 한자를 사용해서 국어를 전면적으로 적은 표기법으로 볼 수 있다. 향찰을 사용하여 국어를 표기할 때에는, 대체로 국어의 실질 형태소는 한자의 뜻을 이용하여 적었고(훈차, 訓借), 문법 형태소는 한자의 음을 이용하여 적었다(음차, 音借). 향찰의 쓰임에 나타난 몇 가지 규칙성을 찾아 보면 다음과 같다.

첫째, 한 음절로 된 단어의 끝소리나, 두 음절 이상으로 된 단어의 끝 음절의 소리를 한자의 음을 이용하여 보태어 썼다.

(13) ㄱ. 道尸 : [길]+/ㄹ/

ㄴ. 夜音 : [밤]+/ㅁ/

---

8) '향찰(鄕札)'이란 용어는 『균여전』(均如傳)에 실린 최행귀(崔行歸)의 역시(譯詩) 서문에 쓰인 말이다. 최행귀는 향찰을 당문(唐文, 漢文)에 대립되는 뜻으로 사용하였는데, 향가(鄕歌)의 문장과 같은 우리말의 문장이라는 뜻으로 썼다.

ㄷ. 掃<u>尸</u>: [쁠]+/ㄹ/

(14) ㄱ. 秋<u>察</u>: [ᄀ술]+/술/

ㄴ. 慕<u>理</u>: [그리]+/리/

ㄷ. 寢<u>矣</u>: [자리]+/이/

(13)과 (14)에서 첫 글자를 뜻으로 읽으면 '길, 밤, 쁠'과 'ᄀ술, 그리-, 자리'로 읽을 수 있다. 그런데 단어의 소리를 좀 더 분명하게 나타내기 위하여, (13)처럼 한 음절로 된 단어의 끝소리인(종성) /ㄹ/, /ㅁ/, /ㄹ/과 동일한 소리를 나타내는 한자인 '尸, 音, 尸'로써 보충하여 적거나, (14)처럼 두 음절 이상으로 된 단어의 끝음절인 /술/, /리/, /이/와 동일한 소리를 나타내는 한자인 '察, 理, 矣'로써 보충하여 적었다.

둘째, 조사나 어미 따위의 문법 형태소들은 대체로 한자의 음을 빌려서 적었다(음차).

(15) ㄱ. 君<u>隱</u>父<u>也</u>

ㄴ. 君<u>隱</u> 父<u>也</u> (님금은 아비여)
　　　님금 은　 아비 야

(16) ㄱ. <u>毛如</u>云<u>遣</u><u>去內尼叱古</u>

ㄴ. <u>毛如</u> 云<u>遣</u> <u>去內尼叱古</u>(몯다 니ᄅ고 가ᄂ닛고)
　　　몯 다 니ᄅ고　 가 ᄂ 니 ㅅ 고

(15)과 (16)에서 밑줄 그은 요소는 조사나 어미와 같은 문법 형태소들인데, 이들은 한자의 음을 빌려 와서 읽었다. 다만, '毛如(몯다)'는 예외적으로 부사인데도 음차를 했다.

셋째, 체언·부사·용언 어간 등의 실질 형태소는 그 형태소의 뜻에 대응되는 한자로 표기하였다(훈차).

(17) ㄱ. 용언의 어간 : 浮(뜨-), 用(쁘-)

ㄴ. 체언, 부사　 : 君(님금), 地(ᄯ), 月(들); 又(쏘)

(ㄱ)에서 '浮'와 '用'은 각각 용언의 어간인 '뜨-'와 '쁘-'를 한자로 표기한 것이며, (ㄴ)에서 '君, 地, 月' 등은 체언인 '님금, ᄯ, 들'을, '又'는 부사인 '쏘'를 한자로 표기한 것이다. 이들 한자는 모두 한자의 뜻을 빌려서 국어를 적은 예이다.

1.3.2. 향가에 쓰인 향찰의 모습

『삼국유사』에 실려 있는 서동요와 처용가를 통해서 향찰의 실제 모습을 살펴본다.
〈서동요에 나타난 향찰〉 고려 시대에 일연(一然 : 1206~89) 스님이 간행한 『삼국유사』
권2 무왕조(武王條)에는 서동요(薯童謠)가 향찰(鄕札)로 표기된 원문과 함께 그 설화(說話)
가 실려 전한다. 이 노래는 백제의 서동(薯童 : 백제 무왕의 어릴 때 이름)이 신라 제26대
진평왕 때에 지었다는 민요 형식의 노래이다.[9]

[향찰 문]	[중세 국어 해독문]	[현대어 해독문]
善化公主主隱	善化公主니믄	선화공주님은
他密只稼良置古	놈 그스지 얼어 두고	남 몰래 교합(交合)해 두고
薯童房乙	맛둥방을	맛둥방을
夜矣卵乙抱遣去如	바믹 몰 안고 가다	밤에 몰래 안고 가다

여기서 '서동요'의 향찰문을 양주동의 해독에 의거하여 간략히 분석한다(양주동, 1965).

(18) ㄱ. 善化公主 : 善化公主(한자, 音)

ㄴ. 主隱(니믄) : 님(님, 訓) + 隱(은 : -은, 音)

ㄷ. 他(놈) : 놈(남, 訓 : 명사)

ㄹ. 密只(그스지) : 密(그스 : 그윽-, 訓) + 只(지 : -지, 音)

ㅁ. 稼良(얼러) : 稼(얼 : 얼다, 교합하다, 訓) + 良(어 : -어, 音)

ㅂ. 置古(두고) : 置(두 : 두-, 訓) + 古(고 : -고, 音)

ㅅ. 薯童房乙(맛둥바올) : 薯童(맛둥 : 맛둥, 訓) + 房(방 : 방, 音) + 乙(을 : -을, 音)

ㅇ. 夜矣(바믹) : 夜(밤 : 밤, 訓) + 矣(익 : -에, 音)

ㅈ. 卵乙(몰) : 卵(모 : 모르다, 訓) + 乙(ㄹ : -ㄹ, 音)

ㅊ. 抱遣(안고) : 抱(안 : 안다, 訓) + 遣(고 : -고, 音)

ㅋ. 去如(가다) : 去(가 : 가다, 訓)- + 如(다 : -다, 音)

(※ 훈독한 형태소에는 '訓'으로 음독한 형태소에는 '音'으로 표시하였다.)

---

9) 김완진(1980)에서는 '서동요'를 다음과 같이 15세기 국어로 재구하고 현대어로 풀이하였다.
 (재구) 善化公主니리믄 / 놈 그슥 어러 두고 / 薯童 방올 / 바매 알홀 안고 가다 /
 (번역) 善化公主님은 / 남 몰래 짝 맞추어 두고 / 薯童 방을 / 바매 알을 안고 간다 /

(ㄱ)의 '善化公主'에서 고유명사인 '善化公主'는 한자로 표기되어 있는데, 아마도 한자의 음으로 읽은 듯하다. (ㄴ)의 '主隱'에서 '主'는 존칭의 접미사인 '-님'으로 훈독하였으며, 隱(은)은 주제를 나타나는 보조사 '-은'으로 음독하였다. (ㄷ)에서 '他'는 체언인 '눔'으로 훈독하였으며, (ㄹ)의 '密只'에서 어근인 '密'은 '그스-'로 훈독하였고, '只'는 부사 파생 접미사인 '-지'로 음독한 것으로 추정한다. (ㅁ)의 '稼良'에서 '稼'는 어간인 '얼-'로 훈독하였으며, 연결 어미인 '良' '-어'로 음독하였다. 그리고 (ㅂ)의 '置古'에서 '置'는 어간인 '두-'로 훈독하였으며, '古'는 연결 어미인 '-고'로 음독하였다.

　그리고 (ㅅ~ㅋ)의 향찰은 다음과 같이 읽었을 것으로 추정한다. 먼저 (ㅅ)의 '薯童房乙'에서 '薯童'은 고유 명사인 '맛둥'으로 훈독하였으며, '房'은 '방'으로 음독하였으며, '乙'은 '-을'로 음독하였다. (ㅇ)의 '夜矣'에서 '夜'는 명사인 '밤'으로 훈독하였으며, '矣'의 부사격 조사인 '-의'로 음독하였다. (ㅈ)의 '卵乙'은 '몰'로 읽었는데, 여기서 '卵'는 '모르다'의 어간인 '모르-'로 훈독하였으며, '乙'은 파생 부사인 '몰'의 끝소리 /ㄹ/을 음독한 것이다. (ㅊ)의 '抱遣'에 '抱'는 어간인 '안-'으로 훈독하였으며, '遣'는 연결 어미인 '-고'로 음독하였다. (ㅋ)의 '去如'에서 '去'는 어간이 '가-'로 훈독하였으며, '如'는 평서형 종결 어미인 '-다'로 음독하였다.10)

　〈처용가에 나타난 향찰〉『삼국유사』권2의 '망해사(望海寺) 조(條)'에 처용가(處容歌)가 실려 있는데, 이 노래도 향찰로 표기되어 있다.

[향찰 문]	[중세 국어 해독문]	[현대어 해독문]
東京 明期 月良	시ᄇᆞᆯ 블긔 ᄃᆞ래	서울 밝은 달에
夜入伊 遊行如可	밤 드리 노니다가	밤이 깊도록 노니다가
入良沙 寢矣 見昆	드러사 자리 보곤	들어 잠자리를 보니
脚烏伊 四是良羅	가로리 네히어라	다리가 넷이구나
二肹隱 吾下於叱古	둘혼 내해엇고	둘은 내 것이고
二肹隱 誰支下焉古	둘혼 뉘해언고	둘은 뉘 것인고
本矣 吾下是如馬於隱	본ᄃᆡ 내해다마ᄅᆞᆫ	본디 내 것이다마는
奪叱良乙 何如爲理古	앗아ᄂᆞᆯ 엇디ᄒᆞ릿고	빼앗거늘 어찌하겠는가?

이 노래에 관한 정확한 해독은 아직 이루어지지 않았지만, 양주동 님의 해독에 따르면 대략 위와 같이 중세 국어와 현대 국어로 옮길 수 있다.11)

---

10) '去如'에서 '如'은 원래 '같다'의 뜻을 나타낸다. 향찰에서는 '~답다'의 어휘에서 나타나는 형용사 파생 접미사인 '-답-'의 뜻을 훈차한 뒤에, 다시 /답/ 음절의 일부인 /다/를 음차한 것으로 보인다.

여기서 처용가를 양주동 님의 해독에 의거하여 간략히 분석한다(허웅, 1983:284 참조). 먼저, 처용가의 8구체 중에서 앞의 4구에 쓰인 향찰을 형태소 단위로 분석한다.

(19) ㄱ. 東京(시볼) : 東(시 : 동쪽, 訓) + 京(볼 : 벌, 訓)

ㄴ. 明期(볼긔) : 明(볽- : 밝-, 訓) + 期(의 : -은, 音)

ㄷ. 月良(ㄷ래) : 月(ㄷ : 달, 訓) + 良(애 : -에, 音)

ㄹ. 夜(밤) : 夜(밤 : 밤, 訓)

ㅁ. 入伊(드리) : 入(들 : 들-, 訓) + 伊(이 : -이, 音)

ㅂ. 遊行如可(노니다가) : 遊(노- : 놀-, 訓) + 行(니 : 가-, 지내다, 訓)- + 如(다 : -다, 訓, 音) + 可(가 : -가, 音)

ㅅ. 入良沙(드러사) : 入(들 : 들-, 訓) + 良(어 : -어, 音) + 沙(사 : -야, 音)

ㅇ. 寢矣(자리) : 寢(자리 : 자리, 訓) + 矣(/이/, 音)

ㅈ. 見昆(보곤) : 見(보 : 보-, 訓) + 昆(곤 : -고는, 音)

ㅊ. 脚烏伊(가로리) : 脚烏(가롤, 가를, 가들 : 다리, 訓) + 伊(이 : -이, 音)

ㅋ. 四是良羅(네히어라) : 四(네ㅎ : 넷, 訓) + 是(이 : -이-, 音) + 良(어 : -어-, 音) + 羅(라 : -라, 音)

(ㄱ)의 '東京'은 지금 말의 '서울'인 '시볼'을 표기한 것이다. 그 당시의 서울은 경주이며 이 경주를 '東京'이라고도 하였으므로, '東京'은 훈독하여 고유어인 '시볼'로 읽었다. (ㄴ) 의 '明'은 '볽-'으로, (ㄷ)의 '月'은 'ㄷ'로, (ㄹ)의 '夜'는 '밤'으로, (ㅁ)의 '入'은 '들-'로, (ㅂ)의 '遊行'은 '노니-'로 훈독하였다. 이들 형태소들은 모두 실질 형태소였는데 주로 한자의 뜻으로 읽었다.

그런데 중국말에는 일반적으로 문법 형태소가 발달하지 않았다. 따라서 국어의 문법 형태소를 한자로 적는 방법은 그리 쉽게 해결되지 않았다. (ㄴ)의 '볼긔'에서 '-의', (ㄷ) 의 'ㄷ래'에서 '-애', (ㅁ)의 '드리'에서 '-이', (ㅂ)의 '노니다가'에서 '-다가'에 대응되는 중국말이 없었으므로, 이러한 문법 형태소를 적을 수 있는 한자도 없었다. 그러므로 그 당시의 사람들은 이러한 문법 형태소를 적는 데에는 한자의 음을 빌려 와서 표기하는 방법을 생각하였다(音借).

이에 따라서 '볼긔'의 '-의' 부분은 따로 떨어져 발음되지 않으므로, '期'를 써서 '-긔'

---

11) 김완진(1980)에서는 '서동요'를 다음과 같이 15세기 국어로 재구하고 현대어로 풀이하였다.

　　(재구) 東京 볼기 ㄷ라라 / 밤 드리 노니다가 / 드라사 자리 보곤 / 가로리 네히러라 /두브른 내해엇고 / 두브른 누기핸고 / 본ㄷ 내해다마라는 / 아사날 엇디ㅎ릿고 /

　　(풀이) 東京 밝은 달에 / 밤 들이 노니다가 / 들어 자리를 보니 / 다리가 넷이러라 / 둘은 내해였고 / 둘은 누구핸고 / 본ㄷ 내히다마는 / 빼앗은 것을 어찌하리오.

로 음독하였다. '드래'도 그와 비슷한 방법으로 '月'과 '良'으로, '드리'의 '-이'는 '伊'로, '노니다가'의 '-다가'는 '如可'로 적어서 음독하였다. 여기서 '如'로써 '다'를 적은 이유는 '비슷하다(如)'의 뜻을 가진 말에 '-답다'가 있었던 탓이 아닐까 생각되는데, 이는 일차적으로 '如'를 1차적으로 '-답-'으로 훈독하고 난 뒤에 2차적으로 /다/로 음독한 것이다. 그리고 '可'는 /가/의 음과 일치하므로 /가/로 음독하였다.

(ㅅ~ㅋ)까지의 향찰은 다음과 같이 풀이할 수 있다. 곧 (ㅅ)의 '入良沙(드러사)'에서 어간인 '入'은 '들-'로 훈독하였으며, '良'는 연결 어미인 '-어'로 음독하였고, '沙'는 보조사인 '-사'로 음독하였다. (ㅇ)의 '寢矣(자리)'에서 '寢'은 '자리'로 훈독하였으며, '矣'는 '자리'의 마지막 모음 /이/로 음독하였다. (ㅈ)의 '見昆(보곤)'에 '見'는 어간인 '보-'로 훈독하였고, '昆'은 어미인 '-곤'으로 음독하였다. (ㅊ)의 '脚烏伊(가르리)'에서 '脚烏'은 명사인 '가롤/가를(=가들)'로 훈독하였고, '伊'는 주격 조사인 '-이'로 음독하였다. (ㅋ)의 '四是良羅(네히어라)'에서 '四'는 수사인 '네ㅎ'로 훈독하였고, '是'는 서술격 조사인 '-이-'로 음독하였다. '良'는 선어말 어미인 '-어-'로 음독하였고, '羅'는 평서형 종결 어미인 '-라'로 음독하였다.

다음으로 전체 8구 중에서 뒤의 4구에 쓰인 향찰을 형태소 단위로 분석한다.

(20) ㄱ. 二肹隱(둘혼) : 二(둘 : 둘, 訓) + 肹(ㅎ : /ㅎ/, 音) + 隱(은 : -은, 音)

　　ㄴ. 吾下於叱古(내해엇고) : 吾(내 : 나의, 訓) + 下(해 : 것, 音) + 於(어 : -어-, 音) + 叱(ㅅ : -ㅅ-, 音) + 古(고 : -고, 音)

　　ㄷ. 二肹隱(둘혼) : 二(둘, 訓) + 肹(ㅎ : /ㅎ/, 音) + 隱(은 : -은, 音)

　　ㄹ. 誰支下焉古(누해언고) : 誰(누 : 누구, 訓) + 支(ㅣ : -의, 音) + 下(해 : 해, 것, 音) + 焉(언 : -언-, 音) + 古(고 : -고, 音)

　　ㅁ. 本矣(본딕) : 本(본 : 音) + 矣(딕 : 딕, 音)

　　ㅂ. 吾下是如馬於隱(내해다마어른) : 吾(내 : 나의, 訓) + 下(해 : 것, 音) + 是(이 : -이-, 訓) + 如(다 : -다, 訓, 音) + 馬(마 : /마/, 音) + 於(어 : /어/, 音) + -隱(란 : /란/, 音)

　　ㅅ. 奪叱良乙(앗아늘) : 奪(앗 : 앗-, 訓) + 叱(/ㅿ/ : '앗-'의 말음 /ㅿ/ 표기, 音) + 良(아 : 아, 音) + 乙(늘 : -늘, 音)

　　ㅇ. 何如爲理古(엇디ㅎ릿고) : 何如(엇디 : 어찌, 訓) + 爲(ㅎ : 하-, 訓) + 理(리 : -리-, 音) + 고(고 : -고, 音)

(ㄱ)의 '二肹隱(둘혼)'에서 '二肹'은 수사인 '둘ㅎ'을 훈과 음으로 표기한 것인데, '肹'은 '둘ㅎ'의 /ㅎ/의 음을 표기하였다. 그리고 '隱'은 보조사인 '-은'로 음독하였다. (ㄴ)의 '吾下於叱古(내해엇고)'에서 '吾'은 '나'의 관형격인 '내'로 훈독하였으며, '下'는 의존 명사

인 '해(것)'로 음독하였다. '於'는 선어말 어미 '-어-'로 음독하였고, '叱'은 감동 표현의 선어말 어미인 '-ㅅ-'으로 음독하였다. '古'은 연결 어미인 '-고'로 음독하였다. (ㄹ)의 '誰支下焉古(누해언고)'에서 '誰'는 미지칭의 인칭 대명사인 '누'로 훈독하였으며, '支'은 관형격 조사인 '-ㅣ'로 음독하였다. 그리고 '下'는 의존 명사인 '해(= 것)'를 음독하였으며, '焉'은 선어말 어미의 '-거-'와 의문형 어미인 '-ㄴ고'의 일부 소리인 /ㄴ/으로 음독하였다. 마지막으로 '古'는 의문형 어미인 '-ㄴ고'의 /고/로 음독하였다. (ㅁ)의 '本矣(본딕)'에서 '本'은 한자 '本(본)'으로 음독하였으며, '矣'은 '딕'의 '딕'으로 음독하였다. (ㅂ)의 吾下是如馬於隱(내해다마어른)에서 '吾'는 관형격의 인칭 대명사인 '내'로 훈독하였으며, '下'는 의존 명사인 '해(= 것)'로 음독하였다. '是'는 서술격 조사인 '-이-'로 훈독하였으며, '如'는 평서형의 종결 어미인 '-다'로 훈독과 음독을 한 것이다. '馬'는 종결 보조사인 '-마어른'의 /마/로 음독하였으며, '於'은 /어/로 음독하였고 '隱'은 /란/으로 음독하였다. (ㅅ)의 '奪叱良乙(앗아늘)'에서 '奪'은 어간인 '앗-'으로 훈독하였으며, '叱'은 '앗-'의 말음 /ㅿ/으로 음독하였다. 그리고 '良'는 선어말 어미인 '-아-'로 음독하였으며, '乙'은 연결 어미인 '-늘'로 음독하였다. (ㅇ)의 '何如爲理古(엇디 ᄒ릿고)'에 '何如'는 부사인 '엇디'로 훈독하였고, '爲'는 'ᄒ다'의 어간인 '하-'로 훈독하였다. '理'는 미래 시제의 선어말 어미인 '-리-'로 음독하였고, '古'는 의문형 종결 어미인 '-고'로 음독하였다.

1.4. 구결

서기문식 표기에 문법소 부분을 보완한 것이 이두식 표기이다. 이와 비슷하게 원 한문 글은 그대로 두고, 국어의 문법적인 관계를 표시하는 문법소 부분만을 한자의 음과 뜻을 빌려 와서 표기한 방법이 '구결(口訣, 토, 입겿)'이다.

구결은 한문을 읽을 때에 그 뜻을 이해하기 쉽게 하기 위한 방편으로, 이두의 표기법을 한문의 문장이나 구절 사이에 이용한 것에 불과하다. 곧 한문 원문을 읽을 때에 원한문을 그대로 두고 문장이나 구절 사이에 토를 삽입한 것이다.[12] 구결로 표기할 때에 처음에는 한자를 그대로 쓰다가 차츰 한자의 약체(略體)를 쓰게 되었다. 나중에 한글이 창제되고 나서는 일부 문헌에서는 구결을 대신 하여 한글로 표기하기도 하였다.

---

12) 이두문은 한자의 배열 순서를 국어의 어순으로 바꾸거나 국어의 일부 문법 형태소를 한자를 빌려서 표기하였기 때문에, 이두문에서 이두식 한자를 제외하면 문장이 성립하지 않는다. 반면에 구결은 한문 문장을 읽기 쉽게 하기 위하여 보조적으로 삽입한 것에 지나지 않기 때문에, 구결문에서 구결로 쓰인 글자를 빼어내면 온전한 한문 문장이 된다.

다음은 조선 중종 때에 나온 『동몽선습』(童蒙先習, 1541)에 실린 구결의 예인데, 여기서는 한자를 그대로 구결로 사용하였다.

(21) 天地之間萬物之中厓 唯人伊 最貴爲尼 所貴乎人者隱 以其有五倫也羅 是故奴 孟子伊 曰 父子有親爲弥 君臣有義爲弥 夫婦有別爲弥 長幼有序爲弥 朋友有信是羅 爲時尼 人而不知有五常 則其違禽獸伊 不遠矣理羅 [동몽선습]

(22) 天地之間萬物之中厓 唯人伊 最貴爲尼 所貴乎人者隱 以其有五倫也羅 是故奴 孟子伊 曰 父子有親爲弥 君臣有義爲弥 夫婦有別爲弥 長幼有序爲弥 朋友有信是羅 爲時尼 人而不知有五常 則其違禽獸伊 不遠矣理羅13)

(23) 厓=-애/-에, 伊=-이, 爲尼=ᄒ니, 隱=-는/-은, 羅=-라, 奴=-로, 爲弥=-ᄒ며, 是羅= -이라, 爲時尼=ᄒ시니, 理羅=-리라

(21)에서 밑줄이 그어지지 않은 부분은 온전한 한문 문장이고 밑줄을 그은 부분은 구결이다. 구결은 주로 한문의 구절과 구절 사이에 문법소의 역할을 하는 말을 표기하는 데에 사용되었는데, (21)에서 밑줄 그은 구결 부분은 (23)과 같이 읽었다.

그리고 구결문은 온전한 한자로 표기되기도 하였지만, 다음과 같이 한자의 자형을 줄여서 표기하기도 하였다.

(24) ㄱ. 父母ㅸ天性之親丶ㅿ生而育之ッㅁ愛而敎之ッㅎ
ㄴ. 父母ᄂᆫ天性之親이라生而育之ᄒ고 愛而敎之ᄒ며
ㄷ. 父母는 天性之親이다 生而育之ᄒ고 愛而敎之ᄒ며
ㄹ. 부모는 하늘에서 타고난(天性) 친함이다. (자식을) 낳고 기르고 사랑하며 가르치며…

(ㄱ)은 구결을 한자의 약자(略字)로 표기한 것인데, 'ㅸ, 丶, ㅿ, ッ, ㅁ, ッ, ㅎ' 등이 약자로 된 구결이다. (24)의 (ㄱ)에서 'ㅸ'은 '隱'자의 한 쪽을 딴 것인데 그 음은 /은, 는/이나 때로는 /ㄴ/만을 나타낸다. '丶'는 '是'의 밑 부분으로 /이/ 또는 반모음인 /j/로 읽는다.

---

13) 하늘과 땅 사이에 있는 만물 중에 오직 사람이 가장 귀하니, 사람이 귀한 까닭은 오륜(五倫)이 있기 때문이라. 이런 고(故)로 맹자(孟子)가 이르되, "아버지와 자식은 친(親)함이 있어야 하며, 임금과 신하는 의리가 있어야 하며, 남편과 아내는 구별(區別)이 있어야 하며, 어른과 어린이는 차례가 있어야 하며, 벗에는 믿음이 있어야 한다." 하시니, 사람으로서 오상(五倫)이 있음을 알지 못하면 그가 짐승과 다른 것이 멀지 않으리라.

'ㅿ'는 '羅'의 약체인 'ㅈ'의 밑 부분을 딴 것으로 /라/로 읽었으며, 'ㅁ'는 '古'의 밑부분으로 /고/로 읽었다. 'ㆍ'는 '爲'의 윗 부분을 딴것으로 /ㅎ/로 읽었으며, 'ㅓ'는 '㫆(彌)'의 오른쪽 부분만 딴 것으로 /며/로 읽는다(허웅, 1983:291 참조).

 이처럼 구결은 대부분 한자의 음을 취하였는데, 예를 들어서 '爲尼'에서 '爲(ㅎ)' 등은 한자의 뜻으로도 읽혔지만 실제로는 '하다(爲)'라는 뜻과는 관계없이 쓰였다. 따라서 구결은 표음 문자(表音 文字)이며, 표음 문자 중에서도 음절 문자(音節 文字)에 해당된다. 훈민정음이 창제된 이후에는 (ㄱ)에 쓰인 구결문을 (ㄴ)이나 (ㄷ)처럼 훈민정음(한글)의 글자로서 표기하기도 했다.

제2장 중세 국어

10세기 초에 고려가 건국되자 국어의 중심이 개경 지역으로 옮아 갔고, 13세기 말에 조선이 건국되면서 국어의 중심지는 한양 지역으로 굳어졌다. 그리고 세종대왕이 새로운 문자인 훈민정음을 반포함으로써, 우리 민족은 한문이나 차자 표기와 같은 불완전한 국어 생활에서 벗어나서 입말과 글말이 일치하는 온전한 국어 생활을 하게 되었다.

제2장에서는 15세기와 16세기의 후기 중세 국어를 중심으로 '음운과 표기', '문법', '어휘' 등에 나타난 특징을 살펴본다.

2.1. 음운과 표기법의 특징

중세 국어에 나타나는 음운이나 표기법의 특징으로는 '된소리의 발달, 어두 자음군의 실현, 모음 조화 현상, 성조(방점)의 발달' 등이 있다.[1]

2.1.1. 음운과 문자

〈 된소리의 발달 〉 전기 중세 국어의 시기부터 된소리가 등장하여 지금까지 쓰이고 있다.

---

1) '훈민정음'의 낱 글자는 음소 글자이기 때문에, 음운의 특징과 글자의 특징이 밀접하게 관련되어 있다. 따라서 중세 국어의 음운의 특징과 글자의 특징을 함께 묶어서 기술하기로 한다.

(1) ㅂ를 <u>끼름</u>, 수믈 <u>띠</u>, 밋디 몯홀 <u>빼</u>라, 마<u>쪼</u>비, <u>싸</u>호다, <u>혀</u>

(ㄱ)에서는 된소리인 /ㄲ/, /ㄸ/, /ㅃ/, /ㅉ/, /ㅆ/, /ㆅ/이 쓰였는데, /ㆅ/을 제외한 나머지 된소리는 현대 국어에도 활발하게 쓰이고 있다. 이로써 국어의 자음이 '예사소리-된소리-거센소리'의 3항 대립 체계를 이루어서 현대 국어까지 유지되고 있다.[2] 이처럼 된소리는 'ㄲ, ㄸ, ㅃ, ㅉ, ㅆ, ㆅ'처럼 같은 형태의 두 글자를 옆으로 나란히 적었는데, 이러한 표기 방법을 '각자 병서(各自 並書)'라고 한다.

〈 /ㅸ/, /ㅿ/, /ㆆ/, /ㆁ/, /·/의 실현 〉 오늘날에는 쓰이지 않는 /ㅸ/, /ㅿ/, /ㆆ/, /ㆁ/, /·/ 등이 음소로 쓰였다.

첫째, /ㅸ/은 두 입술을 가볍게 하여 마찰음으로 소리내는 유성음(유성 양순 마찰음)인 /β/의 소리이다(순경음).

(2) 셔블, 대범, 열본, 셜버, 웃브니

/ㅸ/은 대체로 유성음과 유성음 사이에서만 실현되어서 분포가 극히 제한적이다. 이러한 분포적인 제약 때문에 /ㅸ/은 15세기 후반에는 대체로 /ㅗ/, /ㅜ/나 반모음인 /w/로 바뀌었다. 이에 따라서 'ㅸ' 글자도 대략 1450년~1460년 사이에 문헌에서 사라지고 'ㅸ'으로 표기되던 글자는 '오/우'로 바뀌었다. /ㅸ/은 'ㅂ'의 아래에 'ㅇ'을 붙여 적었는데, 이러한 표기 방법을 '부서(附書)'라고 한다.

둘째, /ㅿ/은 /ㅅ/에 대립되는 '유성 치조 마찰음(有聲 齒槽 摩擦音)'인 /z/의 음가가 있는 글자이다.

(3) ᄀᆞ술, 아ᅀᆞ, 그ᅀᅥ, 우ᅀᅡ

/ㅿ/은 모음과 모음 사이나, 유성 자음인 /ㄴ, ㄹ, ㅁ, ㆁ, ㅸ/과 모음 사이에서만 나타나는 특징이 있다. 이러한 제약 때문에 /ㅿ/는 16세기 초기부터 없어지기 시작해서 16세기 말에 사라졌다.

셋째, /ㆆ/은 그 앞의 소리를 끊는 것을 표시하는 '후두 폐쇄음(喉頭 閉鎖音)'인 [ʔ]의 음가를 나타낸다. 국어를 적을 때에는 /ㆆ/이 음절의 초성으로 사용된 예가 없다.

---

2) 'ㆀ'은 /i/나 반모음 /j/ 앞에서 실현되어서, 그 /i/나 반모음 /j/를 긴장되고 길게 발음하는 소리를 나타내는 글자로 추측된다. (보기: 使ᄂᆞᆫ 히ᅇᅧ ᄒᆞ논 마리라) 그리고 'ㅥ'은 'ㄴ'을 길게 발음하는 소리인 /n:/로 발음하는 글자이다. (보기: 혓 그티 웃닛 머리예 <u>다ᇿ니라</u>)

(4) ㄱ. 니르고져 <u>홇</u> 배 이셔도, 功德이 져<u>글</u>가

    ㄴ. 快ㆆ字, 那ㆆ字, 先考ㆆ뜯, 하<u>놇</u>뜯

(5) ㄱ. 於ᅙᅥᇰ, 一ᅙᅵᇙ, 因ᅙᅵᆫ, 依ᅙᅴᇰ, 音ᅙᅳᆷ

    ㄴ. 日ᅀᅵᇙ, 發ᄫᅥᇙ, 戌슈ᇙ, 八바ᇙ, 不ᄫᅮᇙ, 節저ᇙ

(4ㄱ)에서는 'ㆆ'의 글자가 미래 시제를 나타내는 어미인 '-을/-을-'의 다음에 쓰여서 절음(絶音)을 위한 휴지(休止)의 부호로 사용되었다. 그리고 (4ㄴ)에서는 'ㆆ'이 사잇소리를 표기하거나 관형격 조사로 쓰인 예이다. 그런데 'ㆆ'은 우리말을 적는 데에는 그리 많이 쓰이지 않았지만 '동국정운식 한자음'을 표기하는 데에는 많이 쓰였다.3) (5ㄱ)에서 '於ᅙᅥᇰ, 一ᅙᅵᇙ, 因ᅙᅵᆫ, 依ᅙᅴᇰ, 音ᅙᅳᆷ' 등은 동국정운식 한자음을 표기할 때에 'ㆆ'이 초성에 쓰인 예이다. 그리고 (ㄴ)에서 '日ᅀᅵᇙ, 發ᄫᅥᇙ, 戌슈ᇙ, 八바ᇙ, 不ᄫᅮᇙ, 節저ᇙ' 등은 /ㄹ/ 종성으로 끝난 국어 한자음을 중국의 발음인 입성에 가깝게 표기하기 위하여 'ㆆ'으로써 'ㄹ'을 보충하여 표기한 것이다(이영보래, 以影補來).4) 'ㆆ'의 글자는 아주 제한된 범위에서만 쓰이다가, 1465년(세조 11년)에 간행된 『원각경언해』(圓覺經諺解)에서부터 쓰이지 않았다.

넷째, /ㆁ/의 소리가 실현되는 환경이 현대 국어와 달랐다. /ㆁ/은 여린입천장(연구개)에서 나는 비음으로 /ŋ/의 소리이다.

(6) ㄱ. 올<u>창</u>, 부<u>형</u>, 밍<u>글</u>다

    ㄴ. 러<u>울</u>, 서<u>에</u>, 바<u>올</u>, 그<u>에</u>, 미드니<u>잇</u>가

(6ㄱ)에 쓰인 /ㆁ/은 현대어에서 종성의 위치에 쓰이는 /ㅇ/과 같다. 그러나 15세기 국어에서는 (6ㄴ)처럼 초성의 위치에도 실현되는 것이 현대 국어의 /ㅇ/과 다르다. /ㆁ/은 16세기 초부터 현대 국어처럼 종성의 자리에서만 실현되었다. 이러한 변화에 따라서 'ㆁ'의

---

3) 세종대왕 당시에는 조선의 한자음을 무원칙하게 관습적으로 발음해 왔다.세종대왕은 이러한 점을 바로잡기 위해서 중국의 한자음을 정리하여 중국의 한자음에 가깝게 고치려고 하였다. 그래서 1448년(세종 30)에 중국 음운학의 기본이 되는 『홍무정운』(洪武正韻)의 음운 체계를 바탕으로 하여 『동국정운』(東國正韻)을 간행하여 우리나라 한자음의 표준으로 삼았다. 세종과 세조 때에 나온 문헌에 실린 한자음의 표기는 모두 『동국정운』(1448)의 한자음을 표준으로 삼았는데, 이들 책에서 쓰인 한자음을 '동국정운식 한자음'이라고 한다. '동국정운식 한자음'은 조선에서 통용되던 실제의 한자음과는 거리가 먼 가상적인 한자음이었으므로, 성종 이후(1485년 이후)에는 쓰이지 않았다.

4) 원래 15세기에 국어에 표현되는 한자음 중에서 /ㄹ/로 발음되는 말들은 15세기 당시 중국에서는 모두 /ㄷ/으로 발음되는 소리(입성)였다. 이에 따라서 /ㄹ/ 받침으로 끝난 국어 한자음을 중국의 발음인 입성(入聲)에 가깝게 표기하기 위하여, 'ㆆ'으로써 'ㄹ'을 보충하여 'ᇙ'으로 표기하였는데, 이러한 한자음 표기법을 '이영보래(以影補來)'라고 한다. (보기: 日ᅀᅵᇙ, 發ᄫᅥᇙ, 戌슈ᇙ, 八바ᇙ, 不ᄫᅮᇙ, 節저ᇙ)

글자도 대체로 16세기 초기부터 초성에는 쓰이지 않고 종성에서만 쓰이다가, 16세기 말에 이르면 ‘ㅇ’으로 교체되어서 문헌에서 거의 나타나지 않는다.

다섯째, /ㆍ/는 『훈민정음 해례본』에 따르면 후설 저모음인 /ʌ/의 음가를 나타낸다.

(7) ᄆᆞᅀᆞᆷ, 사ᄅᆞᆷ, ᄒᆞ다, ᄀᆞᄆᆞᆯ다, ᄇᆞᆰ다

(8) ᄆᆞᅀᆞᆷ(15세기) 〉 ᄆᆞ음(16세기 말) 〉 마음(20세기)

/ㆍ/는 16세기 초부터는 단어의 첫 음절에서 /ㅡ/로 바뀌었으며, 18세기 말에는 둘째 음절 이하에서 /ㅏ/로 바뀌었다. 이처럼 /ㆍ/의 소리가 사라졌음에도 불구하고 ‘ㆍ’의 글자는 관습적으로 쓰였는데, 1933년에 〈한글 맞춤법 통일안〉이 제정되면서 ‘ㆍ’의 글자가 폐지되었다.

〈 어두 자음군의 실현 〉 단어의 첫 머리의 초성 자리에서 /ㅳ, ㅷ, ㅶ, ㅄ; ㅺ, ㅻ, ㅼ, ㅽ; ㅴ, ㅵ/ 등의 겹자음이 발음될 수 있었다.

(9) ᄠᆞᆯ기, ᄩᅳ고, ᄧᅡᆨ, ᄡᆞᆯ; ᄭᅩ리, ᄮᅡ히, ᄯᅥᆨ, ᄲᅧ; ᄢᅮᆯ, ᄣᅢ

현대 국어에서는 초성이나 종성의 자리에서 하나의 자음만 실현될 수 있는 데에 반해서, 중세 국어에서는 (9)처럼 겹자음이 발음될 수 있었다. 이들 겹자음 중에서 /ㅺ, ㅻ, ㅼ, ㅽ/의 /ㅅ/의 계는 16세기 초기에 된소리로 바뀌었고, /ㅳ, ㅷ, ㅶ, ㅄ/ 등의 /ㅂ/계는 17세기 말에 동요하기 시작하여 1730년 무렵에 완전히 된소리로 바뀌었다. 그리고 /ㅴ, ㅵ/ 등의 /ㅄ/계는 16세기부터 동요하기 시작하여, 17세기에는 된소리나 /ㅂ/ 계의 겹자음으로 로 바뀐 것도 있다(허웅, 1986:478 참조).

〈 이중 모음과 삼중 모음 〉 15세기 국어의 중모음에는 ‘이중 모음’과 ‘삼중 모음’이 있다.

첫째, 15세기의 이중 모음에는 주모음과 부모음이 결합하는 방식에 따라서 ‘상향적 이중 모음’과 ‘하향적 이중 모음’이 있었다.

‘상향적 이중 모음’은 ‘반모음 + 단모음’의 방식으로 발음되는 이중 모음이다. ‘ㅛ, ㅑ, ㅠ, ㅕ’는 ‘ㅣ’계 상향적 이중 모음의 음가를 나타내며, ‘ㅘ, ㅝ’는 ‘ㅜ’계 상향적 이중 모음의 음가를 나타낸다.

(10) ㄱ. ㅛ /jo/, ㅑ /ja/, ㅠ /ju/, ㅕ /jə/
ㄴ. 쇼ᄒᆞ, 약대, 유무, 여ᅀᆞ

(11) ㄱ. ㅘ/wa/, ㅝ/wə/

　　ㄴ. <u>좌</u>ᄒᆞ다, <u>워</u>기다

(10)에서 (ㄱ)의 'ㅛ, ㅑ, ㅠ, ㅕ'는 반모음인 /j/의 입 모양에서 출발하여, 나중에는 각각 'ㅗ, ㅏ, ㅜ, ㅓ'를 발음할 때의 입 모양으로 발음한다. 따라서 'ㅛ, ㅑ, ㅠ, ㅕ'는 'ㅣ'계 상향적 이중 모음인 /jo/, /ja/, /ju/, /jə/로 발음되었다. 그리고 (11)에서 (ㄱ)의 'ㅘ'와 'ㅝ'는 반모음인 /w/의 입모양에서 시작하여 /ㅏ/와 /ㅓ/의 입 모양으로 발음한다. 따라서 'ㅘ'와 'ㅝ'는 "ㅜ'계 상향적 이중 모음'인 /wa/, /wə/로 발음되었다.

　'하향적 이중 모음'은 '단모음 + 반모음'의 방식으로 발음되는 이중 모음인데, '·ㅣ, ㅢ, ㅚ, ㅐ, ㅟ, ㅔ'는 'ㅣ'계 하향적 이중 모음의 음가를 나타낸다.

(12) ㄱ. ·ㅣ/ʌj/, ㅢ/ij/, ㅚ/oj/, ㅐ/aj/, ㅟ/uj/, ㅔ/əj/

　　ㄴ. <u>ᄆᆡ</u>샹, <u>의</u>다, <u>외</u>얏, <u>대</u>범, <u>뮈</u>다, <u>세</u>ᄒᆞ

곧, '·ㅣ, ㅢ, ㅚ, ㅐ, ㅟ, ㅔ'는 /·, ㅡ, ㅗ, ㅏ, ㅜ, ㅓ/의 입 모양에서 시작하여 반모음인 /j/의 입 모양으로 발음하였다. 곧, '·ㅣ, ㅢ, ㅚ, ㅐ, ㅟ, ㅔ'는 "ㅣ'계의 하향적 이중 모음'인 /ʌj/, /ij/, /oj/, /aj/, /uj/, /əj/로 발음된다.

　둘째, 현대 국어와는 달리 15세기 국어에서는 '삼중 모음(三重母音)'도 있었는데, 삼중 모음에는 반모음인 /j/로 시작하는 삼중 모음과 /w/로 시작하는 삼중 모음이 있었다.

(13) ㄱ. ㅚ/joj/, ㅒ/jaj/, ㆌ/juj/, ㅖ/jəj/

　　ㄴ. <u>쇠</u>똥, 즈<u>개</u>, <u>츼</u>ᄒᆞ다, <u>셰</u>다

(14) ㄱ. ㅙ/waj/, ㅞ/wəj/

　　ㄴ. <u>괘</u>씸ᄒᆞ다, <u>웨</u>다

(13)의 'ㅚ, ㅒ, ㆌ, ㅖ'는 '삼중 모음'의 음가를 나타내는데, 'ㅚ, ㅒ, ㆌ, ㅖ'는 'ㅣ'계의 상향적으로 발음하고 난 뒤에 다시 'ㅣ'계의 하향적으로 발음하는 "ㅣ"계의 삼중 모음'이다. 그리고 (14)의 'ㅙ, ㅞ'는 'ㅜ'계의 상향적으로 발음하고 난 뒤에 다시 'ㅣ'계의 하향적으로 발음하는 "ㅜ'계의 삼중 모음'이다.

　위에서 살펴본 15세기의 '중모음의 체계'를 정리하여 표로 보이면 다음과 같다.

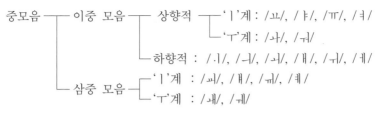

중모음 ─┬─ 이중 모음 ─┬─ 상향적 ─┬─ 'ㅣ'계 : /ㅛ/, /ㅑ/, /ㅠ/, /ㅕ/
　　　 │　　　　　　 │　　　　　 └─ 'ㅜ'계 : /ㅘ/, /ㅝ/
　　　 │　　　　　　 └─ 하향적 : /ㅓ/, /ㅢ/, /ㅚ/, /ㅐ/, /ㅟ/, /ㅔ/
　　　 └─ 삼중 모음 ─┬─ 'ㅣ'계 : /ㆉ/, /ㅒ/, /ㆌ/, /ㅖ/
　　　　　　　　　　　└─ 'ㅜ'계 : /ㅙ/, /ㅞ/

〈표 1〉 15세기 국어의 중모음 체계

〈 모음 조화의 실현 〉 중세 국어에서는 모음 조화 현상이 현대 국어에서보다 잘 지켜졌다. 중세 국어에서 모음은 음상(音相)에 따라서 '양성, 음성, 중성'의 모음으로 나뉜다.

    (15) ㄱ. 양성 모음(밝음)　 : /ㆍ, ㅗ, ㅏ; ㅛ, ㅑ/
         ㄴ. 음성 모음(어두움) : /ㅡ, ㅜ, ㅓ; ㅠ, ㅕ/
         ㄷ. 중성 모음(중간)　 : /ㅣ/

(ㄱ)의 /ㆍ, ㅗ, ㅏ; ㅛ, ㅑ/는 밝은 느낌을 주는 양성 모음이며, (ㄴ)의 /ㅡ, ㅜ, ㅓ; ㅠ, ㅕ/는 어두운 느낌을 주는 음성 모음이다. 그리고 /ㅣ/는 양성과 음성의 중간인 중성 모음이다. 15세기 국어에서 양성 모음은 양성 모음끼리, 음성 모음은 음성 모음끼리 어울리는 경향이 있었는데, 이를 '모음 조화(母音調和)'라고 한다. 중세 국어에서 모음 조화는 다음과 같이 실현되었다.

    첫째, 한 형태소 안의 모음들은 대체로 모음 조화를 지켜서 실현되었다.

    (16) ᄀᆞᄅᆞᆷ; 구룸; 가지, 머리, 닐굽, 미리

'ᄀᆞᄅᆞᆷ'에서는 양성 모음과 양성 모음이 어울렸으며, '구룸'에서는 음성 모음끼리 어울렸으며, '가지, 머리, 닐굽, 미리' 등에서는 중성 모음이 양성 모음이나 중성 모음과 어울렸다. 따라서 한 형태소 안에서 양성과 음성의 모음이 함께 실현되는 예는 극히 드물었다.

    둘째, 체언과 조사의 모음은 대체로 모음 조화를 지켜서 실현되었다.

    (17) ㄱ. 故ᄂᆞᆫ, 쇠ᄅᆞᆯ, ᄇᆞᄅᆞ매, 알ᄑᆡ, 말ᄊᆞᄆᆞᆯ
         ㄴ. 語는, 번게를, 뒤헤, 우희, 님그믈

(ㄱ)에서는 체언과 조사의 모음이 양성 모음끼리 어울렸으며, (ㄴ)에서는 체언과 조사의 모음이 음성 모음끼리 어울렸다.

셋째, 어간과 어미에 나타나는 모음도 대체로 모음 조화를 지켜서 실현되었다.

(18) 몰라, 므러, 니ᄌ실ᄊᆡ, 그리어

'몰라(모ᄅ-＋-아)'에서는 어간과 어미의 모음이 양성끼리 어울렸으며, '므러(믈-＋-어)'에서는 음성끼리 어울렸다. 그리고 '니ᄌ실ᄊᆡ(닞-＋-ᄋ시-＋-ㄹᄊᆡ)'에서는 중성과 양성이 어울렸으며, '그리어(그리-＋-어)'는 중성 모음과 음성 모음이 어울렸다.5)

〈8종성 체계〉 15세기 국어의 종성에서는 일반적으로 /ㄱ, ㆁ, ㄷ, ㄴ, ㅂ, ㅁ, ㅅ, ㄹ/의 여덟 소리만 발음될 수 있었다(8종성 체계). 따라서 종성을 적을 때에는 'ㄱ, ㆁ, ㄷ, ㄴ, ㅂ, ㅁ, ㅅ, ㄹ'의 여덟 글자만으로도 충분히 쓸 수 있다고 하였다.

(19) 박(瓢), 강아지(犬), 벋(友), 빈혀(簪), 입(口), 밤(栗) 못(池), ᄆᆞᆯ(馬)

'박(瓢)'에는 'ㄱ'이 종성 글자로 쓰였으며, '강아지'에는 'ㆁ'이, (ㄷ)의 '벋(友)'에는 'ㄷ'이, (ㄹ)의 '빈혀(簪)'에는 'ㄴ'이, (ㅁ)의 '입(口)'에는 'ㅂ'이, (ㅂ)의 '밤(栗)'에는 'ㅁ'이, (ㅅ)의 '못(池)'에는 'ㅅ'이, (ㅇ)의 'ᄆᆞᆯ(馬)'에는 'ㄹ'이 종성 글자로 쓰였다.

15세기 국어의 종성을 현대어의 그것과 비교하면 /ㅅ/이 종성에서 그대로 쓰일 수 있다는 점이 특징이다.

(20) ㄱ. 굿(必), 못(池), ᄆᆞᆺ(最)
ㄴ. 귿(末), 몯(莫), ᄆᆞᆮ(昆)

예를 들어서 15세기 국어에서는 (ㄱ)의 '굿(必), 못(池), ᄆᆞᆺ(最)'과 (ㄴ)의 '귿(末), 몯(莫), ᄆᆞᆮ(昆)'을 반드시 구분하여 표기하였다. 곧 '굿(必), 못(池), ᄆᆞᆺ(最)'은 /kis/, /mos/, /mʌs/로 발음되었고, '귿(末), 몯(莫), ᄆᆞᆮ(昆)'은 /kit/, /mot/, /mʌt/으로 발음된 것이다. 이를 감안하면 종성의 자리에서도 초성의 자리에서와 마찬가지로 'ㅅ'과 'ㄷ'의 글자가 구별되어서 쓰였음을 알 수 있다.6)

---

5) 모음 조화는 15세기까지 비교적 잘 지켜졌다. 그러나 16세기 초부터 단어의 둘째 음절의 이하에서 양성 모음이었던 /ㆍ/가 대체로 음성 모음인 /ㅡ/로 바뀌게 되었다. 이에 따라서 한 단어 내부에서 양성과 음성의 모음이 함께 실현되어서, 16세기 후반부터는 모음 조화가 허물어졌다. (보기: ᄆᆞᅀᆞᆷ〉 ᄆᆞ음, 모ᄅ다〉모르다)
6) 종성의 /ㅅ/은 16세기 초부터 /ㄷ/으로 바뀌어서 이른바 7종성의 체계가 정립되어서 근대 국어와

〈 성조와 방점 〉 훈민정음은 초성, 중성, 종성의 글자 이외에도 '방점(傍點, 四聲點)'을 찍어서 '성조(聲調, 소리의 높낮이)'를 표시하였다.

(21) (글자의) 왼편에 한 점을 찍으면 거성(去聲)이요, 둘이면 상성(上聲)이요, 없으면 평성(平聲)이다. 입성(入聲)은 점을 찍는 것은 같으나 촉급하다.

'사성법(四聲法)'은 글자의 왼편에 점을 찍어서 소리의 높낮이를 표시한 표기법이다. 거성(去聲, 가장 높은 소리)은 한 점을 찍으며, 상성(上聲, 처음에는 낮았다가 나중에는 높은 소리)은 두 점을 찍었고, 평성(平聲, 가장 낮은 소리)은 점을 찍지 않았다.
『훈민정음』에서 규정한 방점의 사용법을 정리하여 표로 보이면 다음과 같다.[7]

사성 (四聲)		좌가점 (左加點)	용례	소리의 성질	
				해례본	언해본
비입성 (非入聲)	거성(去聲)	一 點	·갈(刀), ·키(箕)	舉而壯	뭇 노픈 소리
	상성(上聲)	二 點	:돌(石), :범(虎)	和而舉	처서미 눗갑고 내중이 노픈 소리
	평성(平聲)	無 點	벼(稻), 콩(大豆)	安而和	뭇 눗가톤 소리
입성 (入聲)	거성(去聲)	一 點	·몯(釘), ·툭(頤)	促而塞	섈리 긋둔눈 소리
	상성(上聲)	二 點	:낟(穀), :깁(繒)		
	평성(平聲)	無 點	독(甕), 넙(脅)		

〈표 1〉 방점의 운용법

【 더 배우기 】

훈민정음의 제자 원리는 『훈민정음 해례본』의 '제자해'에 자세하게 기술되어 있다.

(1) 훈민정음 28글자는 각기 그 모양을 본떠서 만들었다.

현대 국어에 이르고 있다. 이에 따라서 16세기 후반에는 종성에서 'ㄷ'과 'ㅅ'이 혼용되어 이 두 글자의 구분이 사실상 없어졌다(허웅, 1986:497).
7) 중세 국어의 성조 체계는 16세기 초부터 변화하였는데, 16세기 말이 되면 거성과 평성은 대체로 짧은 소리로 바뀌었고 상성은 대체로 긴 소리로 바뀌었다. 이처럼 성조가 사라지게 됨으로써 방점 또한 그 쓰임이 혼란을 겪게 되었다. 곧, 방점은 16세기 초기 문헌에서부터 사용법에 혼란을 보이다가, 17세기 초반에 간행된 문헌부터는 방점이 표시되지 않았다.

위의 기록은 훈민정음의 기본적인 제자 원리가 '상형(象形)'의 원리임을 밝히고 있다. 곧 초성(자음) 글자는 그것을 발음할 때에 작용하는 발음 기관의 모양을 본떠서 글자를 만들었고, 중성(모음) 글자는 하늘(天)이 둥근 모양과 땅(地)이 평평한 모양, 그리고 사람(人)이 서 있는 모양을 본떠서 만들었다.

1. 초성 글자의 제자 원리

초성 글자는 소리를 낼 때의 발음 기관을 상형함으로써 'ㄱ, ㄴ, ㅁ, ㅅ, ㅇ'의 상형자를 만들고, 이들 글자에 '가획'의 방법을 적용하여 다른 글자를 만들었다. 그리고 종성 글자는 따로 만들지 않고 초성 글자를 다시 사용하였다.

〈상형〉 '훈민정음 해례본'의 '제자해'에는 초성(자음) 글자의 제자 원리를 다음과 같이 밝히고 있다.

(2) 초성은 모두 17자이다. 아음(어금닛소리, 牙音)인 'ㄱ'은 혀의 뿌리가 목을 막는 모양을 본떴다. 설음(혓소리, 舌音)인 'ㄴ'은 혀가 윗잇몸에 붙는 모양을 본떴다. 순음(입술소리, 脣音)인 'ㅁ'은 입의 모양을 본떴다. 치음(잇소리, 齒音)인 'ㅅ'은 이의 모양을 본떴다. 후음(목구멍소리, 喉音)인 'ㅇ'은 목구멍의 모양을 본떴다.

초성 글자를 만든 일차적인 원리는 '상형(象形)'이다. 곧 상형자인 'ㄱ, ㄴ, ㅁ, ㅅ, ㅇ'은 소리를 낼 때에 관여하는 발음 기관의 모습을 그대로 본떠서 만들었다.

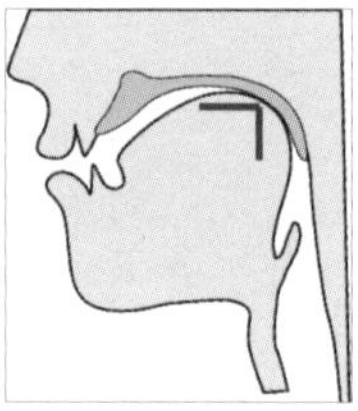
['ㄱ'의 상형]

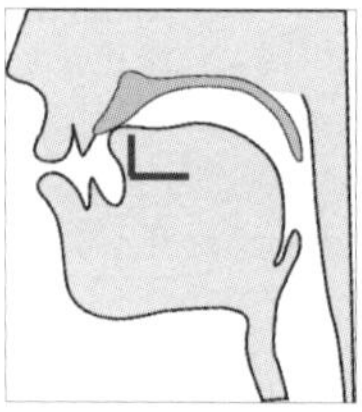
['ㄴ'의 상형]

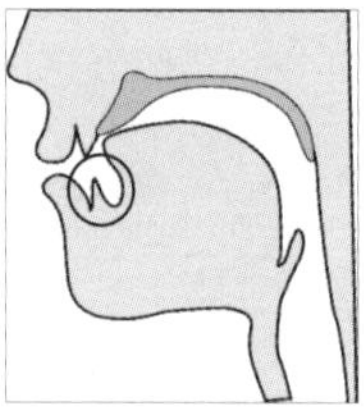
['ㅅ'의 상형]

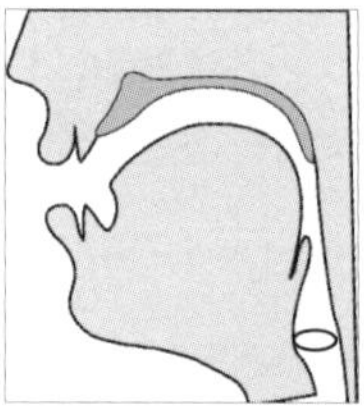
['ㅇ'의 상형]

'ㄱ'은 그 소리를 발음할 때 혀의 뒷부분(뒤혀)이 올라가서 입천장의 맨 안쪽 부분(연구개)을 막는 모양을 본떠서 글자의 꼴을 만들었다. 'ㄴ'은 혀끝이 윗잇몸에 닿는 모양을 본떴다. 'ㅁ'은 별도의 글자를 만들지 않고 한자의 '口' 모양을 그대로 가져와서 입의 (네모진) 모양을 본떴고, 'ㅅ'은 이의 (뾰쪽한) 모양을, 'ㅇ'은 목구멍의 (둥근) 모양을 그대로 본떴다.

〈가획〉 초성 글자를 만드는 데에 적용한 두 번째 원리'는 '가획(加劃)'이다. 곧 상형의 원리로써 'ㄱ, ㄴ, ㅁ, ㅅ, ㅇ'의 상형자를 먼저 만들고, 나머지 글자는 소리가 세어짐에 따라서 획을 더하는 원리를 사용하여 글자(=가획자)를 만들었다.

(3) ㅋ은 ㄱ에 비하여 소리가 약간 세게 나오므로 획(劃)을 더하였다. ㄴ과 ㄷ, ㄷ과 ㅌ,

ㅁ과 ㅂ, ㅂ과 ㅍ, ㅅ과 ㅈ, ㅈ과 ㅊ, ㅇ과 ㆆ, ㆆ과 ㅎ은 그 소리를 말미암아서 획을 더하는 뜻은 모두 같으나, 오직 ㆁ만은 다르다.

상형자에 획을 더하여 글자를 만든 것은 'ㄱ'보다 'ㅋ'이 소리가 세게 나고, 'ㄴ'보다 'ㄷ'이 더 세게 나고, 'ㄷ'보다는 'ㅌ'이 더 세게 나기 때문이다. 결국 소리의 세기를 획을 더해서 나타낸 것이다. (3)의 내용을 정리하여 표로 보이면 다음과 같다.

	상형자	1차 가획자	2차 가획자	이체자(異體字)
아음(牙音)	ㄱ	ㅋ		ㆁ
설음(舌音)	ㄴ	ㄷ	ㅌ	ㄹ
순음(脣音)	ㅁ	ㅂ	ㅍ	
치음(齒音)	ㅅ	ㅈ	ㅊ	ㅿ
후음(喉音)	ㅇ	ㆆ	ㅎ	

〈표 2〉 초성 글자의 가획 원리

2. 중성 글자의 제자 원리

중성(모음) 글자는 상형의 원리에 따라서 'ㆍ, ㅡ, ㅣ' 세 글자를 만들고 나서, 나머지 중성 글자는 'ㆍ, ㅡ, ㅣ'를 합성하여 만들었다.

〈**상형**〉 중성 글자 중에서 으뜸이 되는 'ㆍ, ㅡ, ㅣ' 세 글자는 '상형(象形)'의 원리로 만들었다.

> (4) 중성은 모두 11자이다. ㆍ는 (…) 그 형상이 둥근 것은 하늘을 본떴다. ㅡ는 (…) 그 형상이 평평한 것은 땅을 본떴다. ㅣ는 (…) 그 형상이 서 있는(立) 모양인 것은 사람을 본떴다.

'ㆍ'는 하늘(天)의 둥근 모양을, 'ㅡ'는 땅(地)의 평평한 모양을, 'ㅣ'는 사람(人)이 서 있는 모양을 본떠서 글자를 만들었다.

〈**합성**〉 상형자인 'ㆍ'와 'ㅡ'와 'ㅣ'를 합성(合成)하여 초출자와 재출자를 만들었다.

> (5) ㅗ는 그 모양이 ㆍ와 ㅡ가 합쳐서 이루어졌다. ㅏ는 그 모양이 ㅣ와 ㆍ가 합쳐서 이루어졌다. ㅜ는 그 모양이 ㅡ와 ㆍ가 합쳐서 이루어졌다. ㅓ는 그 모양이 ㆍ와 ㅣ가 합쳐서 이루어졌다. [훈해 제자해]

> (6) ㅛ는 ㅗ와 같으나 ㅣ에서 일어난다. ㅑ는 ㅏ와 같으나 ㅣ에서 일어난다. ㅠ는 ㅜ와 같으나 ㅣ에서 일어난다. ㅕ는 ㅓ와 같으나 ㅣ에서 일어난다. [훈해 제자해]

(7) 'ㅗ, ㅏ, ㅜ, ㅓ'는 천지(天地)에서 비롯하므로 초출(初出)이 된다. 'ㅛ, ㅑ, ㅠ, ㅕ'는 ㅣ에 서 일어나서 인(人)을 겸하므로 재출(再出)이 된다. 'ㅗ, ㅏ, ㅜ, ㅓ'에서 그 원(圓)을 하나로 한 것은 초생(初生)의 뜻을 취했다. 'ㅛ, ㅑ, ㅠ, ㅕ'에서 그 원(圓)을 둘로 한 것은 재생(再生)의 뜻을 취했다.

'ㅗ'는 'ㆍ'에 'ㅡ'를 합성하여서 만들었으며, 'ㅏ'는 'ㅣ'에 'ㆍ'를 합성하여서 만들었다. 'ㅜ'는 'ㅡ'에 'ㆍ'를 합성하여서 만들었고, 'ㅓ'는 'ㆍ'에 'ㅣ'를 합성하여서 만들었다. 그리고 'ㅗ, ㅏ, ㅜ, ㅓ'처럼 'ㅡ'나 'ㅣ'에 'ㆍ'를 하나 더하여 만든 합성 글자를 '초출자(初出字)'라고 하는데, 이는 단모음을 적은 글자이다. 반면에 'ㅛ, ㅑ, ㅠ, ㅕ'처럼 'ㅡ'나 'ㅣ'에 'ㆍ'를 두 개 더하여 만든 글자를 '재출자(再出字)'라고 하는데, 이는 'ㅣ'계'의 상향적 이중 모음을 적은 글자이다. 상형자(ㆍ, ㅡ, ㅣ), 초출자(ㅗ, ㅏ, ㅜ, ㅓ), 재출자(ㅛ, ㅑ, ㅠ, ㅕ)는 하나로 된 글자인데, 이들을 아울러서 '일자 중성자(一字中聲字, 홑 중성 글자)'라고 한다.

초출자와 재출자의 제자 원리와 음가를 정리하여 표로 보이면 다음과 같다.

초출자			재출자		
글꼴	글자의 합성	음가	글꼴	글자의 합성	음가
ㅗ	ㆍ + ㅡ	/o/	ㅛ	ㆍ + ㆍ + ㅡ	/jo/
ㅏ	ㅣ + ㆍ	/a/	ㅑ	ㅣ + ㆍ + ㆍ	/ja/
ㅜ	ㅡ + ㆍ	/u/	ㅠ	ㅡ + ㆍ + ㆍ	/ju/
ㅓ	ㆍ + ㅣ	/ə/	ㅕ	ㆍ + ㆍ + ㅡ	/jə/

〈표 3〉 초출자와 재출자의 제자 원리

2.1.2. 표기법

15세기 중세 국어의 표기법은 '음소적 표기법과 음절적 표기법, 형태 · 음소적 표기법, 종성의 표기' 등에서 특징이 나타난다.

(가) '표음주의 표기법'과 '표의주의 표기법'

15세기 국어에서는 원칙적으로는 '표음주의 표기법'으로 적었으며, 일부 문헌에서 부분적으로 '표의주의 표기법'으로 적었다.

〈 **표음주의 표기법** 〉 '표음주의 표기법(表音主義 表記法)'은 특정한 형태소에 변동이 일어날 때에, 그 형태소를 변동된 대로 적거나 형태소의 경계를 무시하고 소리 나는 대로 적은 표기법이다.

첫째, '음소적 표기법(音素的 表記法)'은 변동된 형태를 소리 나는 대로 적는 표기 방법이다.

(22) 무릎(← 무릎), 이실 쩌긔(← 저긔), 믓결(← 믌결), 날ᄃ려(← 나 + -ᄃ려), 마킨디(← 막- + -히- + -디), 건나디(← 걷- + 나- + -디)

(22)에서는 형태소의 기본 형태가 '무릎'에서는 평파열음화, '쩌긔'에서는 된소리되기, '믓결'에서는 음운의 탈락, '날ᄃ려'에서는 음운의 첨가, '마킨다'에서는 축약 현상에 따라서 비기본 형태로 변동했다. 중세 국어에서는 이러한 변동 현상이 일어날 때에는 소리 나는 대로 표기하는 것이 일반적이었다.

둘째, '음절적 표기법(音節的 表記法)'은 체언이나 용언의 어간이 종성으로 끝나고 그 뒤에 실현되는 조사와 어미가 모음으로 시작할 때에, 형태소의 경계를 무시하고 앞 말의 종성을 뒤 말의 초성으로 이어서 적는 표기법이다(이어적기, 連綴).

(23) ㄱ. 모믈(몸 + -올), 사ᄅ미(사ᄅᆞᆷ + -이), 도ᄂ로(돈 + -ᄋᆞ로), ᄠᅳ들(ᄠᅳᆮ + -을)
ㄴ. 업슬(없- + -을), 아나(안- + -아), 빌머그라(빌먹- + -으라)

(ㄱ)은 체언의 끝에 실현된 종성이 모음으로 시작하는 조사와 결합할 때에 이어적기를 한 예이다. 그리고 (ㄴ)은 용언 어간의 끝에 실현된 종성이 모음으로 시작하는 어미와 결합할 때에 이어적기를 한 예이다.

〈 표의주의 표기법 〉 '표의주의 표기법(表意主意 表記法)'은 변동된 형태소의 기본 형태를 밝혀서 적거나, 형태소의 경계를 밝혀서 적는 표기 방법인데, 이러한 표기법을 '형태·음소적 표기법(形態·音素的 表記法)'이라고도 한다.

첫째, 『용비어천가』와 『월인천강지곡』과 같은 문헌에서는, 특정한 형태소가 쓰이는 환경에 따라서 형태가 달라지더라도 원래의 기본 형태대로 적는 경우가 있었다.

(24) 곶비, 빛나시니이다, 닢, 낱

(24)의 예는 종성에서는 소리나지 않는 'ㅈ, ㅊ, ㅍ, ㅌ' 받침을 원래의 기본 형태대로 종성에 적은 것이다. 이들을 '팔종성가족용법(八終聲可足用法)'에 따라서 적으면 각각 '곳

비, 빗나시니이다, 닙, 낟'으로 적힌다.

둘째, 『월인천강지곡』에서는 형태소와 형태소의 경계를 밝혀서 '끊어적기(分綴)'를 한 경우도 있다.

    (25) ㄱ. 눈에, 일을, 움을, 종을, 즘을

          ㄴ. 안아, 담아

(ㄱ)처럼 체언에 조사가 결합하는 경우에, 체언이 주로 /ㄴ/, /ㄹ/, /ㅁ/, /ㅇ/, /ㅿ/과 같은 공명음(共鳴音)으로 된 종성으로 끝날 때에는 체언과 조사의 경계를 구분하여 적었다. 그리고 용언의 경우에 (ㄴ)처럼 어간이 공명음 중에서 특히 /ㄴ/과 /ㅁ/의 종성으로 끝날 때에는 어간과 어미의 경계를 구분하여 적었다.

(나) 종성의 표기

15세기 국어에서 종성의 자리에서는 /ㄱ, ㆁ, ㄷ, ㄴ, ㅂ, ㅁ, ㅅ, ㄹ/의 여덟 개의 소리만이 발음되었다. 이에 따라서 『훈민정음 해례본』의 종성해에서는 '然ㄱㆁㄷㄴㅂㅁㅅㄹ八字可足用也'라고 규정하여, 종성 소리로서 원칙적으로 'ㄱ, ㆁ, ㄷ, ㄴ, ㅂ, ㅁ, ㅅ, ㄹ'의 여덟 글자만 사용하였다.

    (26) 그러나 'ㄱ, ㆁ, ㄷ, ㄴ, ㅂ, ㅁ, ㅅ, ㄹ'의 여덟 글자로 (종성에) 쓰는 데 충분하다.

이에 따라서 『훈민정음 언해본』, 『석보상절』, 『월인석보』 등 15세기 국어로 된 대부분의 문헌에서는 이러한 원칙에 따라서 종성을 소리 나는 대로 적었다.

    (27) ㄱ. <u>받</u>   (← 밭)

        ㄴ. <u>놉고</u> (← 높고)

        ㄷ. <u>곳</u>   (← 곶)

        ㄹ. <u>갓</u>   (← 갗)

        ㅁ. <u>노쏩고</u> (← 놓습고)

(27)은 /ㄱ, ㆁ, ㄷ, ㄴ, ㅂ, ㅁ, ㅅ, ㄹ/ 이외의 자음이 종성의 자리에서 변동 현상을 입었다. 이러한 변동에 따라서 형태소를 기본 형태대로 적지 않고 소리 나는 대로 적었다.

【 더 배우기 】

<그림 1> 훈민정음 해례본

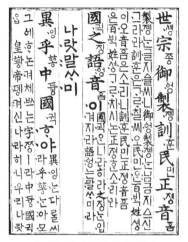

<그림 2> 훈민정음 언해본

〈 **훈민정음의 창제** 〉 글자 체계로서의 '훈민정음(訓民正音)'은 세종 25년 음력 12월 (1444년 양력 1월)에 창제되고, 세종 28년 음력 9월(1446년 양력 10월)에 반포되었다. 훈민정음의 제자 원리와 용례 및 훈민정음의 창제 과정은 『훈민정음 해례본』(訓民正音 解例本)에 자세하게 기술되어 있다.

〈 **훈민정음 해례본** 〉 『훈민정음 해례본』은 1446년 음력 9월 상순(正統 十一年 九月 上澣)에 발간된 한문본으로서 『간송 전형필본』이라고도 한다. 이 책은 1940년에 경북 안동군에서 발견되었는데, 현재 국보 70호로 지정되어 있으며 1997년에 유네스코가 지정한 세계 기록 유산에 등재되어 있다. 『훈민정음 해례본』의 내용은 다음과 같이 짜여 있다.

---

1. (어제 훈민정음)
    ① (어제 서) : 훈민정음 창제의 동기와 목적 소개
    ② (예 의) : ─자모의 형태와 음가 소개
                  ─글자의 운용법 소개
2. 훈민정음 해례 : 제자해, 초성해, 중성해, 종성해, 합자해; 용자례
3. (정인지 서) : 창제의 동기와 목적, 정음의 우수성, 정음 창제의 경위

〈표 1〉 훈민정음 해례본의 내용 체제

〈 훈민정음 언해본 〉 '훈민정음 언해본(訓民正音 諺解本)'은 단행으로 된 책이 아니고 『월인석보』(月印釋譜)의 첫째 권의 책 머리에 실린 것인데, 글의 제목이 '세종 어제 훈민정음(世宗 御製 訓民正音)'으로 되어 있다. 이 책은 한문본인 『훈민정음 해례본』(訓民正音 解例本)에 있는 본문(本文)만을 국역하고, 거기에 중국의 치두음(齒頭音)과 정치음(正齒音)의 설명을 더한 것을 훈민정음으로 번역한 것이다.

(1) 세종의 서 : 훈민정음의 창제 목적 기술
(2) 글자의 음가 : 초성 17 글자와 중성 11 글자의 음가 설명
(3) 글자의 운용 : 종성법, 연서법, 합용법, 부서법, 성음법, 사성법, 치두음과 정치음의 구별

훈민정음 언해본은 『월인석보』가 훈민정음으로 적혀 있었기 때문에 훈민정음에 익숙하지 못했던 당대의 독자들에게 훈민정음 각 글자의 음가와 기본적인 사용법을 간략하게 소개하려는 목적으로 이 책이 쓰였다. 이 책의 내용은 다음과 같이 구성되어 있다.[1]

2.2. 문법의 특징

2.2.1. 체언과 조사

중세 국어에 쓰인 체언 중에는 현대 국어에서는 볼 수 없는 특이한 형태를 취하는 것과 체언과 조사가 결합하는 과정에서 체언의 형태가 불규칙하게 변동하는 것이 있다.
〈 /ㅎ/을 종성으로 가지는 체언 〉 15세기 국어에는 /ㅎ/으로 끝나는 특수한 체언이 약 80개 가량 있었는데, 이러한 체언들은 16세기까지는 대체로 끝 소리인 /ㅎ/을 유지하였다.

---

[1] 『훈민정음 언해본』의 제작 연대나 번역자는 알려져 있지 않다. 그러나 이 책에는 『동국정운』(東國正韻)에서 제정한 규정인 '이영보래법(以影補來法)'과 '치두음(齒頭音), 정치음(正齒音)'의 구분에 대한 내용이 있다. 이를 감안하면 『훈민정음 언해본』은 아마도 『동국정운』이 완성된 때(1448년, 세종 30)로부터 『월인석보』가 간행(1459년, 세조 5)되기까지 사이(1450년경)에 지어진 것으로 보인다. 따라서 이 책에 나타난 표기상의 특징도 『용비어천가』나 『석보상절』, 『월인천강지곡』 등과 같은 세종과 세조 연간에 간행된 문헌과 동일하다.

(1) ㄱ. 갈ㅎ(칼, 刀), 겨슬ㅎ(겨울, 冬), 그르ㅎ(그루터기), 긑ㅎ(끝, 細), 길ㅎ(길, 道), ᄀᆞ눌ㅎ(그늘,
陰), ᄀᆞ슬ㅎ(가을, 秋), 나ㅎ(나이, 年齡), 나라ㅎ(나라, 國), 내ㅎ(내, 川), 노ㅎ(노끈, 繩), 니마
ㅎ(이마, 額), 님자ㅎ(임자, 主), ᄂᆞ물ㅎ(나물, 菜), 늘ㅎ(칼날, 刀), 뎌ㅎ(피리, 笛), 돌ㅎ(돌,
石), 드르ㅎ(들, 野), ᄠᅳㅎ(뜰, 庭), ᄯᅩㅎ(구석, 근원, 源), 마ㅎ(장마), 마ㅎ(마, 薯), 말ㅎ(말뚝,
橛), 머리ㅎ(머리, 頭), 모ㅎ(모, 方), 모야ㅎ(모양, 樣), 밀ㅎ(밀, 小麥), ᄆᆞ슬ㅎ(마을, 里), 미ㅎ
(들, 野), 바다ㅎ(바다, 海), 별ㅎ(벼랑, 圉), 보ㅎ(들보, 梁), 보ㅎ(보자기), 불ㅎ(팔, 臂), 비술
ㅎ(배알, 臟), ᄡᅩᆺ돌ㅎ(숫돌, 砥), 셔울ㅎ(서울, 京), 쇼ㅎ(속인, 俗人), 소ㅎ(거푸집, 範), 소ㅎ
(소, 沼), 수ㅎ(수, 雄), 수ㅎ(숲, 藪), 스굴ㅎ(시골, 鄕), 시내ㅎ(시내, 川), 술ㅎ(살膚), 쇼ㅎ
(요, 褥), 안ㅎ(안, 內), 안ᄠᅳㅎ(안뜰, 內庭), 알ㅎ(알, 卵), 암ㅎ(암, 雌), 언ㅎ(언덕, 堤), 열ㅎ
(삼, 蔘), 올ㅎ(올해, 今年), 우ㅎ(위, 上), 울ㅎ(울, 籬), 움ㅎ(움, 窟), 위안ㅎ(동산, 園), 자ㅎ
(자, 尺), 조ㅎ(조, 粟), 즈름길ㅎ(지름길, 逕), 츨ㅎ(근본, 源 本), 터ㅎ(터, 基)

ㄴ. ᄒᆞ나ㅎ(하나), 둘ㅎ(둘), 세ㅎ(셋), 네ㅎ(넷), 열ㅎ(열), 스믈ㅎ(스물), 여러ㅎ(여러)

ㄷ. -들ㅎ/-들ㅎ(-들)

(ㄱ)과 (ㄴ)의 단어들은 각각 /ㅎ/으로 끝난 명사와 수사이며, (ㄷ)의 '-들ㅎ'과 '-들ㅎ'은
/ㅎ/으로 끝난 복수 접미사이다. 17세기의 국어에서부터 일부 체언들의 끝 소리 /ㅎ/이
없어지기 시작하다가, 현대어에서는 끝 소리 /ㅎ/이 탈락된 형태로만 쓰인다.
    그런데 현대어의 합성 체언 중에는, 체언과 체언이 합성되는 과정에서 15세기 국어에
서 나타나는 선행 체언의 끝 소리 /ㅎ/의 흔적이 나타나는 경우도 있다.

    (2) 머리카락, 살코기, 안팎, 수캉아지, 암캐

'머리ㅎ, 살ㅎ, 안ㅎ, 수ㅎ, 암ㅎ' 등은 합성어가 되는 과정에서 끝 소리 /ㅎ/이 뒤 어근인
'가락, 고기, 밖, 강아지, 개'의 첫 예사소리인 /ㄱ/, /ㅂ/ 등과 축약되어서, 각각 '머리카
락, 살코기, 안팎, 수캉아지, 암캐' 등의 형태로 쓰이고 있다.
    〈 **체언의 특수한 변동** 〉 체언과 조사가와 결합할 때에 체언이 불규칙하게 변동하는 경우
가 있었다.
    첫째, 체언 중에서 '나모, 구무, 불무, 녀느'는 그 뒤에 모음으로 시작하는 조사가 결합
하면, 체언의 끝 모음인 /ㅗ/, /ㅜ/, /ㅡ/가 탈락하는 동시에 /ㄱ/이 첨가되어서 '낡, 굶,
붊, 녃'의 형태로 실현된다.

(3) ㄱ. 나모와(나모 + -와), 구무마다(구무 + -마다), 불무질(불무 + -질), 녀늣 이룰

　　ㄴ. 남기(났 + -이), 굼글(굶 + -을), 붉기라(붉 + -이- + -라), 년기(녀 + -이)

'나모(木), 구무(孔), 불무(冶), 녀느(他)'는 (ㄱ)처럼 자음으로 시작하는 조사나 휴지 앞에서
는 '나모, 구무, 불무, 녀느'의 형태가 그대로 유지되었다. 반면에 이들 체언이 (ㄴ)처럼
모음으로 시작하는 조사와 결합하면 체언의 끝 모음이 탈락하고 /ㄱ/이 첨가된다.

　　둘째, 체언 중에서 'ㅎ르(一日)'와 'ㅁ르(棟)'는 그 뒤에 모음으로 시작하는 조사가 결합
하면, 체언의 끝 모음인 /ㅗ/, /ㅜ/, /ㅡ/가 탈락한다. 동시에 /ㄱ/이 첨가되어서 '믈ㄹ'과
'홀ㄹ'로 실현된다.

　　　(4) ㄱ. ㅎ르도(ㅎ르 + -도), ㅁ르와(ㅁ르 + -와)

　　　　　ㄴ. 홀룰(홀ㄹ + -올), 믈리(믈ㄹ + -이)

(ㄱ)에서 'ㅎ르'와 'ㅁ르'는 그 뒤에 자음으로 시작하는 조사가 결합하였는데, 이때에는 원
래의 형태대로 실현되었다. 반면에 (ㄴ)에서 'ㅎ르'와 'ㅁ르'는 그 뒤에 모음으로 시작하는
조사가 결합하였다. 이때에는 먼저 'ㅎ르'와 'ㅁ르'의 끝 모음인 / · /가 탈락하고, 홀로
남은 /ㄹ/이 앞 음절의 끝 소리로 이동하여 '홀, 믈'의 형태가 되었다. 이와 동시에 /ㄹ/이
새롭게 첨가되어서 '홀ㄹ'과 '믈ㄹ'의 형태로 실현되었다.

　　셋째, 체언과 조사가 결합할 때에, 체언의 끝 음절에 실현되는 모음이 탈락한 뒤에
홀로 남은 자음은 앞 음절의 종성으로 옮아간다. 곧, /ㄹ/나 /ㅿ/로 끝난 체언에 모음으
로 시작하는 조사가 연결될 때에는, 체언의 끝 모음인 / · /가 탈락할 수 있다. 이때에
홀로 남은 자음 /ㄹ/, /ㅿ/은 앞 음절의 종성으로 옮아서 실현된다.

　　　(5) ㄱ. ㄱ르, ㄴ르, 아ㅿ도, 여ㅿ는

　　　　　ㄴ. 골ㅇ로(ㄱ르 + -ㅇ로), 놀이(ㄴ르 + -이), 앗이(아ㅿ + -이), 엿을(여ㅿ + -올)

(ㄱ)의 'ㄱ르(가루, 粉), ㄴ르(나루, 津), 아ㅿ(아우, 弟), 여ㅿ(여우, 狐)' 등의 체언은 끝 소리가
/ · /로 끝났다. 이들 체언이 (ㄴ)처럼 모음으로 시작하는 조사와 결합하면 체언의 끝 모음
인 / · /가 탈락하고 동시에 체언의 끝 자음인 /ㄹ/과 /ㅿ/은 앞 음절의 끝 소리로 옮아가서,
'골, 놀, 앗, 엿'의 형태로 실현되었다.

　〈 주격 조사의 형태 〉 현대 국어의 주격 조사는, 자음으로 끝나는 체언 뒤에서 '-이'가
실현되고, 모음으로 끝나는 체언 뒤에서는 '-가'로 실현된다. 이에 비하여 중세 국어에

서는 앞 체언의 음운적 환경에 따라서 '-이/-ㅣ/-∅'의 형태로 실현된다.

(6) ㄱ. 부텻 모미 여러 가짓 相이 ᄀᆞᄌᆞ샤 [석상 6:41]

ㄴ. 내 가리이다 [용가 94장]

ㄷ. 녯 가히 내 도라오믈 깃거 [두언-초 6:39]

ㄹ. 불휘 기픈 남ᄀᆞᆫ ᄇᆞᄅᆞ매 아니 뮐ᄊᆡ [용가 2장]

(ㄱ)의 '몸'처럼 자음으로 끝나는 체언 다음에는 주격 조사가 '-이'의 형태로 실현된다. 반면에 (ㄴ)의 '나'처럼 /ㅣ/나 반모음인 /j/를 제외한 일반적인 모음으로 끝나는 체언 다음에는 주격 조사가 반모음인 '-ㅣ'의 형태로 실현된다. 끝으로 (ㄷ)의 '가히'와 (ㄹ)의 '불휘'처럼 /ㅣ/나 반모음 /j/로 끝나는 체언 다음에는 주격 조사의 형태가 드러나지 않는다. 이처럼 주격 조사의 형태가 드러나지 않을 때에는 주격 조사의 변이 형태로 '-∅'를 설정할 수 있다.

2.2.2. 용언

용언의 '의문형 종결 어미'와 '화자 표현, 높임 표현, 시간 표현' 등에서 현대 국어와는 다른 특징이 나타난다.

(가) 어말 어미

〈 의문형의 종결 어미 〉 '의문형의 종결 어미'는 화자가 청자에게 대답을 요구하는 의문문에 실현된다.

첫째, 의문형 어미인 '-은다/-읋다'와 '-은가/-은고, -읋가/-읋고'는 주어의 인칭에 따라 구분되어서 쓰인다. 곧, '-은다/-읋다'는 주어가 2인칭인 의문문에서만 실현되며, '-은가/-은고'와 '-읋가/-읋고'는 주어가 1·3인칭인 의문문에 실현된다.[2]

---

2) 의문문은 질문하는 방식에 따라서 '설명 의문문'과 '판정 의문문'으로 나누어진다. '판정 의문문(判定 疑問文)'은 화자가 자신이 발화한 질문의 전체적인 내용에 대하여, 청자에게 긍정이나 부정의 답을 요구하는 의문문이다. 중세 국어에서는 판정 의문문에서는 '의문사(疑問詞, 물음말)'가 실현되지 않으며, 이때 의문문에 실현되는 의문형 어미나 의문 보조사는 '-가' 혹은 '-아/-어'의 형태로 실현된다. (보기: 西京은 편안ᄒᆞ가 묻ᄒᆞ가 두시언해 초간본 18:5) 반면에 '설명 의문문(說明 疑問文)'은 의문문에 나타난 '물음의 초점'에 대하여, 화자가 청자에게 구체적인 설명을 요구하는 의문문이다. 중세 국어에서 설명 의문문은 그 속에 '물음의 초점'을 나타내는 '의문사'를 반드시 취하며,

(7) ㄱ. 이 男子아 (네) 엇던 이를 爲ㅎ야 이 길헤 든다   [월석 21:118]

    ㄴ. 네 信ㅎㄴ다 아니 信ㅎㄴ다   [석상 9:26]

    ㄷ. 네 내 마를 다 드를따 ㅎ야늘   [석상 6:8]

(8) ㄱ. 내 … 엇뎨 자보물 보ㄴ고   [법언 2:200]

    ㄴ. 두 사르몬 시러곰 님굼 겨틔 둘가 몯홀가   [두언-초 25:10]

(7)과 (8)의 의문형 어미는 주어의 인칭에 따라서 달리 실현되었다. 곧 주어가 2인칭일 때는 (7)처럼 '-은다' 혹은 '-읋다'로 실현되고, 주어가 1인칭이거나 3인칭일 때에는 (8)처럼 '-은고/-은가' 혹은 '-읋고/-읋가'로 실현되었다. 이들 의문형 어미 앞에는 상대 높임의 선어말 어미 '-이-'가 실현되지 않는다.

    둘째, '-으니아/-으니오'와 '-으리아/-으리오' 등은 주어의 인칭과는 상관없이, 1·3인칭과 2인칭의 주어가 쓰인 의문문에 두루 실현된다.

(9) ㄱ. 슬후미 이어긔 잇디 아니ㅎ니아   [두언-초 7:14]

    ㄴ. 다시 묻노라 네 어드러 가ㄴ니오 (重問子何之)   [두언-초 8:6]

(10) ㄱ. 大施主의 功德이 하녀 져그녀   [석상 19:4]

    ㄴ. 이 智慧 업슨 比丘ㅣ 어드러셔 오뇨   [석상 19:30]

(9~10)에는 의문형 어미 '-으니오/-으니아'와 '-으리오/-으리아' 등이 주어의 인칭과 상관없이 쓰였다. (9)에서는 의문형 어미 '-으니아/-으니오'가 쓰였는데, 이들 어미는 축약되어서 (10)처럼 '-녀/-뇨'로 실현될 수 있다.

(11) ㄱ. 세 술위예 글 시루믈 肯許ㅎ리아   [두언-초 22:14]

    ㄴ. 엇뎨 겨르리 업스리오   [월석 서17]

(12) ㄱ. 이 사르미 得혼 福德이 하려 몯 하려   [금삼 45]

    ㄴ. 그듸는 엇뎨 精誠을 니즈료 (公豈忘精誠)   [두언-초 23:4]

그리고 (11)에서는 의문형 어미가 '-아/-오'의 형태로 쓰였는데, 이들 어미도 '-리-'와

의문문에 실현되는 의문형 어미나 의문 보조사는 '-고'나 '-오'의 형태로 실현된다. (보기: 사호맷 무른 이제 어느 짜해 잇ㄴ고 두시언해 초간본 15:51)

축약되어서 (12)처럼 '-려/-료'로 실현될 수 있다.

〈 명사형의 전성 어미 〉 '명사형의 전성 어미'는 특정한 절 속의 서술어에 실현되어서, 그 절을 명사처럼 쓰이게 하는 어미이다. 명사형 전성 어미로는 '-옴/-움, -기'이 있다. 중세 국어에 쓰인 명사형 전성 어미로는 '-옴/-움'과 '-기'가 쓰였는데, 현대 국어와는 달리 '-기'보다 '-옴/-움'이 훨씬 많이 쓰였다.

첫째, '-옴/-움'은 가장 널리 쓰이는 명사형 전성 어미이다. '-옴/-움'은 반모음 /j/로 끝나는 어간 다음에는 '-욤/-윰'으로 변동하고, '-이다'나 '아니다'의 어간 뒤에서는 '-롬'으로 변동한다. 그리고 주체 높임의 선어말 어미인 '-시-'나 특정한 용언의 어간 뒤에서는 '-옴/-움'의 모음 /오/와 /우/가 탈락하여 '-ㅁ'의 형태로 실현된다.

(13) ㄱ. 됴흔 法 닷고물 몯ᄒᆞ야   [석상 9:14]

ㄴ. 사ᄅᆞᆷᄋᆡ 몸 ᄃᆞ외요미 어렵고   [석상 9:28]

ㄷ. 工夫ㅣ ᄒᆞᆫ가지로물 니르니라   [몽언 19]

ㄹ. ᄃᆞᆳ 그림제 眞實ㅅ ᄃᆞᆯ 아니로미 ᄀᆞᆮᄒᆞ니라   [월석 2:55]

ㅁ. 우리 부텨 … 正覺 일우샤ᄆᆞᆯ 뵈샤   [월석 서6]

ㅂ. 부텨 맛:나미 어려ᄫᅳ며   [석상 6:11]

(ㄱ)의 '닷고물'에서 명사형 어미 '-옴'은 '닭다'의 어간 '닭-'에 붙어서 '됴흔 法 닭(다)'를 명사절로 만든다. 명사형 어미인 '-옴/-움'은 (ㄴ)의 'ᄃᆞ외욤'처럼 용언의 어간이 반모음 /j/로 끝날 경우에는 '-욤/-윰'으로 바뀌며, (ㄷ)과 (ㄹ)처럼 '-이다'와 '아니다'의 어간 다음에서는 '-롬'으로 바뀐다. 그리고 (ㅁ)의 '일우샤ᄆᆞᆯ'처럼 주체 높임의 선어말 어미 '-시-' 다음에 '-옴/-움'이 실현되면, '-시-'는 '-샤-'로 변동하고 '-옴/-움'에 붙어 있는 모음 /오/, /우/는 탈락한다. 끝으로 (ㅂ)의 '맛나다'와 같은 일부 용언들은 어간에 '-옴/-움'과 결합하면, '-옴/-움'의 첫 모음 /ㅗ/, /ㅜ/가 줄면서 어간 끝음절의 성조가 평성이나 거성에서 상성으로 바뀐다.3) 이처럼 (ㄴ)~(ㅂ)에서 나타나는 불규칙한 변동 현상은 형태소와 형태소 사이에 일어나는 모음 충돌을 회피하려는 현상으로 볼 수 있다.

둘째, 15세기 국어에서도 '-기'가 명사형 전성 어미로 쓰였는데, '-옴/-움'에 비해서 널리 쓰이지는 않았다.

---

3) 이와 같은 방식으로 변동하는 용언으로는 '가다, 나다, 자다, 하다; 녀다; 오다, 보다; 두다, 주다'나, 이 말에 다른 말이 붙어서 된 합성어인 '맛나다, 떠나다, 빛나다' 등이 있다.

(14) ㄱ. 比丘ㅣ … 오직 절ㅎ기를 ㅎ야 　　　　　　　　　[석상 19:30]

　　　ㄴ. 그림 그리기에 늘구미 將次 오믈 아디 몯ㅎㄴ니 　　[두언-초 16:25]

(ㄱ)의 '절ㅎ기'와 (ㄴ)의 '그리기'에 실현된 명사형 어미 '-기'는 용언의 어간에 붙어서 '比丘ㅣ … 오직 절ㅎ다'와 '(X ㅣ) 그림 그리다'를 명사절로 만들었다.

(나) 선어말 어미

〈 화자 표현의 선어말 어미 〉 중세 국어에서는 주어가 1인칭 화자인 때에는 문장에서 서술어로 쓰이는 용언의 종결형이나 연결형에 선어말 어미인 '-오-/-우-'를 실현하였다. 반면에 주어가 아닌 청자나 제3자인 때에는 '-오-/-우-'가 실현되지 않는다.

(15) ㄱ. ㅎ오사 내 尊ㅎ라 　　　　　　　　　　　　　　[월석 2:34]

　　　ㄴ. 나ᄂ 弟子 大目犍連이로라 　　　　　　　　　　[월석 23:82]

　　　ㄷ. 世尊ㅅ 일 술ᄫ오리니 … 눈에 보논가 너기ᅀᆞᄫ쇼셔 　[월석 1:1]

(ㄱ)의 '尊ㅎ라'와 (ㄴ)의 '大目犍連이로라'는 종결형으로 표현되었는데, 이들 단어에 실현된 선어말 어미 '-오-'는 문장의 주어가 1인칭(=나)임을 나타낸다. 그리고 (ㄷ)의 '술ᄫ오리니'는 연결형인데, 이때에도 '-오-'는 문장의 주어가 화자임을 나타낸다.

〈 대상 표현의 선어말 어미 〉 대상 표현의 선어말 어미인 '-오-/-우-'는 관형사형에 실현된다. 이때의 '-오-/-우-'는 관형절이 수식하는 체언(피한정어)이, 관형절의 서술어로 표현되는 용언에 대하여 의미상으로 객체(목적어나 부사어로 쓰인 대상)일 때에 실현된다.

(16) ㄱ. (世尊이) 須達이 지순 精舍마다 드르시며 　　　　　[석상 6:38]

　　　ㄴ. 須達이 精舍를 짓다

(17) ㄱ. 王이 … 누볼 자리예 겨샤 　　　　　　　　　　　[월석 10:9]

　　　ㄴ. 王이 … 자리예 눕다

(18) ㄱ. 出家ㅎ 사ᄅ몬 쇼히 ᄀᆞᆮ디 아니ᄒ니 　　　　　　[석상 6:22]

　　　ㄴ. 사ᄅ미 出家ㅎ다

(16ㄱ)의 '정사(精舍)'는 '수달(須達)'이 짓는 대상(목적어)으로 쓰였고, (17ㄱ)의 '자리'는

왕(王)이 눕는 위치(부사어)로 쓰였다. 이처럼 관형절이 수식하는 체언이 관형절 속에서 객체(목적어나 부사어로 쓰이는 대상)로 쓰이는 관계에 있을 때는, 관형절의 서술어로 쓰인 용언에 선어말 어미 '-오/우-'가 실현된다. 반면에 (18ㄱ)에서 관형절이 수식하는 '사룸' 은, 관형절 속에서 주체(주어로 쓰이는 대상)로 쓰이는 관계에 있는데, 이때에는 관형절의 서술어로 쓰인 용언에 선어말 어미 '-오-/-우-'가 실현되지 않는다.

그리고 관형절과 피한정 체언이 '동격'의 관계에 있을 때에도 대상 표현의 선어말 어미가 실현될 수 있다.

    (19) 부텻 出現ᄒ샤 說法ᄒ시논 ᄠᅳᆮᆯ 아ᅀᆞ와   [법언 2:156]

(19)에서 '부텻 出現ᄒ샤 說法하시논'은 동격 관형절인데, 경우에는 관형절의 서술어에 대상 표현의 선어말 어미인 '-오-/-우-'가 수의적으로 실현되었다.

〈 높임 표현의 선어말 어미 〉 '높임 표현의 선어말 어미'는 발화 현장이나 문장 속에 등장하는 어떠한 대상을 높여서 표현하는 선어말 어미이다. 이러한 높임 표현의 선어말 어미에는 '상대(相對) 높임의 선어말 어미', '주체(主體) 높임의 선어말 어미', '객체(客體) 높임의 선어말 어미'가 있다.

    (20) 世尊하 … 摩耶夫人이 엇던 因緣으로 如來ᄅᆞᆯ <u>나쓰ᄫᆞ시니잇고</u> [석상 11:24]

    (21) 나쓰ᄫᆞ시니잇고 → 낳- + -ᄉᆞᆸ- + -ᄋᆞ시- + -Ø- + -니잇고

    (22) ㄱ. [-잇-] : 청자인 世尊을 높임   → 상대 높임법
       ㄴ. [-시-] : 주체인 摩耶夫人을 높임   → 주체 높임법
       ㄷ. [-ᄉᆞᆸ-] : 객체인 如來를 높임   → 객체 높임법

(20)의 문장에서 화자(= 闍婆摩羅)는 서술어로 쓰이는 '낳다'에 높임의 뜻을 나타내는 선어말 어미인 '-ᄉᆞᆸ-, -ᄋᆞ시-, -잇-' 등을 실현함으로써 높임법을 표현하였다. 먼저 화자는 상대 높임의 선어말 어미인 '-잇-'을 통하여 발화 현장에 있는 '청자(= 世尊)'를 높였다. 그리고 화자는 주체 높임의 선어말 어미인 '-ᄋᆞ시-'를 실현함으로써 주어로 표현된 대상인 '주체(= 摩耶夫人)'를 높였으며, 객체 높임의 선어말 어미 '-ᄉᆞᆸ-'을 실현하여서 목적어로 표현된 대상인 '객체(= 如來)'를 높였다.

첫째, '상대 높임의 선어말 어미'는 말을 듣는 '상대(相對)'를 높여서 표현하는 선어말 어미이다. 상대 높임의 선어말 어미는 아주 높임의 등분에서는 '-이-/ -잇-'의 형태(ㅎ

쇼셔체)로, 예사 높임의 등분에서는 '-ㅇ-/-ㅅ-'의 형태(ᄒ야쎠체)로 실현된다.4)

(23) ㄱ. 世尊하 … 이런 고디 업스이다   [능언 1:50]

    ㄴ. 내 이제 엇뎨 ᄒ야ᅀᅡ 地獄 잇ᄂᆫ 싸해 가리잇고   [월석 21:25]

    ㄷ. 三世옛 이를 아ᄅᆞ실ᄊᆡ 부톄시다 ᄒᄂᆞ닝다   [석상 6:16]

    ㄹ. 엇뎨 부톄라 ᄒᄂᆞ닛가   [석상 6:18]

(ㄱ)의 '-이-'는 평서형 종결 어미인 '-다' 앞에서, (ㄴ)의 '-잇-'은 의문형 어미인 '-가, -고' 앞에서 아주 높임의 등분으로 쓰이는 상대 높임 선어말 어미이다. 그리고 (ㄷ)의 '-ㅇ-'은 평서형 어미인 '-다' 앞에서, (ㄹ)의 '-ㅅ-'은 의문형 어미인 '-가' 앞에서 예사 높임의 등분으로 쓰이는 상대 높임의 선어말 어미이다.

둘째, '주체 높임의 선어말 어미'는 문장에서 주어로 실현되는 대상인 '주체(主體)'를 높여서 표현하는 어미인데, '-으시-/-으샤-'로 실현된다.

(24) ㄱ. 王이 … 그 蓮花를 ᄇᆞ리라 ᄒ시다   [석상 11:31]

    ㄴ. 부톄 百億 世界예 化身ᄒ야 敎化ᄒ샤ᄆᆡ   [월석 1:1]

(ㄱ)의 'ᄒ시다'에서 '-시-'는 문장의 주체인 '王'을 높였으며, (ㄴ)의 'ᄒ샤ᄆᆡ'에서 '-샤-'는 문장의 주체인 '부톄'를 높여서 표현하였다.

셋째, '객체 높임의 선어말 어미'는 문장에서 목적어나 부사어로 표현되는 대상인 '객체(客體)'를 높여서 표현하는 선어말 어미인데, '-ᄉᆞᆸ-/-ᄌᆞᆸ-/-ᅀᆞᆸ-'이나 '-ᄉᆞᇦ-, -ᄌᆞᇦ-, -ᅀᆞᇦ-'의 형태로 실현된다.

(25) ㄱ. 벼슬 노ᄑᆞᆫ 臣下ㅣ 님그믈 돕ᄉᆞᇦ바   [석상 9:34]

    ㄴ. 내 아래브터 부텻긔 이런 마ᄅᆞᆯ 몯 듣ᄌᆞᇦ며   [석상 13:44]

    ㄷ. 須達이 世尊 뵈ᅀᆞᇦ고져 너겨   [석상 6:45]

먼저, '-ᄉᆞᆸ-'은 /ㄱ, ㅂ, ㅅ, (ㅎ)/의 뒤에 실현되는데 (ㄱ)에서는 목적어인 '님금'을 높였다. 다음으로 '-ᄌᆞᆸ-'은 /ㄷ/의 뒤에 실현되는데 (ㄴ)에서는 부사어인 '부텨'를 높였다.

---

4) 중세 국어에 나타나는 상대 높임법의 등분으로는, 청자를 높이는 정도에 따라서 아주 높임의 'ᄒ쇼셔체', 예사 높임의 'ᄒ야쎠체, 낮춤의 'ᄒ라체'가 있다.

끝으로 '-습-'은 유성음 뒤에서 실현되는데 (ㄷ)에서는 목적어인 '世尊'을 높였다. 객체 높임의 선어말 어미에 이어서 나타나는 어미 환경에 따라서도 객체 높임 선어말 어미의 형태가 변동될 수 있다. 곧, (ㄱ)과 (ㄴ)에서처럼 '-습-/-줍-/-습-'의 뒤에 모음으로 시작되는 어미가 실현되면, '-습-/-줍-/-습-'의 종성 /ㅂ/이 /ㅸ/으로 변하여 '-슿-/-즣-/-슿-'의 형태로 바뀐다.

〈 시간 표현의 선어말 어미 〉 시간을 표현하는 선어말 어미로는 '-ᄂᆞ-, -으리-; -더-' 등이 있으며, 형태가 없이 쓰이는 부정법(不定法)의 선어말 어미 '-∅-'도 현재나 과거의 시제를 표현한다.

ⓐ 발화시 기준의 시간 표현 선어말 어미 : '-ᄂᆞ-'와 '-으리-', '-∅-'는 화자가 발화하는 때(발화시)를 기준으로 사건이 일어나는 시간을 표현한다.

첫째, '-ᄂᆞ-'는 발화시에 어떠한 일이 일어나고 있음을 나타내는 '현재 시제의 선어말 어미'이다.

(26) ㄱ. 네 이제 ᄯᅩ 묻ᄂᆞ다   [월석 23:97]
　　 ㄴ. 내 이제 大衆과 여희노라   [월석 21:217]

(ㄱ)의 '묻ᄂᆞ다'에서 현재 시제 선어말 어미는 '-ᄂᆞ-'로 실현되었다. 그런데 (ㄴ)의 '여희노라'처럼 '-ᄂᆞ-' 뒤에 선어말 어미 '-오-'가 실현되면 '-ᄂᆞ-'의 /ᄋᆞ/가 탈락하여 '-노-'의 형태로 바뀐다.

둘째, '-으리-'는 발화시 이후에 어떠한 일이 일어날 것임을 나타내는 '미래 시제의 선어말 어미'이다.

(27) ㄱ. 아ᄃᆞᆯᄯᆞᄅᆞᆯ 求ᄒᆞ면 아ᄃᆞᆯᄯᆞᄅᆞᆯ 得ᄒᆞ리라   [석상 9:23]
　　 ㄴ. 말ᄉᆞ믈 安定히 ᄒᆞ면 百姓을 便安케 ᄒᆞ린뎌   [내훈 1:7]

(ㄱ)의 '得ᄒᆞ리라'에서 '-리-'는 발화시 이후에 '아ᄃᆞᆯᄯᆞᄅᆞᆯ 得ᄒᆞ다'라는 일이 일어날 것을 추측함을 나타내었다. 그리고 (ㄴ)의 'ᄒᆞ린뎌'에서 '-리-'는 '百姓을 便安케 ᄒᆞ다'라는 일에 대한 '추정'이나 '가능성'을 나타내었다.

셋째, 형태가 없이 실현되는 무형의 선어말 어미 '-∅-'도 현재나 과거 시제를 나타낸다. 곧 무형의 시제 선어말 어미 '-∅-'는 형용사나 서술격 조사에 실현될 때에는 현재 시제를 나타내며, 동사에 실현될 때에는 과거 시제를 나타낸다.

(28) ㄱ. 너도 또 이 <u>골ᄒᆞ다</u>   [능언 2:23]

ㄴ. 眞金은 진딧 <u>金이라</u>   [월석 7:29]

(29) ㄱ. 이 쁴 아들ᄃᆞᆯ히 아비 <u>죽다</u> 듣고   [월석 17:21]

ㄴ. 菩提를 <u>得ᄒᆞ시다</u> 드르시고   [석상 13:30]

(28)에서는 형용사 '골ᄒᆞ다'와 '-이라'의 어간 뒤에 무형의 시제 표현 선어말 어미 '-∅-'가 실현되어 현재 시제를 나타내었다. 그리고 (29)에서는 동사인 '죽다'와 '得ᄒᆞ시다'의 어간 뒤에 무형의 시제 선어말 어미 '-∅-'가 실현되어 과거 시제를 나타내었다.

ⓑ **경험시 기준의 시간 표현 선어말 어미** : '-더-'는 화자가 발화시 이전에 직접 경험한 어떤 때(경험시)로 자신의 생각을 돌이켜서, 그때를 기준으로 해서 일이 일어난 시간을 나타내는 '회상(回想)의 선어말 어미'이다.

(30) ㄱ. 뜨데 몯 마즌 이리 다 願 ᄀᆞ티 <u>ᄃᆞ외더라</u>   [월석 10:30]

ㄴ. 六師이 무리 三億萬<u>이러라</u>   [석상 6:28]

ㄷ. 功德이 이러 당다이 부톄 <u>ᄃᆞ외리러라</u>   [석상 19:34]

ㄹ. 내 지븨 이싈 저긔 受苦ㅣ <u>만타라</u>   [월석 23:74]

회상의 선어말 어미는 (ㄱ)의 'ᄃᆞ외더라'처럼 일반적인 음운적 환경에는 '-더-'로 실현된다. 그러나 (ㄴ)의 '三億萬이러라'와 (ㄷ)의 'ᄃᆞ외리러라'처럼 서술격 조사의 어간 '-이-'나 선어말 어미 '-으리-' 뒤에서는 '-더-'가 '-러-'로 바뀐다. 그리고 (ㄹ)의 '만타라'처럼 '-더-' 뒤에 선어말 어미 '-오-/-우-'가 오면 '-더-'와 '-오-'가 결합하여 '-다-'로 바뀐다.

【 더 배우기 】

중세 국어에 쓰인 선어말 어미 중에는 문장의 내용에 대하여 화자의 태도를 표현하는 것들이 있다. 이들 중에서 선어말 어미 '-아-/-어-, -거-, -나-; -니-' 등은 믿음의 태도를 나타내며, '-돗- / -도-' 등은 느낌(감동)의 태도를 나타낸다.

〈 **확인 표현의 선어말 어미** 〉 선어말 어미 '-아-/-어-, -거-, -나-'는 심증(心證)과 같은 화자의 주관적인 믿음에 근거하여, 어떠한 일을 확정적으로 판단함을 나타내는 선어말 어미이다.

(1) ㄱ. 崔九의 집 알픽 몃 디윌 드러뇨　　　　　　　　　　[두언-초 16:52]

　　ㄴ. 셜볼쎠 衆生이 正호 길홀 일허다　　　　　　　　　[석상 23:19]

(2) ㄱ. 安樂國이는 … 어미도 몯 보아 시르미 더욱 깁거다　　[월석 8:101]

　　ㄴ. 衆生이 福이 다ᄋ거다　　　　　　　　　　　　　　[석상 23:28]

　　ㄷ. 내 니마해 블론 香이 몯 물랫거든 도로 오나라　　　[월석 7:7]

(1)과 (2)에 쓰인 '-아-/-어-, -거-, -나-'는 서술어로 쓰인 용언의 종류에 따라서 달리 실현된다. 곧 (1)에서 (ㄱ)의 '듣다'나 (ㄴ)의 '잃다'와 같은 타동사에는 '-아-/-어-'가 실현되었는데, 여기서 '-어-'와 '-아-'의 선택은 모음 조화에 따라서 결정된다. 반면에 비타동사인 자동사와 형용사 그리고 '-이다'에는 확인 표현의 선어말 어미로서 불규칙하게 '-거-'나 '-나-'가 실현된다. 곧 (2)에서 (ㄱ)의 '깊다'와 같은 형용사나 (ㄴ)의 '다ᄋ다'와 같은 자동사에는 '-거-'가 실현되었다. 그리고 (ㄷ)의 '오다'에는 확인 표현의 선어말 어미로서 '-나-'가 불규칙하게 실현되는 것이 특징이다.

〈원칙 표현의 선어말 어미〉'-으니-'는 화자가 객관적인 믿음을 근거로 사태를 확정적인 것으로 판단하여 말함을 나타내는 선어말 어미이다.

(3) ㄱ. 사ᄅ미 살면 주그미 이실씬 모로매 늙ᄂ니라　　　[석상 11:36]

　　ㄴ. ㄱ는 엄쏘리니 君ㄷ字 처섬 펴아 나는 소리 ᄀ튼니라　[훈언 4]

　　ㄷ. 녜는 죠히 업서 대룰 엿거 그를 쓰더니라　　　　　[월석 8:98]

(ㄱ)의 '늙ᄂ니라'에서 '-니-'는 현재 시제의 선어말 어미 '-ᄂ-' 뒤에 실현되어서, '사람이 반드시 늙는다'는 것을 객관적인 사실로 인식하면서 이를 기정적(既定的)으로 표현하였다. 그리고 (ㄴ)의 'ᄀ튼니라'에서 '-ᄋ니-'는 무형의 형태소로 현재 시제를 나타내는 형용사에 실현되어서, 'ㄱ은 어금닛소리이고 그것이 '君'의 글자에서 초성으로 발음되는 소리와 같다'는 사실을 기정적인 것으로 표현하였다. (ㄷ)의 '쓰더니라'에서는 '-니-'가 회상의 선어말 어미 '-더-' 뒤에 실현되어서 '예전에는 종이가 없어서 대나무를 엮어 글을 썼다는 것'을 객관적인 사실로 인식하여 그것을 기정적으로 표현하였다. 선어말 어미 '-니-'는 평서형의 종결 어미 앞에서만 실현되는 특징이 있다.

〈감동 표현의 선어말 어미〉'-도-/-돗-'과 '-애-/-에-/-게-/-얘-'는 화자의 '느낌(감동, 영탄)'의 뜻을 나타내는 태도 표현의 선어말 어미이다.

첫째, '-도-/-돗-'은 느낌(영탄, 감동)을 표현하는 선어말 어미인데, '-이다'와 '아니다'의 어간이나 '-으리-' 뒤에서는 각각 '-로-/-롯-'으로 실현된다.

(4) ㄱ. 의내 貪心이 하도다　　　　　　　　　　　　　　[석상 23:46]

　　ㄴ. 녜 업던 이리로다　　　　　　　　　　　　　　　[월석 1:14]

　　ㄷ. 새 그를 어제 브텨 보내돗더라　　　　　　　　　　[두언-초 23:29]

ㄹ. 天龍鬼神을 네 數를 알리로소니여 모르리로소니여 　　　　　　[석상 11:4]

(ㄱ)의 '하도다'에는 느낌을 나타내는 선어말 어미인 '-도-'가 실현되어서, '뜨디 깊다'라는 사실에 감동의 의미를 더했다. 그리고 (ㄴ)의 '이리로다'에는 서술격 조사인 '-이다'의 어간 뒤에서 느낌의 선어말 어미 '-도-'가 '-로-'로 바뀌어서 실현되었다. (ㄷ)의 '보내돗더라'에서는 감동 표현의 선어말 어미인 '-돗-'을 실현하여 '새 그를 어제 브텨 보내다'라는 사실에 감동의 의미를 더했다. 그리고 (ㄹ)의 '알리로소니'와 '모르리로소니여'에서는 '-돗-'이 선어말 어미인 '-리-'의 뒤에서 '-롯-'으로 바뀌었다.

둘째, '-애-/-에-/-게-/-얘-'도 화자의 '느낌'을 표현하는 선어말 어미이다.

(5) ㄱ. 目連이 닐오ᄃᆡ 몰라보애라 　　　　　　　　　　　　　　[월석 23:86]
　　ㄴ. 쁠 니고미 오라ᄃᆡ 오히려 굴히리 업세이다 　　　　　　[육언 상27]
　　ㄷ. 아디 몯게이다 和尙은 므슷 이ᄅᆞᆯ ᄒᆞ라 ᄒᆞ시ᄂᆞ니잇가 　[육언 상8]
　　ㄹ. 먼 ᄀᆞ새 窮흔 시르미 훤ᄒᆞ얘라 　　　　　　　　　　　[두언-초 23:16]

(ㄱ)의 '몰라보애라'에는 양성 모음의 어간인 '몰라보-'에 '-애-'가 실현되어서, (ㄴ)의 '업세이다'에는 음성 모음의 어간인 '없-'에 '-에-'가 실현되었다. 그리고 (ㄷ)의 '몯게이다'에는 '몯(ᄒᆞ)다'의 어간인 '몯-'에 '-게-'가, (ㄹ)의 '훤ᄒᆞ얘라'에는 '훤ᄒᆞ다'의 어간인 '훤ᄒᆞ-'에 '-애-'가 실현되었다. '-애-/-에-/-게-/-얘-' 중에서 '-애-'와 '-에-'는 음운론적 변이 형태이며, '-게-'와 '-얘-'는 각각 '몯(ᄒᆞ)-'와 '~ᄒᆞ-'에 붙은 형태론적 변이 형태이다. 그리고 이들 선어말 어미 뒤에 실현되는 평서형의 종결 어미 '-다'는 '-라'로 변동한다.

2.3. 어휘의 특징

중세 국어의 어휘는 현대어에 쓰지이 않는 고유어가 많이 쓰였으며, 후대로 올수록 한자어가 증가하였다. 그리고 중국어나 몽골어, 여진어 등의 외래어도 유입되어 쓰였다.

2.3.1. 고유어 사용과 한자어의 증대

〈 고유어의 사용 〉 중세 국어에는 현대 국어에 쓰이지 않는 고유어가 많이 쓰였다.

(1) 가난ᄒᆞ히 → 凶年(흉년), ᄀᆞ롬 → 江(강), 거웃 → 鬚髥(수염), 겿 → 吐/助詞(토/조사), 고마 → 妾(첩), 그위 → 官廳(관청), 그위실 → 官吏(관리)/官職(관직)/ 訟訴(송소), 기르마 → 鞍裝(안장), 녀계 → 娼女(창녀)/妓生(기생), 노릇바치 → 俳優(배우), 노연 → 官人(관인),

누리(뉘) → 世上(세상), 다숨어미 → 繼母(계모), 디위 → 回(회)/境界(경계), 머귀 → 梧桐(오동), 뫼 → 山(산), 마술 → 官廳(관청), 미르 → 龍(용), 샤옹 → 男便(남편), 슈룹 → 雨傘(우산), 슬기 → 知慧(지혜), 시름 → 愁心(수심), 아솜 → 親戚(친척)/眷黨(권당), 아룸 → 私(사), 어버싀 → 父母(부모)/兩親(양친), 아촌아둘 → 甥姪(생질), 온 → 百(백), 유무 → 消息(소식)/便紙(편지), 위안 → 東山(동산), 지아비 → 男便(남편), 지어미 → 妻(처), 져근덧 → 暫間(잠간), 져자 → 市場(시장), 죽사리 → 生死(생사), 지령 → 醬(장), 잣 → 城(성), 즈믄 → 千(천), 쳔/쳔량 → 財貨(재화), 하리 → 讒訴(참소), 해자 → 費用(비용)

(2) 가득ᄒ다 → 急(급)하다, 가시다 → 變更(변경)하다, 가슈멸다 → 豊富(부유)하다, 가줄비다 → 比喩(비유)하다, 겨르롭다 → 閑暇(한가)하다, 고마ᄒ다 → 恭敬(공경)하다, 과ᄒ다 → 稱讚(칭찬)하다, 그르츠다 → 救濟(구제)하다, 기리다 → 稱讚(칭찬)하다, ᄀ슴말다/ᄀ슴알다 → 주관(主管)하다/支配(지배)하다, 굴외다 → 亂暴(난폭)하다/反抗(반항)하다, 녀름짓다 → 農事(농사)하다, 머리좃다 → 敬禮(경례)하다, 머흐다 → 險(험)하다, 뮈다 → 動搖(동요)하다, ᄆ슴져브다 → 容恕(용서)하다, 배다 → 敗(패)하다, 바ᄃ랍다 → 危險(위험)하다, 번득ᄒ다 → 分明(분명)하다, 뵈아다 → 催促(재촉)하다, 브스왜다 → 騷亂(요란)하다, 스치다 → 想像(상상)하다, ᄉ뭇다 → 通(통)하다, 어여다 → 避(피)하다, 오을다 → 完全(완전)하다, 조ᅀ릅다 → 重要(중요)하다, 입다 → 昏迷(혼미)하다

(3) 거르기 → 大端(대단)히, 념념으로 → 漸漸(점점)/次次(차차), 샹녜 → 恒常(항상)/普通(보통), 아름뎌 → 私私(사사)로이, 어루 → 可(가)히, ᄒ다가 → 만일(萬一)에

중세 국어에는 고유어인 '뫼, ᄀ름, 슈룹, 온, 즈믄'과 같은 고유어가 많이 쓰였는데, 이들은 고유어는 근대 국어와 현대 국어의 시기를 거치는 과정에서 한자어인 '산(山), 강(江), 우산(雨傘), 백(百)' 등으로 교체되었다. 이들 고유어 이외에도 (1)처럼 수많은 고유어인 어휘가 한자어로 교체되었는데, (1)은 고유어의 체언이, (2)는 고유어의 용언이, (3)은 고유어의 부사가 한자어로 바뀐 예이다. 이들 한자어는 기존의 고유어를 대신해서 국어의 어휘 체계에서 뿌리를 내렸다. 이처럼 체언, 용언, 부사 등이 한자어로 바뀌었다는 것은 대부분의 품사에서 고유어가 한자어로 대체되었다는 것을 뜻한다.

〈 한자어의 증대 〉 중세 국어에는 한자어가 많이 사용되었으며, 후대로 내려올수록 한자어가 지속적으로 증가하였다. 15세기 시대에 간행된 『석보상절』과 『월인석보』에 나타난 다음 내용을 비교하면, 중세 국어 시대에 한자어가 늘어나는 경향을 확인할 수 있다.

(4) ㄱ. 쥬의 坊이어나 뷘 겨르ᄅ빈 짜히어나 자시어나 ᄀ올이어나 巷陌이어나 ᄆ술히어나

제 드론 야ᄋ로 어버ᅀᅵ며 아ᅀᆞ미며 이든 벋ᄃᆞ려 힚ᄀᆞ장 불어 닐어든 [석상 19:1]

ㄴ. 僧坊애 잇거나 空閑ᄒᆞᆫ 싸히어나 城邑과 巷陌과 聚落과 田里예 드론 다비 父母 宗親
善友 知識 爲ᄒᆞ야 히믈 조차 불어 닐어든 [월석 17:45]

(ㄱ)의『석보상절』은 1448년(세종 30)에 출간되었고, (ㄴ)의『월인석보』는 10년 정도 지난
1459년(세조 4)에 출간되었다. 동일한 내용을 기술한 (4ㄱ)과 (4ㄴ)의 문장을 비교할 때에,
약 10년 뒤에 발간된 (ㄴ)의『월인석보』에는 그 이전에 발간된 (ㄱ)의『석보상절』보다 한
자어가 훨씬 많이 사용된 것을 알 수 있다.

　이처럼 중국에서 한자어가 들어와 오랫동안 쓰임에 따라서 마치 고유어처럼 인식된
것도 있었다. 중세 국어에서 한자어의 쓰임이 확대되어 일상 생활에서 널리 사용되자,
언중들은 일부 한자어를 고유어로 잘못 아는 경우도 있었다. 이렇게 고유어로 인식된
한자어의 어휘는 한자로 적지 않고 한글로 적는 것이 보통이었다.

(5) ㄱ. 餓鬼ᄂᆞᆫ 주으린 귓거시라 　　　　　　　　　　　　　 [월석 1:46]

　　ㄴ. 靑衣 긔별을 슬ᄫᅡ늘 아바님 깃그시리 　　　　　　　　 [월천 기23]

　　ㄷ. 恩愛호미 남진과 겨집괘 恭敬호ᄆᆞ로 비릇ᄂᆞ니라 　　　 [두언 11:25]

　　ㄹ. 先妣ᄂᆞᆫ 祠堂애 든 녀편들히라 　　　　　　　　　　　 [내훈 1:75]

　　ㅁ. 또 三年 侍墓ᄒᆞ니 대되 거상을 아홉 히를 ᄒᆞ니라 　　　 [속삼 효24]

　　ㅂ. 葅 딤ᄎᆡ 조 　　　　　　　　　　　　　　　　　　　 [훈자 중11]

　　ㅅ. 빈ᄎᆡ 숑(菘) 俗呼白菜 　　　　　　　　　　　　　　 [훈자 상14]

　　ㅇ. 一切 衆生이 샹녜 ᄀᆞ장 便安케 ᄒᆞ노니 　　　　　　　 [월석 20:98]

　　ㅈ. 相ᄋᆞᆫ 양ᄌᆡ라 　　　　　　　　　　　　　　　　　　 [석상 서:1]

　　ㅊ. 龍ᄋᆞᆫ 고기 中에 위두ᄒᆞᆫ 거시니라 　　　　　　　　　 [월석 1:14]

　　ㅋ. ᄌᆞ걋 오ᄉᆞ란 밧고 　　　　　　　　　　　　　　　　 [월석 1:5]

　　ㅌ. 이베 됴ᄒᆞᆫ 차반 먹고져 ᄒᆞ며 　　　　　　　　　　　 [월석 1:32]

　　ㅍ. 明行足ᄋᆞᆫ 볼ᄀᆞᆫ 힝뎍기 ᄀᆞ즈실 씨라 　　　　　　　　 [석상 9:3]

(5)에서 '귓것(鬼-), 긔별(期別), 남진(男人), 녀편(女便), 대되(大都), 딤ᄎᆡ, 빈ᄎᆡ(白菜), 샹녜(常
例), 양ᄌᆞ(樣子, 樣恣), 위두(爲頭), 차반(茶飯), 힝뎍(行蹟)' 등은 한자어 어휘이지만, 이들은
고유어로 인식되어서 대부분 한글로 표기되었다. 이 밖에 '먹(墨), 붇(筆), 사탕(沙糖), 내죵
(乃終), 긔운(氣運), ᄂᆡ일(來日), 댱샹(長常), 뎌(笛), 뎔(利), 도ᄌᆞᆨ(盜賊), 만일(萬一), 바리(鉢), 반
(半), 부텨(佛體), 위ᄒᆞ다(爲-), ᄒᆞ다(爲-), 쟝ᄎᆞ(將次), 젼혀(全-), ᄌᆞ갸(自家, ?), 힝혀(幸-)' 등

의 한자어도 고유어로 인식되어서 대체로 한글로 표기되었다.

　그리고 어휘가 나타내는 의미가 바뀌어서, 원래의 한자어와는 관련이 없이 고유어화한 단어도 있다.

(6) ㄱ. 艱難, 分別, 衆生
　　ㄴ. 가난, 분별, 즁싱

'가난, 분별, 즁싱' 등은 원래의 한자어에서 형태나 의미가 바뀌어서 마치 고유어처럼 쓰였다. '가난'은 '艱難(간난)'에서 제1음절의 /ㄴ/이 탈락하고 의미도 [일반적인 어려움]에서 [빈곤, 貧困]으로 바뀌었다. '분별(分別)'은 원래는 [서로 다른 일이나 사물을 구별하여 가름]의 뜻이었는데, 이와 같은 원래의 뜻과 함께 [걱정, 愁]의 뜻으로도 쓰였다. 중세 국어에서는 '분별'이 '구분(區分)'의 뜻과 '걱정(愁)'의 두 가지 뜻으로 쓰였으나, 근대 국어 이후에는 다시 원래의 뜻인 '구분'의 뜻으로만 쓰였다. '즁싱(衆生)'은 불교에서 온 한자어인데, 한자어의 원래 뜻인 [모든 살아 있는 무리]와 함께 새로운 뜻인 [짐승, 獸]의 뜻으로 쓰였다. 특히 [짐승, 獸]의 뜻으로 쓰일 때에는 그 형태도 '즘싱'로 바뀌어서, 현대 국어에서는 '짐승'의 형태로 된다.

2.3.2. 차용어의 유입

　중국어, 몽골어, 여진어(女眞語) 등으로부터 직접 들어온 일부 차용어(借用語)들은 출신 언어의 발음을 그대로 유지하면서 국어의 어휘 체계에 유입되어 쓰였다.

〈 중국어 차용어 〉 중국어에서 온 차용어 중에는 조선의 한자음으로 표기하지 않고, 그 말을 차용할 당시의 중국어의 발음에 가깝게 표기한 어휘가 있다. 15세기와 16세기의 후기 중세 국어에 유입된 차용어는 대부분 중국으로부터 유입되었다.

(7) ㄱ. 쇼로 쳔 사마 흥정ᄒᄂ니라 　　　　　　　　　　　　　[월석 1:24]

　　ㄴ. 布施ᄂ 쳔량을 펴아 내야 ᄂᆷ 줄 씨라 　　　　　　　　[월석 1:12]

　　ㄷ. 퉁 부플 티면 十二億 사ᄅ미 몯고 　　　　　　　　　　[석상 6:28]

　　ㄹ. 즁님낸 다 나가시고 갸ᄉ를 몯 다 설어젯더이다 　　　[월석 23:74]

　　ㅁ. 모든 比丘ㅣ…이 짜햇 훠와 신과…醍醐와ᄅᆯ 닙디 아니ᄒ면 [능언 6:96]

　　ㅂ. 靑玉案을 비르서 입곡 블근 노 ᄂᆞ모ᄎ란 ᄎᆮ디 말라 　[두언초 8:49]

　　ㅅ. 닐굽잿 미수엔 스면과 상화 　　　　　　　　　　　　　[번박 6]

(7)에서 '천(錢, 재물), 천량(錢糧, 재물), 퉁(銅, 동), 갸ᄉ(家事, 그릇붙이, 세간), 훠/훠ᄋ(靴, 가죽신), 노(羅), 샹화/샹화(霜花, 만두)' 등은 15세기와 16세기의 문헌에 나타난 중국어 차용어이다. 이들 차용어는 대체로 의복, 옷감, 기구, 장식 등의 의식주와 문화 생활과 관련되어 있는 것이 특징인데, 이는 중국어에서 들어온 문물과 함께 차용어도 함께 들어 왔기 때문일 것이다. 16세기 문헌 중에는 주로 『번역박통사』나 『훈몽자회』에서 중국어 차용어가 많이 나타난다.

15세기와 16세기의 중세 국어에 쓰인 중국어의 차용어로는 다음과 같은 것이 있다(김 동소, 1998:165).

(8) 감토(敢頭, 감투), 갸ᄉ(家事, 그릇붙이, 세간), 고리(栲, 고리짝), 노/로(羅, 비단), 다홍(大 紅, 다홍색), 비치(白菜, 배추), 망긴/망근/망건(網巾, 망건), 먹(墨, 먹), 무궁화(木槿花, 무 궁화), 무면/무명(木棉, 무명), 붇(筆, 붓), 비단(匹段, 비단), 보비/보븨/보뵈(寶貝), 사당/ 사탕(砂糖, 사탕), 샹투/샹토(上頭, 상투), 솨ᄌ/사ᄌ(刷子, 솔), 슈슈(蜀黍, 수수), 심ᅀ(心 兒, 심지), 죠릭(笊籬, 조리), 진디/진딧/진짓(眞的, 진짜의), ᄌ디(紫的, 자주), 쳔(錢), 쳔량 (錢粮, 재물), 투구(頭盔, 투구), 퉁(銅, 동), 피리(篳篥, 피리), 햐쳐(下處, 숙소)

〈몽골어 차용어〉 몽골어의 차용어는 13세기에 이후에 고려가 원나라의 지배를 받으면 서 유입되었다(김동소, 1998:167 참조).

(9) 가리/갈비, 고라니, 구리(銅), (눈)보라, 보라매, 송골매, 슈라(水刺), 사돈(査頓), 오랑캐

13세기 이후의 고려 시대에는 몽골어의 차용어가 꽤 많이 유입된 것으로 보이는데, 특히 '말(馬), 매(鷹), 군사, 관직' 등에 관련된 어휘가 많았다. 그러나 14세기 후반에 고려가 몽골의 지배에서 벗어나게 되자 대부분의 몽골어 차용 어휘는 소멸하였지만, 이들 중에 서 (9)와 같은 일부 단어는 그대로 남아서 지금까지 쓰이고 있다.

〈만주어 차용어〉 중세 국어의 시기에는 소수의 여진어(만주어)가 유입되었다.

(10) 투먼(豆漫), 워허(斡合), 퉁컨(童巾)

여진어에서 들어온 차용어는 지명에 관한 어휘들인데 몇 어휘가 『용비어천가』에 기록되 어 있을 뿐이다.

[참고] 이 책에서 인용한 중세 국어 문헌

약어	문헌 이름	발간 연대	
용가	용비어천가(龍飛御天歌)	1445년	세종
훈해	훈민정음 해례본(訓民正音解例)	1446년	세종
석상	석보상절(釋譜詳節)	1447년	세종
월천	월인천강지곡(月印千江之曲)	1448년	세종
훈언	훈민정음 언해본(訓民正音諺解)	1450년경	세종
월석	월인석보(月印釋譜)	1459년	세조
능언	능엄경언해(愣嚴經諺解)	1462년	세조
법언	묘법연화경언해(妙法蓮華經諺解(法華經諺解)	1463년	세조
몽언	몽산화상법어약록언해(蒙山和尙法語略錄諺解)	세조 때	세조
금언	금강경언해(金剛經諺解)	1464년	세조
선언	선종영가집언해(禪宗永嘉集諺解)	1464년	세조
원언	원각경언해(圓覺經諺解)	1465년	세조
구언	구급방언해(救急方諺解)	1466년	세조
내훈	내훈(內訓, 일본 蓬左文庫 판)	1475년	성종
삼행	삼강행실도(三綱行實圖)	1481년	성종
두언-초	분류두공부시언해(分類杜工部詩諺解 初刊本)	1481년	성종
금삼	금강경삼가해(金剛經三家解)	1482년	성종
영남	영가대사증도가 남명천선사계송(永嘉大師證道歌 南明泉禪師繼訟)	1482년	성종
구간	구급간이방언해(救急簡易方諺解)	1489년	성종
육언	육조법보단경언해(六祖法寶壇經諺解)	?	?
악궤	악학궤범(樂學軌範)	1493년	성종
속삼	속삼강행실도(續三綱行實圖)	1514년	
훈자	훈몽자회(訓蒙字會)	1517년	중종
번소	번역소학(飜譯小學)	1518년	중종
번노	번역노걸대(飜譯老乞大)	16세기 초	중종
번박	번역박통사(飜譯朴通事)	16세기 초	중종
소언	소학언해(小學諺解)	1587년	선조
악가	악장가사(樂章歌詞)	?	?

제3장 근대 국어

임진왜란이 끝난 17세기 초부터 국어는 그 이전의 시기와는 꽤 다른 모습을 보였는데, 17세기 이후 19세기 말까지의 국어를 '근대 국어'라고 한다. 제3장에서는 근대 국어의 특징을 '음운과 표기', '문법', '어휘' 등으로 나누어서 살펴본다.

3.1. 음운과 표기법의 특징

3.1.1. 음운과 문자의 변화

(가) 자음의 변화

⟨ /ㅿ/의 소실과 /ㆁ/의 변화 ⟩ 16세기 초부터 16세기 말의 시기에 /ㅿ/의 소실이 이루어졌으며, /ㆁ/의 실현 방식이 바뀌었다.

첫째, /ㅿ/의 소리가 16세기 초부터 사라지기 시작하였는데, 이에 따라서 'ㅿ' 글자도 16세기 초부터 사용법에 혼란을 보이기 시작하였다. 16세기 말까지는 표기상으로 몇몇 어휘에서만 쓰이다가, 17세기에 들어서는 'ㅿ' 글자는 문헌에서 거의 쓰이지 않았다.

(1) ㄱ. 그 <u>아ㅇ</u>를 드리고   [동삼 효7:52]

　　 ㄴ. 싀어버이를 치매 <u>모음</u>을 다ㅎ고   [동삼 열1:83]

(1)의 '아우, ᄆᆞ음'은 각각 중세 국어에 쓰였던 '아ᅀᆞ, ᄆᆞᅀᆞᆷ'이 변한 것인데, 이들 단어를 통해서 17세기에는 'ㅿ'의 글자가 이미 사라졌음을 알 수 있다.

둘째, /ㆁ/은 현대 국어처럼 종성에서만 실현되었고, 글꼴도 'ㅇ'으로 변했다.

중세 국어에서 'ㆁ'의 글자는 /ŋ/의 음가를 나타내는 글자로서, 15세기 말까지는 초성과 종성으로 두루 쓰였다. 그러나 16세기 초부터 /ŋ/의 소리가 초성으로 쓰이지 않게 되자, 'ㆁ'의 글자도 초성으로 쓰이지 않고 종성으로만 쓰였다. 그러다가 16세기 말과 17세기 초의 시기에는 종성의 /ŋ/을 표기하는 글자의 모양도 'ㅇ'으로 바뀌었는데, 결과적으로 근대 국어에서는 초성의 'ㅇ'은 무음가를 나타내고 종성의 'ㅇ'은 /ŋ/의 음가를 나타내게 되었다.

(2) ㄱ. 능히 〉 능히, 산힝 〉 산힝

ㄴ. ᄒᆞᄂᆞ이다 〉 ᄒᆞᄂᆞ이다, 무덤이니이다 〉 무덤이닝이다 〉 무덤이니이다

예를 들어서 15세기 국어의 문헌에서는 '능히, 산힝, ᄒᆞᄂᆞ이다, 무덤이니이다'처럼 'ㆁ'으로 표기되었을 글자가, 『동국신속삼강행실도』(1617)에는 'ㅇ'으로 표기되었다.

〈 **어두 자음군의 소멸** 〉 15세기의 국어에서는 어두의 초성 자리에서 두 개 혹은 세 개의 자음이 발음될 수 있었다. 그런데 16세기가 되면 어두의 'ㅂ'계 합용 병서인 'ㅲ, ㅳ, ㅄ, ㅴ'은 그대로 겹자음인 /pt, pth, ps, pts/로 발음되었으나, 'ㅅ'계 합용 병서인 'ㅺ, ㅼ, ㅽ, ㅅㅎ'은 모두 된소리로 발음되었다.

근대 국어 시기인 17세기 후반에 이르면 15·16세기에 쓰였던 'ㅂ'계의 어두 자음군까지 대부분 된소리로 바뀌었다. 결과적으로 18세기부터는 현대 국어와 마찬가지로 어두의 초성에서 하나의 자음만 발음될 수 있었다. 곧, 'ㅅ'계나 'ㅂ'계의 합용 병서자가 초성의 자리에 쓰이기는 하였으나, 이들 글자는 모두 된소리를 표기하였으므로 실제의 발음으로는 어두 겹자음이 모두 사라진 것이다.

(3) ㄱ. ᄠᅳᆮ 〉 뜯, ᄠᅥ나다 〉 써나다, ᄲᅮᆨ 〉 쑥, ᄡᅳ다 〉 쓰다, ᄧᅡᆨ 〉 짝

ㄴ. ᄩᅡ다 〉 타다

(ㄱ)에 제시된바 'ㅳ〉ㅺ, ㅄ〉ㅆ, ㅴ〉ㅉ'의 변화 과정에서 볼 수 있듯이, 17세기의 근대 국어에서는 어두 자음군이 /ㄸ, ㅆ, ㅉ/의 된소리로 바뀌었다. 이에 따라서 표기도 앞 자음 글자인 'ㅂ'이 'ㅅ'으로 교체되었다. 그리고 (ㄴ)에서 뒤의 자음이 거센소리인 /ㅍ/의 어두 자음군은 'ᄩᅡ다〉타다'처럼 /ㅌ/으로 바뀌었는데, 그에 대한 표기도 'ㅌ' 글자로

바뀌었다. 이와 같이 'ㅂ'계의 어두 자음군이 된소리나 거센소리로 바뀐 결과로 어두 자음군은 17세기 말에 모두 사라지게 되었다.

〈 구개음화와 'ㄴ' 두음 법칙 〉 근대 국어에는 구개음화와 'ㄴ' 두음 법칙이 적용되었다.

첫째, 구개음화는 / l /와 /j/의 앞에 실현된 /ㄷ/의 음운에서 일반적으로 적용되는 변화이다. 곧, 구개음화는 특정한 어휘만 변하는 것이 아니라, 위와 같은 음운적인 환경에 놓여 있는 여러 단어에 공통적으로 적용되는 변화였다.

근대 국어에서는 잇몸소리인 /ㄷ, ㅌ, ㄸ/이 그 뒤에 실현되는 모음 / l /, /j/ 앞에서 센입천장소리인 /ㅈ, ㅊ, ㅉ/으로 바뀌는 현상이 일어났는데, 이를 '구개음화(口蓋音化)'라고 한다.[1]

구개음화 현상은 16세기 중엽 무렵에 남부 지방의 방언에서부터 시작되었으며, 중앙어에서는 18세기 중엽쯤에 구개음화 현상이 완성된 것으로 보인다.

(4) ㄱ. 져(←뎌, 彼), 죠흔(←됴흔, 好), 지나가는(←디나가는, 過) [두언-중간본]

　　ㄴ. 치다(←티다, 打)　　　　　　　　　　　　　　　　　　[역어유해 하49]

(4)에서 (ㄱ)의 『두시언해 중간본』(1632)은 대구에서 간행되었다. 따라서 이 문헌에는 동남 방언의 구개음화 현상이 적용된 예가 나타나는데, '져, 죠흔, 지나가는'에서도 구개음화 현상이 나타났다. 그리고 (ㄴ)의 『역어유해』(1690)에는 '치다'처럼 구개음화가 반영된 어휘가 나타난다.

그러다가 18세기에 간행된 『여사서언해』(1736), 『동문유해』(1748), 『왜어유해』(1781~1789)의 문헌에는 'ㄷ' 구개음화 현상이 반영된 어휘가 많이 나타난다.

(5) ㄱ. 큰지라(←디라), 다스지 몯흠이(←다스디)　　　　　　　　[여사서언해]

　　ㄴ. 직히다(←딕희다, 守), 고지식(←고디식)　　　　　　　　[동문유해]

　　ㄷ. 瓦 지새 와(←디새), 剌 지를 즈(←디를)　　　　　　　　[왜어유해]

(5)의 예를 보면 18세기에는 중앙 방언에도 'ㄷ' 구개음화가 확립된 것으로 보인다. 그 결과로 18세기 이후의 국어에서는 'ㄷ' 구개음화로 인해서 /디, 댜, 뎌, 됴, 듀/와 /티, 탸, 텨, 툐, 튜/처럼 /ㄷ, ㅌ/이 / l /나 /j/와 결합된 음절은 국어에서 쓰이지 않게 되었다.[2]

---

1) 중세 국어에서 잇몸소리(치조음)로 발음되던 /ㅈ, ㅊ, ㅉ/이 18세기 중엽에 이르면 중부 지방이 언어에서도 센입천장소리(경구개음)로 발음되었다. 구개음화는 이러한 자음 체계의 변화가 완성된 일어날 수 있는 음운 변화이다.

〈 'ㄴ' 두음 법칙 〉 근대 국어의 시기에서는 어두의 위치에 실현된 잇몸소리 /ㄴ/이 /ㅣ/나 /j/의 앞에서 탈락하기도 하는데, 이러한 변화 현상을 'ㄴ' 두음 법칙이라고 한다.

잇몸소리인 /n/은 어두의 위치에서 그 뒤에 실현되는 /ㅣ/나 /j/의 조음 위치에 이끌려서 구개음화된 [ɲ]로 발음된다. 이때 구개음화된 [ɲ]은 어두의 위치에서 /ㅣ/나 /j/와 결합하지 못하여 탈락한다. 그 결과로 어두에 실현된 /냐, 녀, 뇨, 뉴, 니/는 초성인 /ㄴ/이 탈락하여 /야, 여, 요, 유, 이/로 바뀌게 된다.

(6) 임금(← 님금, 王), 입어(← 닙어, 被), 일니(← 닐니, 至), 이로미라(← 니로미라, 謂), 이르히(← 니르히, 至), 이마(← 니마, 額) [1:34], 일너(← 닐러, 說) [1:5], 익이(← 닉히) 일그니(← 닐그니, 讀), 이르도록(← 니르도록, 至), 익지(← 닉지, 熟)

(6)의 예는 『십구사략언해』(1772), 『유경기인민윤음』(1783), 『규합총서 필사본』(1809), 『척사윤음』(1839), 『태상감응편도설언해』(1852), 『독립신문』(1896) 등에 나타난 'ㄴ' 두음 법칙의 예이다. 이와 같은 'ㄴ' 두음 법칙이 적용된 예는 대체로 18세기 후반에 간행된 문헌에서 나타나기 시작하다가, 19세기 후기의 문헌에서 본격적으로 많이 나타난다.

(나) 모음의 변화

〈 /·/의 변화 〉 /·/가 점차 소실되었는데, 16세기 초반부터 둘째 음절 이하에서는 주로 /ㅡ/로 바뀌었고, 18세기 후반에는 첫째 음절에서 주로 /ㅏ/로 변하였다.

(7) ㄱ. 모ᄅᆞ다(不知) 〉 모르다   (16세기)
    ㄴ. ᄇᆞ람(風) 〉 바람   (18세기)

(ㄱ)에서 '모ᄅᆞ다'는 16세기에 단어의 둘째 음절이 이하에서 /·/가 /ㅡ/로 변하여 '모르

---

2) 구개음화가 일어나기 전에 /듸, 틔, ᄯᅴ/이었던 음절은 18세기 초기까지 진행된 구개음화를 입지 않았다. (보기: ① 견디다(← 견듸다, 忍), 무디다(← 무듸다, 鈍), 부디(← 부듸/부듸), 마디(← 마듸, 寸) ② 버티다(← 버틔오다, 支), 티끌(← 틧글, 塵) ③ ᄯᅵ(← ᄯᅴ, 帶)) 곧, '견듸다, 버틔다, ᄯᅴ' 등에서 '듸, 틔, ᄯᅴ'는 /ㄷ, ㅌ, ㄸ/과 /ㅣ/ 사이에 반모음인 /ㅡ/가 개입되어 있어서 'ㄷ' 구개음화를 입지 않았다. 그리고 19세기 초에 이르면 이들 단어에 실현된 모음 /ㅢ/가 /ㅣ/로 단모음화하여, /듸, 틔, ᄯᅴ/가 /디, 티, ᄯᅵ/로 바뀌게 되었다. 이들 단어의 음절이 /디, 티, ᄯᅵ/로 변하기는 하였지만 구개음화가 적용될 수 있는 시기가 이미 지나 버렸다. 따라서 (보기)에 제시된 단어들은 'ㄷ' 구개음화를 겪지 않고 /디, 티, ᄯᅵ/의 음절이 유지되어서 현대 국어까지 이르고 있다.

다'의 형태로 나타났으며, (ㄴ)에서 '브람'은 18세기에 단어의 첫째 음절에서 / · /가 / ㅏ /로 변하여 '바람'의 형태로 나타났다.3)

〈 'ㅐ'와 'ㅔ'의 단모음화 〉 근대 국어의 초반까지 'ㅐ'와 'ㅔ'는 이중 모음인 /aj/, /əj/로 발음되었는데, 이들 모음은 17세기 후반에 단모음인 /e/와 /ɛ/로 바뀌었다.

전기 근대 국어의 이중 모음 체계는 중세 국어의 이중 모음 체계와 차이가 없었다. 곧, 상향적 이중 모음으로 /ㅛ/, / ㅑ /, /ㅠ/, / ㅕ /, /ㅘ/, /ㅝ/가 있었고, 하향적 이중 모음으로 /ㅢ/, /ㅔ/, /ㅐ/, / ㅟ /, /ㅚ/, / ·ㅣ /가 있었다.4) 그런데 18세기 후반에 제1음절에서 / · /가 사라짐에 따라서, 제1음절에 쓰인 '·ㅣ'의 글자 대신에 'ㅐ'의 글자가 쓰였다. 이러한 변화가 일어난 이후에는, 이중 모음으로 발음되었던 'ㅔ(/əj/)'와 'ㅐ(/aj/)'의 음가가 각각 단모음인 /e/와 /ɛ/로 바뀌었다.

이처럼 'ㅔ'와 'ㅐ'가 단모음화한 것은 다음과 같은 사실로써 확인할 수 있다.

첫째, 이중 모음이던 'ㅔ'와 'ㅐ'가 단모음으로 바뀐 것은, 18세기 후반에 간행된 문헌에 나타나는 'ㅔ, ㅐ, ·ㅣ' 글자의 혼기 현상을 통해서도 확인할 수 있다.

(8) 쓸게/쓸개/쓸ᄀᆡ, 번개/번게, 어제/어ᄌᆡ, 오래/오ᄅᆡ

(8)에서는 동일한 단어에 대하여 'ㅔ, ㅐ, ·ㅣ' 등의 글자가 섞여서 표기되었다. 이러한 혼기 현상은 'ㅔ, ㅐ, ·ㅣ'의 글자가 이전처럼 이중 모음으로 발음될 경우에는 일어날 수 없다. 곧, / · /의 음소가 사라지고 'ㅔ'와 'ㅐ'가 이중 모음에서 단모음으로 음가가 바뀌었기 때문에, 이들 단어를 표기하는 데에 혼란이 빚어진 것이다.

둘째, 'ㅔ'와 'ㅐ'의 음가가 단모음으로 바뀐 사실은 'ㅣ' 모음 역행 동화(모음 동화) 현상에서 확인할 수 있다. 이는 19세기 중반에 진행된 'ㅣ' 모음 역행 동화 현상이 적용된 어휘가 문헌에 나타나기 위해서는, 그 전에 'ㅔ'와 'ㅐ'가 각각 단모음인 /e/와 /ɛ/로 발음되고 있어야 하기 때문이다.5)

---

3) / · /의 소리는 18세기 말에 완전히 사라졌으나 '·'의 글자만은 20세기 초까지 그대로 쓰였다. 이처럼 고유한 음가를 상실한 '·' 글자는 1933년에 '조선어학회'에서 제정한 『한글 맞춤법 통일안』에 따라서 폐지되었다.

4) 상향적 이중 모음인 /ㅛ, ㅑ, ㅠ, ㅕ, ㅘ, ㅝ/는 각각 /jo, ja, ju, jə, wa, wə/로 발음되었고, 하향적 이중 모음인 /ㅢ, ㅔ, ㅐ, ㅟ, ㅚ, ·ㅣ/는 각각 /ij, əj, aj, ui, oj, ʌj/로 발음되었다.

5) 근대 국어의 후기에 간행된 일부 문헌에서는 'ㅣ' 모음 역행 동화(움라우트)가 일어난 예가 나타난다. 곧, 앞 음절에 실현된 후설 모음 / ㅓ /와 / ㅏ /가 그 뒤의 음절에 실현된 전설 모음인 / ㅣ /의 영향으로, 각각 전설의 단모음인 / ㅔ, e/와 / ㅐ, ɛ/로 바뀌었다. 이처럼 19세기 중엽의 시기에 쓰인 단어에서 'ㅣ' 모음 역행 동화가 활발하게 일어나는 것을 보면, 'ㅔ'와 'ㅐ'는 그보다 앞선 시기인 18세기 중엽 무렵에 이미 단모음으로 바뀌었음을 짐작할 수 있다. (보기: 익기는(← 앗기는, 惜),

이처럼 /·/가 사라지고 대신에 이중 모음이던 'ᅦ'와 'ᅢ'가 단모음으로 바뀜에 따라서, 18세기 말의 단모음 체계는 /ㅣ, ㅔ, ㅐ, ㅡ, ㅓ, ㅏ, ㅜ, ㅗ/의 8개의 모음 체계로 바뀌었다.6)

〈 원순 모음화 〉 근대 국어에서는 순음(脣音)인 /ㅁ, ㅂ, ㅍ, ㅃ/ 아래에서 평순 모음인 /ㅡ/가 원순 모음인 /ㅜ/로 변하였다. 이러한 현상을 '원순 모음화(圓脣母音化)'라고 하는데, 이 현상은 17세기 중엽에서부터 나타나서 18세기 중엽에 일반화되었다.

 (9) 머무러(← 머므러, 留), 불(← 블, 火), 榜 부티다(← 브티다, 告示), 문득(← 믄득), 물(← 믈),
　　 비고푸고(← 비고프고), 풀(← 플), ᄂᆞ물(← ᄂᆞ믈, 菜), 붉다(← 븕다, 紅)

17세기 초에 간행된 『동국신속삼강행실도』(1617), 『두시언해 중간본』(1632)에는 양순음인 /ㅁ/ 아래에서 /ㅡ/가 /ㅜ/로 바뀐 예가 아주 드물게 나타난다. 그리고 17세기 후반에서 18세기 후반까지 발간된 『역어유해』(1690), 『여사서언해』(1736), 『몽어노걸대』(1741~1790), 『동문유해』(1748) 등의 문헌에서는 원순 모음화가 적용된 예가 제법 많이 나타난다. 이들 문헌에 나타난 예를 통해서 근대 국어의 시기에 /ㅁ, ㅂ, ㅍ, ㅃ/의 아래에 실현된 평순 모음인 /ㅡ/가 원순 모음인 /ㅜ/로 바뀐 것을 확인할 수 있다. 이처럼 근대 국어에서 원순 모음화가 일어나자, 그 후로는 양순음 아래에서는 /ㅡ/와 /ㅜ/는 변별되지 않는다.

〈 모음 조화의 허물어짐 〉 모음 조화는 15세기까지 비교적 잘 지켜졌다. 그러나 16세기 초부터 단어의 둘째 음절의 이하에서 양성 모음이었던 /·/가 대체로 음성 모음인 /ㅡ/로 바뀌게 되었다. 이에 따라서 한 단어 내부에서 양성과 음성의 모음이 함께 실현되어서, 16세기 후반부터는 모음 조화가 허물어졌다.

 (10) ㄱ. ᄆᆞᅀᆞᆷ (15C) 〉 ᄆᆞ음 (16C 말)
　　 ㄴ. 모ᄅᆞ다 (15C) 〉 모르다 (16C 말)

이처럼 모음 조화가 허물어지는 현상은 근대 국어를 지나면서 더욱 가속화되었는데, 그 결과로 현대 국어에서는 의성어와 의태와와 같은 음성 상징어와 일부 용언의 활용에서만 모음 조화가 지켜지고 있다.

디리고(← ᄃᆞ리고, 煎), 기딗려(← 기ᄃᆞ려, 待), 메기더니(← 머기더니, 食), 지팡이(← 지팡이, 杖), 싴기(← 삿기, 羔); 출전 『관성제군명성경언해』(1883))

6) 18세기 말까지 이중 모음이었던 /ᅱ/와 /ᅬ/는 19세기 말이나 20세기 초의 시기에 단모음인 /y/와 /∅/으로 바뀐 것으로 추정한다.

3.1.2. 표기법의 변화

근대 국어에서는 '끊어적기'와 '거듭적기'가 확대되었으며, 종성의 자리에서 /ㄷ/을 'ㅅ'과 'ㄷ'으로 혼기하거나 모음 사이에서 'ㄹㄹ'의 글자를 'ㄹㄴ'으로 표기하는 경향이 나타났다. 그리고 중세 국어에서 사용했던 방점도 문헌에서 사라졌다.

〈 끊어적기와 거듭적기의 확대 〉 훈민정음이 창제된 15세기 중엽 이래로 15세기 말까지는 '이어적기(연철, 連綴)'가 주류를 이루었다. 그런데 16세기 초부터는 표기 방법이 다양화되어서 일부 문헌에서 '거듭적기(중철, 重綴)'와 '끊어적기(분철, 分綴)'가 나타났다. 이러한 표기 양상은 그 뒤에 점차로 확대되어서, 17세기부터는 기존의 '이어적기, 거듭적기, 끊어적기'의 표기뿐만 아니라, '재음소화'에 따른 표기도 나타났다.

ⓐ **끊어적기** : '끊어적기'는 16세기 초기부터 시작되어서 근대 국어에서 더욱 확산되었다. 끊어적기는 체언에 조사가 결합될 때에 먼저 시작되었는데, 나중에는 용언의 어간과 어미를 적는 데에도 적용되었다.

첫째, 체언과 조사가 결합된 형태를 끊어적기로 표기한 예가 있다.

> (11) ㄱ. 모칙이, 무음애, 도적으로, 부즈의, 사름이니
> ㄴ. 벗이, 하늘이, 마음을, 은(銀)애, 일홈을
> ㄷ. 칙을, 밤의, 아츰의, 근심이
> ㄹ. 날이, 부모의, 듸신을, 곡식으로, 몸으로

(ㄱ)은 『동국신속삼강행실도』(1617), (ㄴ)은 『노걸대언해』(1670), (ㄷ)은 〈명의록언해〉(1777), (ㄹ)은 『태상감응편도설언해』(1852)에 실현된 끊어적기의 예이다. 곧, '모칙이, 벗이, 칙을, 날이'에서는 체언인 '모칙, 벗, 칙, 날'과 조사인 '-이, -이, -을, -이'의 형태를 구분하여서 적었다.

둘째, 용언의 어간과 어미가 결합된 형태를 끊어적기로 표기한 예가 있다.

> (12) 죽은대[동삼 열 7:48], 닙어[노언 상59], 안아[한만 1:28], 플어 [태감 5:33]

(12)는 각각 『동국신속삼강행실도』, 『노걸대언해』, 『한듕만록』(1795), 『태상감응편도설언해』(1852)에 나타난 끊어적기의 예이다. 곧, '죽은대, 닙어, 안아, 플어'는 각각 용언의 어간인 '죽-, 닙-, 안-, 플-'과 어미인 '-은대, -어, -아, -어'의 형태를 구분하여 끊어서 적었다.

ⓑ **거듭적기** : 16세기 이후의 국어에서는 체언에 조사가 결합할 때나 어간에 어미가 결합할 때에, 체언이나 어간의 끝음절의 종성을 두 음절에 나누어서 적는 표기 방법도 쓰였다. 이러한 표기 관습은 17세기 이후의 근대 국어에도 그대로 이어졌다.

첫째, 체언에 조사가 결합할 때에 체언의 끝 종성을 거듭적기로 표기할 수 있었다.

(13) ㄱ. 도적기 : 도적ㄱ(←도적, 盜)+-이   [동삼 열1:11]

　　ㄴ. 녁크로 : 녁ㅋ(←녁, 偏)+-으로   　 [연지 28]

　　ㄷ. 볏틔 : 볏ㅌ(←볕 : 陽)+-의   　　　[박언 하1]

(13)은 끝음절의 종성에 실현되는 음소의 형태를 그대로 거듭적기로 적은 예이다. 곧, (ㄱ)의 '도적기'에서는 체언의 종성 /ㄱ/을 'ㄱㄱ'으로 적었다. (ㄴ)의 예는 체언의 종성에 실현된 /ㅋ/, /ㅌ/, /ㅍ/, /ㅊ/과 같은 거센소리의 음소를 두 글자로 나누어서 적은 예이다. 여기서 앞 음절의 글자는 평파열음화을 적용하여 'ㄱ, ㄷ, ㅂ'과 같이 변동된 형태로 적고, 뒤 음절의 글자는 'ㅋ, ㅌ, ㅍ, ㅊ'처럼 원래의 거센소리를 그대로 표기하였다. 결과적으로 /ㅋ, ㅌ, ㅍ, ㅊ/을 각각 'ㄱㅋ', 'ㄷㅌ', 'ㅂㅍ', 'ㄷㅊ'으로 거듭해서 적은 것이다. (ㄷ)은 거센소리인 /ㅌ/, /ㅊ/의 음소를 두 글자로 나누어서 적되, 앞 음절의 종성 글자를 'ㄷ'으로 적지 않고 'ㅅ'으로 적은 형태이다. 곧 '볏틔'에서는 /ㅌ/을 'ㅅㅌ'으로 거듭해서 적었다.

둘째, 근대 국어에서는 체언과 조사의 결합에서뿐만 아니라, 용언의 활용 형태에서도 어간의 끝 종성을 거듭적기로 표기하기도 했다.

(14) ㄱ. 먹글　　 : 먹ㄱ(←먹-, 食)-+-을   [노언 하35]

　　ㄴ. 굳트시고 : 굳ㅌ(←긑-, 同)-+-으시-+-고   [경신 중1]

　　ㄷ. 깁퍼　　 : 깁ㅍ(←깊-, 深)+-어   　[가언 7:22]

　　ㄹ. 사뭇출　 : 사뭇ㅊ(←사뭋-, 通)-+-올   [경신 45]

　　ㅁ. 긋치고　 : 긋ㅊ(←그치-, 止)+-고   [규총 16]

(14)는 어간의 끝 종성을 거듭적기로 표기한 예이다. 곧, (ㄱ)의 '먹글'은 '먹다'의 /ㄱ/을 'ㄱㄱ'으로 적었다. (ㄴ)의 '굳트시고'는 '긑다'의 /ㅌ/을 'ㄷㅌ'으로 적었는데, 여기서는 앞 음절의 'ㄷ'은 /ㅌ/이 평파열음화에 따라서 변동된 형태인 'ㄷ'으로 적은 것이다. (ㄷ)의 '깁퍼'는 (ㄴ)의 예와 마찬가지로 어간의 /ㅍ/을 'ㅂㅍ'으로 적었다. 이때에도 앞 음절의 'ㅂ'은 /ㅍ/이 평파열음화에 따라서 변동된 형태인 'ㅂ'으로 적었다. (ㄹ)의 '사뭇출'은 '사

'몿다'의 어간의 /ㅊ/을 'ㅅㅊ'으로 적었는데, 이 경우에는 앞 음절의 'ㅊ'을 'ㅅ'으로 적었다. (ㅁ)의 '긋치고'도 (ㄹ)의 '사뭇츨'과 마찬가지로 어간의 /ㅊ/을 'ㅅㅊ'으로 적었다.7)

〈'ㄷ'과 'ㅅ'의 혼용〉 15세기에는 종성 자리에서 /ㄷ/과 /ㅅ/의 두 소리가 각각 실현되었기 때문에, 'ㄷ'과 'ㅅ'의 글자도 구분되어서 쓰였다. 그러나 16세기 후반부터는 종성의 /ㅅ/이 /ㄷ/에 합류됨에 따라서 'ㅅ' 글자가 종성에 쓰이지 않았다(7종성 체계).

근대 국어 시기인 17세기에 들어서면 종성의 /ㄷ/을 적을 때에 'ㅅ'과 'ㄷ'을 혼기하는 경향이 나타났다.

(15) 굳거든[두집 하17]—굿거든[두집 하17], 묻고져[동삼 효1:1]—뭇고[동삼 열8:1], 맏보아 [동삼 효2:2]—맛보더니[동삼 효1:45], 몯 가온듸[권요 30]—못 안해[권요 24]; 몯ㅎ거늘 [동삼 효2:12]—못홈으로[동삼 효5:1]

(15)에서는 '굳다/굿다(堅), 묻다/뭇다(埋), 맏/맛(味), 몯/못(淵), 몯/못(不)'과 같이 종성의 /ㄷ/을 'ㄷ'과 'ㅅ'의 글자로 혼기하였다.

그런데 18세기부터는 종성의 /ㄷ/을 표기하는 데에 점차로 'ㄷ'을 쓰지 않고 발음과 관계없이 'ㅅ'으로만 적는 경향이 나타났다. 이처럼 종성의 /ㄷ/을 'ㅅ'으로 적는 경향이 지나치게 확대되어서, '믿다(信)'의 어간인 '믿-'이 어미 '-어'와 결합하여 활용할 때에도, /ㄷ/을 'ㅅ' 종성으로 잘못 표기한 예도 종종 발견된다.

(16) ㄱ. 그러면 쇼인을 못 밋어 아니 뼈 주오시는 소이다   [계일 하4]

   ㄴ. 이제 周瑜ㅣ 나히 겸고 지조의 밋어 여러홀 업슈이 너겨   [삼총 7:12]

   ㄷ. 내 그 말을 밋어 절ㅎ야 가르치믈 밧고   [경신 30]

(ㄱ)은 『계축일기』(16세기 초), (ㄴ)은 『삼역총해』(1703), (ㄷ)은 『경신록언석』(1796)에서 '믿다'의 어간이 '밋-'으로 표기되어 있는 예이다. '믿다'의 어간에 연결 어미인 '-어'가

---

7) '재음소화(再音素化)'는 /ㅋ, ㅌ, ㅍ, ㅊ/과 같은 거센소리를 예사소리인 /ㄱ, ㄷ, ㅂ, ㅈ/과 /ㅎ/으로 분석하여서, 하나의 음소를 두 글자로 적는 표기 방식이다. 재음소화에 따른 이중 표기의 예는 17세기 초의 『동국신속삼강행실도』(1617)에서 부분적으로 보이기 시작하여, 18세기 중엽에 활발하게 나타났다. (보기: ① 녁흐로(녁+-으로), 닙흐로(닢+-으로), 겻희(곁+-의), 빗헤(빛+-에) ② 딕희여(디킈-+-어), 맛호라(맡-+-으라), 놉흐니(높-+-으니)) 보기의 단어들은 거센소리(유기음)의 자음인 /ㅋ, ㅍ, ㅌ, ㅊ/의 음소를 예사소리와 /ㅎ/의 두 음소로 분석하여, 각각 'ㄱ+ㅎ', 'ㅂ+ㅎ', 'ㅅ+ㅎ', 'ㅅ+ㅎ'으로 적었다. 곧, 보기에서 ①의 단어는 체언에 조사가 결합하는 과정에서, ②의 단어는 어간에 어미가 결합하여 활용하는 과정에서 재음소화에 따른 이중 표기가 적용되었다.

결합하면 /미더/로 발음되기 때문에, 끊어적기로는 '믿어'로 적거나 이어적기로는 '미더'로 적어야 한다. 그럼에도 불구하고 (18)에서는 '밋어'로 적었는데, 이는 종성을 'ㅅ'으로만 적는 습관에서 비롯한 표기이다.

〈'ㄹㄹ'과 'ㄹㄴ'의 혼기〉 중세 국어에서는 '올라, 블러, 별로'처럼 모음 사이에서 /ㄹㄹ/로 발음되는 음소를 'ㄹㄹ'로만 표기하였다. 그런데 17세기 초기부터는 이들을 'ㄹㄹ'과 'ㄹㄴ'의 형태로 수의적으로 표기한 예가 흔히 나타났다.

(17) ㄱ. 올라/올나[열 2:85], 딀라/딀나[열 4:73], 흘러/흘너[열 4:8], 블러/블너[열 4:52]

ㄴ. 블러/블너[2:8], 말라/말나[3:66], 멀리/멀니[3:78] , 일로써/일노써[원 4]

ㄷ. 별로/별노, 살림/살님, 멀리/멀니, 뿔로/뿔노, 발라/발나, 말릐여/말늬여

(ㄱ)은 『동국신속삼강행실도』(1617)에 나타난 'ㄹㄴ' 표기의 예이며, (ㄴ)은 『여사서언해』(1736), (ㄷ)은 『규합총서 필사본 』(1809)에 나타난 'ㄹㄴ'의 표기 예이다. 이들 예에서는 모음과 모음 사이에서 'ㄹㄹ'로 표기되어야 할 형태가 'ㄹㄴ'으로 수의적으로 표기되었다. 이처럼 'ㄹㄹ'과 'ㄹㄴ'을 혼용하는 현상은 근대 국어의 후기로 갈수록 점점 확대되었다.

〈방점의 소멸〉 16세기 후반부터 국어의 운소 체계가 흔들리기 시작하여 16세기 말이 되면 국어의 운소 체계는 성조(聲調)에서 장단(長短)으로 바뀌었다.[8] 이에 따라서 『동국신속삼강행실도』(1617)와 같은 근대 국어 시기에 간행된 문헌에는 방점 표기도 사라졌다.

3.2. 문법의 특징

3.2.1. 체언과 조사의 변화

〈체언에서 종성 /ㅎ/의 탈락〉 15세기의 국어에서 명사나 수사의 종성의 자리에 /ㅎ/이 실현되었는데, 이를 흔히 'ㅎ' 종성 체언이라고 한다.[9]

---

8) 방점(傍點)은 16세기 말까지는 유지되기는 하였는데, 16세기 말의 성조 체계는 15세기의 성조 체계와 많이 달라졌다. 16세기 말에 일어난 성조 체계의 변화와 그에 따라서 방점의 사용을 변경한 사실은 『소학언해』(1587)의 일권 첫머리에 있는 '범례(凡例)'에서 확인할 수 있다. 이 기록의 내용을 요약 하면 『번역소학』(1518)이 간행된 16세기 초기에도 이미 성조 체계와 방점을 찍는 법이 15세기의 그것과 달랐음을 알 수 있다. 그리고 『소학언해』가 간행된 16세기 말에는 성조 체계가 남아 있기는 하였으나, 『훈몽자회』에서처럼 15세기의 방식으로 방점을 찍으면 일반 사람들이 듣기에 해괴할 정도로 그 차이가 많이 생긴 것으로 짐작된다.

(1) ㄱ. 두서 번 쌍해 쩌러디매 도적이 머리를 버히고 가니라　　　[동삼 열5:49]

　　ㄴ. 아히 업고 도라가 쌍을 프고 묻고져 ᄒ더니　　　　　　　[동삼 효1:1]

(2) ㄱ. ᄂᆞ믈흘 먹디 아니터라　　　　　　　　　　　　　　　[동삼 속효7:10]

　　ㄴ. ᄂᆞ믈과 과실을 먹디 아니ᄒ야　　　　　　　　　　　[동삼 효6:55]

16세기 초기부터 이러한 명사에서 /ㅎ/이 점차로 탈락하기 시작하였는데, 근대 국어의 후기로 갈수록 /ㅎ/의 탈락 빈도가 높아진다. 예를 들어서 15세기의 국어에 쓰인 '쌍ㅎ(地)'은 17세기 초기의 문헌에서는 (1)처럼 '쌍ㅎ'이나 '쌍'으로 썼다. 그리고 (2)에서도 15세기에 쓰였던 'ᄂᆞ믈ㅎ'이 17세기 초기에는 (ㄱ)의 'ᄂᆞ믈ㅎ'이나 (ㄴ)의 'ᄂᆞ믈'로 썼다. 이처럼 『동국신속삼강행실도』(1617)에 '쌍ㅎ'과 '쌍'이 함께 나타난 것을 보면, 이 시기에 명사의 종성 /ㅎ/이 탈락되는 현상이 일어나고 있음을 알 수 있다. 결국 18세기 말에는 종성의 /ㅎ/이 거의 탈락되었고, 현대 국어에는 파생 접두사로 쓰이는 '암ㅎ-'과 '수ㅎ-'에만 /ㅎ/의 흔적이 남아 있다.

〈주격 조사 '-가'의 출현〉 주격 조사인 '-가'가 17세기의 문헌에서 나타나기 시작하였는데, 이 '-가'는 중세 국어 때부터 쓰였던 '-∅'나 '-ㅣ'와 지속적으로 경쟁하였다.10)

(3) ㄱ. 오좀이 뫼흘 쑤러 깁희 믈채가 드러가니　　　　　　　[산일 5]

　　ㄴ. 多分 비가 올 거시니 遠見의 무러 보옵소　　　　　　[첩신-초 1:8]

　　ㄷ. 흰 믈이 네 발이 검고 눌은 믈이 부리가 희면 다 흉ㅎ고　[마언 상9]

　　ㄹ. 경고가 거의 이경이 넘엇더라　　　　　　　　　　　　[계윤 10]

주격 조사의 변이 형태인 '-가'는 17세기 초·중반에는 반모음인 /j/로 끝나는 체언 뒤에서만 실현되었다. 곧, '-가'는 (ㄱ)과 (ㄴ)의 '믈채, 비'처럼 /j/로 끝나는 체언 뒤에서 실현되었던 주격 조사 '-∅'를 대신하여 쓰인 것이다. '-가'는 그 이후에 (ㄷ)의 '부리'처럼 모음 /ㅣ/로 끝나는 체언 뒤에도 '-∅'를 대신하여 실현되었다. 그러다가 18세기 초에 들어서면

---

9) 근대 국어의 시기에 쓰인 'ㅎ' 종성 체언은 다음과 같다. '겨을ㅎ(冬), 긴ㅎ(纓), 길ㅎ(路), ᄀᆞㅎ(邊), 나라ㅎ(國), 나조ㅎ(夕), 내ㅎ(川), 녁ㅎ(方), 노ㅎ(繩), ᄂᆞ믈ㅎ(菜), 늘ㅎ(刃), 뎌ㅎ(笛), 돌ㅎ(石), 드르ㅎ(野), 뫼ㅎ(山), 발ㅎ(臂), 수ㅎ(雄), 시내ㅎ(川), 술ㅎ(肌), 쌍ㅎ(地), ᄯᆞㅎ(庭), 안ㅎ(內), 알ㅎ(卵), 암ㅎ(雌), 여러ㅎ(多), 우ㅎ(上), 칼ㅎ(刀), 코ㅎ(鼻), 하늘ㅎ(天), ᄒᆞ나ㅎ(一)'

10) 송강 정철의 어머니인 안씨가 1572년 무렵에 송강에게 쓴 것으로 보이는 편지에 "츤 구두리 자니 비가 세이러셔 ᄌᆞ로 ᄃᆞ니니"라는 구절이 있다. 여기서 주격 조사 변이 형태인 '-가'의 처음 쓰인 것으로 보는 학자도 있다(이기문, 1998:166).

'-가'의 쓰임이 더욱 확대되어서, (ㄹ)처럼 /ㅗ/나 /ㅏ/로 끝나는 체언 뒤에도 '-가'가 실현되어서 기존에 쓰였던 '-ㅣ'를 대신하게 되었다. 결국 현대 국어처럼 주격 조사의 형태가 자음 뒤에서는 '-이'로 실현되고 모음 뒤에서는 '-가'로 실현되었다. 19세기 후반에는 모음으로 끝난 체언 뒤에서 주격 조사인 '-가'가 각종 문헌에서 널리 쓰였다.[11]

3.2.2. 용언의 변화

(가) 어말 어미

근대 국어는 '종결 어미'와 '명사형 전성 어미'에서 중세 국어와 다른 특징을 보인다.

〈종결 어미의 특징〉 근대 국어의 종결 어미는 몇 가지 점에서 중세 국어와는 다른 특징을 보였다.

ⓐ 평서형의 종결 어미 : 예사 높임의 평서형 어미로서 '-소'와 '-오'가 19세기 말에 새로이 쓰였다.

(4) ㄱ. 如旧히 ᄯᅩ 미워ᄒᆞᆷ을 免치 못ᄒᆞ리라 ᄒᆞ얏소 [신심 11]

ㄴ. 그 죄에 적당ᄒᆞᆫ 형률을 당ᄒᆞᄂᆞᆫ 거시 올흘 듯 ᄒᆞ오 [독신 1권 7호]

'-소/-오'는 앞 말의 음운론적 환경에 따라서 교체되었는데, (ㄱ)처럼 자음 뒤에서는 '-소'가 (ㄴ)처럼 모음 뒤에서는 '-오'가 쓰였다. 이 형태소는 현대 국어에서도 쓰이고 있는데, 대체로 격식체의 문장에서 예사 높임의 등분으로 쓰이고 있다.

그리고 아주 높임의 평서형 어미로서 '-ᄋᆞᆸᄂᆡ다'가 19세기 말부터 쓰였는데, 이는 현대 국어에서 '-습니다/-ㅂ니다'로 바뀌어서 쓰이고 있다.

(5) ㄱ. 녜부터 有名ᄒᆞᆫ 學者와 高明ᄒᆞᆫ 賢人이 만히 잇ᄉᆞᆸᄂᆡ다 [신심 3]

ㄴ. 형률 명예를 의지ᄒᆞ야 알외옵ᄂᆡ다 [독신 2권 33호]

'-ᄉᆞᆸᄂᆡ다/-ᄋᆞᆸᄂᆡ다/-옵ᄂᆡ다'도 (ㄱ)처럼 자음 뒤에서는 '-ᄉᆞᆸᄂᆡ다'로, (ㄴ)처럼 모음 뒤에서는 '-ᄋᆞᆸᄂᆡ다/-옵ᄂᆡ다'로 교체되었다. 이는 그 이전에 쓰였던 '-ᄉᆞᆸ-/-ᄋᆞᆸ- + -ᄂᆞ- +

11) 중세 국어에는 존칭(높임)의 뜻을 나타내는 주격 조사가 쓰이지 않았다. 그러나 근대 국어에는 '-ᄭᅴ셔'와 '-겨셔/-겨오셔/-겨ᄋᆞᆸ셔/-겨ᄋᆞ오샤/-계셔/-계ᄋᆞᆸ셔, -쎄옵셔/-께옵셔' 등이 높임의 뜻을 나타내는 주격 조사의 변이 형태로 쓰였다.

-이- + -다'의 어미가 통합되어서 '-습ᄂ이다/-옵ᄂ이다 → -습닌다/-옵닌다 → -ㅂ니다/-습니다'의 변화 과정을 거쳐서 형성된 평서형 어미이다. 현대 국어에서는 '-습닌다/-옵닌다'의 형태가 '-ㅂ니다/-습니다'의 형태로 바뀌어서, 아주 높임의 등분인 평서형 어미로 쓰이고 있다.

ⓑ **의문형의 종결 어미** : 중세 국어에서 문장의 주어가 청자(2인칭 주어)일 때에 실현되었던 '-은다'와 '-을다'는 점차로 쓰임이 줄어서 19세기 이후에는 거의 쓰이지 않았다.

(6) ㄱ. (네) 언디 날늘 셜리 주기디 아니ᄒᄂ다   [동삼 열4:76]

　　ㄴ. 너는 이 엇던 사름인다   [오전 1:11]

　　ㄷ. 네 어듸 날을 이길다   [박언 상22]

(6)처럼 17세기와 18세기에 발간된 문헌에서는 2인칭 주어가 쓰인 문장에서 의문형 어미로서 '-ㄴ다'와 '-ㄹ다'가 실현되었다. 이처럼 근대 국어의 중기까지는 '-ㄴ다'와 '-ㄹ다'가 쓰였으나, 근대 국어의 말기인 19세기의 문헌에서는 '-ㄴ다'와 '-ㄹ다'가 쓰인 예를 찾기가 어렵다. 이처럼 '-ㄴ다'와 '-ㄹ다'가 2인칭 주어의 문장에서 '-냐'와 '-료'로 실현되는 현상은 실제로는 15세기 후반의 문헌에서도 제법 많이 나타난다. 그리고 16세기에는 이러한 경향이 점점 늘어나다가 19세기 초에는 '-ㄴ다'와 '-ㄹ다'가 '-냐', '-리오/-랴' 등으로 교체되었다. 의문형 어미의 형태가 이와 같이 교체된 것은 15세기 말부터 시작하여 16, 17, 18세기까지 300여 년에 걸쳐서 일어난 현상이다.

ⓒ **명령형의 종결 어미** : 16세기 말에는 예사 높임의 '-소/-오'가 새로 쓰였는데, '-소/-오'는 17세기 이후의 근대 국어에서도 그대로 쓰여서 현대 국어까지 이르고 있다.

(7) ㄱ. 나죄 가 필죵이ᄃ려 모릭 갈 양으로 일 오라 ᄒ소   [순김 1:2]

　　ㄴ. 수월 초 다엿쇄 전으로 들게 보내오   [송강언간 6]

15세기의 국어에서는 예사 높임의 명령형 어미로서 '-아쎠/-어쎠'가 쓰였는데, 이는 16세기 초기까지만 쓰이고 그 뒤에는 사라졌다. 근대 국어 시기에는 '-아쎠/-어쎠'를 대신하여 새로운 명령형 어미로서 '-소/-오'가 나타났는데, '-소/-오'는 주로 구어체의 문헌에서 많이 쓰인 것이 특징이다.

그리고 16세기의 후반부터 예사 높임의 '-새'가 새로 나타나서, 17세기 이후의 근대 국어까지 쓰였다. 청유형 어미인 '-새'는 중세 국어의 '-사이다'에서 '-다'가 탈락되고 '-사이'가 '-새'로 축약된 형태이다.

(8) ㄱ. 나도 완ᄂᆞ니 타자기나 무ᄉᆞ히 ᄒᆞ여 가새   [순김 49:5]

　　ㄴ. 하 마다 니르시니 아직 앗ᄌᆞᆸ새   [첩신-초 1:20]

　　ㄷ. 목숨 슬기 不顧ᄒᆞ고 一段 忠義 힘뻐 보세   [신심 29]

『순천김씨묘출토언간』(16세기 말)에서는 (ㄱ)처럼 예사 높임의 청유형 어미인 '-새'가 새로 쓰였다. '-새'는 (ㄴ)처럼 17세기의 문헌이 『첩해신어』에서도 쓰였는데, 그 앞에 선어말 어미인 '-ᄌᆞᆸ-/-ᄉᆞᆸ-/-ᄋᆞᆸ-'을 앞세우는 것이 특징이다. 그러나 19세기 말이 되면 '-새'는 (ㄷ)처럼 '-세'의 형태로 바뀌었고 상대 높임의 등분도 예사 낮춤으로 쓰였다.

〈 명사형의 전성 어미 〉 명사형 어미인 '-옴/움'이 '-음'으로 형태가 변했고, 근대 국어의 후기로 갈수록 '-옴/-움/-음'을 대신하여 '-기'가 활발히 쓰였다.

첫째, 16세기 중엽부터 명사형 전성 어미인 '-옴/-움'에서 /ㅗ/와 /ㅜ/가 탈락하여 '-음/-ㅁ'의 형태로 바뀌었는데, 근대 국어에서도 이러한 현상이 점차로 심화되었다.

(9) ㄱ. 싀어버이 셤기믈 다 맛당호믈 얻고   [동삼 열4:10]

　　ㄴ. 大馬島主 블셔 보내믈 위ᄒᆞ야 비를 내다 ᄒᆞᆸᄂᆡ   [첩신-초 8:30]

(10) ㄱ. 져믄이 얼운 셤김이 맛당ᄒᆞ고 합당ᄒᆞ도다   [오전 2:24]

　　ㄴ. 이ᄂᆞᆫ 나의 불효ᄒᆞᆷ이로다   [오행 열15]

(11) 모도 언문으로 쓰기ᄂᆞᆫ 남녀 샹하 귀쳔이 모도 보게   [독신 창간호]

　　홈이요 ᄯᅩ 귀졀을 ᄉᆈᅵ여 쓰기ᄂᆞᆫ 알어 보기 쉽도록 홈이라

(9~11)은 각각 17세기, 18세기, 19세기에 간행된 문헌에 쓰인 문장인데, 이들 문장에 쓰인 명사형 전성 어미는 '-옴/-움'과 '-음/-ㅁ'의 형태가 혼기되어 있다. (9~11)에 나타난 현상을 종합하여 추정해 보면, 중세 국어에 쓰였던 명사형 어미인 '-옴/-움'에서 /ㅗ/와 /ㅜ/가 탈락하여서 근대 국어에서는 명사형 전성 어미의 형태가 점차적으로 '-음/-ㅁ'으로 바뀌었음을 알 수 있다.[12)]

둘째, 근대 국어 시기에는 '-음/-ㅁ'의 쓰임이 점차로 줄어든 반면에, '-기'의 사용이 점차로 늘어났다.

---

12) 명사형 전성 어미에서 /ㅗ/와 /ㅜ/가 탈락된 것은 중세 국어의 화자 표현이나 대상 표현의 선어말 어미인 '-오-/-우-'가 근대 국어 시대에 사라진 현상과 밀접한 관련이 있다. 그리고 명사형 어미의 형태가 '-옴/-움'에서 '-음/-ㅁ'으로 변함에 따라서, 결과적으로 근대 국어에서는 명사형 어미와 명사 파생 접미사의 형태가 모두 '-음/-ㅁ'으로 단일화되었다.

(12) ㄱ. 머굼이 브르냐 아니 브르냐   [노언 상38]

ㄴ. 마시<u>기</u>는 하게 ᄒ고 먹<u>기</u>는 적게 ᄒ며   [마언 하1]

중세 국어에서는 명사형 어미로서 '-옴/-움'이 '-기'보다 빈번하게 쓰였다. 근대 국어에서도 (ㄱ)의 '-음'과 (ㄴ)의 '-기'가 다 혼용되기는 하였으나, 점차로 '-음'의 쓰임이 줄어들고 '-기'의 쓰임이 늘어났다. 이처럼 '-음'의 쓰임이 지속적으로 줄어들어서, 현대 국어에서는 '-기'가 '-음'보다 훨씬 많이 쓰이게 되었고, 현대 국어에서 '-음'으로써 형성되는 명사절은 의고적(擬古的)인 문체로 쓰이게 되었다.

(나) 선어말 어미

〈 높임 표현의 선어말 어미 〉 중세 국어에서 높임 표현의 선어말 어미는 '주체 높임', '객체 높임', '상대 높임'의 선어말 어미로 구분되어서 쓰였다. 그러나 근대 국어에서는 객체 높임의 선어말 어미가 점차로 기능을 상실함에 따라서, 높임 표현의 체계는 점차로 주체 높임 표현과 상대 높임 표현의 체계로 바뀌었다.

ⓐ 객체 높임의 선어말 어미 : 중세 국어에서 규칙적으로 쓰였던 객체 높임의 선어말 어미인 '-ᄉᆞᆸ-, -ᄌᆞᆸ-, -ᅀᆞᆸ-'은 16세기부터 '-ᄉᆞᆸ/-ᄉᆞ오-', '-ᄌᆞᆸ-/-ᄌᆞ오-', '-ᅀᆞᆸ-/-ᄋᆞ오-'의 형태로 다양화했다. 그리고 근대 국어에서는 다시 '-ᄉᆞ오-/-ᄉᆞᆸ-/-ᄉᆞ옵-', '-ᄌᆞ오-/-ᄌᆞᆸ-', '-ᄋᆞ오-/-ᄋᆞᆸ-' 등으로 형태가 매우 다양하게 바뀌면서, 객체 높임의 기능까지 점차 사라졌다. 곧, 근대 국어의 시기에는 '-ᄉᆞᆸ-' 등이 객체 높임의 기능을 점차로 상실하고, 차차로 '공손(恭遜)'이나 '상대 높임'의 기능을 나타내기도 했다.

(13) ㄱ. 나는 소임으로 왓<u>ᄉᆞ</u>거니와 처음이<u>ᅀᆞ</u>고   [첩신-초 1:2]

ㄴ. 나의 ᄉᆞᆺ 졍윗 잔이오니 이 一杯만 잡<u>ᄉᆞ</u>소   [첩신-초 2:7]

ㄷ. 그러면 엇디 브듸 닉일 ᄒ실 양으로 니르<u>ᅌᆞ</u>시던고   [첩신-초 1:28]

ㄹ. 약도 먹고 뜸도 ᄒ여 이제는 됴화<u>ᄉᆞ</u>ᄂᆡ이다   [첩신-초 2:17]

『첩해신어』(1676)에서는 '-ᄉᆞᆸ-'이 객체 높임의 기능이 없이 쓰인 예가 나타난다. (ㄱ)의 '-ᄉᆞᆸ-'과 '-ᅀᆞᆸ-'은 주체인 '나'와 관련된 일을 공손하게 서술하는 기능을 한다. (ㄴ)의 '-오-'는 연결 어미인인 '-니'의 앞에 쓰였고 (ㄷ)의 '-ᅌᆞᆸ-'은 선어말 어미인 '-시-'와 함께 쓰였는데, 이때의 '-ᄉᆞᆸ-/-ᅌᆞᆸ-'은 객체 높임의 기능과는 상관없다. 그리고 (ㄹ)에서는 '-ᄉᆞᆸ-'이 상대 높임의 선어말 어미인 '-이-'와 함께 쓰여서 상대 높임이나 공손의

'뜻을 강화했다. 『첩해신어』가 17세기 후반의 입말을 반영한 문헌인 것을 감안할 때에, 이 시기에는 '-습-'에서 객체 높임 기능이 거의 사라졌음을 짐작할 수 있다.13)

ⓑ **상대 높임의 선어말 어미** : 중세 국어에서는 상대 높임의 선어말 어미가 '-이-/-잇-'의 형태로 쓰였는데, 근대 국어의 시기에는 '-이-/-잇-'의 형태로 바뀌었다. 그리고 '-습-' 등이 객체 높임의 기능을 잃어버리게 됨에 따라서, '-습-'과 '-이-/-잇-'이 결합되어서 상대 높임의 기능을 가진 새로운 문법 형태가 나타나게 된다.

> (14) ㄱ. 우리도 듯고 ᄀᆞ장 아름다와 ᄒᆞᄂᆞ이다   [첩신-초 3:13]
>
>   ㄴ. 이 잔으란 브듸 다 자ᄋᆞ소 엇디 남기링잇가   [첩신-초 3:52]
>
> (15) ㄱ. 쇼인이 몬져 술올 써슬 이리 御意ᄒᆞ시니 감격히 너기ᄋᆞᄂᆞ이다 [첩신-초 3:2]
>
>   ㄴ. 우리 이를 禮예 삼ᄉᆞ오리잇가   [첩신-초 3:8]
>
> (16) ㄱ. 쪼 소곰은 山에서도 파ᄂᆡ여 밍기는 法도 잇습ᄂᆡ다   [신심 12]
>
>   ㄴ. 간교흔 재조 잇는 ᄉᆞ름을 여호 갓다 ᄒᆞᄋᆞᄂᆡ다   [신심 6]

(14)에서 (ㄱ)의 평서문에서는 '-이-'가 쓰여서, (ㄴ)의 의문문에서는 '-잇-'이 쓰여서 청자를 아주 높여서 표현하였다. (14)에 실현된 '-이-'와 '-잇-'은 선어말 어미의 형태만 바뀌었을 뿐이지 상대 높여서 표현하는 기능은 중세 국어와 동일하다. 그런데 (15)에서는 '-습-/-ᄋᆞ-/-ᄉᆞ오-' 등의 선어말 어미가 객체 높임 기능을 상실함에 따라서, '-이-'와 함께 실현되어서 '-습ᄂᆡ이다/-ᄋᆞᄂᆡ이다'의 형태가 새로 나타났다. 이러한 형태가 19세기 후반의 문헌에는 (16)처럼 '-습ᄂᆡ다/-ᄋᆞᄂᆡ다'로 나타났는데, 이들 형태도 20세기 초의 국어에서 '-습니다/-ᄋᆞ니다'로 바뀌어서 쓰였다. 현대 국어에서는 이들 형태가 평서형의 종결 어미인 '-습니다/(으)ㅂ니다'의 형태로 바뀌었다.

〈 **시간 표현의 선어말 어미** 〉 근대 국어에서 시간을 표현하는 선어말 어미 체계는 중세 국어에 비해서 큰 변화가 있었다. 먼저 '-엇-'이 완료를 표현하는 선어말 어미로 굳어졌다. 그리고 현재 시제를 나타내는 선어말 어미 '-ᄂᆞ-'가 '-는-/-ㄴ-'의 형태로 바뀌었으며, 미래 시제를 표현하는 선어말 어미인 '-리-'를 대신하여 '-겟-'이 새로이 생겼다.

ⓐ **과거 시제의 선어말 어미** : 15세기의 중세 국어 때부터 완료의 뜻을 나타내는 보조 용언인 '-아/-어/-야 잇다/이시다' 등이 '-앳다/-엣다/-얫다' 등으로 축약되어서 '완료

---

13) 객체 높임의 선어말 어미는 현대 국어에서는 '-사오-/-사옵-/-옵-/-오-' 등의 변이 형태로 쓰여서, 청자에게 공손한 태도를 나타내는 기능을 발휘한다(공손 표현).

지속'의 뜻으로 쓰였다. 이렇게 축약된 형태가 16세기 국어에서부터 하나의 선어말 어미로 굳어져 갔다. 곧, 17세기 이후의 근대 국어에서는 그 전의 '완료 지속'의 뜻에서 '지속'의 뜻이 약화되고, 그 결과로 '완료'의 동작상을 나타내는 선어말 어미인 '-앗-/-엇-/-얏-/-엿-'이 성립되었다.

(17) ㄱ. 千餘 箇 뵈 시른 큰 빈를 딜러 가져갓더니　　　　　[박언 중13]

　　 ㄴ. 자네네도 내 망발홀디라도 샤ㅎ시믈 一入 미덧습닉이다　[첩신-초 9:16]

　　 ㄷ. 붓그림을 모로는 거시 되얏스오니　　　　　　　　[첩신-초 9:13]

　　 ㄹ. 우리를 모로는가 녀겨 부러 이리 ㅎ엿습는가　　　[첩신-초 2:10]

(18) ㄱ. 리명샹 씨가 리근빅의게 구빅 원믈 먹은 줄노 긔록ㅎ엿스니 [독신 2권 49호]

　　 ㄴ. 군부에셔 쏘 최쥰덕의게 하ᄉ ㅎ나를 식혀 주엇스면　 [독신 1권 59호]

(17)의 (ㄱ)에서는 '-앗-'이, (ㄴ)에서는 '-엇-'이, (ㄷ)에서는 '-얏-'이, (ㄹ)에서는 '-엿-'이 쓰여서 완료의 동작상을 나타내었다. 그리고 (18)은 『독립신문』(1896)에 실린 글인데 여기서는 '-엿-/-엇-' 등의 형태가 현대 국어처럼 '-였-/-었-'의 형태로 바뀌었다.

　ⓑ **현재 시제의 선어말 어미** : 동사에서 현재 시제를 표현하는 선어말 어미인 '-ᄂ-'는 그 형태가 근대 국어의 말까지 쓰였다. 그리고 또 한편으로는 '-ᄂ-'는 모음 아래에서는 점차적으로 '-ㄴ-'으로, 자음 아래에서는 '-는-'으로 형태가 바뀌었다.

　먼저 중세 국어에 쓰였던 현재 시제의 선어말 어미인 '-ᄂ-'는 근대 국어의 말까지도 지속적으로 쓰였다.

(19) ㄱ. 츄ᄌ곳 머그면 즉제 느리ᄂ니라　　　　　　　　[구보 4]

　　 ㄴ. ᄆ슴 빈 몃 칙이나 가읍ᄂ고　　　　　　　　　[첩신-초 4:7]

　　 ㄷ. 고기 잡ᄂ 빈 사름을 쥬어 구ㅎ엿더니　　　　　[태감 1:25]

　　 ㄹ. 天命이 스스로 定ㅎ실 바ㅣ 잇ᄂ니라　　　　　[국소 36]

(ㄱ)에서는 '느리다'의 평서형에서, (ㄴ)에서는 '가다'의 의문형에서, (ㄷ)에서는 '잡다'의 관형사형에서, (ㄹ)에서는 '잇다'의 평서형에서 '-ᄂ-'의 형태가 쓰였다. 특히 (ㄷ)의 『태상감응편도설언해』(1852)와 『국민소학독본』(1895)처럼 19세기 후기에 간행된 문헌까지 '-ᄂ-'가 쓰인 예를 발견할 수 있다.

　그런데 이미 16세기부터 아주 드물지만 '-ᄂ-'가 모음 아래에서 '-ㄴ-'으로 바뀐 예가 나타났다.

(20) ㄱ. ᄂᆞ미 날 아로ᄆᆞᆯ 구티 아니ᄒᆞᆫ다 ᄒᆞ거늘   [번소 9:54]

ㄴ. 常례에 닐오ᄃᆡ ᄒᆞ나히 가매 빅이 온다 ᄒᆞᄂᆞ니라   [박언 하34]

16세기 초기에 간행된 『번역소학』(1518)에는 (20ㄱ)처럼 모음으로 끝나는 어간 아래에서 현재 시제의 선어말 어미로서 '-ㄴ-'이 쓰였으나, 16세기에는 이러한 예가 극소수로 발견된다. 그런데 17세기와 18세기의 근대 국어에서는 '-ㄴ-'의 쓰임이 늘어나서, (20ㄴ)의 '온다'에서 모음으로 끝난 어간 아래에서 '-ㄴ-'이 쓰였다.

그런데 17세기와 18세기에는 자음으로 끝난 어간 뒤에서 '-ᄂᆞ-'가 '-는-'으로 바뀐 예가 나타난다.14)

(21) ㄱ. 내 드르니 병든 사ᄅᆞᆷ의 좋이 쓰면 낫는다 ᄒᆞ고   [오행 열53]

ㄴ. 너는 아즉 一을 알고 二를 모르는도다   [국소 16]

'-는-'의 형태는 더욱 확대되어서 (ㄱ)처럼 평서형 종결 어미인 '-다'에서뿐만 아니라 (ㄴ)처럼 감동 표현의 선어말 어미인 '-도-'의 앞에서도 실현되었다. 이러한 변화에 따라서 현대 국어에서는 동사 어간의 모음 뒤에서는 '간다'처럼 '-ㄴ-'이 쓰이고 자음 뒤에서는 '먹는다'처럼 '-는-'이 쓰이게 되었다.

ⓑ 미래 시제의 선어말 어미 : 중세 국어에서 미래 시제는 '-리-'로 표현되었는데, '-리-'는 근대 국어를 거쳐서 현대 국어까지 계속 쓰이고 있다. 그런데 18세기 후반에 '-겟-'이 등장하여 기존의 '-리-'와 함께 쓰이게 되었다.

(22) ㄱ. 집의 길니 뎐ᄒᆞ면 미ᄉᆞ가 되게 ᄒᆞ엿다 ᄒᆞ니   [한만 1:3]

ㄴ. 우리 아바님 어마님이 다 됴화ᄒᆞ시겟다   [한만 1:61]

ㄷ. 도적 ᄶᆞ문에 인민들이 엇지 살년지 모로겟스니   [독신 1권 70호]

18세기 말과 19세기 초의 교체기에 혜경궁 홍씨가 궁중에서 지은 『한듕만록』(1895년 이

---

14) '밧ᄂᆞ다'가 '밧는다'로 바뀌고 '낫ᄂᆞ다'가 '낫는다'로 바뀌는 변화는, /ㄴ/이 첨가될 음성적인 조건이 갖추어져 있지 않기 때문에, 음운론적으로는 설명되지 않는다. 이러한 변화는 '유추 작용'으로 설명할 수 있다. 곧, '오ᄂᆞ다'가 '온다'로 바뀜에 따라서 '밧ᄂᆞ다'도 /ㄴ/을 첨가하여 '밧는다'의 형태로 만듦으로써 두 형태가 모두 /ㄴ다/로 되게 한 것이다(허웅, 1983:453).

후)에는 (ㄱ)처럼 보조 용언의 구성으로 '-게 ᄒᆞ엿-'이나 '-게 ᄒᆞ얏-'의 형태가 나타났다. 이러한 형태가 축약되어서 (ㄴ)처럼 미래 시제를 표현하는 선어말 어미인 '-겟-'이 출현하게 되었다. 그리고 19세기 말에는 (ㄷ)처럼 '-겟-'이 다시 '-겠-'의 형태로 바뀌어서 현대 국어까지 그대로 쓰이고 있다.[15]

이처럼 미래 시제의 선어말 어미인 '-겟-'이 18세기 말에 등장하자, 기존의 '-리-'와 새로 나타난 '-겟-'은 현대 국어까지 경쟁을 벌이게 되었다. 그 결과 현대 국어에서는 '-리-'가 의고적의 문법 형태로 되어서 일부 문어체의 문장에서만 한정적으로 쓰이고, 일반적인 구어체 문장에서는 '-겠-'의 형태가 쓰이고 있다.

〈 화자 표현과 대상 표현의 선어말 어미 〉 화자 표현과 대상 표현의 선어말 어미는 17세기의 근대 국어에서부터 불규칙하게 실현되었다. 이에 따라서 18세기부터는 인칭과 대상 표현의 선어말 어미가 점차로 실현되지 않았다.

첫째, 근대 국어에서는 '화자 표현의 선어말 어미'가 점차로 쓰이지 않게 되었다.

(23) ㄱ. 내 당당이 너를 머구리라   [동삼 효1]

ㄴ. 내 얻디 ᄎᆞ마 혼자 먹고 살기를 구ᄒᆞ리오   [동삼 열38]

(24) ㄱ. 우리도 듯고 ᄀᆞ장 아름다와 ᄒᆞᄂᆡ이다   [첩신-초 3:13]

ㄴ. 사름이 만ᄒᆞ니 내 뎌를 티디 못ᄒᆞ리로다   [오전 1:12]

ㄷ. 내 여긔셔 하직ᄒᆞᄂᆞ이다   [오행 효5]

(23)은 『동국신속삼강행실도』(1617)에 쓰인 문장이다. (ㄱ)에서는 화자가 주어로 쓰이면서 서술어로 쓰인 '먹다'에 화자 표현의 선어말 어미인 '-우-'가 실현되었다. 반면에 (ㄴ)에서는 화자가 주어로 쓰였지만 서술어로 쓰인 '구ᄒᆞ다'에 '-오-'가 실현되지 않았다. 이처럼 근대 국어의 초기에는 화자 표현의 선어말 어미가 불규칙하게 실현되었는데, 근대 국어의 후기로 갈수록 화자 표현의 선어말 어미가 쓰임이 줄어들었다. 예를 들어서 (24)의 (ㄱ)에서는 'ᄒᆞᄂᆈ이다' 대신에 'ᄒᆞᄂᆡ이다'로, (ㄴ)에서는 '못ᄒᆞ리로다' 대신에 '못ᄒᆞ리로다'로, (ㄷ)에서는 '하직ᄒᆞ노이다' 대신에 '하직ᄒᆞᄂᆞ이다'로 실현되었다. 이처럼 화자 표현의 선어말 어미는 근대 국어에서 17세기 초기까지만 쓰이다가 18세기 이후로는

---

15) 'ᄒᆞ게 ᄒᆞ얏-'의 형태는 '사동'의 뜻과 함께 '장차 어떠한 지경에 이름'의 뜻을 나타내었는데, 이 형태가 축약되어서 'ᄒᆞ겟-'으로 바뀌면서 사동의 의미가 축소되고 '장차(미래)'의 뜻이 강화된 것으로 보인다. 이러한 변화를 추정하면 '-게 ᄒᆞ얏-> *-게얏-> -겟-'의 축약 과정을 거쳐서 '-겟-'이 형성된 것으로 보인다(나진석, 1971:302; 허웅, 1983:459).

점차로 쓰이지 않았다.

둘째, 근대 국어에서는 '대상 표현의 선어말 어미'도 점차로 쓰이지 않게 되었다.

(25) ㄱ. 有蘇氏라셔 妲己로 紂의 게 드려늘 紂ㅣ 惑ᄒᆞ야 아니　　　[내훈-초 서 3]

　　　드롤 마리 업서 맛드논 사ᄅᆞᄆᆞ란 貴히 ᄒᆞ고 아쳗논 사라ᄆᆞ란 주기더니

　　ㄴ. 有蘇氏라셔 妲己로 紂의게 드려늘 紂ㅣ 惑ᄒᆞ야 아니 드를　　[훈언 서 3]

　　　말이 업서 맛당히 녀기ᄂᆞᆫ 사름으란 貴히 ᄒᆞ고 아쳐ᄒᆞᄂᆞᆫ 사름으란 주기더니

(ㄱ)은 15세기에 간행된 『내훈』(1475)에 쓰인 문장이고, (ㄴ)은 18세기에 간행된 『어제내훈언해』(1737)에 쓰인 문장이다. 이 두 문장을 비교하면 (ㄱ)의 '드롤, 맛드논, 아쳗논'에는 대상 표현의 선어말 어미인 '-오-'가 실현되어 있으나, (ㄴ)의 '드를, 맛당히 녀기ᄂᆞᆫ, 아쳐ᄒᆞᄂᆞᆫ'에는 대상 표현의 '-오-'가 실현되지 않았다. 이를 통해서 근대 국어에서는 후기로 갈수록 대상 표현의 선어말 어미가 쓰이지 않았음을 알 수 있다.

【 더 배우기 】

　근대 국어의 시기에는 태도 표현을 실현하는 선어말 어미 중에서 확인 표현의 선어말 어미는 그 기능이 거의 사라졌다. 반면에 원칙 표현과 감동 표현의 선어말 어미는 그 종류가 줄어들고 기능이 약화되기는 했지만, 일부의 선어말 어미는 현대 국어까지 쓰이고 있다.

　〈 확인 표현의 선어말 어미 〉 15·16세기의 중세 국어에서는 확인 표현의 선어말 어미로 '-아/-어-, -거-, -나-'가 구분되어서 쓰였다. 그러나 근대 국어의 시기부터는 이러한 확인 표현의 선어말 어미는 문법적인 범주로서의 기능을 점차로 상실하였다.

(1) ㄱ. 도적의 둥의셔 웨여 닐오ᄃᆡ 쟝슈 홍봉스ㅣ 죽거다 ᄒᆞ더라　　[동삼 충1:64]
　　ㄴ. 아ᄋᆞ야 네 오나다　　　　　　　　　　　　　　　　　　[오전 6:33]

(2) ㄱ. 나ᄂᆞᆫ ᄒᆞ올어미라 能히 玉 ᄀᆞᆮᄒᆞᆫ ᄆᆞᅀᆞ맷 며느리를 보아리여　[내훈-초 서:7]
　　ㄴ. 나ᄂᆞᆫ 홀어미라 能히 玉 ᄀᆞᆺᄒᆞᆫ ᄆᆞ음앳 며느리를 보랴　　　[어내 서:7]

(1)에서 (ㄱ)의 '죽거다', (ㄴ)의 '오나다'에서 '-나-' 등이 쓰였는데, 이들 예문을 통하여 18세기까지는 확인 표현의 선어말 어미가 쓰인 것을 알 수 있다. 그러나 15세기 말에 발간된 『내훈』(1475)과 18세기 초에 발간된 『어제내훈언해』(1737)에 쓰인 문장을 비교해 보면, 확인 표현의 선어말 어미가 18세기 초기부터 점차로 사라졌음을 알 수 있다. 곧 (2)에서 (ㄱ)의 『내훈』에는 '보아리여'처럼 확인 표현의 '-아-'가 쓰였으나, (ㄴ)의 『어제내훈언해』에는 '보

랴'처럼 '-아-'가 실현되지 않았다. 이처럼 중세 국어에 쓰였던 확인 표현의 선어말 어미는 근대 국어 시기에 점차로 그 쓰임이 줄어들었고, 문법적인 기능 또한 거의 소멸되었다. 이에 따라서 근대 국어 말기와 현대 국어에서는 명령형의 종결 어미인 '-아라/-어라/-거라/-너라'나 연결 어미인 '-거늘, -거든, -거나, -거니와' 등에 형태적인 흔적이 남아 있을 뿐이다.

〈원칙 표현의 선어말 어미〉 중세 국어에서 '원칙 표현'의 선어말 어미로 쓰인 '-니-'는 근대 국어의 말까지 그대로 쓰였으나, 그 기능은 매우 약화되었다.

(3) ㄱ. 다른 나라 병이 ⋯ 빗강의 들게 말아사 가ᄒᆞ니이다   [동삼 충1:11]
    ㄴ. 아모 촌에 사는 사름 王大戶ㅣ 이셔 證ᄒᆞ엿ᄂᆞ니이다   [박언 하54]
    ㄷ. 안직 왈 긔도ᄒᆞ여 유익지 아니ᄒᆞ니이다   [태감 4:3]

원칙 표현 선어말 어미인 '-니-'는 (3)에서처럼 근대 국어의 초기인 17세기부터 말기인 19세기까지 지속적으로 쓰였다. 다만, 근대 국어의 후기로 갈수록 '-니-'의 문법적인 기능이 차차로 퇴화하였다. 곧, 현대 국어에서는 의고적인 문체의 문장에서 평서형 종결 어미인 '-다'에 결합되어서, '-니라'의 형태로 평서형 종결 어미로만 쓰인다.

〈감동 표현의 선어말 어미〉 중세 국어에서 쓰인 '-도-/-돗-/-옷-/-ㅅ-' 등은 근대 국어에서도 감동 표현의 선어말 어미로 쓰였다. 중세 국어에서 감동 표현의 선어말 어미로 쓰였던 '-애-/-에-/-얘-/-게-'는 근대 국어에는 그 뒤에 실현되는 평서형의 종결 어미인 '-라(←-다)'와 결합하여서, '-애라/-에라/-얘라/-게라' 등으로 감탄형의 종결 어미가 된 것이다.

첫째, '-도-/-로-, -돗-/-롯-, -ㅅ-' 등이 감동 표현의 선어말 어미로 쓰였다.

(4) ㄱ. 큰형아 네 나히 하도다   [노언 상57]
    ㄴ. 어미 닐오ᄃᆡ 이 반ᄃᆞ시 거경이로다   [오행 붕4]

(5) ㄱ. 새 그를 어제 브텨 보내돗더라   [두언-중 23:29]
    ㄴ. 御對面ᄒᆞ셔야 ᄌᆞ셔히 솔오려 ᄒᆞᆫ 일이로소이다   [첩신-초 7:14]

(6) ㄱ. 階砌예 올아 ⋯ 金鍾ㅅ 소리를 듣소라   [두언-중 4:21]
    ㄴ. 患難 하매 便安히 사디 몯ᄒᆞ소라   [두언-중 8:43]

(4)에서는 감동 표현의 선어말 어미로 '-도-/-로-'가 실현되었다. 곧 (ㄱ)에서는 감동 표현의 선어말 어미로 '-도-'가 실현되었고, (ㄴ)에서는 서술격 조사의 어간 뒤에서 '-도-'가 '-로-'로 변동하였다. (5)에서는 감동 표현의 선어말 어미로서 '-돗-/-롯-'가 실현되었다. 먼저 (ㄱ)에서는 '-돗-'이 실현되었으며, (ㄴ)에서는 서술격 조사의 뒤에서 '-돗-'이 '-롯-'으로 변동하였다. (6)에서는 감동 표현의 선어말 어미로서 '-ㅅ-'이 쓰였다. 이처럼 근대 국어에서 쓰인 감동 표현의 선어말 어미는 15세기 국어의 시기에서 쓰였던 감동 표현의 선어말 어미의 변이 형태와 거의 동일하다.16)

둘째, 선어말 어미인 '-ᄂᆞ-, -시-, -더-'의 뒤에 감동 표현의 선어말 어미인 '-옷-'이 실현될 수 있었다.

(7) ㄱ. 淑景殿에 香을 픠우며 望雲亭에 므를 쓰리놋다   [두언-중 24:6]

    ㄴ. 嗚呼ㅣ라 직극ᄒ샷다   [어내 발문 5]

    ㄷ. 진실로 이러ᄒ면 우리 맛당이 미리 네게 謝禮ᄒ염즉 ᄒ닷다   [청노 6:23]

감동 표현의 선어말 어미인 '-옷-'이 (ㄱ)에서는 '-ᄂ-'에, (ㄴ)에서는 '-시-'에, (ㄷ)에서는 '-더-'에 붙어서 각각 '-놋-', '-샷-', '-닷-'의 형태로 실현되었다. 이처럼 '-ᄂ-, -시-, -더-'에 '-옷-'이 결합되는 방식은 중세 국어에서 결합되는 방식과 동일하다.

이처럼 감동 표현의 선어말 어미는 근대 국어의 시기에도 선어말 어미로서의 자격을 유지하였다. 그러나 현대 국어의 시기에는 대부분의 감동 표현의 선어말 어미는 사라지고 '-도-'만 '-도다'의 형태로만 실현되어서 의고형의 감탄형 종결 어미로만 쓰이고 있다.

3.3. 어휘와 의미의 특징

3.3.1. 어휘의 변화

중세 국어에서 일부 체언이 조사와 결합하는 과정에서 둘 이상의 형태로 실현되던 것이 근대 국어의 시기에서는 단일한 형태로 실현되었다.

첫째, 15세기 국어에서 '나모/낡(木)'과 '구무/굵(孔)'의 형태가 음운론적인 조건에 따라서 엄격히 구분되었다.[17] 그러나 근대 국어의 시기에는 이들 단어가 각각 '나모'와 '구무'의 형태로 단일화하는 경향이 나타났다.

(1) ㄱ. 김시 손으로써 남글 븓드니 남기 것거디니라   [동삼 열4:15]

    ㄴ. 붉나모를 구슬갓긴 ᄀ티 밍그라 들고   [벽신 14]

(2) ㄱ. 아모 ᄒ 人家에 가 혓긋으로 불워 창 굼글 뚤고   [박언 중35]

    ㄴ. 닉신을 알커든 요샹 닐곱 구무를 블침 ᄒᄂ니라   [마언 하46]

---

16) '-도-'는 17 · 18세기까지는 감동 표현의 선어말 어미로 쓰였으나, 19세기에는 평서형의 종결 어미인 '-다'와 결합하여 감탄형의 종결 어미인 '-도다'의 형태로 실현되었다. 현대 국어에서는 '-도다'가 의고적인 문어체에만 쓰이는 감탄형 종결 어미로 쓰인다.

17) 예를 들어서 15세기 국어에서는 이들 단어에 모음으로 시작하는 목적격 조사가 결합하면 '남글(낡+-을), 굼글(굵+-을)'로만 실현되었으며, 자음으로 시작하는 보조사 '-ᄂ/-는'이 결합하면 '나모는(나모+-ᄂ), 구무는(구무+-는)'으로만 실현되었다.

근대 국어의 초기에는 (3~4)의 (ㄱ)처럼 '남글(낡+-을)'과 '굼글(굵+-을)'처럼 실현되기도 하고, (ㄴ)처럼 '나모를(나모+-를)'과 '구무를(구무+-를)'의 형태로도 실현되었다. 곧 '나모를'과 '구무를'의 형태가 새로 나타난 것이다. 그리고 근대 국어의 후기에는 두 가지 형태가 완전히 단일화되어서, 각각 '나모를'과 '구무를'의 형태로만 쓰였다.

둘째, 근대 국어에서는 모음으로 끝나는 체언 뒤에 실현되는 주격 조사 '-가'가 나타났다. 이에 따라서 인칭 대명사인 '나(我), 너(汝), 누(誰)'에 주격 조사인 '-가'가 결합하면 대명사의 형태가 바뀌어서 실현되었다. 곧, 18세기 후반 이후의 문헌에는 '나, 너, 누'의 주격 형태가 '내, 네, 뉘'에서 각각 '내가, 네가, 뉘가'로 바뀌어서 쓰였다.

(3) ㄱ. <u>내가</u> 大敗홀 지경의 가오매   [인대 3:22]

  ㄴ. 이제 <u>네가</u> 또 착흔 일노 법을 스무미랴   [조영 11]

  ㄷ. <u>뉘가</u> 셰상 스름이 마니 아른 체 아니 혈 줄 혜아려쓰랴 [조영 37]

(3)에서 '내가, 네가, 뉘가'는 각각 '나, 너, 누'에 기존의 주격 조사인 '-ㅣ'와 새로운 형태의 주격 조사인 '-가'가 겹쳐진 것이다. 이는 기존의 주격 조사의 한 형태인 '-ㅣ'가 '-가'로 굳어지는 과정에서 '내, 네, 뉘'를 체언의 형태로 잘못 인식한 것이다. 결과적으로 주격 조사 '-가' 앞에서 '나, 너, 누'가 '내, 네, 뉘'로 변동한 것으로 처리된다.

셋째, 중세 국어에서 인칭 대명사인 '나, 너, 누'에 부사격 조사인 '-로, -와'가 결합할 때에는, 인칭 대명사에 /ㄹ/이 첨가되어서 '날, 널, 눌'의 형태로 바뀌었다. 따라서 중세 국어에서는 인칭 대명사가 '나/날, 너/널, 누/눌'의 두 가지 형태로 쓰였다.

그러나 근대 국어에서는 '날, 널, 눌'에서 /ㄹ/이 첨가되지 않고 '나, 너, 누구'의 형태로 단일화하는 경향이 나타났다.

(4) ㄱ. 샹제계셔 죠셔ㅎ샤 <u>나로</u> 희야곰 젼당 일을 맛트라 ㅎ샤 [명언 15]

  ㄴ. 외방의 나가면 또 <u>너와</u> 흔가지어니쑤녀   [노언 상37]

  ㄷ. 그 쳬 <u>누구로</u> 더부러 통간흠이 잇다 ㅎ니   [태감 3:31]

(ㄱ)에서는 '나로'가 쓰였으며, (ㄴ)에서는 '너와'가 쓰였으며, (ㄷ)에서는 '누구로'가 쓰였다. 이렇게 근대 국어의 후기로 갈수록 부사격에서 '날, 널, 눌'이 사라지고 '나, 너, 누구'의 형태로 단일화되어서 현대 국어까지 이르고 있다.

3.3.2. 의미의 변화

중세 국어와 근대 국어의 시대를 거치면서 특정한 어휘의 의미가 변화한 예도 있는데, 이러한 의미 변화는 오랜 기간 동안 서서히 진행된다. 특정한 어휘에서 일어난 의미 변화는 '의미의 교체', '의미의 축소', '의미의 확대'의 세 가지 유형으로 나누어진다.

〈 의미의 교체 〉 단어의 특정한 의미가 다른 의미로 단순하게 교체된 경우가 있다.

첫째, '스랑ᄒ다'는 [생각하다, 思]의 뜻에서 [사랑하다, 愛]의 뜻으로 바뀌었다.

(5) ㄱ. 迦葉이…뫼고래 이셔 道理 스랑ᄒ더니   [석상 6:12]

    ㄴ. 어버ᅀ 子息 스랑호ᄆ 아니한 싀어니와   [석상 6:3]

    ㄷ. 싱각 ᄉ (思)   [유합 하11]

'스랑ᄒ다'는 15세기 국어에서 (ㄱ)처럼 [思]의 뜻으로 쓰이다가 그 뒤의 시기에는 (ㄴ)처럼 [愛]의 뜻으로도 쓰였다. 이처럼 '스랑'이 [愛]의 뜻을 나타내게 되자, '스랑'을 대신하여 [思]의 뜻을 나타내는 단어로서 (ㄷ)의 '싱각'이 새로 생겨났다. 이처럼 [愛]의 뜻으로 쓰이는 '스랑하다'가 세력을 얻게 되자, '스랑ᄒ다(愛)'와 유의어로 쓰였던 기존의 어휘인 '괴다(寵)'와 'ᄃᆺ다(愛)'는 세력을 잃고 사라졌다.

둘째, '어엿브다'는 [불쌍하다, 憫]의 뜻에서 [아름답다, 美]의 뜻으로 바뀌었다.

(6) 須達이 … 艱難ᄒ며 어엿븐 사ᄅᆞᆯ 쥐주어 거리칠씨   [석상 6:13]

(7) ㄱ. 憫然은 어엿비 너기실 씨라   [훈언 2]

    ㄴ. 내 百姓 어엿비 너겨 (我愛我民)   [용가 50장]

15세기 국어에서 형용사인 '어엿브다'는 (6)처럼 [憫]의 뜻으로만 쓰였으나, 부사인 '어엿비'는 (7ㄱ)의 [憫]이나 (7ㄴ)의 [美]의 뜻으로 두루 쓰였다. 현대 국어에서는 '어엿브다'가 '예쁘다'로 형태가 바뀌어서 [美]의 뜻으로만 쓰이는 점을 감안할 때에, '어엿브다'는 근대 국어 시기에 [憫]에서 [美]의 뜻으로 바뀐 것으로 추정된다.

셋째, '어리다'는 [어리석다, 愚]의 뜻에서 [어리다, 幼]의 뜻으로 바뀌었다.

(8) ㄱ. 愚는 어릴 씨라   [훈언 2]

    ㄴ. 디낸 나히 닐흔에 어린 아히 노ᄅᆞᆺᆯ ᄒ야 (嬰兒喜)   [소언 4:16]

'어리다'는 15세기 국어에서 (ㄱ)처럼 [愚]의 뜻을 나타내었는데, 16세기 이후의 국어에서는 (ㄴ)처럼 [幼] 뜻을 나타내었다.

넷째, '쓰다/스다'는 원래 [그만한 가치가 있다, 同値]나 [값이 높다, 高價]의 뜻으로 쓰였는데, 현대 국어에서 이 단어는 [값이 낮다, 低價]의 뜻으로 바뀌었다.[18)]

   (9) ㄱ. 八分 흔 字ㅣ 비디 百金이 스니   [두언 16:16]

      ㄴ. 뵛 갑슨 쓰던가 디던가   [번노 상9]

(10) 價値 갑쓰다   [동유 하26]

(11) 자갈치 시장이 회가 싸다.   [현대 국어]

15세기와 16세기의 국어에서 '쓰다/스다'는 (9)의 (ㄱ)처럼 [同値]의 뜻으로 쓰이거나, (9)의 (ㄴ)처럼 [高價]의 뜻으로 쓰였다. 그리고 18세기의 문헌인 『동문유해』(1748)에서도 '갑쓰다'가 (10)처럼 [同價]의 뜻을 나타내었다. 이 점을 감안하면 '쓰다'가 현대 국어처럼 [低價]의 뜻을 나타낸 것은 19세기 이후인 것으로 추정된다(이기문, 1998:230). 결국 15세기 중세 국어에서 '쓰다/스다'는 [高價]나 [同價]의 뜻을 나타내었는데, 현대 국어에서는 (11)처럼 정반대의 뜻인 [低價]의 뜻으로 쓰이는 것이다.[19)]

다섯째, 한자어로 된 단어가 나타내는 특정한 의미가 다른 의미로 단순하게 교체된 경우가 있는데, 이처럼 한자어 중에서 의미가 교체된 예는 '人情, 放送, 發明' 등이 있다.

   (12) 人情, 放送, 發明

근대 국어에서는 '人情'이 [뇌물, 賂物]의 뜻을 나타내다가, 현대 국어에서는 '남을 동정하는 따뜻한 마음'의 뜻을 나타내고 있다. '放送'은 근대 국어에서는 [석방, 釋放]의 뜻을 나타내다가, 현대 국어에서는 '음성이나 영상을 전파로 내보내는 일'의 뜻을 나타내고 있다. '發明'은 근대 국어에서는 [변명, 辨明]의 뜻을 나타내다가 현대 국어에서는 '아직까지 없던 기술이나 물건을 새로 생각하여 만들어 냄'의 뜻을 나타내고 있다.

---

18) 현대 국어에서도 중세 국어처럼 '그만한 가치가 있다.'의 뜻으로 쓰인 예도 있다. (보기: 지은 죄를 보면 그는 맞아 죽어도 싸다.)

19) 15세기 국어에서 '쓰다(그만한 값이 있다)'가 '빋(가격)'과 자주 결합하면서, '빋쓰다(高價)'로 실현되었다. 그런데 그 이후에 '빋쓰다'의 형태가 '비쓰다'로 바뀜에 따라서, 언중들이 '쓰다'를 '비-쓰다'의 대립어로 오인해서, 현대 국어에서는 '싸다'가 '가격이 낮다(低價)'의 뜻으로 쓰이게 되었다.

〈 의미의 축소 〉 두 가지의 의미를 나타내던 단어가 하나의 의미를 잃어버리고 나머지 의미로만 쓰여서, 결과적으로 의미가 축소된 경우가 있다.

첫째, '힘'은 중세 국어에서 [힘살, 筋肉]이나 [힘, 力]의 두 가지 뜻으로 쓰이다가, 점차로 의미가 축소되어서 [힘, 力]의 뜻으로만 쓰인다.

(13) ㄱ. 갓과 고기와 힘과 쎠와는 다 따해 감돌 곧ᄒᆞ니라　　　　[원언 상1-2:137]
　　 ㄴ. 力士는 힘센 사르미라　　　　　　　　　　　　　　　[월석 2:6]

'힘'은 15세기 문헌에는 (ㄱ)처럼 구체성을 띤 [筋肉]의 뜻으로 쓰이거나 (ㄴ)처럼 추상적인 [力]의 뜻으로 두루 쓰였다. 그런데 현대 국어에서는 '힘'이 [筋肉]의 뜻으로는 쓰이지 않고 [力]의 뜻으로만 쓰이므로 의미가 축소되었다.

둘째, '빋'은 중세 국어에서 [값, 價]과 [빚, 債]의 두 가지의 뜻을 나타내다가, 점차로 [빚, 債]의 뜻으로만 쓰였다.

(14) ㄱ. 일훔난 됴ᄒᆞᆫ 오시 비디 千萬이 ᄊᆞ며　　　　　　[석상 13:22]
　　 ㄴ. 네 내 목수믈 지며 내 네 비들 가파　　　　　　　　[능언 4:31]

15세기 국어에서 '빋'은 (ㄱ)처럼 [價]의 뜻을 나타내기도 하고, (ㄴ)처럼 [債]의 뜻을 나타내기도 하여 다의적으로 쓰였다. 그러나 현대 국어에서 '빚'은 [債]의 뜻으로만 쓰여서, 15세기 국어에 비해서 의미가 축소되었다.

셋째, '얼굴'은 중세 국어에서 [모습, 形象]이나 [틀, 型]과 같은 포괄적인 뜻을 나타내다가, 현대 국어에서는 [얼굴, 顔]의 구체적인 뜻을 나타내게 되었다.

(15) ㄱ. 얼구른 그리메 逼近ᄒᆞ니 家門엣 소리는 器宇ㅣ 잇도다 (形象) [두언 8:25]
　　 ㄴ. 얼굴 型　　　　　　　　　　　　　　　　　　　　[훈자 상24]

15세기와 16세기 국어에서 '얼굴'은 (ㄱ)처럼 [形象]이나 (ㄴ)처럼 [型] 등의 뜻으로 쓰였다. 반면에 현대 국어에서는 [顔]의 뜻으로만 쓰이므로, 결과적으로 의미가 축소되었다.

넷째, '艱難'은 [일반적인 어려움, 難]의 뜻에서 [경제적인 어려움, 貧]의 뜻으로 바뀌어서, 그 의미가 축소되었다.

(16) ㄱ. 王業 艱難이 이러ᄒ시니 　　　　　　　　　　　　　　　[용가 5장]

　　ㄴ. 君子ㅣ 비록 <u>가난</u>ᄒ나 祭器를 ᄑᆞ디 아니ᄒ며 　　　　　[소언 2:28]

'艱難(간난)'은 원래는 (ㄱ)처럼 한자로 표기되어서 경제적인 어려움을 포함하여 일반적인 어려움인 [難]의 뜻을 나타내었다. 그러나 16세기 이후에는 (ㄴ)처럼 한글로 '가난'으로 표기되면서 [貧]의 뜻을 나타내게 되었는데, 결과적으로 의미가 축소되었다.

　　다섯째, 한자어인 '衆生'은 원래 [생명체, 生命體]의 뜻으로 포괄적으로 쓰였는데, 이 단어가 한글로 '즁ᇰ'으로 표기되면서 [짐승, 獸]의 뜻을 나타내어서 의미가 축소되었다.

(17) ㄱ. 慈悲는 <u>衆生</u>을 便安케 ᄒ시는 거시어늘 　　　　　　　[석상 6:5]

　　ㄴ. 뒤헤는 <u>모딘 즁ᇰ</u> 알ᄑᆡ는 기픈 모새 (猛獸) 　　　　　[용가 30장]

　　ㄷ. ᄃᆞᆮᄂᆞᆫ <u>즘ᇰ</u>과 ᄂᆞᄂᆞᆫ 새 다 머리 가ᄂᆞ니 　　　　[영남 하35]

15세기 국어에서는 (ㄱ)처럼 '衆生'이 한자로 표기되면 [生命體]의 뜻을 나타내었고, (ㄴ)의 '즁ᇰ'처럼 한글로 표기되면 [獸]의 뜻을 나타내었다. 그러다가 15세기 말이 되면 '즁ᇰ'이 (ㄷ)처럼 '즘ᇰ'으로 형태가 바뀌었는데, 근대 국어를 거쳐서 현대 국어에 오면 이들 단어가 '중생(衆生)'과 '짐승'으로 분화되어서, 형태와 의미가 확실하게 구분된다. 결과적으로 중생(衆生)은 시간이 흐름에 따라서 점차로 의미가 축소되었다.

　　〈 의미의 확대 〉 특정한 단어의 의미가 변화하여, 단어의 지시 범위가 원래의 범위보다 넓어지는 경우가 있다. 이처럼 의미가 확대된 예는 '겨레'가 있다.

　　'겨레'는 [종친, 宗親]의 뜻에서 [민족, 民族]의 뜻으로 의미가 바뀌어서, 결과적으로 '겨레'가 지시하는 범위가 확대되었다.

(18) ㄱ. 그 시절 녯 가문과 오란 <u>겨레</u>들히 다 能히 이 ᄀᆞᆮ디 몯ᄒ더라 [소언 6:132]

　　　ㄴ. 우리는 단군의 피를 이어받은 한 <u>겨레</u>이다

(ㄱ)의 '겨레'는 중세 국어에서는 [宗親]의 뜻을 나타내었으나, 현대 국어에서는 (ㄴ)처럼 [民族]의 뜻으로 쓰인다. 결국 '겨레'는 그 단어가 나타내는 지시 범위가 [宗親]의 뜻에서 [民族]의 뜻으로 확대된 것이다.

[참고] 이 책에서 인용한 근대 국어 문헌

약어	문헌 이름	간행 연대
가언	가례언해(家禮諺解)	1632
가원	가곡원류(歌曲源流)	1876
경언-중	경민편언해(警民編諺解) 중간본	1658
경신	경신록언석(敬信錄諺釋)	1796
경윤음	유경기대소민인등륜음(諭京畿大小民人等綸音)	1782
계녀서	송시열 계녀서(宋時烈 誡女書)	17세기
계윤	어제계주윤음(御製戒酒綸音)	1757
계일	계축일기(癸丑日記)	1612년~
과존	과화존신(過化存神)	1880
관언	관성제군명성경언해(關聖帝君明聖經諺解)	1883
구보	구황보유방(救荒補遺方)	1660
국소	국민소학독본(國民小學讀本)	1895
권요	권념요록(勸念要錄)	1637
귀의성	귀의성(鬼의聲)	1906
규총	규합총서(閨閤叢書) 판각본	1869
규총-필	규합총서(閨閤叢書) 필사본	1809
내훈-초	내훈(內訓) 초간본	1475
노언	노걸대언해(老乞大諺解)	1670
독신	독립신문(獨立新聞)	1869~1899
동삼	동국신속삼강행실도(東國新續三綱行實圖)	1617
동유	동문유해(同文類解)	1748
두언-중	두시언해(杜詩諺解) 중간본	1632
두집	언해두창집요(諺解痘瘡集要)	1608
마언	마경초집언해(馬經抄集諺解)	1682년 경
매신	매일신문(每日新聞)	1898
명언	명의록언해(明義錄諺解)	1777
몽노	몽어노걸대(蒙語老乞大)	1741~1790
물보	물보(物譜)	1802
박언	박통사언해(朴通事諺解)	1677
벽신	벽온신방(辟瘟新方)	1653

약어	문헌 이름	간행 연대
사필	사민필지(士民必知)	1886
산일	산성일기(山城日記)	1630년 경
삼총	삼역총해(三譯總解)	1774
순김	순천김씨묘출토간찰(順川金氏墓出土簡札)	16세기 말
시언	시경언해(詩經諺解)	1613
신심	신정심상소학(新訂尋常小學)	1896
신자	신전자초방(新傳煮硝方)	1698
십사	십구사략언해(十九史略諺解)	1772
어내	어제내훈(御製內訓)	1736
어훈	어제훈서언해(御製訓書諺解)	1756
여언	여사서언해(女四書諺解)	1736
역유	역어유해(譯語類解)	1690
연지	연병지남(練兵指南)	1612
오전	오륜전비언해(五倫全備諺解)	1721
오행	오륜행실도(五倫行實圖)	1797
왜유	왜어유해(倭語類解)	18세기 말
은세계	은세계(銀世界)	1908
이행	이륜행실도(二倫行實圖)	1727
인대	인어대방(隣語大方)	1790
조영	조군영적지(竈君靈蹟誌)	1881
주천-중	주해천자문(註解千字文) 중간본	1804
지본	지장보살본원경(地藏菩薩本願經)	1752
척윤	척사윤음(斥邪綸音)	1839
첩신-초	첩해신어(捷解新語) 초간본	1676
청노	청어노걸대(淸語老乞大)	1703
청영	청구영언(靑丘永言)	1728
태감	태상감응편도설언해(太上感應篇圖說諺解)	1852
태집	언해태산집요(諺解胎産集要)	1608
한만	한듕만록	1795~
한자	한불자전(韓佛字典)	1880
현곽	현풍곽씨언간(玄風郭氏諺簡)	17세기 초
화언	화포식언해(火砲式諺解)	1635

강신항(1990), 『훈민정음연구』(증보판), 성균관대학교 출판부.

고성환(1993), 「중세국어 의문사의 의미와 용법」, 『국어학논집』 1, 태학사.

고영근(2010), 『제3판 표준 중세국어 문법론』, 집문당.

고영근(2010), 『표준 중세 국어 문법론』, 집문당.

고영근·구본관(2008), 『우리말 문법론』, 집문당.

고영근·남기심(1996), 『표준 국어 문법론』, 탑출판사.

이현규(1984), 「명사형어미 '-기'의 변화」, 『목천 유창돈 박사 회갑 기념 논문집』, 계명대학
    교 출판부.

교육과학기술부(2009), 『고등학교 교육과정 해설—국어』

교육인적자원부(2010), 『고등학교 교사용 지도서 문법』, (주)두산동아.

교육인적자원부(2010), 『고등학교 문법』, (주)두산동아.

구현정(2009), 『대화의 기법: 이론과 실제』, 경진출판.

구현정·전영옥(2005), 『의사 소통의 기법』, 박이정.

국립국어연구원(1997), 『국어의 시대별 변천 연구: 근대국어』 2.

국립국어원, 『표준 국어 대사전』, 인터넷판.

김갑년 옮김(1999), 『화용론 입문』, 한국문화사.

김계곤(1996), 『현대 국어의 조어법 연구』, 박이정.

김동소(1998), 『한국어 변천사』, 형설출판사.

김소희(1996), 「16세기 국어의 '거/어'의 교체에 대한 연구」, 『국어연구』 142, 국어연구회.

김수태(1999), 『인용월 연구』, 부산대학교출판부.

김영송(1963), 방언 - 음운, 경상남도지 중권, 경상남도지 편찬위원회.

김영송(1981), 『우리말의 소리 연구』, 과학사.

김영욱(1995), 『문법형태의 역사적 연구』, 박이정.

김완진(1980), 『향가 해독법 연구』, 서울대 출판부.

김유범(1998), 「근대국어의 선어말어미」, 『근대국어 문법의 이해』, 박이정.

김일웅(1984), 「풀이말의 결합가와 격」, 『한글』 186호, 한글학회.

김일웅(1985ㄱ), 「생략과 그 유형」, 『부산한글』 제4집, 한글학회 부산지회.

김일웅(1985ㄴ), 「생략의 유형」, 『약천 김민수 교수 화갑 기념 국어학 신연구 I』, 탑출판사.

김일웅(1987), 「월의 분류와 특징」, 『한글』 제198호, 한글학회.

김일웅(1989), 「담화의 짜임과 그 전개」, 『인문논총』 제34집, 부산대학교.

김정아(1985), 「15세기 국어의 '-ㄴ가' 의문문에 대하여」, 『국어국문학』 94.

김태자(1987), 『발화분석의 화행의미론적 연구』, 탑출판사.

김형규(1981), 『국어사 개요』, 일조각.

나진석(1963), 『방언-어법, 경상남도지 중권』, 경상남도지 편찬위원회.

나진석(1971), 『우리말 때매김 연구』, 과학사.

나찬연(1993), 「우리말의 이음에서의 생략과 삭제 현상 연구」, 부산대학교 석사논문.

나찬연(2004), 『우리말 잉여 표현 연구』, 도서출판 월인.

나찬연(2011), 『수정판 옛글 읽기』, 도서출판 월인.

나찬연(2013), 『국어 어문 규범의 이해』, 도서출판 월인.

나찬연(2013), 『표준 발음법의 이해』, 도서출판 월인.

나찬연(2013), 『언어 · 국어 · 문화』, 도서출판 월인.

나찬연(2013), 『표준 발음법의 이해』, 월인.

나찬연(2018), 『학교 문법의 이해 1, 2』, 경진출판.

나찬연(2019), 『국어 어문 규정의 이해』, 월인.

나찬연(2020), 『중세 국어의 이해』, 경진출판.

나찬연(2020), 『중세 국어 강독』, 경진출판.

나찬연(2020), 『근대 국어 강독』, 경진출판.

류성기(1997), 「근대 국어 음운」, 『국어의 시대별 변천 연구 2: 근대국어』, 국립국어연구원.

문화체육관광부(2012), 『국어 어문 규정집』, (주)대한교과서.

민현식(1982), 「현대국어의 격에 대한 연구」, 『국어연구』 49, 국어연구회.

민현식(1999), 『국어 정서법 연구』, 태학사.

박선자(1996), 「한국어의 의미적 특징」, 우리말연구회 편, 『한국어의 이해』, 만수출판사.

박영목 외(2014), 고등학교 『독서와 문법』, (주)천재교육.

박진호(1994), 「중세국어 피동적 -어 잇- 구문」, 『주시경학보』 13(주시경연구소), 탑출판사.

방민오(2015), 『고등학교 언어와 매체』, 미래엔.

서울대학교 국어교육 연구소(1999), 『국어 교육학 사전』, 대교출판.

서재극(1969), 「주격 '가'의 생성기반에 대한 연구」, 『신태식박사송수기념논총』.

서재석 외(2001), 『화용론』(PAAL 응용 언어학 번역 총서 1), 박이정.

서정수(1996), 『국어 문법』(수정 증보판), 한양대학교 출판원.

서태길(1990), 「한정조사 '서'에 대한 연구: 그 결합형을 중심으로」, 고려대학교 석사논문.

성기철(1990), 「공손법」, 『국어연구 어디까지 왔나』, 동아출판사.

김영욱(1990), 「중세국어 관형격조사 '익/의, ㅅ'의 기술과 관련된 문제 해결을 위하여」, 『주시경학보』 8, 탑출판사.

시정곤(1992), 「'-이다'의 '-이-'가 접사인 몇 가지 이유」, 『주시경학보』 11, 탑출판사.

신지영(2000), 『말소리의 이해』, 한국문화사.

신진연(1988), 「간투사의 위상 연구」, 『국어연구』 38호, 국어연구회.

심재기 외(1989), 『의미론 서설』, 집문당.

안명철(1985), 「보조조사 '-서'의 의미」, 『국어학』 14집, 국어학회.

안병희(1966), 「부정격(Casus Infinitus)의 정립을 위하여」, 『동아문화』 6.

안병희 · 이광호(1993), 『중세국어문법론』, 학연사.

양순임(2011), 『제3판 말소리』, 도서출판 월인.

양주동(1965), 『증정고가연구』, 일조각.

왕문용 · 민현식(1993), 『국어문법론의 이해』, 개문사.

윤여탁 외(2014), 고등학교 『고등학교 독서와 문법』, (주)미래엔.

윤평현(2008), 『국어 의미론』, 역락.

이관규 외(2014), 고등학교 『독서와 문법』, 비상교육.

이관규(2002), 『개정판 학교 문법론』, 도서출판 월인.

이광호(1995), 「후음 'ㅇ'과 중세국어 분철표기의 신해석」, 『국어사와 차자표기』(남풍현 선생 회갑기념), 태학사.

이광호(2004), 『근대 국어 문법론』, 태학사.

이기갑(1978), 「우리말 상대높임 등급체계의 변천 연구」, 서울대학교 석사논문.

이기갑(1981), 「씨끝 '-아'와 '-고'의 역사적 교체」, 『어학연구』 17-2.

이기갑(1987), 「미정의 씨끝 '-으리-'와 '-겠-'의 역사적 교체」, 『말』 12, 연세대 한국어 학당.

이기문(1963), 『국어표기법의 역사적 연구(신정판)』, 한국연구원.

이기문(1998), 『국어사개설(신정판)』, 태학사.

이기백(1986), 「국어 어미의 사적 연구」, 『논문집』 6집, 한국방송통신대.

이남순(1988), 『국어의 부정격과 격표지』, 탑출판사.

이동석(1998), 「근대국어의 파생법」, 『근대국어 문법의 이해』, 박이정.

이문규(2013), 『국어 교육을 위한 현대 국어 음운론』, 한국문화사.

이삼형 외(2015), 고등학교 『고등학교 언어와 매체』, (주)지학사.

이상복(1979), 「동사 '말다'에 대하여」, 『연세어문학』 9·10집, 연세대학교 국어국문학과.

이숭녕(1956), 『고등국어문법』, 을유문화사, 역대문법 대계(1986), 김민수·하동호·고영근 공편, 탑출판사.

이숭녕(1958), 「주격 '가'의 발달과 그 해석」, 『국어국문학』 19.

이승희(1996), 「중세국어 감동법 연구」, 『국어연구』 139, 국어연구회.

이익섭(1986, 1995), 『국어학개설』, 학연사.

이익환(1995), 『수정·증보판 의미론 개론』, 한신문화사.

이주행(2000), 『한국어 문법의 이해』, 도서출판 월인.

이진호(2012), 『국어 음운론 강의』, 삼경문화사.

이태영(1985), 「주격조사 {가}의 변화기에 대하여」, 『국어문학』 25, 전북대.

이태영(1991), 「근대국어 -씌셔, -겨셔의 변천과정 재론」, 『주시경학보』 8.

이현복(2000), 『개정판 한국어의 표준 발음』, 교육과학사.

이현희(1982), 「국어 종결어미의 발달에 대한 관견」, 『국어학』 11, 국어학회

이현희(1982), 「국어의 의문법에 대한 통시적 연구」, 『국어연구』 52.

이희승·안병희(1995), 『고친판 한글 맞춤법 강의』, 신구문화사.

임동훈(1996), 「어미 '시'의 문법」, 서울대학교 박사논문.

임지룡(1993), 『국어 의미론』, 탑출판사.

장경희(1977), 「17세기 국어의 종결어미 연구」, 『논문집』 16집, 서울대학교 사범대학.

전광현(1967), 「17세기국어의 연구」, 『국어연구』 19.

전광현(1997), 「근대 국어 음운」, 『국어의 시대별 변천 연구 2: 근대국어』, 국립국어연구원.

전정례(1995), 「새로운 '-오-' 연구」, 한국문화사.

정 철(1962), 「국어 음소 배열의 연구」, 경북대학교 석사논문.

정희원(1997), 「역대 주요 로마자 표기법 비교」, 『새국어생활』 제7권 제2호, 국립국어연구원.

조남호(1997), 「근대 국어 어휘」, 『국어의 시대별 변천 연구 2: 근대국어』, 국립국어연구원.

차재은(1992), 「선어말어미 {-거-}의 변천 연구」, 고려대학교 석사논문.

최현배(1961), 『고친 한글갈』, 정음사.

최현배(1980=1937), 『우리말본』, 정음사.

최형용(2015), 『고등학교 언어와 매체』, 정음사.

허 웅(1975=1981), 『우리 옛말본』, 샘문화사.

허 웅(1981), 『언어학』, 샘문화사.

허 웅(1984), 『국어학』, 샘문화사.

허 웅(1986), 『국어 음운학』, 샘문화사.

허 웅(1989), 『16세기 우리 옛말본』, 샘문화사.

허 웅(1992), 『15 · 16세기 우리 옛말본의 역사』, 탑출판사.

허 웅(2000), 『20세기 우리말의 형태론(고침판)』, 샘문화사.

홍종선(1998), 『근대국어 문법의 이해』, 박이정.

Denes & Pinson (1970), *The Speech Chain*(Seventh printing), Bell Telephone Laboratories.

Edgar H. Sturtevant (2007), *An Introduction to Linguistic Science*, McMasterPress.

F. de Saussure (1915), *Course in General Linguistics*, Philosophical Library, New York.

Frege, G. (1975), "On sense and reference", In D. Dasidson & G. Harman (eds), *The Logic of Grammar*, Encino. CA: Dickenson Pub. Co.

Gechkeles, H. (1980), "Die Antonymie Lexikon", In Kastovsky, D. (ed.), *Perspektiven der lexikalischen Semantik: Beiträge zum Wuppertaler Simantikkolloquium* vom 2-3, 1977. Bonn.

Geckeler, H. (1971), *Strukturelle Semantik und Wortfeldtheorie*, Múnich: Fink.; 장연천 옮김 (1987), 『구조의미론과 낱말밭 이론』, 집현사.

Gordon, D. & Lakoff, G. (1973), *Conversational postulates*, Cole and Morgan (eds.).

Götz Hindelang. (1982), E*inführung in die Sprechakttheorie*.

Greenberg, H. (ed.) (1963), *Universals of Language*, MIT Press.

Grice, H. P. (1975), "Logic and Conversation", In D. Davidson. & G. Harman eds. (1975), *The Logic of Grammar*, Encino. CA: Dickenson Pub. Co.

Guno, S. (1980), "Discourse Deletion", *Harvard Studies in Syntax and Semantics* vol. Ⅲ.

Halliday, M. A. K. and R. Hasan (1976), *Cohesion in English*, London: Longman.

Jackson, H. (1988), *Words and Their Meaning*, New York: Longman.

Karl Bühler (1934), *Sprachtheorie*, Die Darstellungsfunktion der Sprache, Jena.

Kastovsky, D. (1982), *Privative opposition and lexical semantics*, stydia Anglica Posnaniensia.

Leech, G. N. (1974), *Semantics*, London: Penguin Books.

Leech, G. N. (1983), *Principle of Pragmatics*, London: Longman.

Lyons, J. (1968), *Introduction to Theoretical Linguistics*, London and New York: Cambrigde University Press.

지은이 나찬연은 1960년 부산에서 태어났다. 부산대학교 국어국문학과를 나오고(1986), 같은 학교 대학원에서 문학 석사(1993)와 문학 박사(1997) 학위를 받았다. 지금은 경성대학교 인문문화학부 국어국문학전공에서 교수로 재직하고 있으면서 국어학 분야의 강의를 맡고 있다.

주요 논저

우리말 이음에서의 삭제와 생략 연구(1993), 우리말 의미중복 표현의 통어·의미 연구(1997), 우리말 잉여 표현 연구(2004), 옛글 읽기(2011), 벼리 한국어 회화 초급 1, 2(2011), 벼리 한국어 읽기 초급 1, 2(2011), 제2판 언어·국어·문화(2013), 제2판 훈민정음의 이해(2013), 근대 국어 문법의 이해－강독편(2013), 표준 발음 법의 이해(2013), 제5판 현대 국어 문법의 이해(2017), 쉽게 읽는 월인석보 서, 1, 2, 4, 7, 8, 9, 10, 11, 12(2017~2022), 쉽게 읽는 석보상절 3, 6, 9, 11, 13, 19(2017~2019), 제2판 학교 문법의 이해 1, 2(2018), 한국 시사 읽기(2019), 한국 문화 읽기(2019), 국어 어문 규정의 이해(2019), 현대 국어 의미론의 이해(2019), 국어 교사를 위한 고등학교 문법(2020), 중세 국어의 이해(2020), 중세 국어 강독(2020), 근대 국어 강독(2020), 길라잡이 현대 국어 문법(2021), 길라잡이 국어 어문 규정(2021), 중세 국어 서답형 문제집(2022)

＊전자메일: ncy@ks.ac.kr

＊ '학교 문법 교실(http://scammar.com)'에서는 이 책의 내용과 관련한 학습 자료를 제공합니다. '강의실'에서는 이 책의 주요 내용에 대하여 동영상 강의를 제공하며, '문답방'을 통하여 독자들의 질문에 대하여 지은이가 직접 피드백을 합니다. 아울러서 이 책에서 다룬 '중세 국어'와 '근대 국어'의 예문에 대한 주해서를 자료실에서 내려받을 수 있습니다.

국어 교사를 위한 **고등학교 문법**

© 나찬연, 2020

1판 1쇄 발행__2020년 02월 01일
1판 3쇄 발행__2023년 05월 20일

지은이__나찬연
펴낸이__양정섭

펴낸곳__경진출판
　　　　등록__제2010-000004호
　　　　이메일__mykyungjin@daum.net
　　　　사업장주소__서울특별시 금천구 시흥대로 57길(시흥동) 영광빌딩 203호
　　　　전화__070-7550-7776　팩스__02-806-7282

값 26,000원
ISBN 978-89-5996-721-6 93710